D1733859

BVL
Bundesvereinigung
Logistik

30. DEUTSCHER
LOGISTIK-KONGRESS

Impulse, Ideen, Innovationen
Inspiration, Ideas, Innovation

Kongressband

herausgegeben von

Thomas Wimmer

und

Sabine Hucke

HERAUSGEBER:

Prof. Dr.-Ing. Thomas Wimmer, Sabine Hucke
Bundesvereinigung Logistik (BVL) e.V.
Schlachte 31, 28195 Bremen
Telefon   0421 / 17 38 40
Fax   0421 / 16 78 00
E-Mail   bvl@bvl.de
Internet http://www.bvl.de
Geschäftsführer: Prof. Dr.-Ing. Thomas Wimmer, Sabine Hucke, Uwe Peters
Redaktion: Pierre Knieß, Aigul Zhalgassova

VERLAG:

DVV Media Group GmbH
Nordkanalstraße 36, 20097 Hamburg
Telefon   040 / 2 37 14-01
Fax   040 / 2 37 14-233
E-Mail   leserservice@dvz.de
Internet http://www.dvz.de

SATZ UND LAYOUT:

MEINERS DRUCK OHG
Am Mohrenshof 11, 28277 Bremen
Telefon   0421 / 32 53 53
E-Mail   mail@meiners-druck.de
Internet http://www.meiners-druck.de

HERSTELLUNG:

TZ-Verlag & Print GmbH
Bruchwiesenweg 19
64380 Roßdorf

Copyright bei der
Bundesvereinigung Logistik (BVL) e.V.

Alle Rechte, auch für die Übersetzung
in fremde Sprachen, vorbehalten.
Kein Teil dieses Werkes darf ohne schriftliche
Genehmigung der Bundesvereinigung Logistik (BVL) e.V.
in irgendeiner Form, auch nicht für Zwecke
der Unterrichtsgestaltung, reproduziert oder
unter Verwendung elektronischer Systeme
verarbeitet, vervielfältigt oder verbreitet werden.

ISBN: 978-3-87154-491-0

Alle während des 30. Deutschen Logistik-Kongresses gezeigten und von den Referenten zur Veröffentlichung freigegebenen **Präsentationen** stehen Ihnen unter

www.bvl.de/downloaddlk

online vom 25. Oktober 2013 bis zum 31. Januar 2014 zum Download zur Verfügung.

Hierfür benutzen Sie bitte:

> www.bvl.de/downloaddlk
> Benutzername: berlin2013
> Passwort: innovation

All **presentations** shown at the 30th International Supply Chain Conference will be available at

www.bvl.de/downloadiscc

from October 25th, 2013 until January 31st, 2014.

Please use:

> www.bvl.de/downloadiscc
> user name: berlin2013
> code word: innovation

30. DEUTSCHER
LOGISTIK-KONGRESS
23.-25. Oktober 2013

BVL
Bundesvereinigung
Logistik

Impulse, Ideen, Innovationen

30. Deutscher Logistik-Kongress
23.-25. Oktober 2013

Hotels InterContinental und
Schweizerhof Berlin

Die deutsche Wirtschaft ist in hohem Maße wettbewerbsfähig aufgestellt, was auf die starke Innovationskraft ihrer Unternehmen und die weltweit nachgefragten Produkte zurückzuführen ist. Die Logistik hat einen großen Anteil an dieser Wettbewerbsfähigkeit. Angespornt durch die Flexibilisierung globaler Wertschöpfungsnetzwerke, ist sie als verbindendes Element zwischen Regionen, Märkten, Unternehmen und Menschen innovativer und zukunftsorientierter denn je.

Unter dem Motto „Impulse, Ideen, Innovationen" steht zum 30. Jubiläum des Deutschen Logistik-Kongresses ein innovatives Veranstaltungskonzept mit inhaltlich anspruchsvollem Themenfokus. In guter Tradition werden durch zukunftsorientierte, teilweise auch visionäre Themen maßgebliche Impulse für die Weiterentwicklung von Supply Chain Management und Logistik in zahlreichen Branchen und wissenschaftlichen Disziplinen gesetzt. Es ist dieser interdisziplinäre und multidimensionale Ansatz, der den Kongress zu einer herausragenden Plattform der Vernetzung von Menschen mit Bezug zu Wertströmen und Logistik macht.

Die 16 Fachsequenzen sind in vier „Tracks" gegliedert: Innovationen, Branchen, Netzwerke und Ideen. Ergänzend zum Veranstaltungsprogramm bietet dieser Kongressband die Möglichkeit zur gezielten inhaltlichen Vorbereitung auf einzelne Themen. In den Fachartikeln finden Sie u. a. praktische Beispiele, insbesondere aus unseren Fokusbranchen Elektrotechnik, Maschinen- und Anlagenbau, Pharma/Healthcare und Handel.

30. Deutscher
Logistik-Kongress
23.-25. Oktober 2013

BVL

Bundesvereinigung
Logistik

Bringen Sie sich und Ihr Wissen ein, diskutieren Sie Ihre Ideen mit Freunden und Kollegen – und nehmen Sie Impulse für Innovationen in Ihr Unternehmen mit. Ein herzliches Dankeschön gilt allen Autoren sowie deren Teams für die Mitarbeit an diesem Buch.

Wir freuen uns mit Ihnen auf den aktiven Gedankenaustausch in Berlin.

Bremen, September 2013

Prof. Dr.-Ing. Thomas Wimmer

Sabine Hucke

Programm

30. Deutscher Logistik-Kongress

| 9.30 Uhr | Eröffnung | Ort: InterContinental, Potsdam I/III | A 1 |

Prof. Dr.-Ing. Raimund Klinkner
Vorsitzender des Vorstands,
Bundesvereinigung Logistik (BVL), Bremen,
Geschäftsführender Gesellschafter,
IMX Institute for Manufacturing Excellence,
Martinsried

Impulse, Ideen, Innovationen

Der „runde" Kongressgeburtstag gibt Anlass für einen Blick auf die Entwicklung der Logistik und auf Denkanstöße, die Jahr für Jahr vom Deutschen Logistik-Kongress ausgehen. Im Zentrum der Vorträge und Diskussionen wird die Innovationskraft des Wirtschaftsbereichs Logistik stehen. „Impulse, Ideen, Innovationen" ist das Leitthema in einer Zeit des rasanten Wandels, hoher Unsicherheit und Volatilität, die aber auch geprägt ist von Dynamik und Gestaltungswillen.

| 9.45 Uhr | Plenum | Ort: InterContinental, Potsdam I/III | A 2 |

Dr. Elmar Degenhart
Chief Executive Officer,
Continental AG,
Hannover

Herausforderungen meistern durch Transparenz und Eigenverantwortung

Die Automobilbranche bewegt sich in einem Umfeld, das durch stetigen Anstieg an Komplexität und Globalität gekennzeichnet ist. Für das Supply Chain Management heißt das konkret: Die gesamte Lieferkette ist so transparent wie nötig zu gestalten. Die zunehmend komplexer werdenden Arbeitsabläufe werden vermehrt in Formen der Selbstorganisation überführt, damit jeder einen eigenverantwortlichen Beitrag leisten kann.

| 10.15 Uhr | Plenum | Ort: InterContinental, Potsdam I/III | A 3 |

Dr. Oliver Blume
Vorstand Produktion und Logistik,
Porsche AG,
Stuttgart

Produktion mit Perfektion und Leidenschaft

Einer der Erfolgsfaktoren der Porsche AG ist das konsequent auf Qualität und Effizienz ausgerichtete Produktionssystem – inklusive seiner maßgeschneiderten Logistik. Die Porsche Produktion steht für die ideale Kombination aus Manufaktur und Serienfertigung. Nur so können Sportwagen der Premiumklasse mit hoher kundengerechter Individualisierung mit Perfektion und Leidenschaft entstehen.

| 10.45 Uhr | Plenum | Ort: InterContinental, Potsdam I/III | A 4 |

Manfred Gundel
Vorsitzender der Geschäftsführung,
KUKA Roboter GmbH,
Augsburg,
Beirat, BVL

Zusammenarbeit von Mensch und Roboter – eine industrielle Revolution?

Die Verfügbarkeit neuer Schlüsseltechnologien, welche tiefgreifende wirtschaftliche und soziale Veränderungen bewirken, wird als industrielle Revolution wahrgenommen. Produktion in Europa ist oftmals mit Vollautomatisierung verbunden. Hierbei übernimmt der Mensch vor allem Planungs- und Instandhaltungsaufgaben, spielt aber in der Produktion selbst keine Rolle. Künftig ist daher ein gleitender Automatisierungsgrad sinnvoll, bei welchem Mensch und Roboter Hand in Hand arbeiten und sich ergänzen.

Wir möchten mit Ihnen anstoßen! | 11.15 Uhr

Der Deutsche Logistik-Kongress begleitet seit 30 Jahren die rasante Entwicklung der Logistik; er bietet Jahr für Jahr ein Forum für den interdisziplinären Austausch.

Auf dieses Jubiläum möchte die Bundesvereinigung Logistik in der ersten Pause mit Ihnen anstoßen. Genießen Sie drei inspirierende Kongresstage, lassen Sie sich mitreißen von der Innovationskraft der Logistik und nehmen Sie neue Ideen für Ihre praktische Arbeit mit nach Hause.

Mit freundlicher Unterstützung von: **INTERCONTINENTAL.**
BERLIN

BVL
Bundesvereinigung
Logistik

11.45 Uhr | Plenum | Ort: InterContinental, Potsdam I/III | A 5

Prof. Robert Handfield
Bank of America Distinguished Professor of
Supply Chain Management,
North Carolina State University,
Raleigh, NC, USA

Global Logistics Trends and Strategies

In global vernetzten Märkten gewinnt, wer die besten Kontakte und die Fähigkeit zum partnerschaftlichen Umgang mit den besten Playern hat. Dies gilt sowohl für die Zusammenarbeit mit Lieferanten als auch für horizontale Kooperationen mit anderen Unternehmen. Wie kann man die globale Komplexität der Märkte beherrschen und daraus Vorteile im Wettbewerb erzielen? Welche Strategien verfolgen Spitzenunternehmen aus unterschiedlichen Regionen?

12.00 Uhr | Aktive Diskussion | Ort: InterContinental, Potsdam I/III | A 6

Josef Joffe
Herausgeber,
Die Zeit,
Hamburg

Weltwirtschaft 2015 – Chancen und Herausforderungen?

Wie wird die globale Wirtschaft im Jahr 2015 aussehen? Wie verschieben sich Produktion und Transportströme, welche Spieler dominieren und was bedeutet dies für Stabilität und Wohlstand?

Saori Dubourg
President Nutrition & Health Division,
BASF SE,
Lampertheim

In einer interaktiven Sequenz werden vier provokante Zukunftsszenarien vorgestellt, durch das Publikum bewertet und anschließend mit Vertretern verschiedener Industrien und Kontinente diskutiert.

Steve Filipov
Chief Executive Officer,
Terex MHPS AG, Düsseldorf,
President,
Terex Material Handling & Port Solutions,
Westport, CT, USA

Amadou Diallo
Chief Executive Officer,
DHL Freight,
Deutsche Post DHL,
Bonn

Moderation:
Paul A. Laudicina
Chairman Emeritus,
A.T. Kearney Inc.,
Chairman of GBPC,
Chicago, USA

13.00 Uhr | PRESSEKONFERENZ | Ort: InterContinental Charlottenburg II/III

13.00 Uhr | MITTAGSPAUSE | Besuch der begleitenden Fachausstellung

15.00 Uhr Fachsequenz | Ort: InterContinental, Potsdam I B 1

Trends und Strategien in der Logistik

Von der Logistik und dem Supply Chain Management wird kontinuierlicher Wandel gefordert. Seit 1988 veröffentlicht die BVL regelmäßig die Studie „Trends und Strategien in Logistik und Supply Chain Management". Die Ergebnisse der diesjährigen Studie basieren auf einer weltweit angelegten Befragung, an welcher über 1.700 Fach- und Führungskräfte teilgenommen haben. Was sind aktuelle Herausforderungen? Welche Strategien verfolgen Best-in-Class-Unternehmen aus unterschiedlichen Regionen?

Fokus Südostasien
Pang Hee Hon
Chief Executive Officer,
Keppel Telecommunications & Transportation Ltd.,
Singapur

Fokus Europa
Thomas Moik
Vice President Airframe Supply Management,
Material Procurement,
AIRBUS Operations GmbH,
Hamburg

Fokus Südamerika
João Guilherme Araujo
Consulting and Business Development Head,
ILOS – Instituto de Logística e Supply Chain,
Rio de Janeiro, Brasilien

   Aktive Diskussion

Moderation und Impulsvortrag:
Prof. Dr.-Ing. Frank Straube
Geschäftsführender Direktor,
Institut für Technologie und Management,
Leiter Bereich Logistik,
Technische Universität Berlin,
Beirat, BVL

Fokus China
Prof. Dr. Sidong Zhang
Head of the Kühne Foundation Chair for International
Logistics Networks and Services, Chinese-German School
of Postgraduate Study (CDHK),
Tongji University, Shanghai, China

INNOVATIONEN

15.00 Uhr Fachsequenz | Ort: Pullman Schweizerhof, Conference Center B 2

Fokus Elektrotechnik

Starke Volatilität und schnelle technische Entwicklungen sind wichtige Aspekte der Branche. Durch die globale Produktion sind innovative Konzepte notwendig, um Innovationsdruck und verkürzten Produktlebenszyklen zu begegnen. Wie werden Materialbewegungen in internationalen Beschaffungsnetzwerken zielgerichtet gesteuert? Welche Strategien helfen, den Zielkonflikt zwischen geringen Lagerbeständen und ständiger Verfügbarkeit zu lösen?

Global Supply Chain Management –
Balancing Contradictionary Targets
Hans Erbe
Senior Vice President Global SCM,
Fujitsu Technology Solutions GmbH,
Augsburg

Designing Distribution when Change is the Only Constant
Fredrik Wildtgrube
Customer Logistics Europe Operations,
Nokia Corporation,
Espoo, Finnland

Zero Defects – unverzichtbare Philosophie für die Industrie
Johann Lohner
Head of Global Transit Management,
Infineon Technologies AG,
Neubiberg

Moderation:
Dr. Christoph Kilger
Partner Advisory Supply Chain & Operations,
Ernst & Young Deutschland GmbH,
Mannheim

Measuring and Addressing Risk in the
Electronics Supply Chain
Tony Aug
Chief Technology Officer and Director,
Arrow Electronics Inc.,
Englewood, CO, USA

BRANCHEN

| **15.00 Uhr** | Fachsequenz | Ort: InterContinental, Potsdam III | B 3 |

Herausforderung Liefertermintreue?

Die Einhaltung zugesagter Liefertermine ist ein wesentliches Kriterium für Kundenzufriedenheit und Kundenbindung. Verlässliche Lieferungen und genaue Lieferzeiten werden daher zu einem wesentlichen Wettbewerbsvorteil. Wie lassen sich Terminzusagen planen und einhalten? Welche Prozesse sind erforderlich, um die Liefertermintreue zu erhöhen?

Kundenzufriedenheit & Liefertermintreue im
wetterabhängigen Geschäft
Sascha Menges
Vorstand Produktion und Logistik,
Husqvarna AB,
Stockholm, Schweden

Verbesserung der Lieferperformance für Bauprodukte durch
ein sortimentsübergreifendes Regionallagernetzwerk
Martin Krumhaar
Direktor Logistik,
Saint-Gobain ISOVER G+H AG,
Ludwigshafen

Verlässliche Prognose als Grundlage für
die Logistiksteuerung
Rainer Haag
Bereichsleitung Demand Planning and Order Management,
dm-drogerie markt GmbH + Co. KG,
Karlsruhe

Herausforderung Liefertermintreue bei der
Herstellung von Brillengläsern
Joachim Hug
Leiter Supply Chain,
Carl Zeiss Vision GmbH, Aalen

Moderation:
Dr. Thomas Schachner
Senior Vice President Global Supply Chain & Purchasing,
Grohe AG, Düsseldorf,
Vizepräsident, BVL Österreich, Wien,
Beirat, BVL

NETZWERKE

| **15.00 Uhr** | Fachsequenz | Ort: InterContinental, Charlottenburg II/III | B 4 |

Erfolgsfaktor Wissenschaft

Alljährlich zeichnet die BVL innovative Arbeiten mit einem hohen Praxisbezug mit dem Wissenschaftspreis Logistik aus. In dieser Sequenz präsentieren die Finalisten ihre Arbeiten und stellen sich den Fragen der Jury und des Auditoriums. Im Anschluss trifft die Jury ihre Entscheidung. Die Verleihung des Wissenschaftspreises Logistik 2013 findet am 24.10.2013 in der Sequenz D1 statt – Die Logistik braucht die Besten.

Weitere Informationen zum Wissenschaftspreis auf Seite 25 oder unter **www.bvl.de\wpl**

Mit freundlicher Unterstützung der   KÜHNE-STIFTUNG

Modellgestütztes Logistikcontrolling
konvergierender Materialflüsse
Dr.-Ing. Sebastian Beck
Projektleiter Logistik,
ContiTech Transportbandsysteme GmbH,
Northeim

Quantitative Models for Value-Based
Supply Chain Management
Dr. Marcus Brandenburg
Akademischer Rat, Institut für Betriebswirtschaftslehre,
Supply Chain Management,
Universität Kassel

Agenten-basierter Simulationsansatz zur Bewertung der
Komplexität und deren Auswirkung auf die Leistung
Dr. Mayolo Alberto Lopez Castellanos
Data Scientist,
ALSO Actebis GmbH,
Soest

Moderation:
Prof. Dr. Hanna Schramm-Klein
Professorin,
Lehrstuhl für Marketing,
Universität Siegen

IDEEN

| **15.00 Uhr** | WORKSHOP – Informationen S. 19 | Herausforderung Young Professionals, Ort: Pullman Schweizerhof, Tessin I/II | W 1 |

| **17.15 Uhr** | Abfahrt zum Jubiläumsabend | Abfahrt der Busse am Hotel InterContinental | |

| **19.00 Uhr** | JUBILÄUMSABEND – Information S. 23 | Ort: ESTREL Convention Center Berlin | |

| 9.30 Uhr | Fachsequenz \| Ort: InterContinental, Potsdam I | C 1 |

Big Data – Wissen effizient nutzen

Sowohl im privaten als auch im geschäftlichen Bereich werden jeden Tag zahlreiche Daten generiert – rund 80 Prozent davon bleiben jedoch ungenutzt. Um die Datenflut zu beherrschen, sind intelligente Lösungen wie Big-Data-Auswertungen notwendig. Mit Hilfe verschiedener Technologien und Methoden können die Daten strukturiert und im Unternehmen bereichsübergreifend eingesetzt werden. Doch welche Ansätze sind unter Berücksichtigung von Aufwand und Nutzen wirklich zielführend?

Trends and Predictions on Big Data Management
Dr. Till Kreiler
Industry Leader,
Google Germany GmbH,
München

Informationsarchitektur im globalen Produktionsnetzwerk
Lars Bäumann
Leiter IT Kundenauftragsprozess,
Volkswagen AG, Wolfsburg,
Förderbeirat, BVL

Wie, wo, wann, was und warum kaufen wir ein?
Wie Big Data hilft, Käufer zu treuen Kunden zu machen.
Dominik Dommick
Geschäftsführer,
PAYBACK GmbH,
München

Moderation:
Prof. Dr.-Ing. Michael Benz
Studiengangsleitung M. Sc. International Transport and Logistics,
ISM International School of Management,
Frankfurt am Main,
Förderbeirat, BVL

Logistik und Big Data
Prof. Dr. Dirk Olufs
Chief Information Officer,
DHL Express,
Bonn

INNOVATIONEN

| 9.30 Uhr | Fachsequenz \| Ort: Pullman Schweizerhof, Conference Center | C 2 |

Fokus Maschinen- und Anlagenbau

Operative Exzellenz ist für den langfristigen Erfolg im Maschinen- und Anlagenbau unabdingbar. Von der innerbetrieblichen Prozessoptimierung über modernes, softwaregestütztes „Sales & Operations Planning" bis zur Gestaltung eines globalen Vertriebsnetzwerks werden erfolgreiche Projekte vorgestellt, die auch auf andere Branchen übertragbar sind. Die zentrale Frage ist: Wie werden Optimierungsansätze entwickelt und in der Praxis zum Erfolg geführt?

Supply Chain Management im Engineer-to-Order Prozess – ein Widerspruch?
Dr.-Ing. René Graf
Leiter Logistik,
Salzgitter Maschinenbau AG,
Salzgitter

Design for Value Chains – integrierte Gestaltung von Produkten und Wertschöpfungsketten als Erfolgsfaktor
Prof. Dr.-Ing. Jörg Dalhöfer
Head of Strategic Development Engineered Solutions,
Dräger Safety AG & Co. KGaA, Lübeck, Professor für Supply Chain and Complexity Management, Fachhochschule Lübeck

Optimierungsansätze in der innerbetrieblichen Logistik
Hauke Schippmann
Head of Global Supply Chain Management,
Nordex Energy GmbH,
Rostock

Moderation:
Kirstin Reblin
Program Manager Lean Company,
Siemens AG,
München

Die Intralogistik auf der Spur von Industrie 4.0
Andreas Kohl
Werkleitung Logistik,
SEW-EURODRIVE GmbH & Co. KG,
Graben-Neudorf

BRANCHEN

| 8.30 Uhr | BUSINESS-FRÜHSTÜCK | Besuch der begleitenden Fachausstellung | |

| 9.30 Uhr | WORKSHOP – Informationen S. 19 | Thesis Conference
Ort: Pullman Schweizerhof, Tessin I/II | W 2 |

9.30 Uhr | Fachsequenz | Ort: InterContinental, Potsdam III | C 3

Brennpunkt Kontraktlogistik

Die Weichen für den Projekterfolg – insbesondere in der Kontraktlogistik – werden bereits in der Ausschreibung gestellt. Je professioneller die Leistungsbeschreibung, umso besser sind die
Ergebnisse, die im Tender-Prozess erzielt werden. Welche Schwierigkeiten entstehen regelmäßig bei der Zusammenarbeit zwischen Industrie und Logistikdienstleistern im Ausschreibungsprozess? Wo hakt es immer wieder und wie lassen sich diese Konflikte
in der Praxis lösen? Diese Fragen wurden im BVL-Arbeitskreis Kontraktlogistik erörtert und bearbeitet. Industrielle Auftraggeber und
Dienstleister präsentieren und diskutieren die Ergebnisse.

Erfolgreiche Akquisition von Kontraktlogistik –
Logistikdienstleister im Spannungsfeld zwischen Effizienz
und Kundenorientierung
Dr. Johannes Söllner
Geschäftsführer, Geis Holding GmbH & Co. KG, Nürnberg,
Mitglied des Vorstands, BVL

Outsourcing von Lagerdienstleistungen – Herausforderun-
gen und Anforderungen eines Industrieunternehmens
Pierre Lutz
Head of Global & German Sites Logistics Management,
Eurocopter Deutschland GmbH,
Donauwörth

Positionsinterviews und anschließende gemeinsame Diskussion mit:

- Sandra K. Schlaak, Corporate Lead Buyer, Robert Bosch GmbH, Stuttgart
- Brendan Lenane, Head of Procurement Transport & Logistics Services,
  MAGNA Logistics Europe (MLE), Graz, Österreich

Moderation und Impulsvortrag:
Prof. Dr. Norbert Schmidt
Hochschule für angewandte Wissenschaften
Würzburg-Schweinfurt (FHWS),
Leiter BVL-Arbeitskreis Kontraktlogistik

Aktive Diskussion

- Thomas Hüttemann, Geschäftsführer, Panopa Logistik GmbH, Duisburg
- Thomas Reppahn, Leiter Zentrale Logistics Product and Process Management,
  Schenker Deutschland AG, Kelsterbach
- Prof. Dr. Stephan Freichel, Institut für Produktion, Fachhochschule Köln,
  Regionalgruppensprecher, BVL

NETZWERKE

9.30 Uhr | Fachsequenz | Ort: InterContinental, Charlottenburg II/III | C 4

Erfolgsfaktor Social Media

Der Einsatz von sozialen Netzwerken im Customer Relationship
Management verspricht große Erfolgspotenziale für Unternehmen
aller Branchen. Es muss jedoch auf die „richtige" Kommunikation
geachtet werden, denn nur so können der Servicegrad erhöht und
„Shitstorms" vermieden werden. Oft werden Social Media Guidelines eingesetzt, die die Mitarbeiter bei der modernen Kundeninter-
aktion unterstützen sollen. Sind diese Spielregeln wirklich sinnvoll?
Welche Ansätze sind erfolgversprechend? Diskutieren Sie mit!

The Next Evolution: Supply Chain goes Social
Bruce Richardson
Senior Vice President, Chief Enterprise Strategist,
Salesforce.com,
San Francisco, USA

Social Media as a Powerful Enabler for
Transforming Organizations
Dr. Sven Hermann
Head of Solutions, Marketing & IT Strategy,
PTS Logistics GmbH,
Bremen

From Engagement to Bottom Line Value
Jonathan Wichmann
Head of Social Media,
Maersk Line,
Kopenhagen, Dänemark

Moderation:
Frauke Heistermann
Mitglied der Geschäftsleitung,
AXIT AG, Frankenthal,
Mitglied des Vorstands, BVL

Aktive Diskussion

Social Media Guidelines are Evil
Daniel Terner
Marketingleiter, Mitglied der Geschäftsleitung,
AEB GmbH,
Hamburg

IDEEN

11.30 Uhr | KAFFEEPAUSE | Besuch der begleitenden Fachausstellung

| 12.00 Uhr | Plenum │ Ort: InterContinental, Potsdam I/III | D 1 |

Vertreter/in der Preisträger 2013

Die Logistik braucht die Besten

Der Wirtschaftsbereich Logistik braucht Impulse, Ideen und Innovationen, um zukünftigen Herausforderungen gewachsen zu sein. Die Logistik-Preise der Bundesvereinigung Logistik stehen dabei als Gütesiegel für herausragende, neuartige Konzepte und besondere Leistungen.

Prof. Dr.-Ing. habil. Prof. E.h. Dr. h.c. mult.
Michael Schenk
Institutsleiter, Fraunhofer-Institut für
Fabrikbetrieb und -automatisierung IFF,
Magdeburg,
Wissenschaftlicher Beirat, BVL

Der Gewinner des Deutschen Logistik-Preises, der im Rahmen des Jubiläumsabends ausgezeichnet wird, wird im Detail die erreichten Erfolge und Ergebnisse vorstellen.

Im Anschluss erfolgt die Preisverleihung des Wissenschaftspreises Logistik an den oder die Nachwuchswissenschaftler/ in und das betreuende Institut durch den Juryvorsitzenden gemeinsam mit Dr. Robert Blackburn als Vertreter des Preissponsors BASF.

| 12.30 Uhr | Moderiertes Gespräch │ Ort: InterContinental, Potsdam I/III | D 2 |

Dr. rer. pol. Klaus Goedereis
Vorsitzender des Vorstands,
St. Franziskus-Stiftung Münster,
Beirat, BVL

Logistik-Innovationen in der Medizin – Impuls für andere Branchen?

Leben und Gesundheit – wertvolle Güter, die beste Behandlung und bewährte Services erwarten dürfen. Wie können logistische Methoden im Klinikbetrieb angewandt werden? Sind industrielle Prozesse übertragbar? Wo ist der Rettungsdienst weiter als alle Supply Chain Manager in Industrie und Handel?

Christof Constantin Chwojka
Chief Executive Officer,
NOTRUF NÖ,
St. Pölten, Österreich

Im Zusammenwirken von IT und Logistik-Know-how entstehen neue Möglichkeiten und Perspektiven. Hier ist die vertikale Kooperation schon Realität: Krankenhäuser, Rettungsdienste, Apotheken und Logistik-Dienstleister arbeiten Hand in Hand. Ein spannender Impuls für alle Branchen.

Moderation:
Prof. Dr.-Ing. Thomas Wimmer
Vorsitzender der Geschäftsführung,
Bundesvereinigung Logistik (BVL),
Bremen

| 13.00 Uhr | Plenum │ Ort: InterContinental, Potsdam I/III | D 3 |

Thorsten Heins
Chief Executive Officer,
BlackBerry Ltd.,
Waterloo, Kanada

Die Mobile Computing Revolution

Die zunehmende Entwicklung vom herkömmlichen Computer zum Mobile Computing führt zu einer tiefgreifenden Veränderung in unserem Alltag. Von Wirtschaft und Produktion, Supply Chain Management, Finanzwesen, Bildung und öffentlicher Verwaltung bis zur Gesundheitsbranche bietet Mobile Computing die Möglichkeit, unser bisheriges Leben komplett zu verändern. Wie setzt die Hightech-Industrie diese vielfältigen Anforderungen um und wie kann man sich von seinen Wettbewerbern abheben?

| 13.30 Uhr | MITTAGSPAUSE | Besuch der begleitenden Fachausstellung |

13.30 – 17.00 Uhr | Outdoorsequenz | Ort: InterContinental, Lobby | O 1

EDEKA Minden-Hannover
Die innovative (Logistik-) Technologie in der Abteilung Fleisch- und Wurstwaren
in der Betriebsstätte Berlin-Brandenburg

Lebensmittellogistik der Region Berlin/Brandenburg
Ulrich Günther
Betriebsstättenleiter,
EDEKA Handelsgesellschaft Minden-Hannover mbH,
Grünheide

13.30 – 17.00 Uhr | Outdoorsequenz | Ort: InterContinental, Lobby | O 2

Axel Springer AG, Druckhaus Spandau
Die gesamte Prozesskette zur Herstellung von Coldset-Produkten –
von der Vorstufe bis zur Konfektionierung der Druckprodukte

Herausforderung Presselogistik
Meinhard Mühlenberg
Produktionsplanung & -Steuerung,
Druckhaus Spandau, Berlin

13.30 – 17.00 Uhr | Outdoorsequenz | Ort: InterContinental, Lobby | O 3

DRK Logistikzentrum Schönefeld
Besuch des Logistikzentrums des Deutschen Roten Kreuzes und Vorstellung
der Internationalen Nothilfe an praktischen Beispielen

Humanitäre Logistik in der Praxis
Clemens Pott
Sachgebietsleiter Einsatzmanagement & Logistik,
Deutsches Rotes Kreuz, Berlin

13.30 – 17.00 Uhr | Outdoorsequenz | Ort: InterContinental, Lobby | O 4

Mercedes-Benz Ludwigsfelde GmbH
Besichtigung des Rohbaus und der Montage der offenen Baumuster des
Mercedes-Benz Sprinters

Effiziente Prozesse in der Nutzfahrzeugherstellung
Andreas Maas
Leiter Logistik,
Mercedes-Benz Ludwigsfelde GmbH

Bitte beachten Sie für die Outdoorsequenzen: | Limitierte Plätze! Anmeldung am 23. Oktober 2013 ab 13.30 Uhr in der Lobby Hotel InterContinental. Abfahrt der Busse zu den Outdoorsequenzen: 24. Oktober 2013 um 13.30 Uhr ab Hotel InterContinental.

14.30 Uhr Fachsequenz | Ort: InterContinental, Potsdam I E 1

Erfolgsfaktor Technische Logistik

Kamerageführte Roboter übernehmen automatisierte Vereinnahmung von Kleinladungsträgern in das Lager. Leitsysteme steuern die zeitlich genau getakteten Belieferungsrouten und überwachen sämtliche Abläufe. Das ist heute in modernen Lagern „State of the Art". Wie gelingt aber der Weg von der Forschung bis zur Einführung in der Industrie? Wie helfen technologische Neuentwicklungen, die Abläufe in der Logistik weiter zu optimieren? Welche innovativen und intelligenten Lösungen entstehen?

Aus Forschung und Technologieentwicklung wird Realität
Prof. Dr.-Ing. Karl-Heinz Wehking
Institutsleiter, Institut für Fördertechnik und Logistik,
Universität Stuttgart,
Regionalgruppensprecher, BVL

Hochdynamische und automatische Belieferungsprozesse in der Automobilindustrie
Dr. Andreas Hemberger
Head of Supply Chain Management,
Daimler AG, Wörth am Rhein

Vollautomatisches Kompaktlager für Getränke
Harald Jakoby
Leiter Technische Planung,
Gerolsteiner Brunnen GmbH & Co. KG,
Gerolstein

Dynamische Intralogistik folgt neuer Lean Organisation
Philipp Hossfeld
Director Assembly and Industry,
ODU Steckverbindungssysteme GmbH & Co. KG,
Mühldorf

Moderation:
Nelli Nivalainen
Supply Chain Manager,
ABB AS,
Jüri, Estland

Innovative Technical Solutions at the Gdansk Airport
Marzenna Krefft
Vice President,
Port Lotniczy Gdańsk im. Lecha Wałęsy,
Danzig, Polen

INNOVATIONEN

14.30 Uhr Fachsequenz | Ort: Pullman Schweizerhof, Conference Center E 2

Fokus Pharma und Healthcare

Die Pharmalogistik umfasst die wesentlichen Prozessschritte von pharmazeutischen Produkten auf dem Weg zum Patienten. Die damit verbundenen Transport- und Lageraktivitäten unterliegen den Good Distribution Practices (GDP), welche zu Beginn dieses Jahres grundlegend überarbeitet wurden. Wie sehen die aktuellen Anforderungen an die Supply Chain aus und wie lässt sich ständige Verfügbarkeit sicherstellen? Mit welchen weltweiten Strategien kann auch auf individuelle Erfordernisse lokaler Märkte eingegangen werden?

Zentralisierung der Warenlogistik –
Dezentralisierung von Produkt-Know-how
Georg Rosenbaum
Centerleiter und Geschäftsführer,
MedicalOrder Center,
Ahlen

Implementation of Pharma and Healthcare Standards after GDP
Jean-Marc Reynaerts
Vice President Business Development,
Luxair S.A.,
Luxemburg

Innovations that Improve Control and Reduce Costs
Richard Ettl
Chief Executive Officer,
Skycell AG,
Zürich, Schweiz

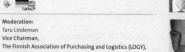

Moderation:
Taru Lindeman
Vice Chairman,
The Finnish Association of Purchasing and Logistics (LOGY),
Helsinki, Finnland

Supply MACS – Supply Chain Leadership for Enterprises
in Highly Dynamic Markets
Jan Meesenburg
Head of Supply Chain Management,
Miltenyi Biotec GmbH,
Bergisch Gladbach

BRANCHEN

| 14.30 Uhr | Fachsequenz | Ort: InterContinental, Potsdam III | E 3 |

Steuerung internationaler Netzwerke

Unternehmen sind verstärkt auf ausländische Märkte angewiesen, um ihre Wachstumsziele zu realisieren. Dabei verschieben sich internationale Warenströme aufgrund der hohen Dynamik aufstrebender Regionen. Wie stellen sich globale Player darauf ein und mit welchen Herausforderungen haben sie zu kämpfen? Was sind Best Practice-Beispiele zur Steuerung und zum Ausbau internationaler Netzwerke und inwieweit sind kooperative Modelle erfolgversprechend? Internationale und nationale Experten stellen ihre Ansätze vor.

From the Arctic to the World – Going Global by Innovations
Juha Laakkonen
Chief Executive Officer,
Lappset Group Ltd.,
Rovaniemi, Finnland

Peculiarities of the Market Entry in Turkey for Retailers
Mert Tüzüner
New Market Entry Project Leader,
Tchibo Turkey,
Istanbul, Türkei

The Agile Supply Chain: Competing in Volatile and Matured Markets
Anders Karlborg
President of Customer Orders and Logistics Department,
Huawei Technologies Co., Ltd.,
Shenzhen, China

Moderation:
Can Tamci
Head of Operations,
MAHLE Izmir A.S.,
Izmir, Türkei,
Regionalgruppensprecher, BVL

Vernetztes Supply Chain Management in der Sportbranche
Wolfgang Weber
Head of Operations Germany,
PUMA SE,
Herzogenaurach

NETZWERKE

| 14.30 Uhr | Fachsequenz | Ort: InterContinental, Charlottenburg II/III | E 4 |

Erfolgsfaktor Humanitäre Logistik

Akute und permanente Katastrophen erfordern verlässliche und flexible Logistik-Lösungen. Der BVL-Arbeitskreis „Humanitäre Logistik" zeigt auf, welchen wichtigen Beitrag die Logistik im humanitären Bereich leistet. Dies umfasst einerseits die Katastrophenvorsorge, bei der z.B. Seehäfen auf die Anforderungen in Krisensituationen vorbereitet werden. Andererseits werden bei der Katastrophenhilfe Partnerschaften zwischen Unternehmen und Hilfsorganisationen gebildet, um kurzfristig Leben zu retten und Leiden zu lindern.

New Challenges in Delivering Humanitarian Assistance
Wolfgang Herbinger
Director Logistics,
UN World Food Programme,
Rom, Italien

Logistical Challenges in the Event of a Disaster
Heiko Werner
Head of General Affairs Division,
Technisches Hilfswerk (THW),
Bonn

Humanitarian Logistics – Enabling Factors for Success
Birgitte Stalder-Olsen
Head of Global Logistics Service,
International Federation of Red Cross and
Red Crescent Societies,
Genf, Schweiz

Moderation und Impulsvortrag:
Prof. Dr.-Ing. Bernd Hellingrath
Inhaber des Lehrstuhls für
Wirtschaftsinformatik und Logistik,
Westfälische Wilhelms-Universität,
Münster

Life Saving Measures in Conflict Areas
David Treviño
Logistics Advisor, Field Support Unit,
Médecins Sans Frontières,
Berlin

IDEEN

| 14.30 Uhr | WORKSHOP -- Informationen S. 19 | What Would Harry Do?
Ort: Pullman Schweizerhof, Tessin I/II | W 3 |

| 16.30 Uhr | After Work Party | Ort: InterContinental, Ausstellungsfläche | |

9.30 Uhr | Fachsequenz | Ort: InterContinental, Potsdam I | F 1

Verkehrssysteme zukunftsfähig gestalten

Das Verkehrsaufkommen in Deutschland steigt laut Prognosen bis zum Jahr 2025 um 75 Prozent. Analog zur steigenden Wirtschaftskraft der deutschen Industrie muss vor allem mit einem Anstieg des Gütertransports gerechnet werden. Zudem gilt Deutschland als Haupttransitland Europas. Wie kann die Verkehrsinfrastruktur mit diesem Wachstum Schritt halten? Vertreter aus Politik und Wirtschaft diskutieren über den Verkehr von morgen und erläutern zukünftige Herausforderungen und Lösungen.

Impulsvortrag:
Anforderungen der deutschen Wirtschaft an die Verkehrspolitik in den kommenden vier Jahren
Dieter Schweer
Mitglied der Hauptgeschäftsführung, Bundesverband der Deutschen Industrie e. V. (BDI), Berlin, Beirat, BVL

Diskussion, unter anderem mit:
Sören Bartol
Sprecher der Arbeitsgruppe Verkehr, Bau und Stadtentwicklung, SPD-Fraktion,
Deutscher Bundestag,
Berlin

Thomas Jarzombek
Mitglied Ausschuss für Verkehr, Bau und Stadtentwicklung,
Deutscher Bundestag,
Berlin

Frank Dreeke
Vorsitzender des Vorstands,
BLG LOGISTICS GROUP AG & Co. KG,
Bremen

Moderation:
Andre Kranke
Stellv. Chefredakteur,
Verlag Heinrich Vogel,
VerkehrsRundschau,
München

 Aktive Diskussion

Adalbert Wandt
Präsident,
Bundesverband Güterkraftverkehr Logistik
und Entsorgung e.V. (BGL),
Frankfurt am Main

INNOVATIONEN

9.30 Uhr | Fachsequenz | Ort: Pullman Schweizerhof, Conference Center | F 2

Fokus Handel

Der Handel wird durch eine hohe Volatilität und schwer vorhersehbares Konsumverhalten beeinflusst. Durch Handelslogistik können Agilität und Flexibilität geschaffen werden. Während im stationären Handel Prozessoptimierungen in der Filiale zu einem entscheidenden Kriterium geworden sind, spielt beim Online-Handel der Umgang mit Retouren oder die Realisierung von Same-Day-Belieferungen eine große Rolle. Wie gehen die Händler mit den Herausforderungen um?

Making Same-Day-Delivery Work for Retail
Tom Allason
Founder and CEO,
Shutl Ltd.,
London, Großbritannien

Ausbau eines Logistiknetzwerks in Europa
Simon Straub
Leiter Logistics Network Development,
MyBrands Zalando Verwaltungs GmbH,
Berlin

Supply Chain Governance:
Wo fängt der Verkauf an – wo hört die Logistik auf?
Alexander Ralfs
Leiter Supply Chain Management Retail,
Tchibo GmbH,
Hamburg

Secure Store Supply in a Booming Chinese Market
Pamela Lin
Logistics Director,
LVMH Perfume & Cosmetics (Shanghai) Co., Ltd.,
Shanghai, China

Moderation:
Dieter Bock
Geschäftsführer,
Executive Services,
Berlin,
Beirat, BVL

BRANCHEN

9.30 Uhr — Fachsequenz | Ort: InterContinental, Potsdam III — F 3

Ganzheitliches Beschaffungsmanagement

Versteckte Kosten sind überall, aber wie können diese erkannt und optimiert werden? Das TCO-Prinzip (Total Cost of Ownership) ist ein bewährtes Instrument, um ein ganzheitliches Beschaffungsmanagement sicherzustellen und alle Kostentreiber zu identifizieren. Dabei ist es nicht nur für Einkaufsentscheidungen relevant, sondern kann darüber hinaus auch zur Schaffung von Transparenz entlang der gesamten Wertschöpfungskette beitragen und somit der Unternehmenssteuerung dienen. Unternehmen aus unterschiedlichen Branchen stellen ihre Ansätze vor.

Moderation und Impulsvortrag:
Prof. Dr.-Ing. Stefan Wolff
Vorsitzender des Vorstands,
4flow AG,
Berlin,
Mitglied des Vorstands, BVL

Total Supply Chain Cost Transparency
Ralf Busche
Vice President, Global Supply Chain Services,
BASF SE,
Ludwigshafen

Total Value of Ownership instead of Total Cost of Ownership
Tony Barr
Chief Marketing Officer (CMO) and Vice President of Corporate Development,
Beumer Group, Somerset, NJ, USA

Kostenoptimierung durch Value Sourcing
Alfons Dachs-Wiesinger
Senior Manager Transport & Logistics Services,
MAGNA STEYR AG & Co. KG,
Graz, Österreich

End-to-End Bewertung internationaler Supply Chains zwecks wertbasierter Lieferantenauswahl und Kostenoptimierung
Eberhard Braun
Chief Consultant Supply Chain Process Engineering,
METRO SYSTEMS GmbH,
Düsseldorf

NETZWERKE

9.30 Uhr — Fachsequenz | Ort: InterContinental, Charlottenburg II/III — F 4

Erfolgsfaktor Refurbishing

Der Wiederverkauf eines gebrauchten oder instandgesetzten Produktes ist für Unternehmen insbesondere in Zeiten zunehmender Ressourcenknappheit nicht nur aus ökologischen, sondern auch aus wirtschaftlichen Gründen sinnvoll. Die logistischen Herausforderungen für Re-Use-Prozesse sind jedoch vielseitig. In vielen Branchen besteht daher noch enormes Potenzial für Zusatzgeschäfte durch Refurbishing, Remanufacturing oder Recommerce.

Moderation:
Prof. Dr. Erik Sundin
Department of Management and Engineering,
Linköping University,
Schweden

Remanufacturing and Refurbishing – The Right Path to Sustainable Logistics
Prof. Dr.-Ing. Carsten Bücker
Geschäftsführender Gesellschafter,
Bücker Unternehmensgruppe GmbH & Co. KG,
Lingen

Refurbishment as an Integrated and Sustainable Business Model
Marco-Andre Riewe
Vice President, Head of Business Line Rental/Used,
STILL Group,
Hamburg

Environmental Importance & Economic Success: The Logistic Aspects of Refurbishments
Jan Roodenburg
Vice President EMEA Supply Chain,
Hewlett-Packard B.V.,
Amstelveen, Niederlande

Ecoline – A Convincing Approach for Customers, Companies and the Environment
Thomas Steinsdörfer
Leitung Supply Chain Management, Healthcare Sector,
Refurbished Systems,
Siemens AG, Forchheim

IDEEN

8.30 Uhr — BUSINESS-FRÜHSTÜCK — Besuch der begleitenden Fachausstellung

9.30 Uhr — WORKSHOP – Informationen S. 19 — Logistik in Indien — W 4
Ort: Pullman Schweizerhof, Tessin I/II

11.30 Uhr — KAFFEEPAUSE — Besuch der begleitenden Fachausstellung

| 12.00 Uhr | Plenum | Ort: InterContinental, Potsdam I/III | G 1 |

Franz Fehrenbach
Vorsitzender des Aufsichtsrats,
Robert Bosch GmbH,
Gerlingen

Das deutsche Erfolgsmodell – Perspektiven, Chancen und Risiken

Der Wirtschaftsstandort Deutschland ist heute Anker und Hoffnung der Eurozone. Duale Ausbildung, Arbeitnehmermitbestimmung und unsere Innovationsnetzwerke gelten weltweit als vorbildhaft. Gleichzeitig entwickeln sich in unserer globalisierten Welt in Absatzmärkten Wettbewerber und aus Fertigungsstandorten werden Forschungs- und Entwicklungszentren. Was bedeutet das für das deutsche Erfolgsmodell?

| 12.30 Uhr | Plenum | Ort: InterContinental, Potsdam I/III | G 2 |

Prof. Dr. Götz E. Rehn
Gründer und Geschäftsführer,
Alnatura Produktions- und Handels GmbH,
Bickenbach

Wirtschaft mit Sinn

Immer mehr Menschen suchen nach Produkten, die Sinn ergeben und einen Beitrag zur Entwicklung von Mensch und Erde leisten. Aus diesem Impuls wurde vor bald 30 Jahren das Bio-Handelsunternehmen Alnatura gegründet. Wie kann man Wirtschaft neu denken, um sinnvoll und ökologisch nachhaltig zu handeln?

| 13.00 Uhr | Plenum | Ort: InterContinental, Potsdam I/III | G 3 |

Prof. Dr. Henning Kagermann
Präsident,
acatech – Deutsche Akademie der
Technikwissenschaften e.V.,
Berlin

Produktion und Dienstleistungen im digitalen Zeitalter

Die vierte industrielle Revolution beschreibt die integrierte Produktion der Zukunft. Hierbei werden autonome, sich selbst organisierende Produktionseinheiten untereinander vernetzt, unterstützt von intelligenten Produkten. Parallel zeichnet sich ein Strukturwandel im klassischen Dienstleistungssektor ab. Durch Nutzung sicherer Cloud-Infrastrukturen und die Bereitstellung neuer Dienste-Plattformen sollen die Grundlagen für das zukünftige Internet der Dienste gelegt werden.

| 13.30 Uhr | Plenum | Ort: InterContinental, Potsdam I/III | G 4 |

Prof. Dr.-Ing. Raimund Klinkner
Vorsitzender des Vorstands,
Bundesvereinigung Logistik (BVL), Bremen,
Geschäftsführender Gesellschafter,
IMX Institute for Manufacturing Excellence,
Martinsried

Schlusswort

In einem kurzen Rückblick werden die Highlights der drei Kongresstage zusammengefasst. Welche richtungsweisenden Impulse wurden durch Vorträge, Sequenzen und Workshops gesetzt? Welche neuen Ideen konnten die Teilnehmer aus der begleitenden Fachausstellung mitnehmen?

| 13.35 Uhr | MITTAGSPAUSE | Besuch der begleitenden Fachausstellung |

Bitte notieren Sie diesen Termin in Ihrem Kalender

31. DEUTSCHER LOGISTIK-KONGRESS
22.-24. Oktober 2014

BVL
Bundesvereinigung
Logistik

Workshops

In Ergänzung zu den Fachsequenzen finden interaktive Workshops mit verschiedenen Themenschwerpunkten statt, die zu einem intensiven Austausch zwischen Referenten und Auditorium einladen. Nehmen Sie aktiv teil und diskutieren Sie aktuelle logistische Herausforderungen mit Kollegen. Lernen Sie aus den Erfahrungen von Experten anderer Unternehmen und nehmen Sie Impulse für Ihre tägliche Arbeit mit.

Mi., 23.10.2013 – 15.00 Uhr | Workshop | Ort: Pullman Schweizerhof, Tessin I/II | W 1

Moderation:
Prof. Dr. Wolfgang Stölzle
Ordinarius,
Lehrstuhl für Logistikmanagement,
Universität St. Gallen, Schweiz,
Wissenschaftlicher Beirat, BVL

Herausforderung Young Professionals

Die heutige „junge Generation", die entscheidend durch Digitalisierung, Globalisierung und Flexibilisierung geprägt ist, stellt neue Anforderungen an den zukünftigen Job. Wie können Unternehmen als attraktiver Arbeitgeber bei Young Professionals wahrgenommen werden? Worauf sollte man bei der Personalrekrutierung achten? Lassen Sie sich von kreativen Ideen erfahrener Experten in einem interaktiven Workshop inspirieren.

Do., 24.10.2013 – 9.30 Uhr | Workshop | Ort: Pullman Schweizerhof, Tessin I/II | W 2

Moderation:
Monika Behrens-Pyzalski
Head of Human Resources Global,
DB Schenker AG,
Essen

Thesis Conference

Die Themenvielfalt der Logistik wird durch die sehr unterschiedlichen Beiträge der Thesis Conference einmal mehr sichtbar werden. Folgende Preisträger stellen hier ihre Arbeiten vor und diskutieren über Karrierewege in der Logistik: Fabian Ansari, Marcel Becker, Anna Buchecker, Lisa-Maria Putz und Alexandra Wunderle.
Weitere Informationen auf Seite 25 und unter: **www.bvl.de/thesisaward**

Do., 24.10.2013 – 14.30 Uhr | Workshop | Ort: Pullman Schweizerhof, Tessin I/II | W 3

What Would Harry Do?

What Would Harry Do? ist ein internationales kreatives Netzwerk mit dem Anspruch, den „Harry" in anderen herauszufordern. Wir geben einen Einblick in unsere Arbeitsweise und entschlüsseln gemeinsam den Begriff der „nutzerzentrierten Innovation". Bekommen Sie einen ersten praktischen Einblick in Methoden wie „Design Thinking" oder „Service Design".
Wer ist Harry? Antworten auf **what.would.harry.do**

Fr., 25.10.2013 – 9.30 Uhr | Workshop | Ort: Pullman Schweizerhof, Tessin I/II | W 4

Moderation:
Prof. Dr.-Ing. Uwe Clausen
Institutsleiter,
Fraunhofer-Institut für Materialfluss und
Logistik IML, Dortmund,
Wissenschaftlicher Beirat, BVL

Logistik in Indien

Die Logistik ist eine der am schnellsten wachsenden Industrien in Indien. Wie können intermodaler Transport, verbesserter Informationsfluss und neue Konzepte der städtischen Distribution helfen, die aktuellen und zukünftigen Probleme zu lösen? Der aktuelle Stand des Logistik- und Transportmarkts, die Investitionen in den Logistiksektor und die Chancen für engere Kooperationen beider Länder werden im Workshop aufgegriffen und diskutiert.

B1

Trends und Strategien in der Logistik

30. Deutscher
Logistik-Kongress
23.-25. Oktober 2013

BVL
Bundesvereinigung
Logistik

Key Trends Shaping the Global Logistics Environment in 2013

1. Executive Summary
   Key Trends

2. Methodology and Sample
   Phase 1: Literature Review and Content Analytics
   Phase 2: Executive Interviews
   Phase 3: Survey Analysis and Data Collection
   Phase 4: Report Development

3. Key Trends Impacting the Global Logistics Landscape
   Overall top logistics and supply chain trends
   Network Forces
   External Forces
   Detailed Discussion of Top Trends
       Trend 1 – Customers are Demanding Specialized Logistics Solutions
       Trend 2 – Companies are Increasingly Part of Networked Economies
       Trend 3 – Customers Are Relentless on Cost Pressure and
           Working Capital Reduction
       Trend 4 – Global Sales Channel Footprints are Growing and Fragmenting
       Trend 5 – Talent Continues to be a Challenge
       Trend 6 – A Larger Global Footprint Creates More Volatility
   Other important trends

Key Trends Shaping the Global Logistics Environment in 2013

Prof. Robert Handfield, PhD, Bank of America Distinguished Professor, Director, Supply Chain Resource Cooperative Poole College of Management, North Carolina State University, Raleigh, North Carolina, USA

Prof. Dr.-Ing. Frank Straube, Geschäftsführender Direktor des Instituts für Technologie und Management, Leiter des Fachgebiets Logistik, Technische Universität Berlin

Prof. Dr. Dr. h.c. Hans-Christian Pfohl, Leiter des Bereichs Supply Chain und Netzwerkmanagement, Technische Universität Darmstadt

Dr. Andreas Wieland, Manager des Kompetenzzentrums Internationale Logistiknetze (gefördert durch die Kühne-Stiftung) am Fachgebiet Logistik, Technische Universität Berlin

1.   Executive Summary

Some of our key results of our new report, Trends and Strategies in Logistics and Supply Chain Management, which has just been published on behalf of BVL International, are summarized, as follows. They are based on 1757 responses collected in an international survey from supply chain executives (including logistics service providers (LSPs), retailers, and manufacturing companies).

Key Trends

The general observation from both a series of interviews and our study results is that logistics complexity in the form of fragmented channels, increased product variations, and consumer demands for customized solutions has increased. Several trends demonstrate that a number of major challenges lie ahead, as the world becomes a more complex place to operate logistically.

– **Customer expectations:** In essence, logistics and supply chain management should primarily enable a company to satisfy its customers' needs. Increasing customer expectations were ranked by respondents of our study as the most important trend, and meeting customer requirements has been ranked by more than 20% of the respondents as the number-one logistics objective. But, as

30. Deutscher
Logistik-Kongress
23.-25. Oktober 2013

BVL
Bundesvereinigung
Logistik

customers are becoming ever more demanding and critical, traditional measures often fail when pursuing strategies to satisfy customers.

- **Networked economy:** In the past, companies have typically considered themselves to be independent players in the market and, at best, managed interfaces to direct suppliers and customers. In today's networked economies, this is just not enough anymore. Companies are often forced to collaborate with partners both vertically and horizontally in their extended supply chain network, and these partners expect them to integrate their processes and systems. Companies are forced to adopt network thinking rather than company thinking.

- **Cost pressure:** Customers continue to expect low costs. Although other requirements such as sustainability, social issues or risk-mitigation capabilities are increasingly discussed in the media, cost pressure seems to remain the ultimate criterion for customers. Given the trend towards increased customer expectations, it has become ever more difficult to reduce costs any further. Logistics costs are playing an important role in reducing overall costs. Logistics costs share of overall revenue is as low as 4% and 6% in the electronics and automotive industries, respectively. However, our results show that costs are on the rise (larger than 8% in average of manufacturing industries). A concerning result is that as many as 14% of the respondents cannot estimate their logistics costs.

- **Globalization:** As global footprints expand, logistics performance as measured by delivery reliability has deteriorated, due to increasing customer requirements, greater volatility, and problems with infrastructure. Two out of three respondents stated that their company's logistics capability is negatively influenced by poor transportation infrastructure, which is a problem particularly in emerging markets. In sum, globalization clearly amplifies other trends and leads to an increase in complexity, particularly in regions of growth such as Russia, Eastern Europe, India, and Africa.

- **Talent shortfalls:** Across all regions and sectors, talent shortages in logistics is considered one of the most important challenges in the coming years. Shortages are being seen at both the operational level as well as the planning and controlling function. In particular, about 70% of the respondents experience a shortage of skilled labor. The most important strategies to cope with talent shortage are training and qualification programs and strategic cooperation with universities and research institutions. In the United States and Europe, talent shortages are also a function of demographics. In emerging nations strong competition from other fields like finance, strategy and IT contributes to the talent shortage.

– **Volatility:** In the last years, market turbulence on the supply and demand side has increased. This was amplified by the economic and financial crisis, which demonstrated how fluctuations in one part of the world can build up to dramatic problems in other parts of the world. Respondents of this study believe that volatility will continue to increase and more than 50% of them consider it to be a very important trend in five years.

– **Sustainability pressure:** This trend has emerged as a very serious topic. Already more than 55% of the respondents stated that green issues are part of their logistics strategy. Corporate social responsibility has also emerged as a highlight for debate. However, there remains a great deal of uncertainty in the deployment of these strategies, especially relative to measurement systems, evaluation and setting goals and strategies for logistics sustainability.

– **Increased risk and disruption:** The majority of companies (irrespective of size, sector, country and position in the supply chain) consider the mitigation of internal and external risks essential. Strategies for managing risk around demand and planning are also considered important. Executives concur that strategic frameworks and tools are needed for engaging the entire network in the management of risk and disruptions. Solutions focused on improving transparency of tier two suppliers, inventory and demand impede mitigation and force companies into reactive strategies. Proactive strategies should include research and development, procurement, production and sales.

– **New technology:** The majority of companies are recognizing the growing need for investments in new technology, with about 60% of the respondents planning to invest in "big data" analysis tools within the next five years. Those tools seek to develop capabilities around the comprehensive handling and intelligent connection of data to increase planning and control outcomes. The new wave of decentralized automated network technologies are in their infancy. Predictions from the last study concerning the use of those technologies have not yet materialized.

2.   Methodology and Sample

This project was completed in four phases, shown in Figure 1, by a research team led by Professor Robert Handfield from the Supply Chain Resource Cooperative, North Carolina State University, Professor Frank Straube and Dr. Andreas Wieland from the Technische Universität Berlin, as well as Professor Hans-Christian Pfohl

from the Technische Universität Darmstadt. International partners collaborated on interviews and survey data collection that supported the research team.

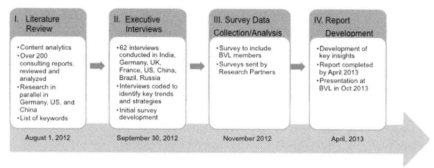

Figure 1: Methodology

Phase 1: Literature Review and Content Analytics

The research team first completed a comprehensive literature review of prior studies, reviewing over 200 consulting and research reports. These were organized and key issues analyzed and extracted. In compiling this information, a proprietary content analyzer tool was applied to identify the frequency of major trends and strategies. The content analytics tool allowed a scan of thousands of research articles online to identify relevant articles and publications based on the number of search hits. This tool allowed the team to validate further the importance of the topics and resulted in a focal set of keywords and themes for further analysis by the team.

We utilized a number of important German, English, and Chinese databases, including a Bloomberg supply chain analysis terminal, Lexis-Nexus, Ibis, Business Source Premier, and other databases. The research team then consolidated and finalized the list of trends and strategies that were relevant in the literature.

Phase 2: Executive Interviews

Based upon the results of the content analysis, the team developed a preliminary list of key logistics trends and strategies. Based on these elements, we developed a set of interview questions and a protocol for discussions with key industry executives. We conducted interviews with 62 international supply chain executives at the director level or higher from the logistics services, retailing, and various manufacturing industries. Interviews were transcribed and coded into major trends and strategies.

The research team met in Atlanta to review the findings, and revise the list of trends and strategies derived from interviews. From this discussion, a survey of key items to include was developed and pre-tested. The survey was launched in November 2012, following the International Supply Chain Conference in Berlin in October 2012. The survey was provided in English, German, Portuguese, Chinese, and Russian, and posted to an online survey tool. The survey was then launched in conjunction with the following partners:

American Production and Inventory Control Society, USA

BVL International, Germany

Council of Supply Chain Management Professionals, USA

East Carolina University, USA

European Logistics Association, Europe

FDC Cabral University, Brazil

Higher School of Economics, Russia

ILOS – Instituto de Logística e Supply Chain, Brazil

International Association of Commercial and Contract Managers, global

Shintao University, China

Supply Chain Resource Cooperative – North Carolina State University, USA

Technische Universität Berlin, Germany

Technische Universität Darmstadt, Germany

Tongji University, China

Phase 3: Survey Analysis and Data Collection

The survey targeted global companies across major global regions, in an effort to obtain a truly global sample of organizations. As shown in Figure 2, we obtained a wide diversity of responses from Western and Eastern Europe, Russia, the Americas, China, India, Southeast Asia, the Middle East and North Africa. A total of 1757 individuals completed the survey, of which 645 completed all questions. The number of responses per question varied based on the structure and response rate of the survey.

■ 30. DEUTSCHER
LOGISTIK-KONGRESS
23.-25. Oktober 2013

BVL
Bundesvereinigung
Logistik

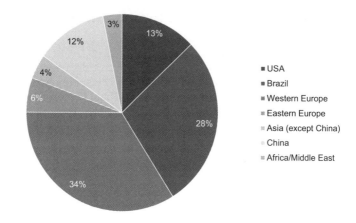

- USA
- Brazil
- Western Europe
- Eastern Europe
- Asia (except China)
- China
- Africa/Middle East

Figure 2: Countries Represented in the Survey

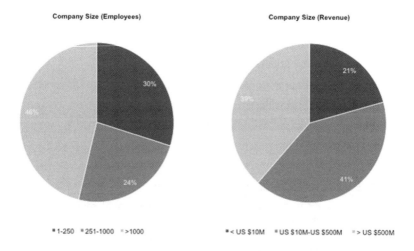

Figure 3: Company Size

It was intended to stratify targeted companies across different sizes (Figure 3). About 39% of organizations were more than $500M in global sales, with the majority (41%) between $10M-500M, and a strong representation of smaller organizations (21% less than $10M).

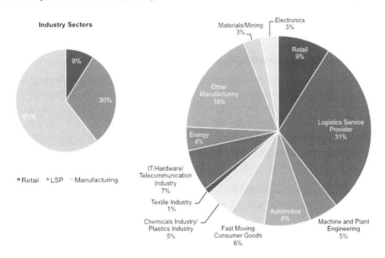

Figure 4: Industries Represented

Almost two thirds (61%) of respondents were from manufacturing industries, with 30% LSPs and 9% retailers. The sample of manufacturing and other firms is shown in Figure 4 as well.

Phase 4: Report Development

The final report combined the insights derived from the executive interviews, which were also validated by the survey results. Comparison of survey and interview data was used in combination with content analysis to develop key insights, and the overall model for supply chain trends was developed. The report was translated from English into German, and also into Portuguese and Chinese Executive summaries for executives in these regions.

In the remainder of this article, we describe the major global logistics trends identified in the analysis. A full analysis on the strategic approaches utilized by leading companies can be found in our report, Trends and Strategies in Logistics and Supply Chain Management.

3. Key Trends Impacting the Global Logistics Landscape

Overall top logistics and supply chain trends

Today's global logistics environment is characterized by increasing complexity and a number of important parameters shaping the global environment. The speed of change of these parameters is breathtaking and is driving increasing complexity in the logistics ecosystem. We have labeled these changes as "trends", in that they continue to re-shape the logistics landscape, and provide a shifting set of environmental risks and limitations that either constrain decisions, or alternatively present opportunities which nimble enterprises are able to exploit quickly.

The graph shown in Figure 5 shows the importance of identified top trends identified by global executives surveyed in all countries, as well as their relative importance in the next five years.

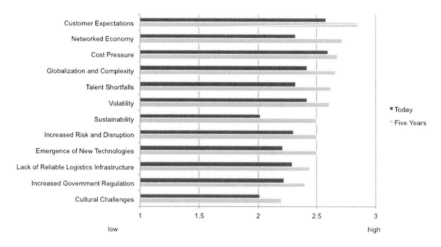

Figure 5: Importance of Logistics Trends

The trends shown in Figure 5 reflect executives' perceptions that merit further discussion. We have grouped the top six trends into two sets of related forces, network and external forces.

Network Forces

Network forces refer to changes that are occurring within an organization's vertical and horizontal network, which includes customers, suppliers, and LSPs that operate across the global value chain system. The major network forces are three-fold:

1. **Increased customer expectations** are being driven by consumers or marketing experts down to retailers, who are passing on these requirements on to manufacturers. Logistics service providers are being pressured to provide more and more customer-specific delivery solutions to meet a variety of customer demands. E-commerce is also driving increasing fragmentation of supply chain networks, further complicating the job of logistics providers to meet these needs. In effect, customers want it "my way", and are willing to switch brands and suppliers on short notice if they find someone offering a "better deal". Companies must have high quality, low cost, flexible delivery, reliable performance, and sustainable low-carbon solutions on top of it to keep customers satisfied!

2. Organizations are finding themselves increasingly part of a **networked economy**. As these expectations grow, enterprises in the supply chain are finding that their destiny is increasingly intertwined with others in the network. The old "arms-length" model of negotiating and competing with others in the vertical and horizontal network no longer works. Instead, companies are learning that they must collaborate with international partners to survive. Product manufacturing and service delivery are no longer stand-alone capabilities, but are increasingly bundled into a single set of capabilities demanded by customers. As companies cannot be "all things to all people", they must find new ways of working with not just customers and suppliers, but in some cases, other competitors as well!

3. **Cost pressure** is and will continue to be "alive and well"! That is, customers "want it all" – customer service, logistics capability, product innovation, and most of all – low cost! Customers are no longer willing to pay a premium for services, particularly logistics tracking and visibility capabilities. The expectation is that enterprises will provide complete visibility as part

**30. Deutscher
Logistik-Kongress**
23.-25. Oktober 2013

BVL
Bundesvereinigung
Logistik

of their product and service offering. Cost pressure is also being driven by government pricing regulation, low-cost country imports from global competitors, and new forms of competitive pressures from e-commerce and other sources.

External Forces

External forces represent changes that are not occurring within the network, but are driven by other non-network elements over which organizations have little to no control.

4. **Globalization** of logistics networks is increasing. As companies continue to expand their global footprint, global networks are fraught with challenges due to government regulatory forces, channel fragmentation, and poor logistics infrastructure. An increasing risk of supply chain disruption from any number of possible nodes along the supply chain further complicates the logistics environment.

5. One of the most critical concerns on the horizon for global organizations is the impending **talent shortage** in global supply chains. This will occur not just in manual processes (truck drivers, warehouse workers, material handling, expediting), but also in managerial capability (buyers, planners, analysts, schedulers, warehouse supervisors, and distribution managers). Supply chains cannot operate without people, yet organizations are recognizing that they face critical shortfalls in the number of unfilled job requirements and the shortage is growing with every day.

6. **Volatility** of the ecosystem is the "new normal". Volatility refers to major shifts in customer demand volume, product or service mix, government regulations, new competitors, substitute products, short product life cycles, and requirements for rapid network nodal changes and redesign. It seems as if enterprise transformation is now a continuous event, as organizations are continuously adapting and re-inventing their operating model in the face of continuous global change. The speed and scale of this change is unparalleled in the last decades.

These trends are discussed in more detail in the next section.

Detailed Discussion of Top Trends

Trend 1 – Customers are Demanding Specialized Logistics Solutions

The shift to a global economy is driven by a desire to access lower labor costs, but exposes organizations to higher transportation costs and regulatory shifts, which are in turn driving a dramatic impact on where companies source, where they produce, and the complexity of processes required to sell to the customer. As organizations grow and sell to more customers in more regions, complexity is rising. New global customers present a lucrative target, but there is a steep cost to servicing these customers. A global customer base creates a new set of challenges for organizations accustomed to providing standard logistics solutions to a homogeneous regional customer base. Customers are not only demanding perfect order and high delivery reliability, but are also requiring more customized and complex solutions.

The nature of customer demand complexity is occurring in many forms. The most obvious one is that product supply chains are becoming more complex, as organizations need to create more diverse sets of product options, packaging designs, and logistics arrangements to meet a sophisticated set of customer specifications. Companies who serve retail and industrial channels all face diverse industry-specific logistics requirements for their products, including tracking and tracing, cold chain, or shelf stocking services. Customers require specific logistics delivery requirements given tight delivery windows, at locations that are often difficult to access. And with government regulation, delivery often has to occur during low peak times (during the night) or early morning. And customers demand perfect order fulfillment, and are not willing to listen to excuses. Penalties for lapses in performance by retailers in particular are quick and deep. In addition, customers are using new retail channels (such as mobile applications and on-line buying) that are also increasing channel complexity.

Figure 6 provide insights into the issues deemed to be the most critical logistics objectives. Managers' top priority was "meeting customer expectations", followed by "on-time delivery" and "green logistics". (These were ranked the #1 priority by 22%, 17%, and 13% of respondents accordingly, as shown in Figure 6). The majority of respondents note that customers can change delivery orders based on 10 days or less. A majority (over 50%) indicated that this window can be one day or less!

It is interesting to compare the data in Figure 6 to prior BVL research. In 2008, the BVL research team found that delivery reliability was the most important goal of

logistics for all categories of firms (manufacturing, LSPs, and retail), followed by logistics cost. These trends suggest that customers are not willing to compromise lower performance for lower cost. In our current study, logistics cost is ranked #1 by only 7% of respondents in terms of objectives, as shown in Figure 6. It is also of interest that in the US, corporate social responsibility was rated as the #1 issue.

Another comparative evaluation of note is that in terms of absolute importance, delivery reliability and lead-time were evaluated significantly higher by logistics managers in countries characterized by poor infrastructure and uncertainty due to government regulations. This was most apparent in the ratings of managers from China and Brazil. A final point of note is that over the last few years, new objectives such as corporate social responsibility have become more important in Western Europe and North America, but is not yet on the radar for emerging markets.

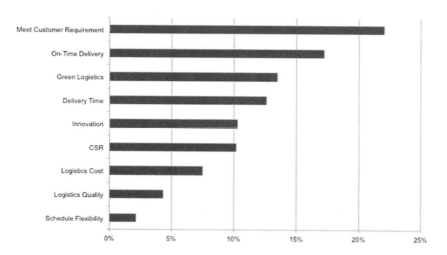

Figure 6: Percentage of Logistics Objective Ranked Number One

Trend 2 – Companies are Increasingly Part of Networked Economies

The second most important trend refers to the requirement that organizations build network capabilities to survive in the competitive environment. There has been an explosion of new channels to customers that are not well developed and that are interlinked with other channels. For example, consider the apparel indus-try. The old formula for apparel retail success was straightforward: give customers quality on-trend garments at the right price point in an attractive store setting with helpful sales associates. The supply chain only had to deliver goods to the retail store. Today, however, bricks and mortar stores are only one of multiple channels. Others include outlet locations, e-commercial sites, social and mobile sites, catalogs, and other seasonal/single-use channels such as pop-up stores and flash sales. And with these new channels, supply chain managers must simultane-ously accommodate and anticipate varying internal and external demands to meet time windows, keep costs low, ensure inventory can satisfy channels, and help fuel growth.

In a networked economy, enterprises are expected to have extreme levels of flex-ibility. Manufacturers need to be able to adapt to new product requirements or suppliers. LSPs need to offer flexible services. Retailers must grapple with how to fulfill different types of orders, and how to handle inventory behind the pur-chases, as customers are offered an array of different delivery mechanisms (ship to home, pick up at store, etc.). And e-commerce orders which are typified by higher volume but smaller picked orders delivered to homes are more common. To complicate this, reverse logistics capabilities must be established to handle the high volume of exchanges, returns, and damaged goods as more websites cater to a guaranteed zero cost of return policy.

To cope with this environment, companies are seeking to outsource more technol-ogy design, inventory management, working capital investments, and planning execution to other partners in the supply chain. Experts have warned that driv-ing too much responsibility up the supply chain can result in significant risk and loss of control. Companies risk losing control of the channel if suppliers decide to integrate downstream towards customers.[1] In such cases, the total cost of owner-ship (including such things as transportation and inventory management) become opaque to the OEM, and the enterprise can lose leverage to reduce costs if they hand over an entire product subsystem to a single supplier. This trend is offset by the other view in industry that logistics is all about cost savings, and is often not recognized by many as a source of value-added capability.

---

1   Choi, Thomas and Linton, Tom, "Don't Let Your Supply Chain Control Your Business", *Harvard Busi-ness Review*, December 2011, pp. 1-8.

An offshoot of this trend is the bundling of product and logistics solutions. Customers are requiring solutions to problems that they face, which means being able to not just have the physical movement of the product, but a combination of packaging, distribution, tracking, and responsiveness to requirements. This has been the case in the automotive industry for years, where JIT deliveries on an hourly basis based on real-time EDI transmissions is the norm. Increasingly, organizations don't wish to manage inventory, and are requiring suppliers to provide vendor-managed inventory, real-time responsiveness to inventory tracking software, and technical support. Many companies are unable to provide these capabilities on their own, and are partnering with solution providers to develop combined product-service supply chain solutions.

Of note is the fact that customer expectations and networked economies are particularly important in many developed countries. US managers also ranked global complexity as an increasing trend. Another interesting point was the difference in Brazilian executive responses. Here, the main logistics trend is similarly customer expectations, but a myriad of other trends are also perceived as critical, including cost pressure, talent, networked economies, and unreliable infrastructure. We also found that emerging technology was higher ranked by high-tech industries.

Many of the companies we interviewed recognize that they cannot "do it alone", but need to become experts at managing global relationships. This is particularly true in regions where sales are only starting out, and in many cases, companies need to figure out the "pieces of the puzzle" and what it means to operate regionally. To do so, partnerships are key, particularly for importing into regions. Many countries have specific requirements for packaging, shipping, and other importation issues that require customization of logistics processes. Organizations need to develop specific packaging requirements inside these countries to meet government laws, and then set up processes to import products and customize to the local market. Shipping across borders has an impact on the effectiveness of the channel, and so organizations need to carefully choose distributors and selling locations. A supply chain strategy involves making decisions: How do you distribute? Into your own warehouse structure or another? And how many distributors do you select for the territory? Organizations are recognizing that they need to identify partners who can optimize and understand local legislation and conditions to effectively navigate this increasingly complex set of decisions.

The importance of networked relationships as a trend was corroborated in our research results shown in Figure 7, that shows the importance of collaboration with supply chain partners. The most important reasons identified by almost 80% of executives for collaboration in the supply chain is to achieve improved coordination and increasing trust, as well as to improve synergies and increase innovation. In the words of one executive: "Collaborate or die!" It is clear that organizations are seeking to develop new forms of logistics value and innovation, and an open and trusting dialogue where all parties can openly exchange ideas for improvement is an imperative for survival. There are still many issues relative to identifying the right partners for long-term network relationships, but the data clearly supports a direction that is leaning towards a more cohesive and integrated set of networked relationships with fewer partners. Such relationships are built on identified synergies that create new capabilities, innovative supply chain solutions, and shared capacity and risk.

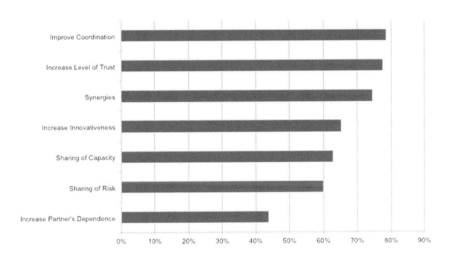

Figure 7: Percent of Respondents Rating Reasons for Collaboration as "Important"

┌─┐ 30. Deutscher
│■│ Logistik-Kongress
└─┘ 23.-25. Oktober 2013

BVL ┐
Bundesvereinigung
Logistik

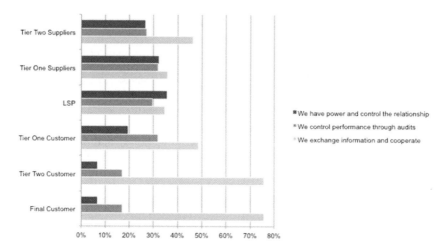

Figure 8: Percent of Respondents – Mechanisms Used to Manage Relationships

As shown in Figure 8, we assessed the mechanisms used to manage relationships across different categories of supply chain members, as seen by the focal companies. Our results suggest very different approaches are emerging in managing networked relationships downstream (customer end) versus upstream (supplier end). An approximately equal blend of contractual controls, audit measures, and information exchange is used in the upstream echelons of most supply chains between tier two suppliers, tier one suppliers, and LSPs. However, downstream participants (tier-one customers, tier-two customers, and final customers) are less likely to employ strong-armed power tactics in relationships, but are more likely to manage relationships through open sharing of information. This finding supports results from our 2008 study that information received from customers is not passed upstream. This finding also corroborates executive comments that companies are pushing working capital onto their upstream partners. These companies are more likely to delegate power and control to suppliers when it comes to management of supply chains. Upstream suppliers are more likely to push information down to customers more frequently, in the form of advance ship notices, inventory information, demand management, and other forms of alerts. In such cases, organizations are much more likely to collaborate and share information with these parties as they have less control (customers), and are required to comply with their needs for information, or risk losing business.

Trend 3 – Customers Are Relentless on Cost Pressure and Working Capital Reduction

Competitive cost pressure continues to drive organizations to seek optimized logistics networks. The pressure of the last five years has driven many companies to capture the "easy" cost savings, and additional savings require more sophisticated approaches. The era of moving supply to emerging countries to exploit low cost labor is drawing to a close, as the savings are not as easy to find as they once were five to eight years ago. Organizations are finding that they must begin to truly adopt analytical tools to design their logistics networks that capture multiple cost drivers (not just labor).

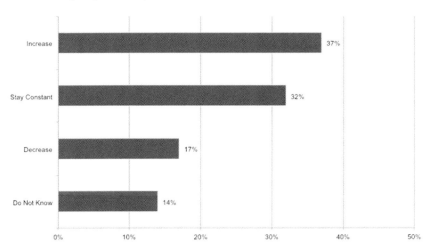

Figure 9: Logistics Costs Trend During 2012

More than a third of respondents noted that logistics costs have increased in 2012 (Figure 9), while another third stated it had stayed constant. No standardized methods exist in research or in business practice to measure the logistics costs as a percent of overall costs/revenue of a company. This is due to several factors. First, standards defining what elements of transportation, purchasing, materials handling, quality inspection and other costs belong in the category of logistics often vary between divisions in the same company! A baseline definition of what is included in logistics costs also varies between companies in the same indus-

try. Despite this limitation, Figure 10 shows logistics cost as a percent of overall revenue as estimated by respondents. Logistics costs exceed 8% of revenues in industries such as retail, fast moving consumer goods, chemicals, textiles, energy, and mining/materials. These industries not surprisingly have a strong interest in optimizing their logistics network. Logistics costs are higher for stationary retailers than for mail-order retailers.

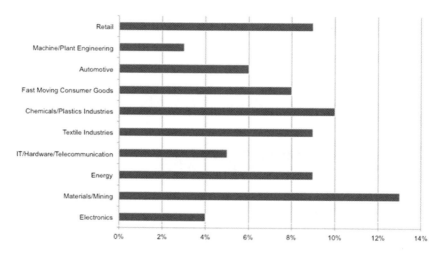

Figure 10: Share of Logistics Cost as Percentage of
Overall Revenue in Selected Industries

It is noteworthy that, when we questioned our respondents in the last months of 2012, still more than one-sixth of them did not know whether logistics costs would increase or decrease by the end of that same year. Given that all of our respondents are responsible for logistics and supply chain management in their respective companies, this is a remarkably large portion that can, in part, be explained by increased uncertainties and volatility in international markets. Clearly, analytical tools and standards are needed that enable managers to have a better ability to capture and measure logistics cost data.

The share of logistics costs as a percent of overall costs varies substantially between different industries. For example, international companies from industries related to machine and plant engineering or high-tech companies have a substantially lower share of logistics costs than companies from the chemical and plastics industry. High logistics costs are also common in the materials and mining industry (Figure 10). In automotive, more organizations are moving to local suppliers for JIT delivery, which is reducing logistics costs. Indeed our results showed that, when compared to the high-tech industries (where logistics costs increased), logistics costs decreased in the automotive industry. Even so, transportation costs account for more than 30% of total logistics costs in automotive.

Calculated as a percentage of overall revenue, huge variations were observed when comparing logistics cost between different regions. In China logistics costs were more than 14%, but less than 6% in the US (even considering that US costs increased in 2012). There was also significant variance between industries, where logistics costs were low for automotive (6%), machine and plant engineering (4%), but high for chemicals (10%). As noted earlier, 14% of participants did not know their logistics costs in 2012! This may be due to a lack of proper accounting measures, as is the case when transportation is folded into supplier costs.

Clearly, the pressure to reduce costs and working capital is part of the global landscape that is likely to stay. Organizations must therefore find innovative ways to provide new solutions to complex customer requirements, without increasing costs. However, there is also an indication that customers are learning to value prompt and reliable delivery over cost in some situations.

Trend 4 – Global Sales Channel Footprints are Growing and Fragmenting

Organizations in multiple sectors are continuing to pursue global growth strategies that focus on expansion into new regions. In particular, the focal BRIC countries represent major targets for expansion, but with them come a host of new problems which enterprises have little experience in dealing with. Examples of major growth strategies and the associated challenges were found in multiple industry sectors. Some of these were driven by economic realities, currency movements, government regulations, or access to existing logistics networks. For example:

- Ford outlined a plan to introduce several new vehicles over the next two years, without having to invest in assembly plants. US auto exports are increasing helped by both restructuring of Ford's footprint in the US and the dollar's favorable exchange rates. Likewise, Honda, Nissan, and Toyota

30. Deutscher
Logistik-Kongress
23.-25. Oktober 2013

BVL
Bundesvereinigung
Logistik

also plan to use the US and Mexico increasingly as an export base as the strong yen causes them to lose money on vehicles exported from Japan.[2]

- Wal-Mart recently acquired Massmart Holdings, one of the largest South African retail chains, after overcoming regulatory hurdles and opposition from labor groups. The company is unrolling a domestic supplier development effort to train suppliers on how to do business the "Wal-Mart way". South African suppliers such as Foodcorp and Premier Foods are eager to get on board, as many were left to build their own brands domestically when many companies pulled out of South Africa under the legacy of apartheid. Wal-Mart is also making efforts to improve the largely manual operations at warehouses, but is also seeking steep pricing discounts from suppliers to align with their cost-cutting culture. Wal-Mart believes their knowledge and experience can also cut costs in distribution and logistics. Wal-Mart has apparently learned from their costly mistakes in entering other new markets. For example, they pulled out of Germany in 2006 after trying to transplant their US culture without understanding the shopping habits of German customers.[3]

- Lenovo was primarily considered a Chinese brand, but has moved to a number two revenue global ranking in computer sales, after taking over the IBM PC business, and growing into tablets and other mobile devices.

Where is this global growth occurring? As shown in Figure 11, the current footprint of respondents to our survey lies still within the major Western regions, with the top five spots being Western and Eastern Europe, followed by South America, China, North America, and Russia. Note that the sample is biased by the high number of German respondents, but is still representative of the level of growth globally.

---

2   Ramsey, Mike and Rogers, Christina, "Ford Plans New Strategy in Europe", *Wall Street Journal*, September 7, 2012, p. B7.
3   Maylie, Devon, "Africa Learns the Wal-Mart Way", *Wall Street Journal*, September 7, 2012, p. B1.

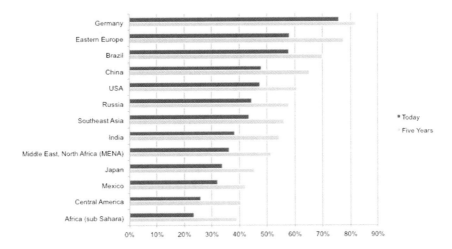

Figure 11: Percent of Respondents Operating in these Regions Today and in Five Years

The five year projected footprint shown in Figure 11 shows an increasing level of globalization, as more and more organizations expand their logistics network and sales abroad. The research results suggest that Russia and Eastern Europe are the regions that 20% of respondents identified as a growth region. Both Russia and some other parts of Eastern Europe represent high growth but also high risk countries to operate in, due to the difficult government regulatory environment. Another 15 to 20% of organizations are expanding into India, Africa, the Middle East, and Central America. These regions are characterized by unreliable logistics infrastructure, difficult government regulations, and a lack of logistics talent. Also of note is the growth into China which is at a much lower rate of growth than in the past. Organizations are finding that the value proposition for many firms in China is disappearing as the competitive cost advantage is beginning to erode relative to other countries. Government policy and social issues are further compounding the complexity of doing business in China.[4]

---

4   http://scmresearch.org/2012/01/20/the-end-of-scm-in-china/

30. Deutscher
Logistik-Kongress
23.-25. Oktober 2013

BVL
Bundesvereinigung
Logistik

One important note is the growth of Africa as a region for global expansion. Along Africa's Atlantic coast, garment factories are giving up African couture to assemble scrubs, aprons and lab coats. The switch comes as global suppliers seek out Africa's low-cost, English-speaking labor and ports that are 10 days closer than Asia's garment factories are to the US eastern seaboard.[5] In terms of delivery lead-time and working capital, ten days is a significant factor that is driving many large retailers such as Wal-Mart to sourcing items such as hospital apparel. As minimum wages in India, Malaysia, Thailand and China have increased by as much as 10% in 2012, wholesalers have invested in sources of supply in Africa. Although these regions have not seen the volumes that China's factories have seen, laws such as duty-free exports passed by the US government has encouraged such industries to spring up. The fact that Ghana is an English-speaking nation with a stable democracy has also helped speed up growth in this region, although productivity rates still do not match those of China.

With globalization, the need to partner with local logistics service providers becomes an imperative. Such providers understand domestic transportation issues, and can plan to develop long-term solutions to complex local distribution challenges. One of the biggest trends associated with this growth is the increase in complexity of global networks. Complexity occurs in many forms: more facilities, more infrastructure, more suppliers, more product variations and SKUs, smaller numerous and fragmented sales channels, and increasing regulatory and transportation security requirements. Organizations also struggle to prioritize the complexity of strategic objectives they face, including sustainability, globalization, and risk reduction. Many organizations are finding quickly that they are at times overwhelmed by this complexity, and become caught up in daily firefighting and monitoring of conditions. Top performers are embracing complexity, and rather than trying to predict it, have established mechanisms to become more responsive and adaptive to change.

Growth of the global logistics network is fraught with increasing difficulty. Large BRIC country governments have recognized their power in the channel, and have raised the stakes for import and export requirements and regulation. There is also considerable debate among experts as to the path this will take. Some commentators believe India will continue to grow, while many point to the many untapped domestic markets in China and Brazil. BRIC countries all have significant import

---

5   A version of this article appeared December 1, 2012, on page B1 in the US edition of The Wall Street Journal, with the headline: Fast-Growing Label: Made in Ghana.

challenges. Quite a number of Western companies have been buying domestic Chinese, Brazilian, and Indian companies to get access to their distribution networks. But others note that this approach has become very expensive and that "there are no more bargains out there. If you want to be in China to gain a foothold through acquisition, you should have been there 3 to 4 years ago" (Global pharmaceutical executive). In fact, there is increasing evidence that Asian growth is slow, and will continue to slow in its rate of growth. Moreover, Chinese companies have started to buy domestic Western companies.

To begin to establish a domestic international distribution network without investment, organizations are exploring opportunities to build network partnerships. Consider the example of this organization model described by one executive:

> We work with many accounts: service-driven customers, large accounts, small accounts- and multiple flavors, but it is only inside the infrastructure that you can really begin to differentiate your setup and costing. Our approach was to introduce the "indirect channel approach". This involves direct shipping of products to distributors, which allows you to generate savings. You take those savings, and you put them on the table, and tell your distributors that they can share in these savings if they will work with you to change their processes. We bring the promise of the savings to drive the underlying change principles in developing market countries. And that gets things going! Seeing the savings on the table gets customers going, distributors going, as they see the strategic advantage of a different working environment. This strategy allowed us better reach to our customers, by using existing distributors who already have a presence in countries like India and Russia. These distributors allow us to get a better reach into the market, but at a cost of having them handle our product. The only way to do that effectively is to eliminate touch points into the supply chain going in to that country – what we call the direct chain. It is costing you money to unload a container, so the idea is NOT to touch it, and to ship it directly to the distributors. But the only way not to touch it is to control the sales process, and to control your marketing process, and look for consistent growth for volume flexibility inside the model. [Business Services Executive]

In another example, a German company, Symrise, closely collaborates with more than 1,000 vanilla farmers and "the entire procurement process takes place locally, from cultivation and harvesting, to the fermentation of the beans, all the way through to extraction". The company partners with NGOs, development organizations, and farmers' associations to ensure "that its projects in the areas of environmental protection, income diversification, nutrition, health and education continue to blossom over the long term". Symrise benefits from these activities by receiving reliable access to top-quality raw materials.[6]

Organizations will need to continue to find networked solutions in response to the continued growth of their global footprint, which surely will continue due to the appeal of large mass markets in BRIC countries and beyond.

Trend 5 – Talent Continues to be a Challenge

Every one of the executives we spoke with mentioned the lack of talent as a critical barrier to driving logistics progress and improvement. This discussion was mentioned across all of the regions we surveyed:

The root cause of this problem is not simple. Managers from Western European countries noted that young people do not view logistics as an exciting career. Instead, students and graduates often have greater interest in finance and marketing careers. On the other hand, North American companies noted the growing number of retiring executives with a lack of talented people to replace them. They also note that young people are not as willing to travel, which limits their career options in logistics!

In India, China, and Brazil, the shortage of logistics talent was a very challenging issue, as many universities in these countries do not have logistics training in their curriculum. Managing a logistics talent pipeline means not only recruiting the right talent, but retaining and keeping talented individuals on-board in a competitive market for supply chain professionals who have the requisite experience and leadership. This is occurring not just at lower levels, but mid-level and senior level roles.

This result is clearly seen in Figure 12, summarizing responses to the question: "Our logistics capability is most negatively impacted by...." As transport costs are

---

6   http://scmresearch.org/2013/01/13/creating-added-value-beyond-corporate-boundaries/

a major challenge, the second most important element is a critical lack of qualified employees, a trend identified by almost three-quarters of executives globally.

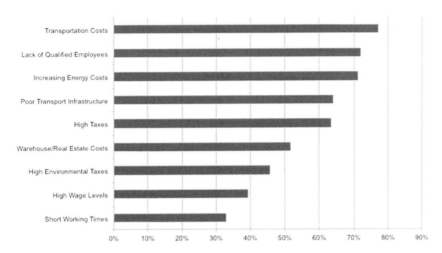

*Figure 12: Percentage of Firms Rating Logistics Capability
as Negatively Influenced by...*

A second insight shown in Figure 13 is that the talent gap is most apparent in the areas of skilled labor and supply chain planning. Both areas are critically short, despite a growing unemployment rate in many regions of the world. The fact that more than 60% of firms see major shortages suggests that the issue is not so much getting people, but getting "the right people with the right competencies and skills". The perception is that this shortage in skilled workers and planners will continue to escalate. The biggest growth in terms of shortages will be for certain types of skilled labor, i.e. for warehouse workers, as the number of experienced workers begin to retire, there will not be enough replacements to cover the growing logistical requirements and complexities in the global environment. Finally, there is also a clear signal that the shortage of entry level logisticians will continue to rise, as universities are not focusing on graduates with these profiles in the short-term, and this could continue to escalate as an issue.

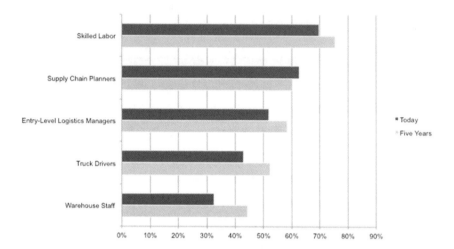

Figure 13: Types of Talent Shortages Experienced (Percent of Respondents)

Trend 6 – A Larger Global Footprint Creates More Volatility

Volatility is a measure of variation in conditions, whereas risk is the probability and impact of major disruptions of business processes. Both are relevant in the discussion of complexity in the global logistics environment, but volatility is perceived as increasing significantly in the logistics environment. Volatility occurs due to increased globalization linked to variation in labor costs (in countries such as China), shifting fuel costs and regulatory changes, and other parameters that influence where companies source, where they produce, and the complexity of processes required to sell to the customer.

Volatility is often driven by unreliable elements in the supply chain that make prediction for delivery challenging. An example is the unreliability of global logistics channels, especially the challenges associated with ocean freight lines, which are becoming increasingly unreliable. Labor issues at ports, larger ships, port capacity, and multiple other issues are driving executives to worry about the status of their shipments and whether they will reach their destinations in time to meet customer requirements.

Many executives noted that, as their organization's global footprint expands, there is increasing complexity of government regulations, especially in the area of logistics regulations, protectionist policies, product regulations, compliance to customs, trade, local content issues, and security requirements. As the private sector seeks to expand its growth in emerging countries, there is increasing pressure economically in these countries to levy import codes and product restrictions to drive revenue and protect local industries. The failure of the WTO to drive liberalization has resulted in increased regulatory barriers to logistics. The barrier of regulatory issues is a shifting target which is continually changing, yet the fines and penalties for non-compliance are on the rise. These regulations render it more difficult to meet increasing customer requirements for reliable product delivery, and make it challenging to be able to plan using normal lead times, inventory requirements, and scheduling. Multiple interviews reveal the complex and shifting nature of government regulations, making it more evident than ever that "the government is part of every supply chain!"

Other important trends

The aforementioned trends were ranked as the most important ones. Although not ranked as important by all survey participants, a number of other trends were also highlighted by several managers in our interviews and are worth discussing.

First, **sustainability** has become a trend worldwide. Executives recognize that materials used along the supply chains of their products can contribute to both resource scarcity and the climate change. Government regulations, retailers, and consumers are increasingly demanding products that are "green" and "social", which also applies to logistics and supply chain processes. Moreover, companies have increasingly learned that they need to be concerned about social issues in their supply chains (e.g. labor conditions, child labor, and safety of staff), as incidents can harm their reputation and, thus, their performance. Measuring social and environmental performance along the supply chain is often very difficult. Many customers want sustainable products and services, but are not willing to pay a premium for this characteristic.

Second, companies are facing **increased risks and disruptions**. Such problems might be triggered by events that occur internally within the company. However, catastrophes like the 2010 volcano eruption in Iceland, the 2011 Tohoku earthquake in Japan, the 2011 Thailand floods, and the 2013 horsemeat scandal indicate that many companies are indirectly affected by risks that occur on the

premises of their suppliers or even their suppliers' suppliers. The existence of such risks and disruptions point to the fact that logistics and supply chain management is about a network of companies, which cannot be controlled by a single company, but in which all included companies positively or negatively can influence one another. In addition to such unexpected events, supply chains can also be vulnerable to everyday risks such as supply and demand fluctuations or delays.

Third, **new technologies** are emerging that can help to improve products and services and that may also help to open up new sales and distribution channels. This includes hardware and software solutions to improve integrated planning processes or social media and smart applications to reach new customers. Furthermore, logistics is influenced by digitization and decentralized IT network intelligence. Many companies have to make decisions between traditional or slightly improved technologies on the one hand, and highly innovative technologies whose benefit has yet to be demonstrated on the other hand. However, investments in technologies can be expensive. Therefore, companies are constantly challenged to rapidly recognize, evaluate, and potentially invest in new technologies to outperform competitors.

Finally, global companies have to cope with **poor logistics infrastructure** that can be found in several countries, **government regulations** that negatively impact local or transnational logistics processes, or **cultural issues** that typically will occur when people from more than one country work together. It is important to note that such trends often reveal themselves only after companies start to extend their business to other countries. These trends can substantially contribute to the complexity of logistics and supply chain processes, and they are, therefore, important to be considered before entering a new market and globalizing supply chains.

B2

Fokus Elektrotechnik

An approach for mastering the evolutionary and revolutionary
development of the electronics industry sector

1. Introduction

2. Trends and Challenges
    2.1. Development of the electronics industry
        2.1.1. Evolution and revolution of the electronic industry
            and electronics companies
        2.1.2. Industry structuring and right positioning
    2.2. Supply chain complexity
    2.3. High innovation rate and short product lifecycle
    2.4. Prepare for the future: Fourth Industrial Revolution

3. Performance enablers
    3.1. Become the strongest link in the value chain
    3.2. Integrate the whole supply chain
        3.2.1. Supply Chain Planning
        3.2.2. Supply Chain Risk Management
    3.3. Manage the product lifecycle on integrated manner
    3.4. Achieve operational excellence and flexibility

4. Roadmap to performance

5. Conclusion & Outlook

An approach for mastering the evolutionary and revolutionary development of the electronics industry sector[1]

Stefana Karevska, Consultant, Ernst & Young GmbH
Wirtschaftsprüfungsgesellschaft

Dr. Christoph Kilger, Partner, Ernst & Young GmbH
Wirtschaftsprüfungsgesellschaft

1.   Introduction

No other industry changed the everyday life of its customers as electronics industry did in the last decades. The number of market players who want to grab a part of the profit pie of this multibillion industry is continuously increasing. It is evident especially now, when climbing growth rates once again after the post-financial crisis stabilization phase can be witnessed and a compound annual growth rate up to 8% in the year 2016 is expected[2]. But entering and succeeding in this multidimensional high-competitive industry means mastering challenges like high innovativeness and short product life-cycle as well as effective global distribution under high price pressure.

Previous experience has shown that visionary market positioning, strategic innovation and efficient operations are the crucial preconditions for assuring the company's long term success under these circumstances. Because of the nature of the industry, characterized by global value chain with high complexity, the achievement of operational excellence does not focus exclusively on one production site but rather on the integration and interconnection of all value chain levels and players as well as attaining supply chain excellence. The exceptional way how Apple manages its complexly fragmented but strongly integrated supply chain became paragon for supply chain excellence for many companies, since this approach in combination with the high innovativeness contributed Apple to become one of the leaders in the customer electronics sector. Nevertheless, the question arises whether having another form of supply chain integration, namely like the

---

[1]   Dr. Michael Keppler, Founder and Director, ICON-SCM, co-authored section 3.2.
       Rene Indefrey, Senior Manager, Ernst & Young GmbH Wirtschaftsprüfungsgesellschaft, co-authored section 3.3.
[2]   MarketLine, "MarketLine Industry Profile: Global Semiconductors", 2012

**30. Deutscher
Logistik-Kongress**
23.-25. Oktober 2013

BVL
Bundesvereinigung
Logistik

one of Samsung, is the key success factor that helps Samsung to take over the leading position even in consumer electronics market segments previously dominated by Apple. Furthermore, the integration of such a complex supply chain with that many suppliers, contractors and outsourced service providers wide spread over the globe can be realized only by the use of cutting-edge IT systems. Almost 75% of the electronics industry's executives believe that the implementation of appropriate IT system will enable their company to achieve close integration with customers, to adjust the operations on the changed demand, to reduce costs as well as facilitate the process of introduction of new products[3].

The trends and challenges that the electronics industry is facing are described within the first part of this paper. In following key performance enablers such as strategic market positioning, integrated supply chain planning, product lifecycle management and operational excellence will be elaborated. In conclusion the roadmap to the performance will be explained.

2. Trends and Challenges

The same challenges and trends can be observed in any segment of the electronics industry: semiconductors, computer and network hardware, industrial electronics, automotive electronics, defense systems and consumer electronics. In order to provide detailed description of the current industry's trends this paper will focus on the two related and most representative segments: semiconductors and consumer electronics.

After the strong fluctuating period from 2007 and 2011 with a compound annual growth rate of only 1,7%, in the semiconductor industry a strong market acceleration phase and achievement of compound annual growth rate of 7,3% is expected[4]. Increased level of competition, market domination by the big multinational companies, concentration and increased supplier's power, high innovation rate and sophisticate R&D processes are some of the challenges that semiconductor vendors are facing on their way to increase their market share and profitability. Although the largest players like Intel and Texas Instruments still have a strong focus on the semiconductor manufacturing, the aim to achieve strong supply chain integration and coordination promotes the trend of development of strong electronic equipment manufacturers instead such as Samsung and Toshiba.

---

3   EY research
4   MarketLine, "MarketLine Industry Profile: Global Semiconductors", 2012

Similar growth trends are also anticipated in the consumer electronics industry, where a compound annual growth rate of over 10% until 2015 can be expected.[5] The developments in the consumer electronics market are driven by the newest innovation and technological trends as well as by the increased outsourcing and globalization activities. Considering the individual segments, the tablet and smartphone market segments are those with the biggest growth while the revenues from the PC products decline continuously year after year. Consequently, the market is dominated by Apple and Samsung followed by HP, Sony and Dell.

2.1. Development of the electronics industry

2.1.1. Evolution and revolution of the electronic industry and electronics companies

Electronics presents an evitable part of the everyday life in the modern society. The modern life bases on the use of computers, networks, mobile devices and other electronics that facilitate modern communication and mobility. This development additionally supports the already constantly growing demand and number of customers that in further instance reflects on the manner that electronics companies' organization develops.

Each company's development begins with long evolutionary phase characterized by steady growth and stability and is followed by a dynamic revolutionary change before it proceeds within the next evolutionary growth phase[6]. The speed at which a company completes the development cycle of evolution and revolution as well as the duration of this cycle is correlated with the growth rate of the industry. The evolution phase of the fast-growing industries is much shorter and more intensive in comparison with the one of the slow-growing industries. Furthermore, in case of continuous stable profitability the revolutionary change will be postponed and the evolutionary phase prolonged.

The market environment of the electronics industry has changed drastically over the last decades. In the past the electronics industry's growth as well as the related companies' development were significantly slower in comparison with the contemporary ones (Exhibit 1).

---

5   MarketLine, "MarketLine Industry Profile: Global Consumer Electronics", 2012
6   L.E. Greiner, "Evolution and Revolution as Organisations Grow", Harvard Business Review, 1998

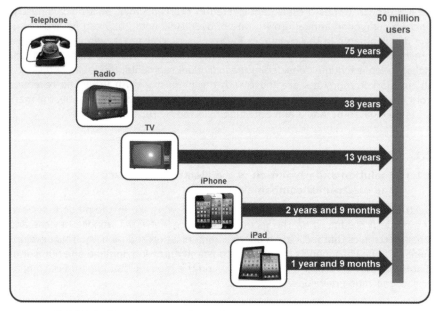

*Exhibit 1: Development of the electronics industry and products
in the past and present[7]*

While the radio and television needed 38 years and 13 years respectively to reach the number of 50 million users, the newest Apple's smart mobile device iPad managed it in less than 2 years. The electronics companies in the past could develop themselves slowly not only because of the lower innovation rate in the industry but also because of the high-prices of their products and the stable profitability they obtained.

Since the electronics industry evolved from slow-growing to the super-fast growing industry its players need to adjust to the trend if they want to stay competitive on the market. The past big players such as RCA, Magnavox or Zenith, that did not achieve to adapt their company to the pace of the industry's change, disappeared from the playfield. The leading role in the industry overtake the companies that were able to adjust their organization to the market changes, recognize the cus-

---

7   EY research, various press and web reports

tomers' needs, develop revolutionary market concepts and invent sophisticated products. A perfect example for this is the development of the mobile devices industry (Exhibit 2). While Blackberry recognized the need for mobile device that offers options like taking photos, shooting videos and receiving emails additionally to the phoning option, Apple offered the most customer-friendly smart phone in combination with revolutionary market strategy and excellent supply chain model. Samsung is currently on a good way to overtake the leadership position by evolving further on the proven smartphone concept by simultaneously integrating smart phones with its further consumer electronics products, developing a supply chain model that would meet in better manner the customers' needs and enable shorter lead time, all offered at more attractive price.

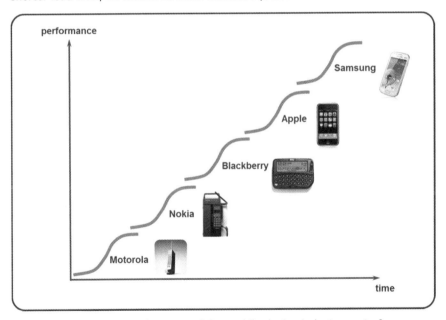

Exhibit 2: Development of the mobile device industry sector[8]

8   G. N. Challagalla, EY Research "Evolution and revolution in market structure and strategic positioning", 2013

The electronics industry developed into a highly competitive industry with very fast evolving consumer behavior. The industry's landscape is shaped on one side by the intensity customers are adopting the modern technologies and on the other side by the intensively declining prices and pressure on the profit margins. Therefore reorganization of the electronics companies with focus on cost reduction and operational excellence improvement stays on the top of the agenda. Furthermore, the product lifecycles are becoming shorter and the innovation rate increases constantly. These industry developments drive the change in the electronics companies. The success of the modern electronics company depends on its ability to revolve fast, to be innovative and to manage the short product lifecycles. Nowadays the companies should be capable to have a high level of customer intimacy in order to recognize customer needs and stay current on the customers demand. Furthermore, the shorten product lifecycles demand the high level of integration within the company and along the supply chain. The time to market can be accelerated only by intensive coordination between the sales, manufacturing and purchasing department as well as by knowing and planning the capacity of the supply chain.

2.1.2. Industry structuring and right positioning

Nowadays the high-growth potential is the first association for the electronics industry. Nevertheless it should not be forgotten that electronics industry's players are simultaneously facing high competition, low operation margins and high pressure on the profit margin. Companies should make the decision on effective strategy to handle these challenges in accordance with their competitors' type. Generally in the electronics market following competitors' types can be differentiated:

– *Product-specialists* are companies with deep knowledge in one product area that grow by winning new markets. Samsung and Texas Instruments are the semiconductor vendors and Apple the consumer electronics company with strict product focus.

– *Market-specialists* are companies with domination over one customer segment and introduction of new products as growth strategy. For example, STM is a semiconductor vendor with main customers from the consumer electronics industry, while Infineon and Freescale have the automotive industry as customer focus. Also Bang & Olufsen with its audio, video and telephone products addresses exclusively the high-price market.

– *Product-Market* specialists are companies with focus on 2-3 products and operate at 2-3 different markets. For example, Intel is the main supplier for processors but also for motherboard chips, network interface controller and flash memory for the computing and for the communication market segments. Another example is the audio equipment manufacturer Bose of automotive and consumer electronics.

– *Full or near line generalists* are those companies that have a broad product line and are present on numerous markets. To this group belong the most of the consumer electronics companies such as Sony, Samsung etc. On the other hand none of the big well-known semiconductor vendors can be classified as generalist.

Determination of the competitor type should be considered as a strategic decision, since the further planning of the operations takes place based on it, as well as company's profitability depends on it. However, currently many electronics companies belong to a certain competitor category as result of different past opportunistic decisions or stochastic developments. The company's competitor type is correlated with the profitability and growth potentials (Exhibit 3). Industry entrants start usually as product or eventually as market specialists and gain market share by using their product advanced expertise or customer intimacy, dedicated channels and vertical supply chain control. Considering the electronics industry structure a group of many product or market specialists with a market share under 5% can

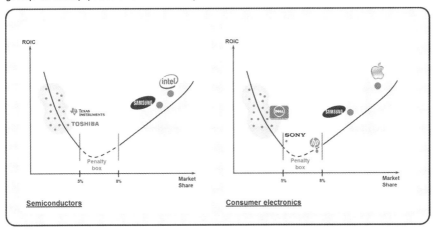

Exhibit 3: Market positioning of companies with different competitors' types – Semiconductors and consumer electronics[9]

9   G. N. Challagalla, EY Research "Evolution and revolution in market structure
     and strategic positioning", 2013

**30. Deutscher
Logistik-Kongress**
23.-25. Oktober 2013

BVL
Bundesvereinigung
Logistik

be identified. Furthermore another group of 2-4 big and profiled companies holding together 40-70% of the market share can be differentiated. These companies are volume driven generalist with strong image and lean and efficient operations.

Companies belonging to each of these two groups are typically highly profitable and with an investment targeted for stabilizing their position as specialist or generalist they can ensure the profitability on a long term. But the attractiveness of the growth adduces companies to strive toward gaining market share rather than having slow but stable profitability. When companies thereby follow no concrete market expanding strategy and untargeted investment policy they may fall into the trap known as penalty box: being too big to function as specialist and too small to enjoy the advantages of a generalist they might become a loss-maker fast. Also companies that are losing their market share may end up in the penalty box like, for example HP, and Sony, that did not manage to profile themselves as producer of the two products that drove the market revenues in 2012, tablets and smartphones.

Being part of an industry with such a growth potential makes the decision on the right strategy, growth or control, even more challenging. But once made, the right positioning will ensure them a long-term market presence.

2.2. Supply chain complexity

The contemporary supply chain of the electronics industry is characterized by the high number of globally dispersed actors within supply chain and the trend to distribute the roles and responsibilities among them. An average consumer electronics product will pass through the hands of at least four different actors and levels of the supply chain before being in the consumer's hands: retailer, OEM, contract manufacturer and semiconductor vendor. Each of these actors faces diverse challenges and pursues different strategies for mastering the every-day operations under the newest development in the electronics industry.

The semiconductor industry follows the general trends in the electronics industry of becoming more global and outsourcing of the fabrication activities. One driver for that is the high ratio between product value, product weight and volume that is among the highest of all industry sectors. Together with the outsourcing activities rises the challenge of assuring that a chip produced by contract manufacturer located in the Asia-Pacific region will have the quality to which semiconductor's customers are used to. For the semiconductors that further produce in-house stays the challenge of asset utilization and achievement of operational excellence.

New trends in the development of the contract manufacturers and EMS and their roles in the supply chain could be noticed in the last years. The contract manufacturers did not just overtake the manufacturing activities from the OEMs but they are becoming more and more involved in activities related to the product design as well as sourcing, supply chain planning and logistics. The biggest challenge for these companies in the middle of the supply chain is the creation of effective and flexible assembly lines and processes that can be easily adapted for production of the next product's generation[10]. Moreover, they need to master supply chain challenges such as managing the inventory level and inventory flow as well as the demand signals.

The OEMs face the challenge to keep their strong image and value for them in a situation when all value creating processes are outsourced. As link to the customers the OEMs are actively involved in the estimation of the actual demand as well as in the process of identification of the customer needs for the next product generation. Nevertheless, the OEMs are responsible for assuring constant flow through the supply chain as well as that the demand will be met on time and in the wanted quantity and quality. The crucial challenge under these circumstances for the OEMs is to choose and apply the most appropriate supply chain model for successful orchestrating the whole supply and demand network.

The retailers as a direct point of interaction with the customers can be important contributors to the activities in the supply chain. Though not directly involved in the supply chain and operation processes retailer can strongly influence the activities in the whole supply chain. With one wrong assessment of the increased demand the Bullwhip effect might be triggered and instability with high financial consequences for the whole supply chain actors can be caused.

The main challenge for managing such a global supply chain is establishing constant effective collaboration and cooperation between the internal operation actors as well as with and among all supply chain partners.

2.3.   High innovation rate and short product lifecycle

Considering the rate of introduction of new products in the electronics industry, especially in the consumer electronics, it is definitely justified to use the epithet "clockspeed" industry for it. Many companies faced with the dilemma, which in-

---

10   C. Kilger, „Computer Assembly" in Stadtler H., Kilger C, „Supply Chain Management and Advanced Planning: Concepts, Model, Software and Case Studies", 4th Edition, Springer-Verlag, 2007

novation approach, the evolutionary or the revolutionary one, will assure launching of products in conformity with the fast evolving customer needs. Moreover, for launching the right products at the right time companies need to adjust their product development as well as operation processes to contemporary product lifecycles with length between half a year and a year if they want to stay competitive on the market.

Being evolutionary or revolutionary innovator refers not only to the product technology but rather to the whole product concept that additionally to the product technology includes the product related features, which assure convenient use for the customers. A revolutionary innovator is a company that with the introduction of entire new product concept manages directly to achieve product acceptance by consumers' majority. Apple is a prime example for competitor that with revolutionary innovations concords the market. Although the first Blackberry multi-functional mobile devices had their market breakthrough at the end of the last century, Apple made clear revolution in the smartphone sector with the introduction of the iPhone in 2007. Though the product technology itself presented a next evolutionary phase, enhanced with new functions, operational system, user convenient applications and app-store and available for acceptable price, this Apple product concept caused real market revolution. But the revolutionary innovation concepts are not the exclusive approach for gaining market share. Samsung became Apple's strongest opposition and is overtaking the leadership role in the smartphone market by applying an evolutionary innovation approach. Samsung took the proven Apple product concept, enhanced it with new or improved features and placed it on the broad market for lower price. A company should not choose a single innovation approach but rather it should ascertain an appropriate evolutionary adjustment to the contemporary market developments by simultaneously fostering revolutionary concepts with an aim to stay current on the market[11].

Staying current on the market in time when product lifecycle is becoming shorter requires adjustment of the product development activities and management of the complete product lifecycle. Thereby companies are challenged to choose the right product lifecycle management (PLM) approach as well as the right supportive systems. While product lifecycle management enjoy high attention amongst discrete manufacturers in the automotive industry, high-tech and aerospace & defence, the semiconductor industry still struggles to benefit from managing product information. To date, PLM solutions failed to reveal the benefit for the special needs for semiconductor companies and failed to succeed home-grown product development solutions. They face rising cost of photomask sets for advanced

---

11   EY researches and analysis

IC processes, shorter innovation cycles and decreasing product lifecycle profits. Product development processes today fail to launch most of the new products in time and often require design re-spins. Only half of the layout designs qualify for production. This results in exceeding project budgets and higher product costs. However, increasing design complexity is the overall issue for most semiconductor companies.

Sustainable PLM solutions today require a holistic approach that integrates PLM with the company's value chain. It remains a challenge for most industries to define a PLM vision and adequate steps towards reaching the desired targets. It is not sufficient to implement an IT system, but it requires alignment with the corporate strategy, existing and new processes as well as performance metrics. All four dimensions are subject to organisational change requiring professional transition and change management.

2.4. Prepare for the future: Fourth Industrial Revolution

Increasing the productivity in production, logistics and whole supply chain is an everyday challenge for the contemporary company. This challenge is even bigger for the electronics companies because of the current low operating margin and the high performance pressure. Achieving the challenging productivity increase seems to be reachable only with paradigm shift in the operations. Therefore, the newest research trends focus on development of the tomorrows' production and supply chain based on cyber-physical systems. The vision: automation and interconnection of all in-house as well as supply chain processes. It means establishment of fully decentralised, self-governing and zero defect production processes. The production and logistics processes are completely interlinked and an automatic replenishment of the material and machine tools takes place. Furthermore, each single player in the supply chain is interconnected with the complete supply and demand network.

Currently the physical material flow is separated from the information flow and they happen one after another: the data transfer triggers material transport that, when completed, sends new signal. After the fourth industrial revolution there will be only one flow, since the material will be information's carrier and the information will be transferred in the real time with the transport of the material. In the new operation's era the machinery and shipments will be equipped with networked sensors that will screen, document and report the current status and receive information on the next activity. It will be very easy to identify where in

the supply chain the goods currently are and when the process step is completed. The advanced scenarios even prognosticate that a semi-finished product carries information on the standard processes through which it flows, can identify itself as OK or defect part as well as has the information on the planed transportation to the next step. The electronics products are very well equipped for this as they have electronic components, sensors and batteries already on board.

For the electronics companies the benefits will be reflected in increase of the productivity and operational excellence. Quality-self assuring processes will leave the current problems with the quality that many semiconductor vendors have in the past. Furthermore, the inventory transparency of raw materials and WIPs will be improved and a perfect flow assured. The sensors will assure that the material always arrives on the right production line in the right quantity. The supply chain management will be improved by having real time information on the deliveries and "nowcasting".

However, the benefits will be experienced with the realisation of this idea, but for that high investments, technological advancement and willingness to change are needed. At first it is necessary standards on the technology, data and network infrastructure to be defined and agreed. Furthermore, the related hardware and software for data documentation, interconnection and transmission should be developed. At last there are many opened issues related to the regulatory framework but also to data safety and security such as IT strategy, infrastructure and standards, that must be agreed and implemented as preconditions for the new industrial era[12].

3. Performance enablers

3.1. Become the strongest link in the value chain

As discussed before the strategic positioning of the company on the market is important for assuring profitability. But crucial aspect for assuring sustainable profitability is becoming the strongest link in the whole value chain recognized as such by the customers and suppliers.

---

12 Communication Promoters Group of the Industry-Science Research Alliance, Acatech- National Academy of science and Engineering, "Securing the future of German manufacturing industry: Recommendations for implementing the strategic initiative Industrie 4.0, Final report of the Industrie 4.0 Working Group", 2013

The strongest link in the value chain will be the company that will profile itself as irreplaceable integrator and coordinator of all activities within the value chain. With the trend of outsourcing of the value creating activities the possibility for value migration among the value chain actors increased. Thereby different actors pursue various strategies to keep the value by itself or gain additional value[13].

In most of the cases OEMs are positioned as strong image brands, follow the customer needs, assure the offer of portfolio with cutting-edge products and co-ordinate the complete demand and supply network. Thereby the two currently strongest competitors Apple and Samsung apply different approaches for control-ling and coordinating the supply chain and the value migration along it (Exhibit 4).

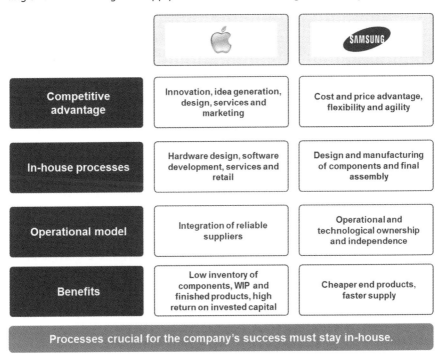

Exhibit 4: Competitive approach – Apple and Samsung[14]

13   M.C. Jacobides, J.P. MacDuffie, "How to drive value your way", Harvard Business Review, 2013
14   EY research and analysis

Apple has been distinguished for having the most excellent supply chain that assures fast product introduction, responsiveness to the fluctuations in the demand and control over possible suppliers' risks. Apple proved to be an excellent guardian of its value by assuring product's secrecy and for achieving that, it atomizes the supply chain to an unprecedented scale by spreading the component processing steps among over 150 different suppliers[15]. The key of the Apple's success is the virtual vertical supply chain integration. Thereby, it assures the control over the value chain by owning the crucial segments for its value creation such as hardware design, software development, services and retail. With this supply chain strategy Apple can choose and cooperate with suppliers capable for fast ramp-up and production with multiple product changes at multiple times.

On the other hand, Samsung achieves irreplaceability and value control by having strong classical vertical integration and direct control in-house over the majority of the processing steps from raw material, over components production to final products assembly. For example, Samsung designs and manufactures in-house the main components, which together amount two-thirds of Samsung smartphone's bill of material. This strategy offers not only high control over component design and production but also cost efficiency as competitive advantage. Nevertheless, the risk by this strategy is limited capacities in case of highly increased demand that would require an involvement of external suppliers.

It is debatable which of the both approaches assures better control of the company's value. But many experts argue that the overthrown of Apple in the smartphone sector results exactly from the fact that Samsung as supplier of over 25% of the iPhones components had good starting position for placing competitive product for a lower price and thereby for overtaking the value.

In order to avoid transferring of the value to a contract manufacturer and to strengthen their position as irreplaceable independent player, the OEMs strongly foster the competition among the different contract manufacturers. But if recognized, the outsourcing can be a big chance for the contract manufacturer to grow and even overtake the market. For them is crucial to grow beyond the role of "outsourcee" and become an independent manufacturer. Nowadays, the number of contract manufacturers that design their manufacturing alone, are actively involved in the products development and control the purchasing and logistics, is continuously increasing. Thereby increases the chance to become equally re-

15   D. Bölzing, J&M Research „Was Ihr Unternehmen von Apple und Amazon lernen kann", Supply Chain Days, Heidelberg, 2012

spected competitor on the market of their OEMs. For example, Huawei Technologies started as a subcontractor, became more and more recognized as ITC provider and currently is the company with fourth biggest market share of the global smartphone market. Furthermore, the long-standing Apple's supplier Foxconn announced to become Apple's direct competitor by launching its own smart watch.

When the industry develops further or customer needs change and when this change is not perceived by the dominant value holder, the value can move to another incumbent or new player that will respond to the customers' needs. Such value shifts are well known in the consumer electronics industry. When the PC has proliferated, the big computer manufacturers did not recognize the increased market need for platform that would facilitate the use of the computers for private or professional purposes on a daily level. Therefore the value passed from the computer manufacturers to the software designers such as Microsoft or SAP. Being current on the customer needs is crucial for the market players because the evolution of the customer needs should be followed by change in the companies' business model, with an aim to keep the value. A value migration cannot be only upstream but also can happen downstream in the supply chain[16]. The retailers can use the advantage of being a direct point of contact to the customers and transfer the value to themselves. A good example in the introduction of E-book-Readers directly by the book retailers such as Amazon with its Kindle and 4 German retailers and Deutsche Telekom with their Tolino Shine. Although in the focus of the current trends are multi functional devices like tablets that can be used for reading e-books, the latest research has shown an increase of the E-Book-Reader ownership from 7% in 2010 to 14% in 2012. The reason behind is the comparatively lower prices of the E-Book-Readers than tablet's prices and also an offer of additional features that meets completely customers' needs. While Amazon offered only 150000 books in German in their Kindle Shop, with the introduction of the Tolino Shine German customers got an access to twice as much e-books in German. Thereby the question arises whether the sales increase presents one further example for a revolutionary development in the electronics industry.

---

16 C. Kilger, „Ubiquitous Internet: Wie sich die Supply Chain in den nächsten drei Jahren revolutioniert", Supply Chain Days, Heidelberg, 2013

 30. Deutscher
Logistik-Kongress
23.-25. Oktober 2013

 BVL
Bundesvereinigung
Logistik

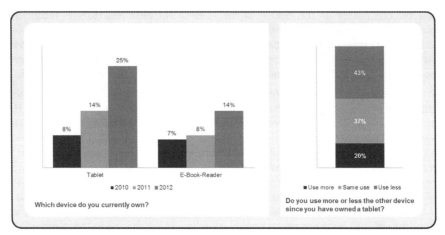

Exhibit 5: Tablets did not stop the E-book-Readers sales increase[17]

3.2. Integrate the whole supply chain

All product segments of the electronics sector share a common property: The ratio of product value to product weight or volume is among the highest of all industry sectors (except for active ingredients in the pharmacy sector): Electronic components, wafers, consumer products like smartphones or laptops are small, light, and high priced. Packaging and transportation costs are low compared to product value. Therefore the electronics industry is able to ship components, semi-finished and finished good along multiple locations of an international supply chain without increasing COGS tremendously. However, challenges remain for products requiring customer- or country specific configurations. Here one has to decide if regional postponement from generic components or carrying high enough finished good is the best choice considering service levels and costs.

3.2.1. Supply Chain Planning

Thus, the electronics industry is exploiting the potential of global sourcing and manufacturing in low cost regions to a high degree. At the same time lean inven-

---

17   Accenture, „It's anyone's game in the consumer electronics playing field: The 2013 Accenture consumer electronics products and service usage report", 2013

tory strategies have been implemented to further reduce costs. This has resulted in complex and fragile international supply networks in which companies often do not know their suppliers' suppliers, their locations and challenges they are facing. The distribution of operations globally from semiconductor plants over component and finished goods assembly sites to distribution centers clearly brings financial advantages and flexibility. On the other hand, it imposes difficult planning and control tasks in the electronics supply chain and associated supply chain risks.

The exhibit 6 shows typical problems in a globally distributed electronics supply chain: Supply excess and shortages in the same time, control of lead times and manufacturing capacities, demand volatility and customer priorities, political and geographical stability, just to name a few, are typical challenges.

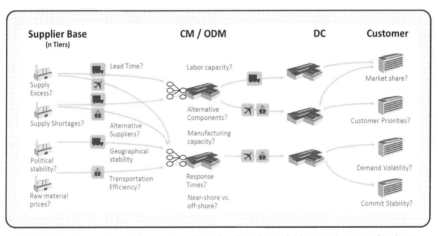

Exhibit 6: Typical problems in a globally distributed electronics supply chain

In an electronics supply chain demand and supply are changing fast, due to the dynamics in the network (many active players being highly interconnected) and the rapid innovation rate and new product introduction. To balance demand and supply fast and responsive planning tools are required, that are able to connect to the operational transaction systems (ERP systems) across legal entities, represent customer demand, inventories and supply capabilities of all sites in the network, and to come up with an (nearly) optimized plan. Typical results are (daily) demand commits, feasible production, procurement and transportation plans (rough cut)

**30. Deutscher
Logistik-Kongress**
23.-25. Oktober 2013

BVL
Bundesvereinigung
Logistik

– also optimizing air vs. sea transportation. Besides planning and visibility based on regular demand and supply updates from the extended supply chain including retailers, contract manufacturers, suppliers and logistics service providers, this also comprises demand planning and forecasting and, hence builds a comprehensive SCM solution supporting enabling processes from a daily to bi-annual cadence such as sales and operations planning as well as integrated business planning[18]. There are three major challenges in supply chain planning in the electronics industry:

1. Alternate components and suppliers: Many electronic components can be substituted by other components with a "higher" specification (e.g. a microprocessor with 2 GHz may be used instead of microprocessor of the same type but with 1.8 GHz clock pulse). Of course the higher price of the 2GHz must be balanced against the non-fulfillment of customer demand and the cost related to this (ranging from penalty costs in project environments to loss of revenue). In a similar way components may be sourced from multiple suppliers or manufacturing sites, depending on availability, price and customer specification (e.g. in semiconductor, many customer "qualify" a manufacturing site for specific products and do not allow shipments from alternate sites). In the last years, also environmental factors get more important in the selection of alternate sources (see figure below).

2. Demand and supply prioritization: Due to the high degree of cross-linking between demand and supply sites in the electronics sector there are typically millions of options to allocate supply to demand. Therefore, conscious decisions have to be made in order to support the business strategy (e.g. ship to priority 1 customers first) and to optimize overall throughput of the supply chain (e.g. do not allocate supply to a customer order that cannot be shipped due to other constraints). Supply chain planning tools for electronics sector must provide sophisticated allocation rules to enable these decisions[19].

3. Product lifecycle management: The high rate of new product introductions imposes some challenges for planning. First, customer demand patterns strongly depend on the introduction of new products, even if it is only announced for the future. Most consumers will not buy an "old" product if the successor has

---

18 C. Kilger, A. Stahuber "Integrierte Logistiknetzwerke in der High-Tech Industrie" in H. Baumgarten, H.Stabenau, J. Weber, „Management integrierter logistischer Netzwerke", Bern-Stuttgart-Wien, 2002

19 C. Kilger, "Kaizen in Supply Chain Management in the High-Tech Industry", 4. Paderborner Frühjahrstagung, 2002

been announced already, as the improvements from one product generation to the next are still tremendous. Second, due to the high innovation rate, electronics components typically lose 2% of value per month, preventing stocking of large inventories. Third, in semiconductor industry, so-called "shrink-versions" of products are introduced regularly, providing the same functionality on a smaller surface. As processing of wafers represents 80% of the COGS of a semiconductor product, reducing the surface of the product results in a higher number of products per wafer at nearly the same costs. However, every shrink-version starts with a lower production yield that will be increased as the production process gets more stable.

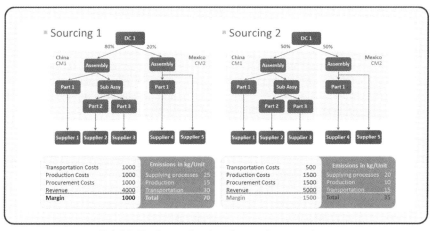

Exhibit 7: Scenario planning and comparison

3.2.2. Supply Chain Risk Management

Due to the global distribution of value creating processes in the electronics sector, Supply Chain Risk Management became a hot topic after massive disruptions on global supply chains are being reported more frequently in the media. Most companies however have no systematic approach to risk management. Some organizations adopted „War Room Concepts" as counter-measures for major incidents. In reality this means hectic and spread-sheet based manual activities when an incident occurs. After the dust has settled everyone goes back to normal – before the next incident pops up.

Besides major issues like earthquakes, tsunamis or volcano outbreaks there is another dimension of operational risks arising from short supply based on freight delays, product quality issues, supplier capacity shortages, theft, demand spikes, etc. These short term issues are successfully tackled by fast Supply Chain Planning Solutions as described above. The focus lies on fast simulations of end-to-end supply chains in response to ever happening incidents like unexpected supply shortages, sudden demand changes or capacity issues.

Whether the reason for short supply lies in a shipment delay (operational incident) or a flooded factory (tactical/strategic incident) is indifferent regarding the need for impact analysis on the downstream supply chain. Each case may or may not impact customer shipments if there is sufficient downstream inventory or if there are alternative sources of supply or capacity available. This suggests that fast Supply Chain Planning Solutions are adequate tools to address supply chain risk management issues also. This is particularly true when such solutions are already in place for operational planning. While the ability to react quickly to the unforeseeable is obviously crucial, it is also important to avoid risks proactively. This requires a forward-looking tactical planning for building resilient supply chains with alternative suppliers, factories, postponement strategies, etc. This is obviously relevant in cases where we look at geopolitical instable regions or discrete suppliers which are perceived as economically insecure.

Besides the discussed operational and tactical issues around supply disruptions we also have to keep the risks from price increases in mind. Labor costs, raw material prices and energy costs are very much in flux and hence add another dimension to future risks. On top of that it is rather likely that today's so called „soft costs" from social and environmental consumption will turn into „hard costs" soon as the pressure on safe labor conditions and emission reductions increases. As an example, companies will have to carefully plan if completely off-shored manufacturing will still be profitable under the light of rising tax, duties, energy, labor or transportation costs.

Fast Supply Chain Planning Solutions which provide comprehensive cost models and scenario planning capabilities can address such profitability risks of supply chains as well. This can be extended to also consider expected costs from emission prevention or natural resource usage by normalizing respective factors to monetary values. This all of course assumes the availability of up-to-date information from the extended supply chain network. The rising awareness in the industry and emerging programs at large companies particularly in high-tech, A&D and automotive combined with the availability of powerful collaboration solutions provide the necessary data to be continuously consumed by fast planning.

Besides the functional completeness of Supply Chain Planning the speed of the solution is most critical. It is obvious that the fast moving electronics business requires decision support in minutes rather than in hours. However, it is often underestimated how important fast simulations are when it comes to business model changes and, hence frequent test runs are required. Business critical changes may not even be tried when users know that each test takes hours[20].

3.3. Manage the product lifecycle on integrated manner

Increasing innovation cycles result in more designs, shorter development cycles and shorter profit cycles. Complexity in design and internal processes often reduce product quality or even lead to product cancellations. PLM helps overcome those issues by providing processes and systems that manage complexity throughout the entire product lifecycle process.

In many companies, product development and innovation processes are not integrated into the supply chain. A possible consequence is that feedback of clients, sales and service does not arrive at the development department in a structured way.

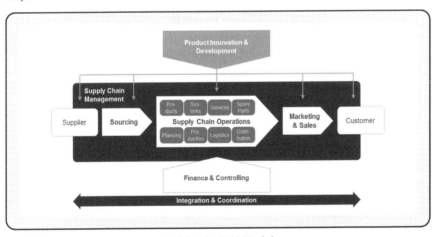

Exhibit 8: PLM Model

20   C. Kilger, R. Holtkamp, „Koordinierung von Dienstleistungen und Material mit eBusiness- und Supply-Chain-Management-Technologien", 3. Paderborner Frühjahrstagung, 2001

PLM calls for an integration with the entire supply chain. Core capabilities which include CAD management, BOM management or product master data management need to be enhanced and extended to cross-company collaboration integrating suppliers, partners and customers. Only this way, value can be realised in the competitive areas. A comprehensive and integrated PLM solution covers portfolio and program management, modularisation strategies, and intellectual property management. It allows for target costing approaches and standardised product documentation. With a proper PLM backbone and integration with interacting systems, globally spread development departments as well as suppliers are able to concurrently develop new products more efficiently. Changes are performed in a controlled environment and additional re-spins in general will be reduced.

Thus, PLM drives performance with regards to the following aspects:

- **Time to market** – Defined and automated PLM processes reduce the time spend to develop new products. Design changes are less complex and require less time. Global collaboration allows for faster development and allows for earlier releases to the market.

- **Quality management** – A reduction in design complexity results in the selection of better products. Design changes result in fewer defects. Defined quality gates reduce product recalls or customer complaints.

- **Financial positioning** – With earlier time to market, profit can be realised sooner. Development costs are reduced by shorter design cycles, avoiding unwanted re-spins and production failures. Recall costs are avoided.

- **Process improvement** – Managed PLM processes allow for sooner release dates and more product variety. Product changes can be tracked and re-use of designs are more likely.

PLM solutions for the semiconductor industry need to incorporate more aspects in order to be successful. IC designs along with software components influence the product development process and need to be part of a comprehensive PLM solution. Managing design and software versions and changes are the key to realising time to markets benefits.

PLM is not restricted to product ideation and development. It is crucial to integrate PLM processes into the entire supply chain. This includes supplier and customer integration as well as logistics and production. As for production, the planning process starts during the design phase. Intellectual property management for products and IC production processes help semiconductors protect and differentiate themselves from their competitors. Especially fabless semiconductor companies reuse IP and need to collaborate with foundries or third-party licensing firms.

Product Lifecycle Management provides a set of strategies, processes, IT systems and performance measurement instruments to reduce product complexity and drive business performance. Since innovation is driven by multiple internal and external parties, a sophisticated PLM solution breaks company boundaries and integrates well into all supply chain operations. Successful implementations result in more efficient and earlier product launches in better quality. The company will finally benefit from higher revenue and fewer development and process cost.

3.4.   Achieve operational excellence and flexibility

The implementation of operational excellence stays high on the agenda of the electronics companies. Staying competitive means for many companies not only establishment of flexible and agile production but also reduction of the days on stock, unplanned transports and quality costs.

The trend of the whole electronics industry is also present in the semiconductors sector: increased demand for products with short product lifecycle, which with every new generation are getting smaller and more performant. Thereby the main issues for operational executives from the semiconductor sector are assuring manufacturing of high-quality products and achieving maximal assets utilization. The quality is main imperative for the semiconductors: products are present in every modern device and bad quality signifies market elimination for the company. Nowadays, many manufacturers assure high-quality deliveries with help of tests and rework activities that lead to increased costs and do not assure the quality on a long-term. Semiconductor manufacturers should strive to implement standardised production processes with high process capability and quality preventive measures in order to assure delivery of defect free output. Furthermore, for the semiconductor manufacturers is important to achieve a high utilisation level of their expensive manufacturing machinery. Elimination of unplanned downtimes, parallelisation and establishment of quick changeover procedures and reduction of the speed losses belong to the top priorities for achieving a high equipment utilisation. Besides, the production and quality issues should be measured and addressed as part of a regular shop floor management process[21].

---

21   EY Research and project findings

Though the cost reduction tendency is same, the issues that contract manufacturers and consumer electronics' assembly plants are facing, have a different nature. This labour intensive sector struggles to increase productivity. Therefore, for them the establishment of flexible, efficient and harmonised assembly processes is essential. The standardised, waste free and demand-driven assembly processes need to be supported by harmonised replenishment, material flow and minimal intermediate inventory. Also the product design plays a major role. "Design-for-assembly" is an important concept to drive down the assembly efforts and time. Achieving transparency over the in-house inventory is important since these data influence the activities of the other supply chain actors. Because of the short product lifecycles having the ability for fast and problem free assembly ramp-up is very important. This requires active involvement of representatives of the assembly in the product development activities and simultaneous development and testing of new production lines.

To achieve operational excellence is continuous and intensive strive to perfection needed, but it remains an inevitably way to go for the companies that want to stay respondent to the current industry's developments.

4.   Roadmap to performance

Keeping pace with the development of the industry can be a challenging task for the electronics company. Often it requires making strategic decisions for market repositioning, radical changes of the business model and operational system as well as many incremental changes in the production, logistics and supply chain. Withal not only change of the internal processes is needed but also an end-to-end integration of the whole supply chain is recommendable.

On the way to achieve sustainable performance an approach that interconnects the main change predicates should be implemented. At first, based on the developments in the industry and the company's competitor's type, the company should develop a vision on its long-term development's direction. Moreover the company should identify the crucial sectors for its value creation, keep them in-house and foster their further development. Furthermore, the visions and the everyday activities of the research & development, operations and supply chain departments will be aligned with the main company's vision. Additionally, a change that will increase the performance ability of the organisation and processes is needed. Company's efforts should be directed towards creating flexible, agile and adaptable organization. Establishment of lean organisational structures, design of efficient production and logistics processes as well as setting integrated supply chain are the basic imperatives thereby. The performance of the optimised structures and processes will be enhanced by choosing and implementing the appropriate IT solutions. Under the current challenges in the electronics industry having the right product lifecycle management and supply chain planning solutions is inevitable for realisation of the targeted performance goals. Tracking and measuring of the performance on all operational but also on strategic levels is important for recognising the progress in the performance improvement as well as for defining the necessary improvements and corrective measures. At last but not at least, the further organisational development will be only possible when an active involvement of all concerned parties is assured. The intensive changes in the electronics industry drive frequent changes in the electronics companies, which without visionary leaders and motivated employees would not be manageable.

5.   Conclusion & Outlook

The modern society depends on the electronics industry that then again presents a basis and impetus for industry's rapid development. The industry is not only known for its high product innovation rate. The electronics industry pioneers business and organizational models, operating approaches and supply chain integration trends that in the other industries are still yet to come. Under these circumstances there is no single winner's formula but rather company's specific approaches. Nevertheless, what the leading players have in common is that they manage to identify and enhance their competitive advantages, recognize customers' needs and respond with innovative products, establish effective operations, shorten their time to market and coordinate successfully the globally spread supply chain. Thereby they present best case example for the other electronics companies as well as for the companies from the other industries.

B3

Herausforderung Liefertermintreue?

Herausforderung Liefertermintreue –
Theoretische Hintergründe und technische Entwicklungen

Herausforderung Liefertermintreue – Theoretische Hintergründe und technische Entwicklungen

Prof. Dr. Matthias Klumpp, Direktor des Institutes für Logistik- &
Dienstleistungsmanagement (ild) der FOM Hochschule, Essen

1. Einführung

Die Kernleistung der Logistik als Dienstleistung sowie auch als verbindendes Element in der Gesamtwirtschaft wird oftmals gerne mit der „Herstellung von Verfügbarkeit" und den 7R beschrieben – was impliziert, dass ein *Transportgut zur richtigen Zeit verfügbar* ist bzw. sein soll. Diese Einhaltung eines (vereinbarten bzw. als Laufzeit zugesagten) Liefertermins ist für den Gesamtwert bzw. die Gesamtwertschöpfung der Logistik von hoher Bedeutung – denn es bauen wie nachfolgend dargestellt vielfältige weitere Unternehmensplanungen darauf auf (z.B. Produktionsplanung, nicht nur bei JIT-Systemen).

Zuerst jedoch soll einführend ein tendenziell erkennbares *Dilemma* im Lieferterminmanagement beschrieben werden, um den Problemrahmen dieses Überblicksbeitrages aufzuspannen: Wie in Abbildung 1 ersichtlich, befindet sich das Lieferterminmanagement aktuell auf einer Art „schiefen Ebene", da trotz förderlicher Trends (durch Optimierungen der Zusammenarbeit in der Lieferkette, der Mitarbeiterqualifikation sowie dem zunehmenden Einsatz von Technologien zur Erhöhung der Transparenz in der Lieferkette) mindestens drei gravierende Trends eine Einhaltung von Lieferterminen deutlich erschweren:

(i) Erstens verstärken sich aktuell die Tendenzen einer weiteren Runde im *zeitlichen Leistungswettbewerb* der Logistikdienstleister wie auch der Verlader aus Handel und Industrie – mit der Ankündigung von Amazon Deutschland, eine flächendeckenden „Same Day-Delivery-Service" anbieten zu wollen, wird diese Tendenz sehr plakativ sichtbar.

(ii) Zweitens steigt der Kostendruck – u. a. auch durch den zunehmenden Online-Handel – weiter an, die traditionelle Dreifach-Schere aus *sinkenden* Erlösen durch Wettbewerb der Frachtraten (u. a. auch Online-Plattformen und Auktionen), *steigenden* Kosten (insbesondere Diesel, Fahrerlöhne und Maut) und *steigender* Konkurrenz (Osteuropa, Leiharbeiter-Import). Dies erschwert den Aufbau hochverfügbarer und zuverlässiger Systeme, sowohl auf der technologischen Seite als auch auf Seiten der dazu notwendigen Mitarbeiterqualifikation.

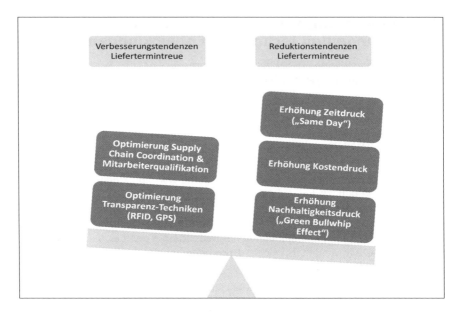

Abbildung 1: Herausforderungen im Lieferterminmanagement

(iii) Drittens erzeugen neue Maßnahmen im Rahmen eines nachhaltigen Logistik-managements potenziell einen „Green Bullwhip Effect" durch die Verknappung von Transportkapazitäten bzw. die Einschränkung von flexiblen Reaktionsmaßnahmen (z.b. weniger Luftfrachttransporte, geringere Lieferdichten bei höheren Stückzahlen zur optimalen Kapazitätsausnutzung und CO_2-Reduktion). Dieses positiv zu wertende Ziel schränkt jedoch die Reaktionsmöglichkeiten auf Störungen in der Transportkette ein und reduziert damit die Wahrscheinlichkeit der Liefertermineinhaltung. Weiterhin führt der Green Bullwhip Effect ceteris paribus vermutlich zu erhöhten Bestell- und Liefermengen sowie Lagerbeständen (Toklu et al. 2013; Klumpp 2011).

Die *Bedeutung* des Lieferterminmanagements lässt sich an der Vielzahl von Aufgaben und Plänen ermessen, welche in Abhängigkeit von Lieferterminen ausgeführt werden: Die operativ auszuführenden Aufgaben der *Produktionsplanung und -steuerung*, im eigentlichen Sinne die Zuordnung von Aufträgen zu verfügbaren Ressourcen, wozu sowohl die Bestimmung der Losgröße als auch der Bearbeitungsreihenfolge zählt (Fleischmann et al. 2008, S. 102), sind traditionell *inner-betrieblich* ausgerichtet (Zelewski/Hohmann/Hügens 2008, S. 419; Vahrenkamp 2005 S. 140). Abbildung 2 zeigt zum Verständnis der verschiedenen Planungsaufgaben und Zusammenhänge die bekannte Supply Chain Planning Matrix.

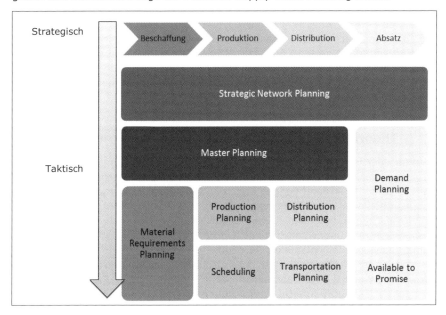

Abbildung 2: Supply Chain Planning Matrix (Meyr et al. 2002, S. 99)

Aktuelle Trends in Produktion und Logistik haben zur Folge, dass sich diese bei jedem Unternehmen individuell durchgeführten Planungsprozesse zukünftig zu komplexen *überbetrieblichen* Planungsaufgaben entwickeln werden (Schuh et al. 2008, S. 250). Zu begründen ist dies im Wesentlichen mit Globalisierungseffekten, die Standortentscheidungen innerhalb von Produktionsnetzwerken beeinflussen. Daraus resultiert eine örtliche Trennung der Produktionsstätten innerhalb eines Netzwerkes (Meers et al. 2010, S. 949), wodurch das Gütertransportaufkommen innerhalb von Produktionsprozessen zunimmt, was durch Verkehrsprognosen bestätigt wird (BMVBS 2007, S. 12). Die Logistik avanciert dadurch vom reinen Transportdienstleister zu einer unternehmensübergreifenden, *übergeordneten Ma-*

30. Deutscher
Logistik-Kongress
23.-25. Oktober 2013

BVL
Bundesvereinigung
Logistik

nagementfunktion, welche von Beginn an ganzheitlich in die Produktionsplanung zu integrieren ist. Oftmals jedoch endet die Betrachtung im Rahmen von Produktionsprozessen an den eigenen Unternehmensgrenzen (Stabenau 2008, S. 26). Insbesondere aufgrund von Strategien im Sinne des Lean-Gedankens kommt dem Zusammenspiel von Produktion und Logistik („Just in Time") der verschiedenen beteiligten Akteure eine immer höhere Bedeutung zu (Dickmann 2007, S. 1), um der Forderung nach dynamischen, flexiblen und agilen Produktionssystemen gerecht zu werden (Brosze et al. 2011, S. 47). Diese Problematik kann in die innerbetriebliche Sicht der Produktionsplanung (*Abschnitt 2*) und in das Problem der Tourenplanung auf der Seite der Logistikdienstleister aufgeteilt werden (*Abschnitt 3*).

2. Theoriestand dynamische Produktionsplanung

Aufgrund der beschriebenen Zusammenhänge und Entwicklungen wird deutlich, dass eine *statische* Planung der Auftragsreihenfolge in Produktions- und Transportsystemen unter den heutigen Rahmenbedingungen nicht mehr angezeigt ist. Cowling und Johansson (2002) beschrieben die Diskrepanz zwischen der Theorie (mit statischen Rahmenbedingungen) und Praxis (dynamisch reagierende Einflussgrößen mit Ungewissheit über Eintrittswahrscheinlichkeit und/oder -zeitpunkt) der Reihenfolgeplanung sehr deutlich und forderten eine deutlich stärkere Integration von Echtzeitinformationen, um Abweichungen vom Ausgangsplan zu identifizieren und die Auftragsreihenfolge in Produktionssystemen entsprechend anzupassen. Der umfangreiche Literaturüberblick von Ouelhadj und Petrovic (2009) definiert und gruppiert dynamische Modelle der Reihenfolgeplanung hinsichtlich ihrer Ausrichtung entweder als ressourcenbasierte oder als auftragsbasierte Modelle und hinsichtlich der zum Einsatz kommenden Scheduling-Strategien als reaktive, als reaktive oder als proaktive-robuste Modelle. Dabei kommen sie zu der Schlussfolgerung, dass die bisherigen Modelle zwar bereits sehr umfassend die unterschiedlichen Störungen beachten und die verschiedenen Lösungsmöglichkeiten existieren. Eine umfassende und zugleich praktikable Lösung, um allgemein mit Störungen im Produktions- und Transportablauf umzugehen, existiert ihrer Ansicht jedoch noch nicht.

Neben der klassischen Auftragsfreigabe innerhalb von Produktionsstätten gewinnt der Forschungsbereich des Supply Chain Schedulings zunehmend an Bedeutung. Hauptsächlich zurückzuführen ist dieser Forschungsbereich auf die Arbeit von Thomas und Griffin (1996), die operative Ansätze und Modelle zur praktischen Anwendung in Produktionsnetzwerken des bis heute überwiegend strategischen Supply Chain Managements fordern. 2003 griffen Hall und Potts diese Forderung auf und veröffentlichten ihre Idee zur simultanen Reihenfolge- und Transportplanung. Seitdem sind zahlreiche Beiträge erschienen, die sich mit einer prozessübergreifenden Reihenfolgeplanung beschäftigen (bspw. Chen/Vairaktarakis 2005, Schulte 2009, Ivanov/Sokolov 2010, Herrmann 2010, Scholz-Reiter et al. 2011). Unterscheiden lassen sich diese Beiträge hauptsächlich hinsichtlich ihrer Betrachtungsperspektive: Die prozessorientierte Perspektive verknüpft mehrere unternehmensinterne sequentielle Planungsaufgaben, wohingegen sich die institutionelle Perspektive mit der Verknüpfung von parallelen Planungsproblemen verschiedener Unternehmen und Organisationseinheiten befasst (Herrmann 2010, S. 104). Die meisten dieser Beiträge konzentrieren sich jedoch auf lediglich zwei Unternehmen oder Planungsstufen, um die Komplexität der Modelle zu begrenzen.

Aufgrund der in den letzten Jahren stärker auftretenden Schwankungen der Konjunktur und den vermehrt vorkommenden Naturkatastrophen und deren Auswirkungen auf Wertschöpfungs- und Transportketten kommt der Beachtung von möglichen Risiken eine höhere Bedeutung zu. Sheffi (2005) hat in seiner Concentric Vulnerability Map nahezu einhundert verschiedene Supply Chain-Risiken definiert und diese in finanzielle, strategische, operative und natürliche Risiken unterteilt. In diesem Zusammenhang wird häufig von der Gestaltung einer resilienten Supply Chain gesprochen, die in der Lage sein muss, unvorhersehbare Situationen abzufedern, um auch in Krisen überlebensfähig zu sein (Christopher/Peck 2004, S. 2, Pettit et al. 2010, S. 4). Um das Ziel einer resilienten Supply Chain zu erreichen, werden von der Produktionssteuerung robuste Ablaufpläne gefordert. Lloret et al. (2009) zeigen, dass die Resilienz einer Motorenfertigung basierend auf kooperativem Re-Scheduling von Produktionsprozessen erhöht werden kann. Hierzu ist es notwendig, dass die Supply-Chain-Akteure ihre Planungsaktivitäten im Sinne eines *Collaborative Planning* untereinander koordinieren, um einen für das gesamte Produktionsnetzwerk sinnvollen ganzheitlichen Ablaufplan zu gestalten (Dudek 2009, S. 240; vgl. auch CPFR im Rahmen des ECR-Konzeptes).

Voraussetzung um verschiedene Planungsaufgaben miteinander zu kombinieren, ist die *Übermittlung von Echtzeitinformationen* über den aktuellen Status von Schnittstellenprozessen. In unternehmensübergreifenden Produktionsnetzwerken können Transportprozesse als Schnittstellenprozesse definiert werden. Die Integration durchgängiger Transportinformationen in die Produktionssteuerung findet aktuell jedoch nicht statt; vereinzelt werden nur diskrete Statusmeldungen, basierend auf Barcodes oder RFID, berücksichtigt. Kontinuierliche Informationen sind

jedoch notwendig, um jederzeit Veränderungen zu identifizieren und darauf reagieren zu können. Diese systematische Integration von kontinuierlich erhobenen Transportinformationen muss demzufolge entwickelt werden.

Die grundsätzliche Machbarkeit dieser Idee wurde in ersten Forschungsbeiträgen bereits untersucht. Im Rahmen einer Pilotstudie in Zusammenarbeit mit DB Schenker in Duisburg wurden Hauptläufe im Nachtsprung als Zulauf zum Duisburger Stückgutdepot mit GPS-Tracking-Modulen verfolgt und die Transportinformationen in Echtzeit übermittelt. Eine verspätete Abfahrt im Startdepot konnte dadurch bereits zu Beginn des Hauptlaufes identifiziert werden, sodass bereits frühzeitig mit der Umdisponierung der betreffenden Sendungen hätte begonnen werden können.

Darauf aufbauend wurde die Idee einer Integration von Transportinformationen in die Transportsteuerung erläutert und der Mehrwert dargestellt: Dadurch, dass Informationen über Abweichungen im Transportprozess früher zur Verfügung stehen und nicht die Informationsübermittlung des Logistics Service Providers (LSP) abgewartet werden muss, können Gegenmaßnahmen früher eingeleitet werden, sodass ein verbessertes Ergebnis erreicht wird (Klumpp/Kandel/Wirsing 2012). Dies ist in Abbildung 3 dargestellt.

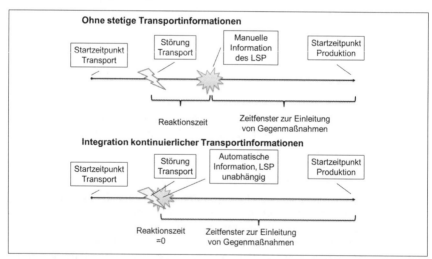

Abbildung 3: Zeitvorteil bei Integration kontinuierlicher Transportinformationen

Die früheren Arbeiten zu PPS-Konzepten und ihrer computergestützten Implementierung weisen drei Schwerpunkte auf. Erstens werden Beiträge der KI-Forschung zur Fortentwicklung „klassischer" PPS-Konzepte diskutiert (z.b. Zelewski 1994). Zweitens wurde schon früh auf die Einsatzmöglichkeiten von Multi-Agenten-Systemen hingewiesen (z.b. Zelewski 1995), die sich auf der Basis sogenannter Kontraktnetze und innerbetrieblicher Auktionsverfahren u. a. auch sehr gut zur störungsbedingten Anpassungsplanung („online scheduling") eignen. Drittens hat sich die Forschung mit Modellierungs- und Koordinierungskonzepten auseinandergesetzt, die für die Planung und Steuerung von Produktionsprozessen ein hohes Ausmaß „eingebauter" Flexibilität aufweisen. Dazu gehören einerseits PETRI-Netze, die vor allem zur realitätsnahen Modellierung Flexibler Fertigungssysteme eingesetzt wurden (z.b. Zelewski 2008). Sie besitzen aufgrund ihres Konzepts der Nebenläufigkeit („concurrency") den Vorzug, entgegen anderen – sowohl im Operations Research als auch in der Betriebswirtschaftslehre üblichen – Planungstechniken auf jegliche artifiziellen Sequenzialisierungen von Prozessschritten zu verzichten und somit für spätere Anpassungsplanungen maximale Anpassungsspielräume offen zu halten.

Andererseits bietet das Konzept der opportunistischen Prozesskoordinierung attraktive Gestaltungsprinzipien, um Prozessplanungen von vornherein so flexibel anzulegen, dass sie im Fall des Eintritts *unvorhergesehener Störungen* in der Prozessdurchführung ein hohes Anpassungspotenzial aufweisen. Vor allem Multi-Agenten-Systeme, PETRI-Netze sowie das Konzept der opportunistischen Prozesskoordinierung eignen sich sehr gut für die frühzeitige Einbeziehung von Störungen in die Planung und Steuerung von Produktions- und Transportprozessen im Rahmen eines hochflexiblen Online-Scheduling-Konzepts.

3. Theoriestand dynamische Tourenplanung (Dynamic Routing)

Die Transport- und Logistiksysteme mit ihren typischen und in der Regel kosteneffizienten *Umschlagsbündelung* von Einzeltransporten (Unterteilung in Vor-, Haupt- und Nachlauf) unterliegen einer Reihe von Veränderungen, welche das Lieferterminmanagement beeinflussen:

– Erforschung und Anwendung neuer Informations- und Kommunikationstechnologien (Perego et al. 2010),

– steigender Konkurrenz- und Wettbewerbsdruck (Chapman & Corso 2005),

- ansteigende Nachhaltigkeitsanforderungen bei Endkunden und Verladern (Gonzales-Benito & Gonzales-Benito 2007) sowie
- schnell wachsende Transportvolumina und Transportleistungen (BGL 2011).

Die operative Umsetzung in der Transportplanung der einzelnen (‚gebrochenen') Verkehre stellt sich insbesondere in den Vor- und Nachlauf-Sequenzen als komplexes Planungsproblem dar, welches im Wissenschaftsbereich des Operations Research (OR) als Vehicle Routing Problem (VRP) intensiv diskutiert wird (Sonderform des Travelling Salesman Problem TSP mit der Besonderheit einzelner in der Kapazität beschränkter Transportfahrzeuge, vgl. Domschke/Scholl 2010).

In der Regel wird diese Fragestellung durch Berechnungsalgorithmen, ggf. unter Zuhilfenahme von Abkürzungs- und Vereinfachungsregeln (‚Heuristiken'), gelöst, die beispielsweise die kürzeste Wegstrecke für eine geplante Tour bei der Abholung oder Zustellung einer fixierten Anzahl von Sendungen bei spezifischen Kundenadressen ermitteln. Bei ausreichender Vorausplanungszeit und vergleichsweise stabilen Bedingungen (seltene Staus und andere Transportunterbrechungen, seltene kurzfristige Veränderungen der Abhol- und Zieladressen sowie keine Verzögerungen und Änderungen im internen Transportprozess) ist dies gut lösbar. Dynamische Planungsansätze beschränkten sich bis dato auf die Frage wann welche Transportinformationen verfügbar waren und erzeugten dadurch eine ‚gestufte Dynamisierung' (Schorpp 2011).

Eine der ersten Forschungspublikationen zu einem denkbaren wirklich dynamischen Planungssystem in der Tourenplanung stammt von 1988 und definierte damals bereits die *Kerneigenschaften des dynamischen Problems*:

(1) "Time dimension is essential;
(2) Problem may be open-ended;
(3) Future information may be imprecise or unknown;
(4) Near-term events are more important;
(5) Information update mechanisms are essential;
(6) Resequencing and reassignment decisions may be warranted;
(7) Faster computation times are necessary;
(8) Indefinite deferment mechanisms are essential;
(9) Objective function may be different;
(10) Time constraints may be different;
(11) Flexibility to vary vehicle fleet size is lower;
(12) Queuing considerations may become important" (Psaraftis 1988).

Einige Eigenschaftsbeschreibungen wie z.B. Nr. (1), (2), (3) und (4) sind zentral für die Beantwortung der Planungsfrage – wie deutlich wird, ist selbst heute noch die Frage der Aktualisierungs- und Informationsübermittlungsintervalle eine Herausforderung. Ein alternativer Ansatz ist die Dynamisierung auf der Basis zu definierender ‚Events', also fallweise (Gudehus/Kotzab 2009).

Grundsätzlich ist das Tourenplanungsproblem abgeleitet aus einem Reihenfolgeproblem (*"the allocation of resources over time to perform a collection of tasks"*, Baker 1974). Im Leistungsbereich eines Logistikdienstleisters werden nicht Produktionsressourcen sondern Fahrzeuge in Bezug auf eine Reihenfolge von Transportaufgaben gruppiert. Durch die Integration von Echtzeitinformationen wurde den beschriebenen event-basierten Logiken größere Beachtung geschenkt (Cowling/Johannson 2002). Dabei können die relevanten Ereignisse weiter klassifiziert werden in *kapazitätsrelevante* (Fahrzeugschaden, Fahrzeugzuladungsbegrenzung, Verzögerung der Fahrzeuge durch Staus etc.) und *aufgabenbezogene* Ereignisse (z.B. neue Aufträge, Absage von Aufträgen, Änderung der Anlieferzeitfenster, vgl. Suresh/Chaudhuri 1993; Stoop/Weirs 1996; Viera et al. 2003; Ouelhadj/Petrovic 2009).

Daher können *Planungsstrategien* zur Lösung des Tourenproblems grundsätzlich in drei Teilstrategien unterteilt werden (Mehta/Uszoy 1999; Viera et al. 2003; Herroelen/Leus 2005):

- *Reaktive* Strategien erfordern keinen Vorab-Plan sondern generieren Entscheidungen in Echtzeit auf der Basis von vorgegebenen Entscheidungsregeln.

- *Plan-reaktive* Strategien sind häufig in Industrieunternehmen vertreten: Hier wird ein erster Plan erstellt, der in Reaktion auf auftretende neue Informationen und Ereignisse angepasst wird.

- *Robuste* Planungsstrategien versuchen dagegen die originäre Planung spätestmöglich und unter Berücksichtigung möglichst vieler Informationen zu erstellen, damit diese auch unter Einschluss von Reservezeiten nicht mehr geändert werden müssen – auch wenn unvorhergesehene Änderungen eintreten.

BAGCHI und NAG (1991) stehen beispielhaft für eine ganze Reihe von Forschungsarbeiten, die angesichts der Realproblematik möglichst praktikabler Entscheidungen unter Unsicherheit und vor allem Zeitdruck akzeptable Lösungen (nicht unbedingt die theoretisch beste Lösung) zu erreichen versuchen. Dabei verwendeten sie Entscheidungsregeln für die Integration neuer Sendungen in eine bestehen-

■ **30. Deutscher**
Logistik-Kongress
23.-25. Oktober 2013

BVL
Bundesvereinigung
Logistik

de Tourenplanung auf der Basis von Erfahrungsregeln versierter Planer in Logistikunternehmen. Dies hatte bereits ein großes Kosteneinsparpotenzial – auch ohne die theoretisch kostenminimale Lösung zu finden, wozu in der Praxis häufig keine Zeit bleibt oder welche spezifische Restriktionen wie Ladereihenfolge und Ladungssicherung verhindern. In zwei fortführenden Forschungsarbeiten stellte Powell (1996) die Erweiterung um den Aspekt der Fahrerzuordnung sowie um sehr leistungsfähige Heuristiken zur Beschleunigung der Berechnungen vor, welche im Zeitraum einiger Sekunden durchgeführt bzw. aktualisiert werden konnten (Powell et al. 2000). Slater (2002) hat in einer strukturierenden Überblicksforschung die *wesentlichen Schritte* einer dynamischen Tourenplanung herausgearbeitet, welche in Abbildung 4 dargestellt sind.

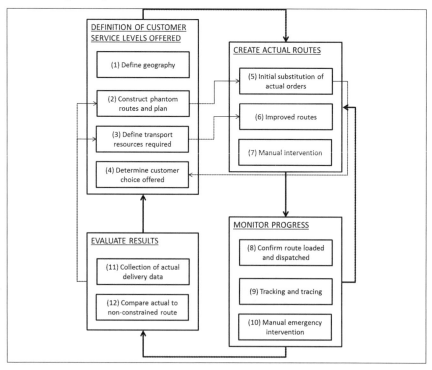

Abbildung 4: Schematischer Ablauf einer Dynamischen Tourenplanung
(Slater 2002)

Für den Anwendungsbereich der urbanen Transportsysteme gibt es spezifische Konzeptvorschläge, die beispielweise die innerstädtische Verkehrslage in der dynamischen Tourenplanung berücksichtigen und damit variable Fahrzeiten für einzelne Strecken in Abhängigkeit vom Verkehrsaufkommen einbeziehen – was bei einer Minimierung der Transportzeiten von hoher Bedeutung ist (Tanguichi/Shimamoto 2004).

POTVIN ET AL. (2006) erweitern diese Sicht der variablen Fahrtzeiten um dynamische Kundenaufträge, die in Echtzeit in das System neu integriert werden und damit zwei Kriterien aus den dargestellten Bereichen der *kapazitätsrelevanten* sowie der *aufgabenbezogenen* Ereignisse. Dabei ist für die weitere Entwicklung interessant, dass auch ein ‚Toleranz-Parameter‘ eingeführt wird, der eine *Reaktionsschwelle* als maximal zulässige Abweichung vom ursprünglichen Plan definiert und einhält.

Die wesentliche Kritik an diesen Planungsansätzen bezieht sich auf die mangelnde praktische Umsetzbarkeit, da im Wesentlichen mit theoretischen Plandaten gearbeitet wird – wie beispielsweise dem ‚SOLOMON‘-Datensatz (1987). Daher kann eine Aussage über die praktische Anwendbarkeit vorgestellter Algorithmen häufig nicht getroffen werden. Dies wird sich durch den zunehmenden Einsatz von Information- und Kommunikationssystemen und dem Trend zu immer kostengünstiger verfügbaren großen Datenmengen (‚Big Data‘) verändern. Dies wird auch über den bereits etablierten und bekannten Einsatz von Hard- und Software in Planungssystemen der Logistik hinausgehen (Schorpp 2011) – die Cloud-Computing-Technologien und der Einsatz immer kleinerer vernetzter Endgeräte als App- oder Smartphone-Systeme werden neue Dimensionen in der Verarbeitung dynamischer Transportinformationen eröffnen.

Nachdem aktuelle Verkehrsinformationen und die dynamische Routenführung auf deren Basis bereits Standard sind, werden durch Cloud Computing und das *Internet der Dinge* selbsttätige Entscheidungssysteme durch die Transportgüter als Akteure neue Entwicklungen mit sich bringen. Bis dato waren Planungsalgorithmen von einem zentralen Entscheidungsakteur ausgegangen, was nunmehr in einem dezentralen Entscheidungssetting nicht mehr zwingend vorausgesetzt werden muss (Matopoulos/Papadopoulou 2010). Die erwarteten IKT-Systeme können nach PEREGO ET AL. (2010) in vier Gruppen systematisiert werden:

- *Transport management* für die Planungsunterstützung inklusive Routenplanung, Tracking & Tracing und Frachtabrechnung (Mason et al. 2003).
- *Supply chain execution* zur unternehmensübergreifenden Kontrolle und Steuerung inklusive des Event Management bei Störungen (Giaglis et al. 2004).

– *Field force automation* für die vernetzte mobile Einbindung von fahrenden Einheiten mit den zentralen Standorten und Systemen (Rodina et al. 2003).

– *Fleet and freight management* zur Erfassung der realen Fahrtzeiten, Lieferzeiten zur Fahrzeugsteuerung und Fahrzeugoptimierung.

Speziell die Verbindung von Entwicklungen im Bereich der RFID-Technologie in Verbindung mit GPS-Systemen (Flottenmanagement) werden neue Transparenz und datenbasierte Dienstleistungen ermöglichen – durch die Verbindung kann eine sendungsbasierte GPS-Verfolgung realisiert werden, da z.b. ein mit GPS ausgestattetes Linienfahrzeug selbständig mittels RFID die mitgeführten Transportgüter erkennen und zuordnen kann (Klumpp/Kandel/Wirsing 2012; He at al. 2009; Schenk/Richter 2007; Brewer et al. 1999). Eine solche Kombinationslösung ist in Abbildung 5 dargestellt.

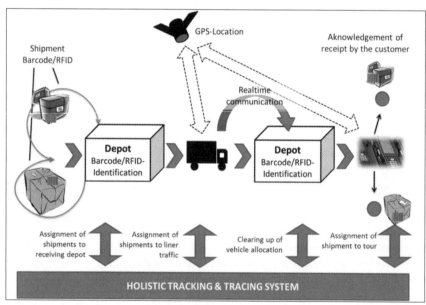

Abbildung 5: Einsatz der GPS-Technologie in der gesamten Transportkette

Ein bedeutender Handlungs- und Forschungsbereich im Rahmen des Liefertermin-managements stellt auch die Akzeptanz der neuen IKT- und Software-Applikationen durch die Nutzer dar. Anwendungsbasierte Tests haben gezeigt, dass ohne diese Akzeptanz das durchaus vorhandene Optimierungspotenzial neuer Touren-planungssysteme nicht ausgeschöpft werden kann, da mögliche verbesserte Lösungen durch die Mitarbeiter unterlaufen bzw. nicht umgesetzt werden (Powell/Snow/Cheung 2000).

Dies berührt den Forschungs- und Managementbereich des organisationalen Lernens, der auch innerhalb der Logistikforschung in Verbindung mit Kompetenz- und Qualifikationsforschung stark an Bedeutung gewinnt (Warden et al. 2011; Whitchurch/Gordon 2011; Klumpp et al. 2013; Klumpp 2013). Die folgenden Entwicklungstrends spielen dabei eine wichtige Rolle:

- Generell fördert die Entwicklung hin zu einer Wissensgesellschaft und Wissenswirtschaft die Notwendigkeit für elaborierte Wissens- und Qualifikationssysteme, auch und gerade in der Logistik (Mark et al. 2006, Bleiklie 2005).

- Dies beinhaltet auch den Gedanken neuer Institutionen, in denen Wissen entsteht und verbreitet wird – neben den klassischen Bildungsein-richtungen wie Schulen, Berufsschulen und Hochschulen (sogenannte ‚mode 2'-Wissensproduktion, Gibbons et al. 1994). Dies verursacht viele weitere abgeleitete Änderungen und Anforderungen an das Qualifikations-management (siehe Klumpp/Zelewski 2009; Teichler 1998).

- Weiterhin zeichnet sich der Bildungstrend der Outcome-Orientierung in allen Lernsystemen ab – was eine neue Verantwortung und Nachweisdo-kumentation für alle Bildungs- und Trainingsmaßnahmen mit sich bringt (Klumpp 2009; European Commission 2008; Landoni/Verganti 2006).

- Schließlich muss auch das länger bekannte Konzept der intrinsischen Moti-vation (Abouserie 1995) mit neueren Erkenntnissen zum impliziten Wissen vereinbart werden und neue Qualifikationssysteme integriert werden (Smith 2001).

Daraus leiten sich beispielsweise erste Entwürfe für einen Industrie-Standard in Form eines *Industrie-Qualifikationsrahmens Logistik* ab (Bioly et al. 2010; Klumpp et al. 2010).

Für die operative Transportabwicklung würde dies bedeuten, dass bei einer Kopp-lung moderner IKT-Systeme mit aktuellen *Wissensmanagementsystemen* die Tou-

renplanung auch auf die impliziten Wissensbestände (z.B. zu besonderen Anliefer-
bedingungen bei einer Kundenadresse) der einzelnen Fahrer zurückgreifen kann
– und damit eine Optimierung der Anlieferung unabhängig vom einzelnen Fahrer
vorgenommen werden kann (Ahrens 2008).

Dies wird durch Forschungsergebnisse bestätigt, welche aufzeigen, dass in der
Tat in Abhängigkeit von etablierten Wissens- und Lernsystemen in verschiedenen
Logistikunternehmen unterschiedliche Niveaus und Einsatzaktivitäten für implizi-
tes und explizites Wissen bestehen (Abidi et al. 2011).

Weitere Forschungsaussagen im Bereich Transport und Logistik fokussieren sich
auf die Entwicklung und computergestützte Implementierung umfangreicher mathematischer Modelle zur kollaborativen Tourenplanung von Eisenbahngüterver-
kehren sowie zur Planung von Umschlagsaktivitäten in Terminals für den Kombinierten Verkehr (z.B. Bruns/Zelewski 2012). In diesen Modellierungen wird
besonderer Wert darauf gelegt, die erheblichen Einschränkungen von Standard-
Modellen des Operations Research („Formalprobleme") zugunsten einer möglichst
realitätsnahen, auf die jeweils zu bewältigenden Realprobleme zugeschnittenen
Modellierung, zu überwinden. In einem Beitrag wurde die Integration von Echtzeitinformationen über Status und Standort von transportierten oder produzierten
Gütern mittels der RFID-Technologie in betriebswirtschaftliche Geschäftsprozess-
modelle diskutiert (Münchow/Kowalski/Zelewski 2011).

In einem anderen Forschungsansatz (Krol/Keller/Zelewski 2005) wurde speziell
untersucht, wie sich technologische Möglichkeiten der ‚E-Logistics' auf die betriebswirtschaftliche Gestaltung von Geschäftsprozessen in Supply Chains auswirken. Weitere Forschungsarbeiten im Bereich Transport und Logistik (z.B. Zelewski/
Klumpp/Hohmann 2008) erstrecken sich auf die computergestützte Wiederverwendung von sprachlich repräsentiertem Erfahrungswissen über Erfolgs- und Mis-
serfolgsfaktoren von nationalen und internationalen Logistikprojekten (z.B. Balsys
et al. 2007; Zelewski/Bruns/Kowalski 2012; Kowalski et al. 2011). Die Erkenntnisse aus der Modellierung solcher internationaler Logistikprojekte können am Rande
dazu dienen, potenzielle Störfaktoren für die kollaborative Planung von Produkti-
ons- und Transportprozessen zu identifizieren und Anregungen für Modellerweite-
rungen zu vermitteln. Dies betrifft z.B. Prozessverzögerungen und hierdurch indu-
zierte Anpassungsplanungen, die in internationalen Logistikprojekten des Öfteren
durch Störungen bei der Zollabwicklung verursacht werden.

4.   Lösungsansatz GPS

Eine Lösung für eine umfassende, unternehmensübergreifende operative Produk-
tions- und Transportplanung, bei der ein gesamtes Produktionsnetzwerk mit zu-
sammenhängenden Produktionsabläufen verschiedener Unternehmen betrachtet
wird, existiert bisher in der Theorie lediglich unzureichend. Hierfür ist es notwendig, Echtzeitdaten vor allem der Transportprozesse in die Modelle zur operativen
Produktionsplanung und -steuerung (PPS) (insb. Scheduling & Sequencing) zu
integrieren. Die rasche Entwicklung von Informations- und Kommunikationstechnologien (IuK-Technologien) in der Logistik unterstützt diese Forderung. Vor allem
stetige Informationen auf der Basis der Satellitennavigation (GPS) können die
operative PPS (insb. Scheduling & Sequencing) kontinuierlich mit Informationen
versorgen, um netzwerkweit eine möglichst effiziente Abstimmung der verschiedenen Akteure zu gewährleisten. Die Idee der Integration von Transportinformationen in Echtzeit in operative PPS-Probleme geht auf die Arbeiten von Brewer et
al. (1999) und Kärkkäinen et al. (2004) zurück. Abbildung 6 skizziert die grundlegende Idee.

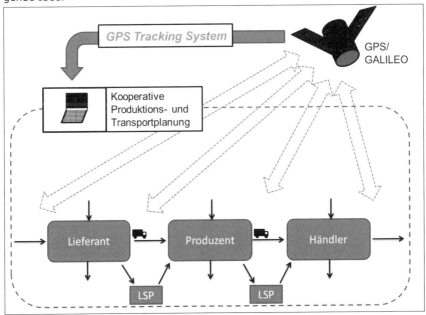

*Abbildung 6: Integrierte Produktions- und Transportplanung bei Einsatz eines
GPS-basierten Tracking & Tracing Systems*

Durch die beschriebene Idee, Echtzeitinformationen der Transportprozesse in die PPS zu integrieren, entsteht die Möglichkeit, auf operativer Ebene Produktion und Logistik kurzfristig aufeinander abzustimmen. Hierfür wird die Idee des unternehmensübergreifenden Supply Chain Schedulings aufgegriffen. Ziel ist die Berücksichtigung von Trackinginformationen in Optimierungsmodelle des Supply Chain Schedulings, um einen nennenswerten Beitrag zur betriebswirtschaftlichen Forschung des operativen Supply Chain Managements im Einklang mit der fortschreitenden Entwicklung von IuK-Technologien in der Logistik zu leisten.

Hierfür ist es primär notwendig, (a) die Problemstellung der logistikintegrierten operativen dynamischen PPS (insb. Scheduling & Sequencing) formal als Modell aufzustellen und dafür (b) effiziente Lösungsheuristiken oder – soweit möglich – exakte Lösungsalgorithmen zu entwickeln, da diese Forschungsergebnisse die Voraussetzung sind, um die entwickelten Modelle in die praktische Anwendung zu überführen. Des Weiteren wird (c) überprüft, welche Voraussetzungen PPS-Systeme für eine logistikintegrierte operative PPS (Scheduling & Sequencing) erfüllen müssen, um kontinuierliche Trackinginformationen von GPS basierten Trackingsystemen verarbeiten zu können.

Darüber hinaus wird der beschriebene neuartige Ansatz (d) innerhalb eines umfangreichen Simulationsmodells abgebildet, um neben (e) der Identifikation von Einsparpotenzialen und möglichen Problemen auch die (f) Robustheit einer logistikintegrierten dynamischen PPS (insb. Scheduling & Sequencing) bei der Reaktion auf Krisensituationen zu testen. Dadurch kann vor allem die Resilienz von Supply Chains bei kleinen und mittelgroßen Unternehmen (KMU) verbessert werden.

Diese Modellbildung und Zukunftserwartung basiert auf der Annahme, dass im Gegensatz zur statischen Vergangenheit die Logistik der Zukunft mit nahezu überall verfügbaren und dezentralen Steuerungseinheiten – wie zum Beispiel intelligenten Ladungsträgern – arbeiten wird (Urciuoli 2010; Blümel et al. 2008).

Daher wird auch die Möglichkeit eines ‚Dynamic Supply Chain Scheduling‘ als simultane Planung aller Aktivitäten einer Supply Chain in Echtzeit wiederum aktuell (Scholz-Reiter et al. 2011; Herrmann 2010; Chen/Vairaktarakis 2005; Hall/Potts 2003). Während diese Idee aus den Anfängen des Supply Chain Managements bisher an kaum verfügbaren oder zu teuren Informations- und Entscheidungssystemen scheiterte, wird dies nun durch ubiquitäre Informationen und dezentrale – vernetzte – Entscheidungseinheiten möglich gemacht.

In Zukunft werden also die Verschmelzung von Produktions- und Transportplanungen (Wannenwetsch 2010) sowie die Integration von Echtzeit-Informationen die Entscheidungswelt des Lieferterminmanagements bestimmen.

5. Fallstudienbeispiel

Als Grundlage des Einsatzes dynamischer Planungstechniken ist die Erfassung der relevanten Fahrzeuge (z.B. Hauptlauf-Linienfahrzeuge) mit GPS-Systemen notwendig, wie DB Schenker dies bereits mit allen 4.100 Wechseleinheiten im Rahmen der nationalen Linienverkehre realisiert hat (Wirsing 2011). Die operative Herausforderung besteht nun darin, diese Echtzeit-Informationen über die Linienverkehre in der Planung der Vor- und Nachlaufverkehre sinnvoll einzusetzen und damit das Lieferterminmanagement zu optimieren.

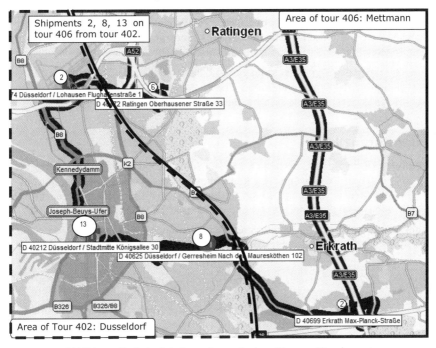

Abbildung 7: Beispiel einer dynamischen Touren-Umplanung über die festen Routing-Grenzen hinweg

 30. DEUTSCHER
LOGISTIK-KONGRESS
23.-25. Oktober 2013

 BVL
Bundesvereinigung
Logistik

Die Auswirkung einer konkreten Pilotierung im Sammelgutverkehr macht die Abbildung 7 deutlich: Durch die frühzeitige Verspätungsinformation ist es beispielsweise möglich, einzelne Fahrzeuge bereits vor dem Eintreffen des (verspäteten) Hauptlauf-Fahrzeuges abfahren zu lassen, da andere Fahrzeuge auf benachbarten Touren durch Überschreiten der bis dato fixen Tourengebiete die verspäteten Sendungen mit ausliefern können. Dadurch können erhebliche Leistungs- und Kostenpotenziale erreicht werden.

6. Ausblick

Die Bedeutung des Lieferterminmanagement wird tendenziell weiter ansteigen, da sowohl in Industrie- als auch Handelsunternehmen die Verkaufs-, Transport- und Produktionsplanung weiterhin als Optimierungsbereich gesehen werden wird. Damit wird der skizzierte theoretische Übergang von statischen zu dynamischen Planungssystemen im Transport, aber auch in der Produktionsplanung, zu einem entscheidenden strategischen Schritt, diesen Herausforderungen (auch in Richtung einer nachhaltigeren Produktions- und Logistikkonzeption) gerecht zu werden.

Jedoch wird diese Dynamisierung hohe Risiken und Änderungsumfänge für die beteiligten Unternehmen und Supply Chains bedeuten, was für eine planvolle und abgesicherte Herangehensweise bei der Umstellung spricht.

Literaturquellen

Abidi, H., Klumpp, M., Keuschen, T. (2011): Industry Qualifications Framework Logistics: Explicit and Tacit Knowledge and Qualifications in the Logistics Industry, in: Blecker, T., Jahn, C., Kersten, W. (eds.): Maritime Logistics in the Global Economy, Current Trends and Approaches, Lohmar, 327-341.

Abouserie, R. (1995): Self-Esteem and Achievement Motivation as Determinants of Students' Approaches to Studying, in: Studies in Higher Education, 20, 19-26.

Ahrens, D. (2008): Jenseits des Mythos vom gläsernen Fahrer: Die Rolle der Telematik im Transportprozess, in: Funken, C., Schulz-Schaeffer, I., (Hrsg.): Digitalisierung der Arbeitswelt, Zur Neuordnung formaler und informeller Prozesse in Unternehmen, Wiesbaden, 69-91.

Bagchi, P. K., Nag, B. N. (1991): Dynamic Vehicle Scheduling: An Expert Systems Apporach, in: International Journal of Physical Distribution & Logistics Management, 21, 10-18.

Baker, K. R. (1974): Introduction to sequencing and scheduling, New York.

Balsys, K., Eidukas, D., Marma, A., Valinevičius, A., Žilys, M. (2007): Systems of Transport Route Development, in: Electronics and Electrical Engineering, 3 (75), 17-22.

BGL Bundesverband Güterkraftverkehr Logistik und Entsorgung e.V. (2011): Jahresbericht 2010/2011, Frankfurt.

Bioly, S., Keuschen, T., Klumpp, M. (2010): Radio Frequency Identification (RFID) Qualification in Logistics, in: Grubbstrom, R. W., Hinterhuber, H. H., (eds.): 16th International Working Seminar on Production Economics Conference Proceedings, Innsbruck, 3, 25-36.

Bleiklie, I. (2005): Organizing Higher Education in a Knowledge Society, in: Higher Education, 49, 31-59.

Blümel, E., Boevé, W., Recagno, V., Schilk, G. (2008): Ship, port and supply chain security concepts interlinking maritime with hinterland transport chains, in: WMU Journal of Maritime Affairs, 7, 205-225.

BMBVS (2007): Prognose der deutschlandweiten Verkehrsverflechtungen 2025. Beauftragt durch das Bundesministerium für Verkehr, Bau und Stadtentwicklung. München, Freiburg.

Brewer, A., Sloan, N., Landers, T.L. (1999): Intelligent tracking in manufacturing, in: Journal of Intelligent Manufacturing, 10, 245-250.

Brosze, T., Kompa, S., Meier, C. (2011): Wandlungsfähige Produktionssysteme im Maschinen- und Anlagenbau, in: Wolf-Kluthausen, H. (Hrsg.): Jahrbuch Logistik 2011, Korschenbroich, 7-51.

Bruns, A.S., Zelewski, S. (2012): Development and implementation of an optimization model to minimize the transshipment duration of goods at a hub, in: Grubbström, R.W., Hinterhuber, H.H., (eds.): Proceedings of the Seventeenth International Working Seminar on Production Economics, Innsbruck, 2, 127-138.

Chapman, R. L., Corso, M. (2005): From continuous improvement to collaborative innovation: the next challenge in supply chain management, in: Production Planning & Control, 16, 339-344.

30. Deutscher
Logistik-Kongress
23.-25. Oktober 2013

BVL
Bundesvereinigung
Logistik

Chen, Z.-L., Vairaktarakis, G.L. (2005): Integrated Scheduling of Production and Distribution Operations, in: Management Science, 51, 614-628.

Christopher, M., Peck, H. (2004): Building the Resilient Supply Chain, in: The International Journal of Logistics Management, 15 (2), 1-14.

Cowling, P., Johansson, M. (2002): Using real time information for effective dynamic scheduling, in: European Journal of Operational Research, 139, 230-244.

Dickmann, P. (2007): Schlanker Materialfluss. Berlin, Heidelberg.

Domschke, W., Scholl, A. (2010): Logistik: Rundreisen und Touren, 5. Auflage, Oldenbourg, München.

Dudek, G. (2009): Collaborative Planning, in: Zeitschrift für Planung und Unternehmenssteuerung, 20, 239-246.

European Commission (2008): Empfehlung des Europäischen Parlaments und des Rates vom 23. April 2008 zur Errichtung eines Europäischen Qualifikationsrahmens für Lebenslanges Lernen, Brüssel.

Fleischmann, B., Meyer, H., Wagner, M. (2008): Advanced Planning, in: Stadtler, H., Kilger, C., (eds.): Supply Chain Management and Advanced Planning, Berlin, Heidelberg, 81-106.

Giaglis, G. M., Minis, I., Tatarakis, A., Zeimpekis, V. (2004): Minimizing logistics risk through real-time vehicle routing and mobile technologies, in: International Journal of Physical Distribution & Logistics Management, 34, 749-764.

Gibbons, M., Limoges, C., Nowotny, H., Schwartzmann, S., Scott, P., Trow, M. (1994): The new production of knowledge: The dynamics of science and research in contemporary societies, London.

González-Benito, J., González-Benito, Ó. (2007): The role of stakeholder pressure and managerial values in the implementation of environmental logistics practices, in: International Journal of Production Research, 44, 1353-1373.

Gudehus, T., Kotzab, H. (2009): Comprehensive Logistics, Berlin, Heidelberg.

Hall, N. G., Potts, C. N. (2003): Supply Chain Scheduling: Batching and Delivery, in: Operations Research, 51, 566-584.

He, W., Tan, E. L., Lee, E. W., Li, T. Y. (2009): A solution for integrated track and trace in supply chain based on RFID & GPS, in: Proceedings of the IEEE Conference on Emerging Technologies & Factory Automation, Mallorca, 1-6.

Hennig, U. (2008): Satellitengestützte Sendungsverfolgung, Vorteile der GPS-Technologie für Kurier-, Paket- und Expressdienste, in: FM – Das Logistik Magazin 12/2008, 50-51.

Herrmann, J. (2010): Supply Chain Scheduling, Wiesbaden.

Herroelen, W., Leus, R. (2005): Project scheduling under uncertainty: Survey and research potentials, in: European Journal of Operational Research, 165, 289-306.

Ivanov, D., Sokolov, B. (2010): Dynamic supply chain scheduling, in: Journal of Scheduling, Onlineveröffentlichung, 11.08.2010. DOI: 10.1007/s10951-010-0189-6.

Kärkkäinen, M., Ala-Risku, T., Främling, K. (2004): Efficient tracking for short-term multi-company networks, in: International Journal of Physical Distribution & Logistics Management, 37, 545-564.

Klumpp, M. (2009): Berufswertigkeit als Konzept zur Evaluation informellen Lernens und Wissens, in: Helmstädter, H. G., Tippe, U. (Hrsg.): in Durchlässigkeit und Anrechnung im Hochschulalltag, Dem lebenslangen Lernen Türen öffnen, Schriftenreihe zu Fernstudium und Weiterbildung, Band 4, Brandenburg, 45-62.

Klumpp, M. (2011): Green Bullwhip Effect Simulation Concept, in: Navais, P., Machado, J., Analide, C., Abelha, A. (eds.): The 2011 European Simulation and Modelling Conference Conference Proceedings, University of Minho, Guimaraes, 263-265.

Klumpp, M. (2013): Knowledge Simulation and Return on Education in the Logistics Industry, in: Limère, V., Aghezzaf, E. (eds.): Industrial Simulation Conference 2013 Proceedings, Ghent, 5-9.

Klumpp, M., Abidi, H., Krol, B., Stender, T., Bioly, S. (2013): Berufswertigkeit und Logistikqualifikation, Berlin.

Klumpp, M., Kandel, C., Wirsing, E. (2012): Cargo Telematics for Operational Transport Excellence and Strategic Knowledge Management, in: Kreowski, H.-J., Scholz-Reiter, B., thoben, K.-D. (eds.): Dynamics in Logistics, Springer, Berlin, Heidelberg, 71-82.

 30. Deutscher
Logistik-Kongress
23.-25. Oktober 2013

 BVL
Bundesvereinigung
Logistik

Klumpp, M., Peisert, R., Keuschen, T. (2010): Sectoral Qualifications Framework Logistics: What can we learn from Berufswertigkeit and Graduate Surveys? In: Blecker, T., Kersten, W., Lüthje, C. (eds.): Pioneering Solutions in Supply Chain Management – A Comprehensive Insight into Current Management Approaches, Berlin, 279-292.

Klumpp, M., Zelewski, S. (2009): Moderne Wissensbasierte Kompetenzanforderungen an Führungskräfte nach dem Konzept Berufswertigkeit und resultierenden Eigenschaften wissenschaftlicher Weiterbildung, in: Beyersdorf, M., Christmann, B. (Hrsg.): DGWF Jahrestagung 2008: Strukturwandel der Arbeit – Zukunft der wissenschaftlichen Weiterbildung, Hamburg, 85-97.

Kowalski, M., Zelewski, S., Günes, N., Kühn, T. (2011): Kostenschätzungen für die Reaktivierung passiver Gleisanschlüsse – Eine neue Methode für Kostenschätzungen mithilfe von Case-based Reasoning (CBR) basiert auf der Wiederverwendung von historischem Projektwissen, in: EI – Der Eisenbahningenieur, 62, 6, 49-54.

Krol, B., Keller, S., Zelewski, S. (2005): E-logistics Overcome the Bullwhip Effect, in: International Journal of Operations and Quantitative Management, 11, 4, 281-289.

Landoni, P., Verganti, R. (2006): Fostering Knowledge and Technology Transfer through Evaluation Systems at a Regional Level, in: International Journal of Technology Transfer and Commercialisation, 5, 355-372.

Lloret, J., Garcia-Sabater, J. P., Marin-Garcia, J. A. (2009): Cooperative Supply Chain Re-scheduling: The Case of Engine Supply Chain, in: Luo, Y. (ed.): Cooperative Design, Visualization and Engineering, Lecture Notes in Computer Science 5738, 376-383.

Mark, R., Pouget, M., Thomas, E., eds. (2006): Adults in Higher Education – Learning from Experience in the New Europe, Bern.

Mason, S. J., Ribera, P. M., Farris, J. A., Kirk, R. G. (2003): Integrating warehousing and transportation functions of the supply chain, in: Transportation Research Part E, 39, 141-159.

Matapoulos, A., Papadopoulou, E.-M. (2010): The Evolution of Logistics Service Providers and the Role of Internet-based Applications in Facilitating Global Operations, in: Wang, L., Kenny Kok, A.C. (eds.): Enterprise Networks for Agile Manufacturing, London, 97-310.

Meers, S., Gärtner, H., Nyhuis, P. (2010): Logistische Herausforderungen in Produktionsnetzwerken, in: ZWF Zeitschrift für wirtschaftlichen Fabrikbetrieb, 105, 11, 949-952.

Mehta, S. V., Uszoy, R. (1999): Predictable scheduling of single machine subject to breakdowns, in: International Journal of Comuputer Integrated Manufacturing, 12, 15-38.

Meyr, H., Wagner, M., Rohde, J. (2002): Structure of advanced planning systems, in: Stadtler, H., Kilger, C. (eds.): Supply Chain Management and Advanced Planning, Berlin, Heidelberg, 4, 109-115.

Münchow, A., Kowalski, M., Zelewski, S. (2011): Modellierung RFID-gestützter wissensintensiver Prozesse, in: Productivity Management, 16, 4, 26-29.

Ouelhadj, D., Petrovic, S. (2009): A survey of dynamic scheduling in manufacturing systems, in: Journal of Scheduling, 12, 417-431.

Perego, A., Perotti, S., Mangiaracina, R. (2010): ICT for logistics and freight transportation: a literature review and research agenda, in: International Journal of Physical Distribution & Logistics Management, 41, 547-583.

Pettit, T. J., Fiksel, J., Croxton, K. L. (2010): Ensuring Supply Chain Resilience: Development of a Conceptual Framework, in: Journal of Business Logistics, 31, 1, 1-21.

Potvin, J.-Y., Xu, Y., Benyahia, I. (2006): Vehicle Routing and scheduling with dynamic travel times, in: Computers & Operations Research, 33, 1129-1137.

Powell, W. B. (1996): A Stochastic Formulation of the Dynamic Assignment Problem, with an Application to Truckload Motor Carriers, in: Transportation Science, 30, 195-219.

Powell, W. B., Snow, W. & Cheung, R. K. (2000): Adaptive Labeling Algorithms for the Dynamic Assignment Problem, in: Transportation Science 34, 50-66.

Powell, W., Marar, A., Gelfand, J., Bowers, S. (2002): Implementing Real-Time Optimization Models: A Case Study From The Motor Carrier Industry, in: Operations Research, 50, 571-581.

Psaraftis, H. N. (1988): Dynamic Vehicle Routing Problems, in: Golden, B. L., Assad, A. A. (eds.): Vehicle Routing: Methods and Studies, North-Holland, 223-248.

BVL
Bundesvereinigung
Logistik

Reclus, F., Drouard, K. (2009): Geofencing for Fleet & Freight Management, in: Proceedings of the 9th International Conference on Intelligent Transport Systems Telecommunications, Lille, 353-356.

Rodina, E., Zeimpekis, V., Fouskas, K. (2003): Remote workforce business processes integration through real-time mobile communications, in: Giaglis, G.M., Werthner, H., Tchammer, V., Froeschl, K.A. (eds.): Proceedings of 2nd International Conference on Mobile Business, Vienna, 1-14.

Schenk, M., Richter, K. (2007): Telematik und RFID – Elektronische Beobachter gestalten die sichere Warenkette, in: Bullinger, H.-J., ten Hompel, M. (eds.): Internet der Dinge, Berlin, Heidelberg, 77-89.

Scholz-Reiter, B., Novaes, A. G. N., Makuschewitz, T., Frazzon, E. M. (2011): Dynamic Scheduling of Production and Inter-Facilities Logistic System, in: Haasis, H.-D., Kreowski, H.-J., Scholz-Reiter, B. (eds): Dynamics in Logistics, Berlin, Heidelberg, 443-453.

Schorpp, S. (2011): Dynamic Fleet Management for International Truck Transportation, Focusing on Occasional Transportation Tasks, Wiesbaden.

Schuh, G., Stich, V., Schmidt, C. (2008): Produktionsplanung und -steuerung in Logistiknetzwerken, in: Nyhuis, P. (Hrsg.): Beiträge zu einer Theorie der Logistik, Berlin, Heidelberg, 250-273.

Schulte, G. (2009): Unternehmensübergreifende Produktionsplanung, Lohmar, Köln.

Sheffi, Y. (2005): The Resilient Enterprise, Overcoming Vulnerability for Competitive Advantage, Cambridge.

Slater, A. (2002): Specification for a dynamic vehicle routing and scheduling system, in: International Journal of Transport Management, 1, 29-40.

Smith, E. A. (2001): The role of tacit and explicit knowledge in the workplace, in: Journal of Knowledge Management, 5, 311-321.

Solomon, M. M. (1987): Algorithms for the vehicle routing and scheduling problems with time window constraints, in: Operations Research, 35, 254-265.

Stabenau, H. (2008): Zukunft braucht Herkunft! – Entwicklungslinien und Zukunftsperspektiven der Logistik, in: Baumgarten, H. (Hrsg.): Das Beste der Logistik, Berlin, Heidelberg, 23-30.

Stoop, P. P. M., Weirs, V. C. S. (1996): The complexity of scheduling in practice, in: International Journal of Operations and Production Management, 16, 37-53.

Suresh, V., Chaudhuri, D. (1993): Dynamic Scheduling – a survey of research, in: International Journal of Production Economics, 32, 53-63.

Tanguichi, E., Shimamoto, H. (2004): Intelligent transportation system based dynamic vehicle routing and scheduling with variable travel times, in: Transportation Research Part C, 12, 235-250.

Teichler, U. (1998): The Changing Roles of the University and the Non-University Sectors, in: European Review, 6, 475-487.

Thomas, D. J., Griffin, P. M. (1996): Coordinated supply chain management, in: European Journal of Operational Research, 94, 1-15.

Toklu, N.E., Papapanagiotou, V., Klumpp, M., Montemanni, R. (2013): An Ant Colony Approach for a 2-Stage Vehicle Routing Problem with Probabilistic Demand Increases, in: FORS40 – Finnish Operations Research 40th Anniversary Workshop Proceedings: 1-10 (own pagination).

Urciuoli, L. (2010): Supply Chain Security – mitigation measures and a logistics multi-layered framework, in: Journal of Transportation Security, 3, 1-28.

Vahrenkamp, R. (2005): Logistik, München, Oldenburg.

Viera, G. E., Herrmann, J. W., Lin, E. (2003): Rescheduling manufacturing systems: a framework of strategies, policies and methods, in: Journal of Scheduling, 6, 36-92.

Wannenwetsch, H. (2010): Integrierte Materialwirtschaft und Logistik, Beschaffung, Logistik, Materialwirtschaft und Produktion, Berlin, Heidelberg.

Warden T., Porzel, R., Gehrke J. D., Langer H., Herzog, O., Malaka, R. (2011): Knowledge Management for Agent-Based Control Under Temporal Bounds, in: Hülsmann, M., Scholz-Reiter, B., Windt, K., (eds.): Autonomous Cooperation and Control in Logistics, Berlin, Heidelberg, 229-246.

Whitchurch, C., Gordon, G. (2011): Some Implications of a Diversifying Workforce for Governance and Management, in: Tertiary Education and Management, 17, 65-77.

Wirsing, E. (2011): Sichere Lieferketten durch Real-Time-Monitoring bei
Lagerung, Transport und Umschlag. DB Schenker. Presentation at the
5th FOM Forum Logistik, 26.10.2011, Duisburg, http://www.fom.de/
download/519-Wirsing_-_Schenker.pdf, accessed 13.07.2013.

Zelewski, S. (1994): Expertensysteme in der Produktionsplanung und
-steuerung, in: Corsten, H. (Hrsg.): Handbuch Produktionsmanagement,
Strategie – Führung – Technologie – Schnittstellen, Wiesbaden, 781-802.

Zelewski, S. (1995): Multi-Agenten-Systeme zur Koordinierung von
Produktionsprozessen, in: Scheer, A.-W. (Hrsg.): Rechnungswesen und
EDV, Heidelberg, 123-150.

Zelewski, S. (1995): Petrinetzbasierte Modellierung komplexer
Produktionssysteme – Eine Untersuchung des Beitrags von Petrinetzen zur
Prozeßkoordinierung in komplexen Produktionssystemen, insbesondere
Flexiblen Fertigungssystemen, Leipzig.

Zelewski, S. (2008): Operatives Controlling von Produktionsprozessen
mithilfe von zahlungsorientierten F-Produktionsfunktionen und PETRI-
Netzen, in: Pütz, M., Böth, T., Arendt, V. (Hrsg.): Controllingbeiträge
im Spannungsfeld offener Problemstrukturen und betriebspolitischer
Herausforderungen, Lohmar, 17-54.

Zelewski, S., Bruns, A., Kowalski, M. (2012): Ontologies for Guaranteeing the
Interoperability in e-Business: A Business Economics Point of View,
in: Kajan, E., Dorloff, F.-J., Bedini, I., (eds.): Handbook of Research on
E-Business Standards and Protocols: Documents, Data and Advanced Web
Technologies, Hershey: 154-184.

Zelewski, S., Hohmann, S., Hügens, T. (2008): Produktionsplanungs- und
-steuerungssysteme – Konzepte und exemplarische Implementierungen
insbesondere mithilfe von SAP® R/3®, München, Oldenbourg.

Zelewski, S., Klumpp, M., Hohmann, S. (2008): Risk and Capacity Management
in Logistics Networks: The Example of Global Container Operators, in:
Kersten, W., Blecker, T., Flämig, H. (eds.): Global Logistics Management –
Sustainability, Quality, Risks, Berlin, 223-237.

B4

Erfolgsfaktor Wissenschaft

30. DEUTSCHER
LOGISTIK-KONGRESS
23.-25. Oktober 2013

BVL

Bundesvereinigung
Logistik

**Modellgestütztes Logistikcontrolling
konvergierender Materialflüsse**

Modellgestütztes Logistikcontrolling konvergierender Materialflüsse

Dr.-Ing. Sebastian Beck, Projektleiter Logistik, ContiTech
Transportbandsysteme GmbH, Northeim

1. Einleitung

Ein modernes Produktionsunternehmen stellt ein komplexes System aus vielfältigen Teilsystemen und Prozessen dar, welche an der Herstellung von Produkten, bestehend aus unterschiedlichen Einzelkomponenten, beteiligt sind. Zwischen den Prozessen und zwischen den Einzelkomponenten existiert eine Vielzahl an Wirkbeziehungen und Zusammenhängen. Durch die Internationalisierung der Beschaffungs- und Absatzmärkte, die Substituierbarkeit von Gütern und den fortschreitenden Globalisierungsprozess haben Produktionsunternehmen ihre Wertschöpfungstiefe kontinuierlich gesenkt. Sie bilden ein Element von Wertschöpfungsnetzwerken[1] und haben eine immer größere Anzahl verschiedener Materialflüsse zu koordinieren, um die durch erhöhte Kundenansprüche steigende Anzahl an Varianten zu produzieren[2].

Ein maßgeblicher Erfolgsfaktor eines im internationalen Vergleich konkurrenzfähigen Unternehmens liegt in der Beherrschung seiner Lieferketten. Beherrschung bedeutet hier, dass die Kosten bzw. das Umlaufvermögen so gering wie möglich gehalten und trotzdem die ständig steigenden Kundenanforderungen hinsichtlich Produktverfügbarkeit, Zuverlässigkeit und Lieferzeiten eingehalten werden[3]. Die Reduzierung der Kosten und die Erhöhung der Zuverlässigkeit in der Lieferkette gehören zu den obersten vier Zielen eines Unternehmens. Dies bestätigt eine Umfrage der Unternehmensberatung McKinsey & Company, in der Führungskräfte über Trends und Strategien befragt wurden[4].

Aus diesen Entwicklungen leiten sich immer komplexere Anforderungen hinsichtlich der Koordination der Materialflüsse sowie der Planung und Steuerung der Kosten und Leistungen im Rahmen eines Logistikcontrollings ab. Um komplexe Zusammenhänge von Produktionsprozessen aufzudecken und zu vereinfachen und Probleme zu einer möglichst zielführenden Lösung zu bringen, stellen Modelle ein wichtiges Hilfsmittel dar[5].

Diese Arbeit beinhaltet die Herleitung sowie die praktische Anwendung eines Modells, mit dessen Hilfe die Bereitstellung von Materialien an Konvergenzpunkten in Lieferketten hinsichtlich ihrer logistischen Zielerreichung dargestellt und bewertet werden kann. Es wird die Möglichkeit geschaffen, den Einfluss der einzelnen Versorgungsprozesse auf die Güte der Bereitstellungssituation zu quantifizieren und so zielgerechte Maßnahmen für eine gleichzeitige und rechtzeitige Versorgung mit Materialien ableiten zu können. So werden Unternehmen befähigt, Einzelprozesse im Sinne eines prozessübergreifenden Optimums aufeinander abzustimmen.

2. Betrachtungsgegenstand und Stand der Forschung

2.1. Konvergenzpunkte in Lieferketten

Der Fokus der Arbeit liegt auf Konvergenzpunkten in Lieferketten. Konvergenzpunkte entstehen, wenn verschiedene Materialflüsse zu einem verschmelzen. Dies kann bspw. in einem Versandbereich oder in einer Montage der Fall sein. Abbildung 1 verdeutlicht den Betrachtungsgegenstand anhand einer Montage.

Bevor der Montagebereich einen Absatzmarkt mit Produkten versorgen kann, muss der Montageprozess erfolgen. Voraussetzung hierfür ist, dass der Montagebereich möglichst termingerecht und in ausreichender Menge mit Material aus verschiedenen Quellen versorgt wird. Die Montage kann durch drei prinzipiell unterschiedliche Prozesse versorgt werden:

- Ein externer Lieferant liefert unmittelbar in den Montagepuffer.

- Das für die Montage benötigte Material wird aus einem Lager entnommen.

- Die Materialversorgung erfolgt aus einer vorgelagerten Fertigungs- oder Montagestufe.

Neben der Qualität der gelieferten Materialien ist die Termintreue der bereitgestellten Artikel bei allen drei prinzipiellen Prozessvarianten eine elementare Voraussetzung, um die Prozesssicherheit im Montagebereich oder allgemein in den dem Konvergenzpunkt folgenden Prozessen sicherzustellen[6].

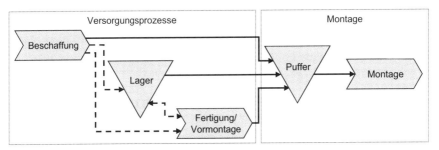

Materialfluss der direkten Versorger der Montage (2-stufige Versorgungskette)

Materialfluss der indirekten Versorger der Montage

Abbildung 1: Konvergierende Materialflüsse – Beispiel Montage

2.2. Modelle zur Analyse der Bereitstellungsqualität in Konvergenzpunkten der Lieferkette

Zur Beschreibung und Analyse von Konvergenzpunkten in Lieferketten existieren wenige Modelle. Für den Bereich der Montage wurden zur Beschreibung der Komplettierung einzelner Montageaufträge in den 1970er Jahren die Komplettierungskurven entwickelt. Dieses Beschreibungsmodell ermöglicht die Analyse der Bereitstellung von Lagerartikeln für einzelne Montageaufträge[7]. Aufbauend auf diesen Arbeiten wurde von Nyhuis[8] das Bereitstellungsdiagramm zur Analyse der Auswirkungen des Terminverhaltens der liefernden Bereiche auf die Termin- und Bestandssituation in der Montage konzipiert. Dieses Modell verdichtet die Vergangenheitsinformationen aus einem Betrachtungszeitraum in einem Diagramm. Es ist jedoch nicht möglich die Auswirkungen zukünftiger Entwicklungen auf den Konvergenzpunkt abzuschätzen, da eine mathematische Beschreibung des Modells noch nicht gelungen ist. Einen ersten Ansatz dazu liefert Nickel[9], dessen mathematische Beschreibung rein auf empirische Auswertungen gestützt ist. Den entwickelten Formeln mangelt es an dem Charakter eines Wirkmodells, da gängige Kennzahlen aus vorgelagerten Versorgungsprozessen nicht ausreichend Berücksichtigung finden.

30. Deutscher
Logistik-Kongress
23.-25. Oktober 2013

BVL

Bundesvereinigung
Logistik

3. Modellentwicklung und Validierung

3.1. Mathematische Beschreibung des Bereitstellungsdiagramms

Damit eine hohe praktische Anwendbarkeit einer mathematischen Beschreibung erzielt werden kann, bietet es sich an, Schlüsselkennzahlen der Versorgungsprozesse in die Gleichungen zu integrieren. So können Wirkzusammenhänge zwischen der Versorgung und der Bereitstellung hergestellt werden, ohne auf größere und ggf. schwer zu beschaffende Datenmengen zurückgreifen zu müssen.

Abbildung 2 verdeutlicht diesen Ansatz zur Beschreibung der Pünktlichkeit von Bereitstellungszugängen von verschiedenen Quellen. Das Terminverhalten der drei Versorgungsprozesse ist durch prozessspezifische Verteilungsfunktionen näherungsweise abgeschätzt. Für die Versorgung aus einer Fertigung wurde in Abbildung 3 eine Normalverteilung angenommen. Für die Versorgung aus einem Lager heraus wurde eine mathematische Summenformel zugrunde gelegt und in eine Gleichung mit der Schlüsselkennzahl Servicegrad sowie dem Gesamtzugangswert durch diesen Versorgungsprozess integriert. Eine Näherungsfunktion für die Terminabweichungsverteilung eines Beschaffungsprozesses kann mit Hilfe der Überlegung ermittelt werden, dass es sich bei Beschaffungsartikeln entweder um Komponenten handelt, die bei einem externen Lieferanten aus einem Lager bedient werden, oder extern auf Auftrag produziert wurden. Die Näherungsfunktion für die Terminabweichungswerte durch die Beschaffung ergibt sich somit aus der Überlagerung der Funktionen für die Fertigung und für ein Lager.

Die Zugänge aller Komponenten sind entscheidend für die Weiterverarbeitung der Aufträge in der Montage. Sie sind gewichtet mit dem entsprechenden Auftragswert. Entscheidend für einen pünktlichen Zugang an einem Konvergenzpunkt ist der Zugang der letzten Komponente. Um die Bereitstellung unter logistischen Aspekten zu beschreiben, bietet es sich an, neben der Zugangskurve eine weitere Kurve hinzuzunehmen, welche ausschließlich die Zugänge der letzten Komponente abbildet. Diese Kurve wird als Komplettierungskurve bezeichnet. Denkbar ist es, die Komplettierungskurve über die Wahrscheinlichkeit zu erzeugen, dass die zu einem beliebigen Terminabweichungswert bereitgestellte Menge an Komponenten für Komplettierungsereignisse ausreichen. Für diese Überlegung werden zwei Annahmen getroffen:

1. Die Terminabweichungen der Zugänge der Komponenten eines Montageauftrages sind statistisch unabhängig.

2. Die Anzahl der Komponenten pro Montageauftrag ist konstant.

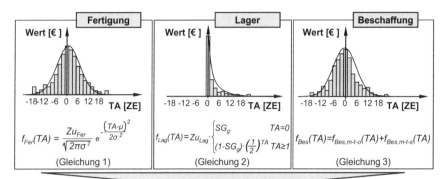

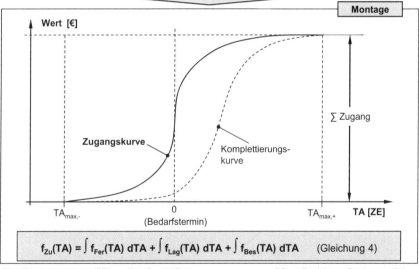

TA : Terminabweichung [ZE]	Bes: Beschaffung	SG_g : Gewichteter Servicegrad [%]
ZE : Zeiteinheiten [-]	Lag: Lager	m-t-o: make to order
Zu : Zugang	σ : Standardabweichung der TA	m-t-s: make to stock
Fer: Fertigung	μ : Mittelwert der TA	

*Abbildung 2: Mathematische Beschreibung der Zugangskurve
im Bereitstellungsdiagramm*

Unter Beachtung dieser Annahmen ist die Wahrscheinlichkeit einer Komplettierung zu einem bestimmten Termin gleich der Wahrscheinlichkeit, dass zu diesem Termin bereits alle Komponenten zugegangen sind.

In Abbildung 3 ist die Wahrscheinlichkeit komplettierter Aufträge als zusätzliche y-Achse im Bereitstellungsdiagramm berücksichtigt. Die Wahrscheinlichkeit komplettierter Aufträge entspricht dem prozentualen Zugang zu dem entsprechenden Zeitpunkt. Bei mehr Komponenten je Montageauftrag reduziert sich die Wahrscheinlichkeit für eine Komplettierung, da sich unter den zum betrachteten Zeitpunkt zugegangenen Komponenten sämtliche für die Komplettierung erforderlichen befinden müssen. Bei dem in Abbildung 3 betrachteten Beispiel liegt der prozentuale Zugang zum Zeitpunkt TA_1 beispielsweise bei ca. 40%. Die Wahrscheinlichkeit, dass zu diesem Zeitpunkt bei einer Anzahl von zwei Komponenten Aufträge komplettiert sind, liegt demnach bei 16%. Die übrigen Werte für die Wahrscheinlichkeit komplettierter Aufträge bei zwei Komponenten in Abhängigkeit des Terminabweichungswertes sind durch die gestrichelte Linie angedeutet.

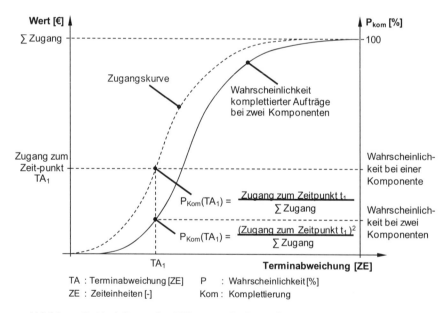

Abbildung 3: Herleitung der Näherungsfunktion für die Komplettierungskurve

Die Berechnung der Wahrscheinlichkeit komplettierter Aufträge kann genutzt werden, um den Verlauf der Komplettierungskurve des Bereitstellungsdiagramms für einen Konvergenzpunkt zu bestimmen. Dazu muss die Gleichung für die Wahrscheinlichkeit mit dem Gesamtwert der Aufträge multipliziert werden, die innerhalb des Untersuchungszeitraumes an dem betrachteten Montagesystem zugegangen sind.

Häufig werden an einem Konvergenzpunkt verschiedene Produkte hergestellt, mit einer in der Regel unterschiedlichen Anzahl an zu montierenden Komponenten. Dies widerspricht getroffenen Annahme einer konstanten Anzahl an Komponenten und erfordert eine Anpassung der Wahrscheinlichkeitsfunktion. Kommen für die Anzahl an Komponenten für einen Montageauftrag mehrere Werte in Betracht, sind die Komplettierungs-Wahrscheinlichkeiten aller Möglichkeiten an Komponenten zu berücksichtigen. Diese müssen zusätzlich mit der Wahrscheinlichkeit des Eintretens der Anzahl an Komponenten multipliziert werden. Zur Vereinfachung der Näherungsfunktion für die Komplettierungskurve kann, anstelle der Berücksichtigung jedes möglichen Wertes für die Anzahl an Komponenten je Montageauftrag und der Multiplikation mit der entsprechenden Wahrscheinlichkeit, der Mittelwert der Anzahl der Komponenten je Montageauftrag im betrachteten Untersuchungszeitraum eingesetzt werden. Als mathematische Beschreibung der Komplettierungskurve ergibt sich somit die folgende Gleichung 5:

$$f_{kom}(TA) = \sum Zu \cdot \left(\frac{f_{Zu}(TA)}{\sum Zu} \right)^{k_m} \qquad \text{(Gleichung 5)}$$

mit:

Kom	Komplettierung
TA	Terminabweichung [ZE]
Zu	Zugang [€]
f_{Zu}	Zugangswert in Abhängigkeit von der TA [€]
k_m	Mittelwert der Anzahl an Komponenten je Montageauftrag [-]

Durch die Entwicklung der Näherungsfunktionen für die Komplettierungskurve kann das Bereitstellungsdiagramm vollständig abgebildet werden. Dies eröffnet die Möglichkeit der Berechnung zahlreicher Kennzahlen.

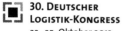

3.2. Modellvalidierung mittels Simulation und Fallstudien

Nachdem der theoretische Hintergrund zur Berechnung der Zugangs- und Komplettierungskurve aufgestellt wurde, erfolgt nun die Modellvalidierung. Ein Simulationstool berücksichtigt neben Angaben zur Struktur eines Konvergenzauftrages Informationen zum Terminverhalten der Versorgungsprozesse als Inputgrößen. Zusätzlich zu den Häufigkeitsdichtefunktionen für die Verteilung der Terminabweichung der einzelnen Versorgungsprozesse und den jeweiligen Parametern, benötigt das Tool Angaben zur Wertstruktur der jeweiligen Komponenten als Eingabe-Informationen. Außerdem sind die prozentualen Anteile an Komponenten aus der Beschaffung, dem Lager sowie der Fertigung festzulegen, aus denen sich ein Montageauftrag zusammensetzt. Aus den Angaben erzeugt das Simulationstool Montageaufträge, die durch Plan-Termine definiert sind. Im Ergebnis liefert das Tool ein Bereitstellungsdiagramm.

Neben dem simulierten Bereitstellungsdiagramm berechnet das Tool eine weiteres Bereitstellungsdiagramm, welches durch die entwickelten Näherungsgleichungen berechnet wird.

Um die Abbildegüte der Kurven innerhalb eines Simulationslaufes möglichst gut zu beschreiben, werden für beide Bereitstellungsdiagramme jeweils vier charakteristische Kennzahlen ermittelt und deren Abweichung bestimmt. Zur Ermittlung der Übereinstimmung zwischen den simulierten und formelbasierten Kurvenverläufen wird für die ganzzahligen Terminabweichungswerte des relevanten Untersuchungsintervalls die absolute Abweichung berechnet.

Abbildung 4 zeigt das Ergebnis des Simulationslaufes für eine Anzahl von 36 Komponenten pro Montageauftrag. Die beiden Zugangskurven verlaufen derart dicht nebeneinander, dass eine Unterscheidung zwischen diesen schwer fällt. Die mittlere Abweichung liegt bei 0,4%. Auch zwischen den Komplettierungskurven besteht eine sehr große Übereinstimmung. Im Bereich des Intervalls der Terminabweichungswerte von 15 BKT und 25 BKT verläuft die simulierte Komplettierungskurve steiler als die formelbasierte, beide Kurven liegen wenige Betriebskalendertage auseinander. Im übrigen Bereich des Untersuchungsintervalls verlaufen beide Kurven jedoch dicht nebeneinander, die mittlere Abweichung beträgt insgesamt 2,7%. Die Berechnung der Abweichung der beiden Ergebnisse für den gestörten Bestand ergab mit 3,3% ebenfalls einen sehr niedrigen Wert. Der geringste Abweichungswert wurde mit nur 0,1% jedoch beim Vergleich der Werte zum Bedarfszeitpunkt unkomplettierter Montagevorgänge ermittelt. Die Vergleiche der Diagramme der weiteren Simulationsläufe ergaben vergleichbarer Abweichungsergebnisse. Alle Abweichungen zwischen den Zugangskurven fielen sehr gering aus.

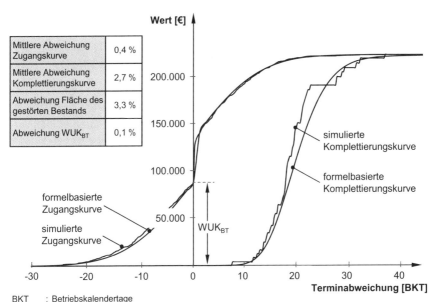

Mittlere Abweichung Zugangskurve	0,4 %
Mittlere Abweichung Komplettierungskurve	2,7 %
Abweichung Fläche des gestörten Bestands	3,3 %
Abweichung WUK$_{BT}$	0,1 %

BKT   : Betriebskalendertage
WUK$_{BT}$: Wert der zum Bedarfszeitpunkt bereitgestellten Komponenten unkomplettierter Montageaufträge [€]

Abbildung 4: Vergleich zwischen simuliertem und formelbasiertem Bereitstellungsdiagramm

Um die Tauglichkeit der entwickelten Modellierungsansätze für die Praxis zu verifizieren, erfolgten Fallstudien, basierend auf realen Unternehmensdaten. Auch hier ergaben sich insgesamt geringe Abweichungen. Die Abweichungen zwischen den Zugangskurven fielen mit im Mittel 2,8% gering aus. Bei den Komplettierungskurven ergaben sich mit durchschnittlich 4,6% wiederum etwas höhere Abweichungswerte als bei der Zugangskurve. Die durchschnittlichen Abweichungen für den gestörten Bestand und der Wert der zum Bedarfszeitpunkt unkomplettierten Montagevorgänge lagen bei 10,0% bzw. 9,7% und waren somit etwas höher als bei den Simulationsstudien. Ein derartiges Ergebnis war zu erwarten, da die in die Simulation eingehenden Parameter auch als Parameter in die Gleichungen für das Bereitstellungsdiagramm einfließen. Dies gilt für die Praxis nicht unmittelbar.

Zusammenfassend liegen alle im Rahmen der simulationsgestützten Validierung erhobenen Abweichungskennzahlen in geringen Prozentbereichen, sodass die Bereitstellungssituation korrekt beurteilt und Verbesserungsmaßnahmen abgeleitet werden können.

4. Exemplarische Anwendung des Modells in der Praxis

Aufgrund der Eigenschaft des Modells, wichtige logistische Kennzahlen der Versorgungsprozesse zu vereinen und den Wirkzusammenhang zwischen den Versorgungsprozessen und der Bereitstellungssituation zu beschreiben, bietet es sich als Kern einer Systematik zur Analyse einer Versorgungskette an. Um die Auswirkung potenzieller Verbesserungsansätze auf die Versorgungssituation des Konvergenzpunktes zu ermitteln, wird auf die entwickelte Modellierung des Bereitstellungsdiagramms zurückgegriffen. Mit Hilfe der logistischen Kennzahlen der entwickelten Näherungsgleichungen kann die Ausgangssituation sowie die Zielsituation nach der Verbesserungsmaßnahme beschrieben werden. Dies ermöglicht einen Vergleich beider Bereitstellungsszenarien.

Abbildung 5 beschreibt den Fall eines Maschinenbauunternehmens, dessen Montage durch ein hohes Maß an gestörten Beständen sowie eine schlechte Termineinhaltung charakterisiert ist. Als Maßnahme müssten Reihenfolgevertauschungen in der vorgelagerten Fertigung soweit wie möglich reduziert und die Planwerte der Durchlaufzeiten angepasst werden. Es wird angenommen, dass diese Maßnahme zu einer Verteilung der Terminabweichungswerte führt, bei welcher der Mittelwert im Vergleich zur Ausgangssituation von 1 BKT auf 0 BKT reduziert werden kann. Zusätzlich wird eine Verminderung der Standardabweichung von 8 BKT auf 4 BKT vermutet. Diese Veränderungen sind durch ein dunkel gefärbtes Abgangsterminabweichungs-Histogramm der Fertigung angedeutet, welches auf Grund des Verbesserungsansatzes mehr pünktliche Lieferungen sowie weniger Lieferungen mit hohen Abweichungswerten aufweist als das heller gefärbte Ausgangs-Histogramm im Hintergrund.

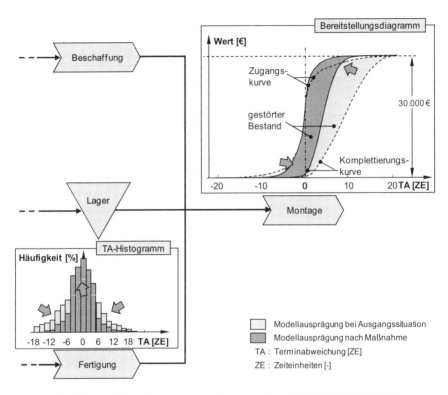

Abbildung 5: Praktische Anwendung des Bereitstellungsdiagramms

Das resultierende Bereitstellungsdiagramm verdeutlicht, wie stark sich in Folge der angenommenen veränderten Terminsituation in der Fertigung die Bereitstellungssituation vor dem Montageprozess verändert. Es ist zu erkennen, dass die Fläche des gestörten Bestands deutlich schmaler verläuft, der Wert des rechtzeitigen Zugangs ansteigt und früher eine größere Menge an Montageaufträgen komplettiert ist. Der Wert des gestörten Bestands kann um nahezu 50% reduziert werden. Der Vergleich der Komplettierungskurven zeigt, dass ursprünglich nur 50% der Aufträge nach einer Verspätung von 10 Tagen fertiggestellt werden konnten. Durch die Verbesserungsmaßnahme kann dieser Wert auf 98% erhöht werden.

Allein diese Veränderung würde nicht ausreichen. Die Anzahl pünktlicher Zugänge ist signifikant angestiegen und eine deutlich höhere Menge an Aufträgen konnte früher komplettiert werden. Die Menge rechtzeitig komplettierter Aufträge entspricht jedoch nicht den heutigen logistischen Anforderungen. Daher müssten mit Hilfe des Bereitstellungsdiagramms weitere Verbesserungsmaßnahmen abgeleitet werden.

Gemäß dieser Vorgehensweise ist es möglich, die Wirkung von Maßnahmen in einem Modell zu veranschaulichen und bestehendes Verbesserungspotenzial für alle Versorgungsprozesse aufzuzeigen und zu quantifizieren. Entscheidende Erkenntnisse für das Aufzeigen und Priorisieren von Handlungsfeldern können so gewonnen werden.

5. Fazit

Der Ausgangspunkt dieser Arbeit liegt im Bedeutungszuwachs der Koordination von Versorgungsketten. Insbesondere erschwert die zunehmende Vernetzung von Materialflüssen eine gleichzeitige und rechtzeitige Versorgung und damit die Einhaltung logistischer Kosten- und Leistungsziele. Ein geeignetes Modell, mit dem die logistische Qualität zusammenlaufender Prozesse geplant und gesteuert werden kann und das außerdem bestehende Wirkzusammenhänge beschreibt, existiert bis heute nur bedingt.

Mit dem Bereitstellungsdiagramm wurde ein Modell entwickelt, mit dem die Wirkzusammenhänge zwischen den Versorgungsprozessen und der Bereitstellungssituation am Konvergenzpunkt im Materialfluss beschrieben werden können.

Die Validierung der entwickelten Modellzusammenhänge umfasste eine simulationsgestützte Überprüfung der Ergebnisse. Im Rahmen von Anwendungen in verschiedenen Unternehmen wurden zudem eine ausreichende Genauigkeit und damit die Einsetzbarkeit der Näherungsfunktionen für Anwendungen in der Praxis bestätigt.

Der entwickelte Modellzusammenhangs kann dazu genutzt werden, um Schwachstellen einer Versorgungskette zu identifizieren und Maßnahmen abzuleiten. Die Ausgangssituation sowie eine Zielsituation der einzelnen Versorgungsprozesse können jeweils mit Terminabweichungs-Histogrammen abgebildet werden. Mit Hilfe der Näherungsgleichungen kann die Auswirkung der Veränderung auf die Bereitstellungssituation ermittelt und veranschaulicht werden.

Literaturverzeichnis

1   Günther Schuh, Robert Roesgen, „Aufgaben", in: Günther Schuh (Hrsg.), „Produktionsplanung und -steuerung. Grundlagen, Gestaltung und Konzepte", 3.Auflage, Springer, 2006, S. 28-78.

2   Bruno Lotter, „Einleitung", in: Bruno Lotter, Hans-Peter Wiendahl (Hrsg.), „Montage in der industriellen Produktion – Ein Handbuch für die Praxis", Springer, 2006, S. 1–8.

3   Stephan Mayer, Erik Thiry, Cay-Bernhard Frank, Guengoer Kara, Alexander Menke, "Excellence in Logistics", A.T. Kearney, 2009.

4   Denise Paulonis, Sabina Norton, "McKinsey Global Servey Results: Managing global supply chains", McKinsey, 2008.

5   Wallace Hopp, Mark Spearmann, "Factory Physics", 2. Auflage, Irwin, 2008.

6   Bernard Hon, "Performance and Evaluation of Manufacturing Systems", CIRP Annals – Manufacturing Technology 54 (2), 2005, S. 675–690.

7   Hans Kettner, "Neue Wege in der Bestandsanalyse im Fertigungsbereich", Deutsche Gesellschaft für Betriebswirtschaft, 1976.

8   Peter Nyhuis, "Practical Applications of Logistic Operating Curves", CIRP Annals – Manufacturing Technology 57 (1), 2007, S. 481–484.

9   Rouven Nickel, „Logistische Modelle für die Montage", Produktionstechnisches Zentrum Hannover, 2008.

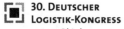

30. Deutscher
Logistik-Kongress
23.-25. Oktober 2013

Bundesvereinigung
Logistik

Quantitative models for value-based
supply chain management

Summary

1. Introduction

2. Literature review

3. Research methodology and conceptual elements

4. Quantitative models and empirical analyses
   4.1. Descriptive model
   4.2. Discrete-event simulation model

5. Discussion

References

Quantitative models for value-based supply chain management

Dr. Marcus Brandenburg, Fachbereich Wirtschaftswissenschaften,
Fachgebiet Supply Chain Management, Universität Kassel

Summary

Purpose: Measuring and comparing the influence of supply chain management (SCM) on the value of a firm by quantitative models.

Design/methodology/approach: Related scientific literature is reviewed by content analysis. Two quantitative models are introduced which comprise financial and non-financial SCM-related drivers of company value and allow for measuring and financially comparing resulting value impacts. These models are empirically tested in a secondary data analysis and in a case study from the fast moving consumer goods industry.

Findings: Important criteria for value creation, which were by now substantiated only by qualitative arguments, are formally tested by mathematical methods. The coherence of different supply chain (SC) performance factors and company value is empirically assessed by secondary data analysis. A hybrid volume- and value-based simulation model extends discrete-event simulation which usually focuses on cost and inventory or non-financial aspects. Relevant criteria and influencing factors of value creation are identified in SC design and operations.

Implications: The proposed models complement conceptual frameworks for value-based SCM. The view of empirical studies is broadened from focused analyses and impacts on firm profitability to holistic assessments of value creation. The value-based management of operations in the SC is supported.

Originality/value: Practitioners can apply the proposed models to measure and control value impacts of SCM or employ them as metrics for benchmarking. Impacts of different SC performance factors on company value can be assessed and financially compared in empirical studies.

 30. Deutscher
Logistik-Kongress
23.-25. Oktober 2013

 BVL

Bundesvereinigung
Logistik

1. Introduction

It is taken for granted that the supply chain performance of a firm is positively related to company value. Various conceptual models are designed to illustrate the coherence of supply chain management and company value, which is comprehended as value-based SCM. Christopher and Ryals (1999) identified four basic drivers of company value – namely revenue growth, operating cost reduction, fixed capital efficiency and working capital efficiency – and substantiated by qualitative arguments that these factors are directly and indirectly influenced by SCM. The authors point out the relevance of accelerated cash flows, enhanced cash flows or reduced cash flow volatility for value creation. Empirical research assesses the influences of SC efficiency to profitability metrics such as ROCE (e.g. Losbichler et al., 2012) or the coherence of SC disruptions and the market value of a firm (e.g. Hendricks and Singhal, 2003, 2009).

In contrast, quantitative models for value-based SCM are found comparably seldom. Normative models developed by Hahn and Kuhn (2011a, b) can be seen as a positive exception that proves the rule. Hence, research on value-based SCM shows an inadequacy in quantifying value impacts of SCM and a lack of scientific rigor, because the quantitative area of deductive research seems to be underdeveloped.

This research gap is taken up by Brandenburg (2013). Two quantitative models are suggested that are suitable to substantiate and measure value impacts of SCM. These models are tested empirically in a secondary data analysis and a case study. Three research questions on value-based SCM are in focus:

- How are value contributions of SCM quantified in such a way that profitability-related changes of sales or SC cost and capital-related changes of fixed assets or working capital are financially comparable?
- Which criteria and influencing factors are relevant for value creation?
- How can company value be linked to operational SCM activities?

2. Literature review

For a systematic review of related literature, a content analysis is performed (Mayring, 2003; Seuring and Gold, 2012). This content analysis elaborates on the questions which SCM aspects are in focus of scientific research on value-based SCM, which value definitions represent the terminological basis, which research designs are preferably chosen and what future research perspectives are proposed. A sample of 65 papers is collected by a keyword-based full text search for peer reviewed papers published in four scientific journals. The structural dimensions and analytic categories for the content analysis are deducted from Halldorsson and Arlbjørn (2005) and complemented by inductively defined ones.

The findings of the content analysis can be summarized as follows:

- Scientific research has been elaborating on value-based SCM for the last 15 years.

- Theory-related and empirical research methods are employed equally often.

- Conceptual frameworks and case studies dominate, quantitative models are found seldom.

- Intra- and inter-organizational SCM perspectives are in balance.

- Shareholder value, in most cases measured by discounted cash flow (DCF) and economic value added (EVA), represents the preferred terminological foundation.

- Research perspectives address the need for adequate metrics and tools for decision support as well as quantitative approaches to value-based SCM.

3. Research methodology and conceptual elements

Model-based quantitative research is chosen as research methodology. The research design is split into an axiomatic and an empirical approach. The axiomatic part comprises a descriptive model and a discrete-event simulation (DES) model. To test and validate these models empirically, the methods of secondary data analysis and case study research are employed to assess manufacturing companies from the fast moving consumer goods (FMCG) industry, which is characterized by short product lifecycles (PLC) and considerable dynamics and uncertainties within the SC.

 30. Deutscher
Logistik-Kongress
23.-25. Oktober 2013

 BVL
Bundesvereinigung
Logistik

4. Quantitative models and empirical analyses

4.1. Descriptive model

The descriptive model is based on the observation that value creation from SCM is related to sales, SC cost, working capital and fixed assets (Christopher and Ryals, 1999) and that value impacts can be measured by DCF (Damodaran, 2011). The basic idea of the model is to partition the DCF of a company to these four value drivers which in turn sum up to the total value contribution of SCM. To reflect the time value of money, the value impacts of each period are discounted at WACC.

The descriptive model is suitable to consider those SCM activities which influence more than one value driver and to reflect the inter-organizational aspects of SCM. In case of complementary or conflictive value impacts of several value drivers, each resulting impact is quantified separately and these separately calculated influences are aggregated by addition or subtraction to determine the total value impact. In order to assess value impacts at linked firms, the model can be applied to measure value impacts at each firm which in a second step can be compared.

Based on this descriptive model it is possible to formally test the hypotheses of Christopher and Ryals (1999) that accelerated or enhanced cash flows or reduced cash flow volatility increases company value. Up to now, these statements were only substantiated by qualitative arguments and empirical observations. The findings of this formal test can be summarized as follows:

- A value creating acceleration or enhancement of cash flows can be achieved by sales growth, if sales develop in a monotonically increasing and value creating way.

- A value creating acceleration or enhancement of cash flows can be achieved by changes in SC cost, if the SC cost performance does not show intermediate deteriorations.

- A value creating acceleration or enhancement of cash flows can be achieved by changes in working capital, if the working capital performance does not show intermediate deteriorations and if the sales growth rate does not exceed WACC.

- Value losses can be prevented by deterioration-free performance developments. Only performance improvements without intermediate deteriorations guarantee value creation. However, volatile performance developments can as well result in value creation. In any case, the interplay of the four value drivers has to be considered.

The descriptive model can be employed to assess and compare value impacts by analyzing secondary data which are available from annual reports. Such an empirical study is conducted for a sample of 10 globally operating FMCG manufacturers in the time horizon 2003-2008. To consider availability and comparability of data, the analysis is limited to working capital and cost of goods sold (COGS). The following conclusions can be drawn from these observations:

- COGS efficiency and working capital performance influence company value. For the overall value creation, COGS efficiency has a higher and significant relevance.

- The interplay of these value drivers is decisive for the overall value creation. A focused performance optimization can result in overall value losses.

- Continuity and timing of performance developments are important for value creation. Continuous improvements and expedited effects amplify value impacts.

4.2. Discrete-event simulation model

Being static and deterministic, the descriptive model implies shortfalls in reflecting uncertainties and dynamics of an SC. In dynamic or uncertain cases, it is recommended to employ DES models which represent individual events that are processed at simulated time, incorporate uncertainties and allow for evaluating the dynamic behavior of an SC over time (Kleijnen, 2005). Performance impacts of different SC design options are determined by simulation (Reiner, 2005). In the proposed model, the data are created by a simulation run and then linked to sales, cost and capital. Thereby, the cash flow effects of each scenario can be calculated, which in turn allows for quantifying value impacts of each scenario by DCF calculation.

This hybrid value- and volume-based DES model is illustrated at a case study of a SC design project which is conducted in the course of the introduction of a new product line at a global FMCG manufacturer (Schilling et al., 2010). In this SC design project, a decision is needed before product launch where to allocate the production of the new products within the existing SC network. The value contribution of each SC design option should be determined under consideration of uncertainties and dynamics.

The case example comprises one cosmetics product line and three echelons with a packaging material supplier located in Asia, two candidate production plants in Europe and Asia to which the product line can be allocated, and three demand regions in Europe, Latin America and Asia. Dynamics arise from launch patterns and pipeline filling requirements, which result in peak demands of up to 60% above stable demands in the maturity phase of the PLC. Uncertainties stem from forecast errors for the next few weeks and from contingency situations that occur if the cumulated sales potential of a product is over- or underestimated.

The model of the SC is built with the DES software ARENA™ from Rockwell Automation. The make-to-stock policy is incorporated through a dynamic (r, S_t) inventory policy for finished goods and packaging materials. The value contribution of an SC design option is measured using the net present value (NPV) of SCM-related cash flows. For a structured analysis of value impacts, four different cases are defined based on dynamics and uncertainties: a dynamic case, an uncertain case, a base case without dynamics or uncertainties and a real case comprising both dynamics and uncertainties.

The simulation indicates that both candidate SC design options are capable of supporting the product launch with comparable fill rates and that both SC design options result in similar product cost. However, both SC design options differ considerably with regards to cash flows and resulting NPVs. Furthermore, dynamics and uncertainties affect cash flows and value creation. Comparing the cash flows and value creation obtained from each SC option in the four cases leads to the following conclusions:

- SC design can have an accelerating and enhancing influence on cash flows and company value.
- SC dynamics can have negative value impacts.
- SC uncertainties can result in value deterioration.
- Combined dynamics and uncertainties can amplify these negative value impacts.

5. Discussion

The two proposed models contribute to value-based SCM in research and application. From the scientific perspective, the descriptive model complements the conceptual framework designed by Christopher and Ryals (1999) and allows for rigorously assessing their hypotheses that enhanced or accelerated cash flows and reduced cash flow volatility affect company value. In contrast to other empirical studies that are limited to the evaluation of selected SC performance factors (e.g. Hofmann and Kotzab, 2010) or resulting influences on the profitability of a firm (e.g. Losbichler et al., 2012), the proposed descriptive model allows for empirically assessing the correlation of SC performance and company value in greater detail. In contrast to approaches of Hendricks and Singhal (2003, 2009) that focus on value losses stemming from SC glitches, positive value impacts of SC performance improvements can be assessed by employing the descriptive model. The simulation model illustrates approaches how to evaluate the DES results in a value-based way and hence extends DES models that often focus on cost and inventory or non-financial aspects only (Kleijnen, 2005). Practitioners can apply the proposed models to measure and control value impacts of SCM and employ these metrics for benchmarking. By broadening the view from a pure cost focus to the additional consideration of capital-related and non-financial value drivers and the interplay of these factors, the empirical observations can help managers to implement value-based SCM concepts in industrial practice. Concluding, it can be stated that this paper contributes to value-based SCM to a considerable extent, but not exhaustively or terminatory.

References

Brandenburg, M. (2013): Quantitative models for value-based supply chain management. Heidelberg.

Christopher, M.; Ryals, L. (1999): Supply chain strategy: Its impact on shareholder value. International Journal of Logistics Management 10 (1): 1–10.

Damodaran, A. (2011): Applied corporate finance, 3rd ed., Hoboken.

Hahn, G. J.; Kuhn, H. (2011a): Optimising a value-based performance indicator in mid-term sales and operations planning. Journal of the Operational Research Society 62: 515–525.

Hahn, G. J.; Kuhn, H. (2011b): Value-based performance and risk management in supply chains: A robust optimization approach. International Journal of Production Economics. doi:10.1016/j.ijpe.2011.04.002.

Halldorsson, A.; Arlbjørn, J. S (2005): Research methodologies in supply chain management – What Do We Know, in: Kotzab, H.; Seuring, S.; Müller, M.; Reiner, G. (eds.): Research methodologies in supply chain management, Heidelberg: 107–122.

Hendricks, K.; Singhal, V. (2003): The effect of supply chain glitches on shareholder wealth. Journal of Operations Management 21: 501–522.

Hendricks, K.; Singhal, V. (2009): Demand-supply mismatches and stock market reaction: Evidence from excess inventory announcements. Manufacturing and Service Operations Management 11 (3): 509–524.

Hofmann, E.; Kotzab, H. (2010): A supply chain-oriented approach of working capital management. Journal of Business Logistics 31 (2): 305–330.

Kleijnen, P. (2005): Supply chain simulation tools and techniques: A survey. International Journal of Simulation and Process Modelling 1 (1/2): 82–89.

Losbichler, H.; Hofer, P.; Rothböck, M. (2012): An investigation of ROCE and its drivers: empirical analysis of European companies. In Jodlbauer, H.et al. (eds.): Modeling Value, Berlin: 119–148.

Mayring, P. (2003): Qualitative Inhaltsanalyse – Grundlagen und Techniken (Qualitative content analysis – Basics and techniques), 8th ed., Weinheim.

Reiner, G. (2005): Supply chain management research methodologies using quantitative models based on empirical data, in: Kotzab, H.; Seuring, S.; Müller, M.; Reiner, G. (eds.): Research methodologies in supply chain management, Heidelberg: 431–444.

Schilling, R.; Kuhn, H.; Brandenburg, M. (2010): Simulation-based evaluation of tactical supply chain design scenarios for new product introduction, in: Sousa, R. (ed.): Proceedings of the 17th international annual EurOMA conference, Porto.

Seuring, S.; Gold, S. (2012): Conducting content-analysis based literature reviews in supply chain management. Supply Chain Management: An International Journal 17 (5): 544-555.

**Agent Based Simulation Approach
to Assess Supply Chain Complexity
and its Impact on Performance**

1. Initial Situation and Overview

2. Dissertation Structure and Content

3. Theoretical and Practical Implications

Agent Based Simulation Approach to Assess Supply Chain Complexity and its Impact on Performance

Dr.-Ing. MBA, Mayolo Alberto Lopez Castellanos, Projektleiter Komplexität und Simulation, Institut für Logistik und Unternehmensführung an der Technischen Universität Hamburg-Harburg

1. Initial Situation and Overview

In today's global business environment, the intense competition, the changing and uncertain conditions, and the increasing customer requirements challenge the companies' operational efficiency and profitability. In this context, the dissertation's main objective was the holistic assessment of complexity and its impact on supply chain performance. For the previous objective, the supply chain was characterised as a complex system in its structure and behaviour. Then, a framework named Approach for Complexity Assessment (ACA) was developed for analysing complexity and its impact on performance. Finally, a simulation platform named Supply Chain Building Blocks (SCBB) was developed as a tool for implementing the ACA framework into the analysis of supply chain designs and for supporting the strategic decision-making processes. The SCBB allows assessing the supply chain performance and its complexity development by enabling the identification of factors that impact negatively on the supply chain viability and goal fulfilment.

The scientific contribution of the dissertation includes the enhancement of algorithmic approaches (entropy based) for evaluating complexity and the development of a computational tool for modelling, simulating, experimenting and assessing the performance of geo-positioned supply chain designs linked by geographically characterised multi-modal transportation routes. The developed computational tool is a flexible platform that can integrate additional modules for analysing diverse phenomena affecting the supply chain performance, e.g. risk, sustainability and robustness.

2. Dissertation Structure and Content

The dissertation is structured in seven chapters whose findings and developments contributed to solve four research questions (see table 1). In the first chapter, the dissertation's objective and the research questions are defined within the scope of supply chain complexity management. This chapter presents the structure of

the dissertation, and the overview of the chapters' conceptual relationships and analytical scopes.

1. What characterises complex systems?	3. How to assess and control the complexity impacting on the supply chain performance?
2. What is the impact of complexity on supply chain performance?	4. How to evaluate the complexity development and identify its causes on the supply chain?

Table 1: Research Questions Addressed by the Dissertation

Chapter two presents systems thinking and cybernetics as the theoretical foundations of complexity science, as well as identified the properties of complex systems. Consequently, chapter two answers the first research question: What characterises complex systems?, and serves as the reference for the analyses and developments performed along the whole dissertation. Therefore, subsequent chapters constantly refer to the structural properties defined within system thinking and the behavioural properties within cybernetics theory.

In chapter three the literature review of supply chain complexity, frames supply chains as complex systems within the Supply Chain Management model[1]. In here, supply chains are characterised by recursive organisational structures and nested control processes, which are also aligned with the SCOR[2] model. Additionally, the literature review analyses the algorithmic, aggregated and deterministic complexity frameworks, which enable describing, understanding and controlling supply chain complexity. The analysis of the complexity frameworks helped assessing the effects of complexity on supply chain operations; however, not from a holistic perspective of complex systems. Thus, knowledge gaps were identified in the assessment and control of the supply chain complexity. Moreover, based on the identified gaps in literature, the concluding remarks of this chapter defined the requirements of an approach for the holistic assessment of complexity and its impact on performance across the supply chain system.

---

1 Mentzer, J.T. et al., 2001. Defining Supply Chain Management. *Journal of Business Logistics*, 22(2), pp.1–25.
2 SCOR, 2011. Supply-Chain Operations Reference-model Version 10. Available at: http://supply-chain.org/f/downloads/726710733/SCOR10.pdf.

Supplementary to the literature analysis, in chapter four it is conducted an event study of abnormal returns to gain insight into the complexity affecting the supply chain performance of companies. The results of this industrial analysis identified complexity parameters that have significant impact on the return of the companies' stock prices and reinforced the need of solving the knowledge gaps previously defined in the literature review. The complementary findings of the literature review and event study answered the second research question of the dissertation: What is the impact of complexity on the supply chain performance?, and highlighted the relevance in logistics for assessing complexity development and its impact on supply chain performance.

In chapter five a concept is developed for solving the identified knowledge gaps from the literature review and event study analyses. The developed concept is the Approach for Complexity Assessment (ACA), which answers the dissertation's third research question: How to assess and control the complexity impacting on the supply chain performance? ACA defines the supply chain system and describes the steps to evaluate supply chain complexity by using the algorithm procedures based on systems thinking and cybernetics. ACA concept (algorithm and framework) improves the supply chain analysis by assessing complexity's emergent behaviour and structural development.

Chapter six includes an agent-based model build on the ACA concept. The developed agent-based model of supply chain, named Supply Chain Building Blocks (SCBB), defines a simulation tool to implement the ACA concept and holistically assess complexity of generic supply chain designs. The SCBB simulation platform answers the fourth research question of the dissertation: How to evaluate complexity development and identify its causes on the supply chain? SCBB is the tool that fulfils the gaps identified within the literature review on supply chain complexity and the event study analysis. SCBB enables the implementation of ACA concept in assessing the supply chain complexity development and its impact on performance across the supply chain complex system's structure. The dissertation's development culminated with a simulation platform for holistically assessing complexity of generic supply chain designs and for supporting the strategic decision-making process. Figure 1 presents the conceptual relationships of the dissertation's chapters and their analytical scopes.

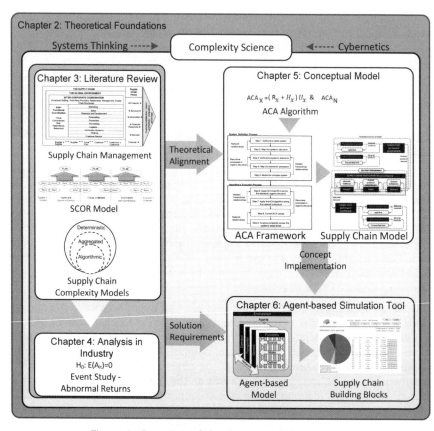

Figure 1: Overview of the Contents and Conceptual
Interrelations of the Chapters

3.   Theoretical and Practical Implications

The innovation content of the dissertation includes the development of a framework for complexity assessment, an approach for modelling supply chains as modular complex systems and an agent-based model computational tool for simulating generic supply chain designs. The developed framework defines control cycles for evaluating the performance of nested and recursive organisational structures across the supply chain, and assesses the development of complexity parameters by means of an algorithm procedure (regardless of their supply chain design). The agent-based simulation model emulates the geographically characterised supply chain designs and assesses the performance resulting from the emergent behaviour of the supply chain participants' (defined as agents) execution of business strategies and implementation of decision policies.

The practical relevance of the dissertation supports the strategic decision-making process by enabling the evaluation of supply chain designs, business strategies, decision policies and sensitivity analyses characterised by complexity parameters. The geo-positioning of supply chain participants and the geographic description of multi-modal transportation routes in the simulation tool, enables the realistic emulation of lead times, the dynamic evaluation of inventory control systems and the calculation of carbon dioxide resulting from logistic processes. The holistic complexity assessment of the dissertation enhances the reporting scope of the operational performance dashboards from Business Intelligence (BI) systems by integrating the data generated from simulation analyses. The strategic supply chain planning and decision-making processes can be based on the analytics of "Big data" collected from enhanced BI systems integrating the performance of organisations, the interactions with the environment and the results from simulation.

The dissertation outcome helps improving the practitioners' strategic decision making for sustaining the competitiveness of their logistics and value adding operations, as well as it contributes to the foundations of future works aiming to integrate the strategic supply chain planning and the data driven business models.

C1

Big Data – Wissen effizient nutzen

 30. Deutscher
Logistik-Kongress
23.-25. Oktober 2013

 BVL
Bundesvereinigung
Logistik

Big Data für die Logistik

1. Big Data

2. Information als neuer Produktionsfaktor

3. „Data is the new Oil"

4. Schnelle Analyse großer Datenmengen wird
   Schlüsselkompetenz

5. Lean Logistics setzt Optimierung der analytischen
   Systemlandschaft voraus

6. Beispiele

7. Der Warenflut folgt die Datenflut

Big Data für die Logistik

Prof. Dr.-Ing. Michael Benz, Professor für Logistik an der International School of Management, Frankfurt am Main und Geschäftsentwickler für Datenanalyse bei der Teradata GmbH, Frankfurt

Das weltweite Wachstum an Daten hat in den letzten Jahren massiv zugenommen und wird in der nächsten Zeit auch weiter exponentiell steigen. Einer Studie des McKinsey Global Institutes zur Folge wird das globale Datenwachstum pro Jahr um 40% ansteigen.[1] Daten entstehen dabei auf vielfältige Art und Weise: Neben den klassischen strukturierten Daten aus operativen Systemen (z.b. ERP) sind dies vor allem Ereignisdaten von Maschinen und Fahrzeugen, Sensordaten von Steuergeräten und natürlich unstrukturierte Daten in Form von Text und Bildern (Fotos), die insbesondere auch über das Internet oder soziale Medien in großer Menge entstehen.

1. Big Data

Die Analyse dieser großen Datenmengen („Big Data") wird dabei zu einem der kritischen Wettbewerbsfaktoren für Unternehmen werden. Big Data bezeichnet die wirtschaftlich sinnvolle Gewinnung und Nutzung entscheidungsrelevanter Erkenntnisse aus qualitativ vielfältigen und unterschiedlich strukturierten Informationen, die einem schnellen Wandel unterliegen und in nie zuvor dagewesenem Umfang anfallen.[2]

Big Data steht trotz der frühen Marktphase schon für ein hoch relevantes IT-Marktsegment. Die globalen Umsätze im Segment Big Data lagen 2011 in der Größenordnung von 3,3 Milliarden Euro. 2012 wird mit 4,5 Milliarden Euro gerechnet, 2016 wird der globale Big-Data-Markt 15,7 Milliarden Euro schwer sein. Das entspricht einer mittleren Wachstumsrate von 36%.[3]

---

1   Big data: The next frontier for innovation, competition, and productivity; McKinsey Global Institute, May 2011
2   Big Data im Praxiseinsatz – Szenarien, Beispiele, Effekte; BITKOM-Arbeitskreis Big Data; 2012, Seite 7
3   Ebenda, Seite 10

 30. Deutscher
Logistik-Kongress
23.-25. Oktober 2013

 BVL

Bundesvereinigung
Logistik

„Big Data" wird dabei häufig – auch in Anlehnung an führende Analysten wie beispielsweise Gartner – über die folgenden drei Perspektiven („3V") kategorisiert[4]:

1) Volume: Menge der Daten bzw. Größe der auszuwertenden Tabellen und Anzahl an Transaktionen

2) Variety: Unterschiedliche Strukturen der Daten (strukturiert, semistrukturiert und komplett unstrukturiert)

3) Velocity: Auswertung der Daten in Echtzeit, Gleichzeitigkeit von Systemlade- und Abfrageprozessen

Demgegenüber muss allerdings kritisch angemerkt werden, dass der Terminus „Volume" de facto sehr unbestimmt ist. Die Kernfrage besteht ja gerade in der Ermittlung und Festlegung einer Datenmenge, die „Big Data" klassifiziert. Aber wo beginnt Big Data? Sind es 3 Terabyte an Daten oder fängt es erst bei einem Petabyte an? Gibt es bestimmte Anforderungen an Tabellen hinsichtlich Größe, die es zu analysieren gilt? Sehr schnell wird deutlich, dass es nicht möglich ist, eine allumfassende Datengrenze zu ziehen. Zu unterschiedlich sind die einzelnen in den Unternehmen verwendeten Systeme und zu unterschiedlich sind auch die Geschäftsanforderungen bezüglich der Fragestellungen, die es zu analysieren bzw. zu beantworten gilt. In der Praxis gibt es beispielsweise Unternehmen, für die die Analyse von 3 Terabyte voll integrierter Daten bereits eine Herausforderung darstellt. Demgegenüber gibt es aber auch Internetunternehmen, die dieselbe Menge an Daten fast stündlich abspeichern und in nahezu Echtzeit analysieren.

Auch die zweite Perspektive „Variety" muss in der Praxis eingeschränkt betrachtet werden. Es geht bei dem größten Teil der Unternehmen heute nicht nur darum, ganz neue Datenformate einzusetzen (z.B. Webformate bzw. Clickstream-Analysen), sondern vielmehr, die bereits vorhandenen Datenschätze entsprechend zu nutzen und zu explorieren. In den meisten Fällen liegen bereits genügend strukturierte – d.h. einer Tabelle folgenden – Daten vor. Allerdings liegen diese Daten in den Unternehmen meist verteilt und in unterschiedlicher Konsistenz, Aktualität und Aggregierungsstufe vor. Darüber hinaus gibt es oftmals kein festes Konzept, diese Daten logisch miteinander zu verknüpfen bzw. es fehlen den Unternehmen Systeme und Technologien, die in der Lage sind, diese Datenschätze durch geeignete analytische Lösungen auch tatsächlich zu heben. Die Auswertung von großen Datenmengen – je nach Sichtweise der einzelnen Nutzer – ist dabei in vielen Fällen

---

4   Prof. Dr. Peter Chamoni, Lehrstuhl für Wirtschaftsinformatik, insbesondere Business Intelligence, TDWI 2011

nicht nur von der Technologie, sondern auch von den organisatorischen Möglichkeiten abhängig. Unternehmen sind selten zentralistisch angeordnet bzw. sie sind
das Abbild eines natürlichen – oder durch Zukäufen – entstandenen Wachstums.
Die analytische Landschaft in einem Unternehmen ist damit auch eine Art Abbild
der Unternehmensorganisation. Im Gegensatz zu der horizontalen Ablauforganisation – die ja für das Funktionieren der Prozesse zuständig ist – ist die Analyse
stark vertikal orientiert und in vielen Fällen nicht integriert, wenn die Daten in
unterschiedlichen Silos verteilt sind.

Der Komponente „Velocity" – also Auswertungsgeschwindigkeit – kommt von allen
drei Big Data-Kategorien die größte Wichtigkeit zu. Sie beschreibt den eigentlichen Paradigmenwechsel, der sich zur Zeit in der Analyse von Daten abspielt: Die
Entscheider in den Unternehmen interessiert nicht, was vor einer Woche, einem
Monat oder einem Jahr geschehen ist, vielmehr wollen sie sehr schnell – also zur
richtigen Zeit – die richtige Entscheidung in einer speziellen Situation treffen[5].
Und dies ist nur unter der analytischen Berücksichtigung der gesamten Sach-
lage möglich. Analytische Anwendungen „verschwimmen" hier also immer mehr
mit den operativen Anwendungen bzw. setzen mit ihren Ereignissen, die sie über
Algorithmen aus der Analyse großer Datenmengen detektieren, entsprechende
Trigger. Diese werden dann auch für die operative Entscheidungsfindung benötigt.
Insofern kommt der Komponente „Velocity" eine informationslogistische Sichtweise zu: Dir richtigen Informationen müssen zum richtigen Zeitpunkt im richtigen
Detaillierungsgrad für die richtige Entscheidungsunterstützung vorliegen. Unternehmensanalyse – oder auch die schnelle zielgerichtete Auswertung von Daten
– bedeutet damit auch Informationslogistik. Die Prinzipien der Logistik, also die
möglichst ganzheitliche und querschnittsübergreifende Optimierung von Prozessen kann daher sehr gut auf die Business Intelligence angewendet werden, die
sich ja gerade mit der analytischen Entscheidungsunterstützung in den Unternehmen beschäftigt.

Zusammenfassend kann daher postuliert werden, dass der Begriff „Big Data" nicht
klar definiert ist und von Fall zu Fall unterschiedlich bewertet werden muss. Insgesamt gesehen sollte Big Data eher als „More Analytics on more Data"[6] verstanden
werden. Die große Herausforderung liegt für alle Unternehmen allerdings darin,
die bereits vorhandenen Datenschätze besser zu explorieren und deutlicher erkennen zu können, welche neuen Entscheidungsmöglichkeiten sich für sie ergeben.

---

5   In diesem Zusammenhang wird auch von „Right-Time decisions" gesprochen
6   Stephen Brobst, CTO Teradata; Teradata UNIVERSE 2013

30. DEUTSCHER
LOGISTIK-KONGRESS
23.-25. Oktober 2013

BVL

Bundesvereinigung
Logistik

2. Information als neuer Produktionsfaktor

In der heutigen digitalen Welt treten Daten als vierter Produktionsfaktor neben Kapital, Arbeitskraft und Rohstoffen auf. Dies zeigt sich auch in einer aktuelle Studie des MIT CDB mit McKinsey. Hier wird deutlich, dass ein Großteil der Unternehmen immer noch Entscheidungen „aus dem Bauch heraus" fällt, ohne die Ergebnisse von Datenanalysen zu konsultieren oder Regelmechanismen zu folgen, die Datenmengen automatisch über bestimmte Algorithmen analysieren. Die Folge sind fast unmittelbar schlechtere Entscheidungen bzw. suboptimale Lösungen, da die Gesamtzusammenhänge nicht erkannt werden.

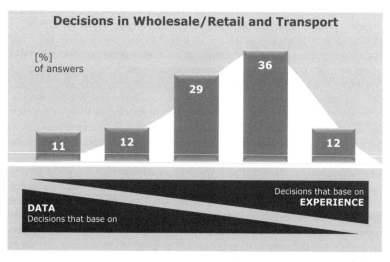

Abbildung 1: Basis der Entscheidungen im Bereich Retail und Transportation[7]

Prof. Dr. Erik Brynjolfsson vom MIT Center for Digital Business hat in seinen Studien festgestellt, dass Unternehmen, die Entscheidungen auf Grundlage von Daten fällen (sogenannte „Data-Driven Decision-makers"), wesentlich besser betriebs-

---

7   Digital Advantage survey by MIT CDB and McKinsey & Co.; 2009

wirtschaftlich arbeiten.[8] Insbesondere konnte er nachweisen, dass Unternehmen, die Datenexploration kontinuierlich und professionell nutzen, im Schnitt an der Spitze aller Unternehmen liegen und den Markt anführen.

Allerdings bedarf es hier auch einer ganz neuen Sichtweise gegenüber der IT und den Anwendern. Bei der traditionellen Sicht modellieren die Fachabteilungen Fragestellungen (z.b. wie hoch sind die Bestände für Motoren im gesamten weltweiten Produktionsnetzwerk) und die IT versucht, diese Fragestellungen mit den geeigneten Mitteln und Lösungen zu beantworten. Dieses Vorgehen ist allerdings mit einigen signifikanten Nachteilen behaftet:

Zum einen hat die Geschäftsseite kaum Fachkenntnis über die IT-Seite und umgekehrt, so dass wertvolle Informationen häufig nicht genügend berücksichtigt werden können, um eine zielführende und zufriedenstellende Lösung für die Geschäftsfragen zu schaffen.

Zum anderen ist dieses Vorgehen mit einem erheblichen Zeit- und Personalaufwand verbunden, da zunächst geeignete IT-Lösungen gefunden bzw. gebaut werden müssen. Darüber hinaus müssen auch Daten aus unterschiedlichen Unternehmensbereichen zusammengetragen und vereinheitlicht werden, um die Fragen der Geschäftsseite überhaupt beantworten zu können.

Es ist also vielmehr eine neue Sicht auf Daten gefragt, welche nicht mehr der traditionellen Sichtweise entspricht. Zum einen müssen die Daten bereits zur Verfügung stehen, um die aufwändige Datensuche und Vereinheitlichung zu reduzieren und zum anderen muss das Analysesystem des Unternehmens darauf ausgelegt sein, die Kernanforderungen der Informationslogistik zu erfüllen: Die Beantwortung jeder Geschäftsfrage zu jedem Zeitpunkt in jeder Komplexität und durch jeden Nutzer. Darüber hinaus ist aber auch ganz wesentlich, dass sich die Bereiche IT und Business wieder mehr an einander annähern und Hand in Hand miteinander arbeiten. Dies setzt voraus, dass es Mitarbeiter in den Unternehmen geben muss, die sowohl über Geschäfts- als auch analytisches Verständnis verfügen.

---

8 "Data-Driven Decision-makers have a 5% higher productivity, 6% greater profitability and 50% higher market value from IT" Erik Brynjolfsson, Teradata UNIVERSE 2013

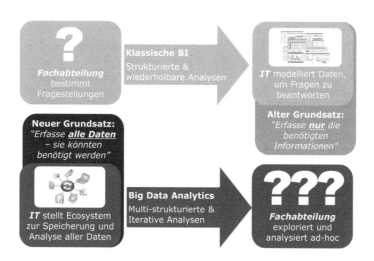

Abbildung 2: Alte und neue Sicht auf Daten[9]

Und gerade hier besteht noch ein großer Nachholbedarf, da diese neuen Talente noch nicht bzw. nur in geringer Anzahl zur Verfügung stehen. Die sogenannten „Data Scientists" – wie sie das Beratungshaus McKinsey [10] in seinem Report genannt hat – müssen erst ausgebildet werden. Studiengänge und Ausbildungsstätten nehmen sich erst langsam des Themas an.

Auch Unternehmen begreifen meistens erst recht spät, welches Potenzial in der Exploration von Daten steckt. Der Dachverband BITKOM erklärt hierzu in seiner Studie „Big Data im Praxiseinsatz – Szenarien, Beispiele, Effekte", dass deutsche Unternehmen bedächtig in das neue Thema einsteigen. Laut BITKOM werden sich diese aber in Kürze zu »Big Data Champions« profilieren, um ihre Produktions-, Logistik- und Vertriebsketten weltweit optimiert zu planen und zu steuern. Für eine hoch wettbewerbsfähige und exportorientierte Volkswirtschaft führt damit kein Weg an Big Data vorbei.

9   Benz, M.; 2. Dialogforum Business Intelligence; 2012
10   Big data: The next frontier for innovation, competition, and productivity; McKinsey Global Institute, 2011

Die Logistik, die ja maßgeblich aus den beiden Komponenten „Information" und „Aktion" besteht, ist von diesem Trend besonders betroffen. Die zielgerichtete Auswertung von Daten und die Generierung von entscheidungsrelevanten Informationen verhilft ihr zu einer besseren Planung und einer nachhaltig „schlanken" Ausgestaltung ganzer Logistiksysteme oder -aktionen. Daten über ein System sind daher eine erfolgskritische Größe geworden.

In der Logistik sind es insbesondere 3 maßgebliche Medien bzw. Systeme, die auch in Zukunft weiter unlimitiert Daten generieren werden:

- Sensordaten (z.B. RFID),

- Operativdaten (klassische Supply Chain Daten wie bspw. Tracking and Tracing oder ERP-Daten),

- Sogenannte Interaktionsdaten (z.B. semistrukturierte Daten).

Dabei ist zu bemerken, dass bereits heute der Anteil dieser semistrukturierten Daten (z.B. komplexe Web-Daten) mit über 80% den Großteil aller Daten stellt. Im Gegensatz zu den klassischen Business Transaction-Daten unterliegen Web Application-Daten nicht dem Zugriff der klassischen Data Warehouse Systeme, die im Rahmen der Unternehmensanalyse verwendet werden.

3.   „Data is the new Oil"

Die Exploration dieses ständig steigenden Datenschatzes wird für die Unternehmen mehr und mehr zu einem kritischen Erfolgsfaktor. Ein Unternehmenssystem oder -netzwerk kann in letzter Konsequenz nur dann beherrscht werden, wenn genügend Steuerinformationen über die Führung – quer über alle Ebenen hinweg – bekannt sind. „Data is the new Oil": Die schnelle, detaillierte und zielgerichtete Exploration des internen und externen Datenschatzes bietet also Vorteile, die allen Bereichen des Unternehmens eine möglichst schlanke Abwicklung der Prozesse ermöglicht. Daten sind also der neuen Philosophie zufolge kein Abfall- oder Nebenprodukt mehr, sondern ein wesentlicher Rohstoff, den es zu explorieren gilt. Sie sind vielmehr ein Rohmaterial für die Produktion sowie die Erstellung von Dienstleistungen und Produkten. Dieser Paradigmenwechsel findet derzeit gerade schleichend statt und ist ein Ausdruck des Generationenwandels in den Unternehmen.

Im Wesentlichen stehen daher die folgenden drei Anforderungen für die Unternehmen im Vordergrund, die direkt aus der Analyse großer Datenmengen resultieren:

1. Right time analytics – Rechtzeitigkeit von Informationen: Informationen müssen zur richtigen Zeit vorliegen. Die Anforderungen der Informationslogistik müssen erfüllt werden („Die richtige Information, zum richtigen Zeitpunkt, im richtigen Detaillierungsgrad für den richtigen Entscheider").

2. Demokratisierung der Daten – Daten sind Gemeingut: Informationen sind kein Gut, das nur wenigen vorbehalten werden darf. Der Zugriff auf eine konsistente, detaillierte und aussagefähige Datenstruktur muss allen Nutzerschichten erlaubt sein, damit diese aufeinander abgestimmte Analysen erstellen können und nicht mehrere „Wahrheiten" in einem Unternehmen produzieren.

3. Zentrale Datenverfügbarkeit – Integriertes analytisches System: Damit eine einheitliche Datenbasis für alle Nutzer gewährleistet ist, müssen die Massendaten auf einem leistungsfähigen System integriert sein bzw. das Datenwachstum muss von diesem unlimitiert aufgefangen werden können. Darüber hinaus muss Einverständnis bezüglich der Dateninterpretation herrschen: Die Verwendung eines gemeinsamen logischen Datenmodells (quasi die sprachliche Grundlage für das Datenverständnis) ist erfolgskritisch, wenn übergreifende Logistikfragen beantwortet werden sollen.

4. Schnelle Analyse großer Datenmengen wird Schlüsselkompetenz

Die Analyse wird also das tagtägliche Geschäft in Unternehmen entscheidend ändern: Wir alle müssen immer mehr in der Lage sein, große Datenmengen schnell zu interpretieren, um zielgerichtete Informationen zur Steuerung des Geschäfts – auf allen Ebenen und so schnell wie möglich – zu erhalten. Dieser Paradigmenwechsel hält an und wird auch in Zukunft entscheidend für die Wettbewerbsfähigkeit der Unternehmen sein.

Grundlegend für die Unternehmen ist dabei, dass sie über eine funktionierende und leistungsfähige Logistik verfügen, die die Grundlage des Erfolgs darstellt. Dabei darf Logistik nicht als einfacher Geschäftsprozess, sondern muss als Managementprozess verstanden werden. Die Logistik – als Querschnittsprozess und als Spiegel der betriebswirtschaftlich erbrachten Leistung – stellt auch eine ideale Basis für die Messung der Leistungsfähigkeit (neudeutsch „Performance") der Unternehmen dar. Die Logistikindikatoren können als ein Maß für die Erfüllung einer vorgegebenen Leistung verstanden werden, die durch Mitarbeiter und Organisationseinheiten des Unternehmens sowie externen Gruppen geleistet wird. Eine bestimmte Performance zu erbringen bedeutet dabei, die festgelegten Ziele zu erreichen bzw. Maßnahmen zur Zielerreichung auszuwählen. Somit ist die Performance abhängig von den Unternehmenszielen und muss auf die einzelnen Unterziele entlang der Prozesskette heruntergebrochen werden, die von allen Akteuren im Rahmen einer kontinuierlichen Verfolgung erzielt werden müssen.

Die Erreichung dieses Ziels, das heißt die Überführung der kontinuierlichen Zielverfolgung in ein unternehmensweites Management-System, das den Prozess zur Operationalisierung der Unternehmensstrategien und -ziele in einem permanenten Führungssystem aufzeigt, wird auch Performance-Management genannt. Dieses unterstützt Unternehmen auf dem Weg zum Erfolg indem es ihnen erlaubt, ihre Strategie anhand von spezifischen Leistungsgrößen (Indikatoren) umzusetzen. Über dieses permanente Führungssystem wird deutlich, welche Aktivitäten für die Erreichung des Unternehmenserfolges von größter Bedeutung und welche eventuell verzichtbar sind. Aufgrund dessen werden sehr große, oft unstrukturiert vorliegende Datenmengen aus heterogenen Systemen (z.B. ERP, CRM, etc.) analysiert und Trends abgeleitet, anhand derer das Management die strategisch-operative Planung entwerfen und deren Einhaltung kontrollieren kann. Performance Management ist somit ein Teil der Business Intelligence (BI) und gilt derzeit als wichtigster Treiber in diesem Umfeld. Business Intelligence beschreibt dabei Verfahren und Prozesse zur Analyse von Unternehmensdaten mit dem Ziel der systematischen Bereitstellung der geschäftsrelevanten Daten zu dem Zeitpunkt, zu dem sie benötigt werden bzw. an dem eine Entscheidung gefällt werden muss. Business Intelligence muss aber vor allem sicherstellen, dass der operative Prozess stetig prozessübergreifend validiert und ausgelegt wird. Im Wesentlichen handelt es sich dabei um die Beantwortung der folgenden fünf Fragestellungen:

1) Reporting: Wie war die Leistung eines Prozesses in der Vergangenheit?

2) Ursachenanalyse: Warum kam es zu einem Sachverhalt (z.B. zu hohe Bestände oder Engpässe in einer Prozesskette)?

3) Frühwarnung: Wie kann möglichst frühzeitig ermittelt werden, dass eine unternehmerische Entscheidung gefällt werden muss (z.B. automatisierte Ermittlung von Engpässen in einem Logistiksystem, um entsprechende Alarme zu geben – Management by Exception)?

4) Risikomanagement: Kann das Auftreten von Alarmen vorhergesehen werden und kann schon reagiert werden, bevor der eigentliche Engpass eingetreten ist?

 30. Deutscher
Logistik-Kongress
23.-25. Oktober 2013

 BVL
Bundesvereinigung
Logistik

5) Genaue Vorhersage: Wie kann auf Basis einheitlicher und detaillierter Daten automatisiert eine aktuelle Vorhersage für das Systemverhalten erfolgen (z.b. kontinuierliche Prozessforecasts und wenn-dann-Analysen)?

Wesentlich ist in diesem Zusammenhang, dass über die Lösung der Business Intelligence-Fragestellungen ein nicht unerheblicher Kostensenkungshebel aktiviert wird, der bei einem Großteil der Unternehmen noch nicht bedient wurde.

Entscheidend für ein wirkungsvolles Performance Management ist daher die Verfügbarkeit der richtigen Daten zur richtigen Zeit in der richtigen Form und im richtigen Detaillierungsgrad. Dies ist besonders wichtig, da dieser Management-Prozess auf einer messbaren und überprüfbaren Strategie- und Zielumsetzung beruht und dazu in allen Phasen von einer guten Datenqualität und -versorgung abhängt, zum Beispiel bei der:

- Analyse der aktuellen Geschäftssituation

- Planung von Strategien und operativen Zielen

- Implementierung der Ziele in der gesamten Organisation

- Umsetzung der abgeleiteten Maßnahmen zur Zielrealisierung

- laufenden Messung zur Überprüfung der Umsetzung

- Auswertung und Interpretation im Rahmen der Ergebnissicherung.

Aus diesem Grund ist es wichtig, eine einheitliche und vergleichbare Datenbasis im Unternehmen zu haben, auf die alle am Gesamtprozess beteiligten Akteure zugreifen können. Eine geeignete Data-Warehouse-Lösung ermöglicht eine automatisierte Datengewinnung und -aufbereitung, eine hohe Datenqualität sowie eine unternehmensübergreifende Datenkonsistenz. Ansonsten wird der Zustand erreicht, der in der folgenden Abbildung dargestellt ist.

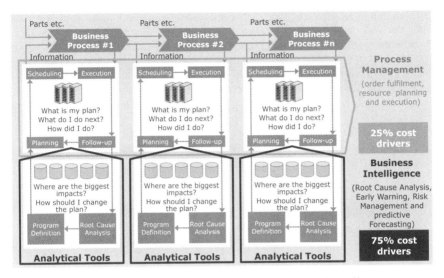

Abbildung 3: Effekte einer Data-Warehouse-Lösung[11]

5. Lean Logistics setzt Optimierung der analytischen Systemlandschaft voraus

Analytische Silolösungen mit nicht abgestimmter Datenbasis entlang der Prozesskette führen zu Ineffizienzen und unterschiedlichen Planungsgrundlagen, die ihrerseits wiederum zu nicht abgestimmten Prozessen führen. In letzter Konsequenz ist auch der sogenannte „Bull-Whip-Effekt" – also das Aufschaukeln der Bestände entlang der einzelnen Prozessglieder – ein wesentlicher Effekt der darunterliegenden analytischen Silolandschaft. *Lean Logistics* bzw. die Umsetzung einer schlanken Logistik sind somit nur dann möglich, wenn neben der Optimierung der operativen Prozesse (Supply Chain Management) auch eine Optimierung der analytischen Systemlandschaft (Supply Chain Analytics) erfolgt. Die Optimierung der analytischen Systemlandschaft, die in den meisten Fällen die betriebliche Aufbauorganisation widerspiegelt und die durch Bereichsegoismen historisch stark heterogen gewachsen ist, ist eine der künftigen Herkulesaufgaben, die ein hohes monetäres Kosteneinsparungspotenzial für die Abstimmung der Prozesse verspricht.

---

11   Benz, M.: Teradata 2013

Im Rahmen einer wissenschaftlichen Arbeit konnten diese Effekte auch am Beispiel der Automobilindustrie deutlich belegt werden.[12] Die Studie kommt zu dem Fazit, dass die Bedeutung eines professionellen Informationsmanagements heute immer noch unterschätzt wird. Die Effizienz des Datenmanagements kann durch die Integration der Daten in einheitliche Analysesysteme erheblich verbessert werden. Auf dem Weg hin zu einer analytisch orientierten Prozessplanung und -steuerung sind daher vier konkrete Handlungsempfehlungen zu berücksichtigen.

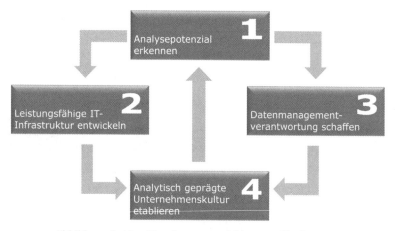

*Abbildung 4: Vier Handlungsempfehlungen für den Weg
zu einer analytisch orientierten Prozessplanung[13]*

Analytische Potenziale können im Wesentlichen dann gehoben werden, wenn die folgenden 5 Optimierungsmöglichkeiten durch neue Strukturen bzw. durch ein neues Paradigma aufgebrochen und genutzt werden:

- 80% der Studienteilnehmer gaben an, dass die zur Planung verwendeten Daten nicht in einheitlichen Systemen integriert sind. So verbringen Planungsverantwortliche einen großen Teil ihrer Arbeitszeit mit manueller Datenrecherche und Aufbereitung – in einigen Fällen bis zu 80% der gesamten Arbeitszeit.

---

12 Thoms, Jack; Benz, Michael; Warth, Johannes: Supply Chain Analytics – Das unentdeckte Wissen der Automobilindustrie; Supply Chain Management Institute (SMI), 2009
13 Thoms, Jack; Benz, Michael; Warth, Johannes: Supply Chain Analytics – Das unentdeckte Wissen der Automobilindustrie; Supply Chain Management Institute (SMI), 2009

- Die mangelnde Integration von IT-Systemen kann als Hauptgrund für unzureichenden und erschwerten Datenzugriff angesehen werden. Das betrifft insbesondere große Unternehmen. Nur 16% der Teilnehmer können auf Daten aus integrierten Systemen zugreifen. Diese Teilnehmer sehen sich gleichzeitig deutlich seltener mit Planungsrevisionen konfrontiert (50% im Vergleich zu 73%).

- Die Planungsmöglichkeiten, die durch die IT vorgehalten werden, werden von 80% als unzureichend bezeichnet. Den Verantwortlichen sind damit bei der Optimierung ihrer Supply Chain Planungen häufig technologisch die Hände gebunden.

- Ereignisorientierte Analysetools und Möglichkeiten zur Frühwarnung bieten nur wenige in der Praxis eingesetzte IT-Systeme. 55% der Teilnehmer können keine kurzfristigen Analysen durchführen. Eine reaktionsfähige und ereignisorientierte Prozesssteuerung und -planung ist damit kaum möglich.

- Anhaltende Trends wie die Erhöhung der Variantenvielfalt und die Zunahme kurzfristiger Kundenänderungswünsche werden zukünftige Datenvolumina signifikant erhöhen. Trotz eines ausgeprägten Bewusstseins für diese Veränderungen setzen nur 22% der befragten Unternehmen Trendanalysen und nur 29% Risikoanalysen im Rahmen ihrer Planungen ein.

Unternehmensweite Data Warehouse Systeme sind in der Lage, eine Vielzahl an Informationen zu speichern und vergleichbar zu halten. Sie sind daher eine ideale Grundlage für die analytische Auswertung von Unternehmenszusammenhängen. Ihre Performance wird im Wesentlichen dadurch bestimmt, wie schnell die gesuchte Information gefunden wird bzw. wie einfach eine Abfrage im System generiert werden kann. Darüber hinaus ist die Frage wesentlich, ob ein Data Warehouse bei einer Zunahme des Datenvolumens leicht erweitert werden kann und wie skalierbar das System ist.

Enterprise Data Warehouse Systeme (EDW) können in den Unternehmen als Verbindung aller betrieblichen Prozesse angesehen werden. Durch die Sammlung von Daten, die entlang der Geschäftsprozesse generiert werden, entsteht ein aussagekräftiges Abbild der Unternehmensleistungen. Sie stellen eine unabdingbare Voraussetzung für das Unternehmensmanagement dar. Über Applikationen können entsprechende Unternehmensanalysen gefahren werden, die unmittelbar zur Transparenz und damit zur Steuerung des Unternehmens bzw. seiner Teilbereiche beitragen.

┌─┐ 30. Deutscher
└─┘ Logistik-Kongress
23.-25. Oktober 2013

BVL
Bundesvereinigung
Logistik

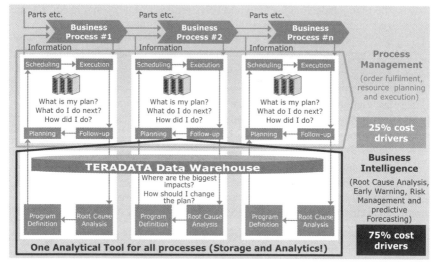

Abbildung 5: Datawarehouse-System[14]

6. Beispiele

Insbesondere für die Logistik ergibt sich durch ein EDW eine Vielzahl an Möglichkeiten, die sowohl analytischer als auch operativer Natur sein können. Werden Logistikinformationen zeitnah und in kurzen Zyklen für Entscheidungen zur Verfügung gestellt, wird von Active Data Warehousing gesprochen. Dies ist beispielsweise der Fall bei der ereignisorientierten Steuerung von Logistikprozessen (Supply Chain Event Management). Darüber hinaus können die Informationen der Logistik auch für weitere Unternehmensdisziplinen genutzt werden, um einen einheitlichen Blick auf das Unternehmen zu erhalten.

Speziell die Industrie und das produzierende Gewerbe stehen damit vor einer vierten industriellen Revolution, die durch das Internet der Dinge und Dienste in Gang gesetzt wurde. In der sogenannten Industry 4.0 können die in Echtzeit entstehenden Daten als Abbild der realen, physikalischen Welt durch Vernetzung mit

---

14   Benz, M.: Teradata 2013

internetbasierten Diensten verarbeitet und für autonome Regelprozesse genutzt werden.

Darunter werden autonome Systeme verstanden, die untereinander über das Internet vernetzt sind. In der Produktion entstehen sogenannte Cyber-Physical Production Systems (CPPS) mit intelligenten Maschinen, Lagersystemen und Betriebsmitteln, die eigenständig Informationen austauschen, Aktionen auslösen und sich gegenseitig selbstständig steuern. Sie können industrielle Prozesse in der Produktion, dem Engineering, der Materialverwendung sowie des Lieferketten- und Lebenszyklusmanagements enorm verbessern.

CPPS schaffen Smart Factories, den Inbegriff des Zukunftsprojekts Industrie 4.0. In der Smart Factory herrscht eine völlig neue Produktionslogik: Die Produkte sind eindeutig identifizierbar, jederzeit lokalisierbar und kennen ihre Historie, den aktuellen Zustand sowie alternative Wege zum Zielzustand. Die eingebetteten Produktionssysteme sind vertikal mit betriebswirtschaftlichen Prozessen in Fabriken und Unternehmen vernetzt und horizontal zu verteilten, in Echtzeit steuerbaren Wertschöpfungsnetzwerken verknüpft – von der Bestellung bis zur Lieferung. Gleichzeitig ermöglichen und erfordern sie ein durchgängiges Engineering über den gesamten Lebenszyklus eines Produkts einschließlich seines Produktionssystems hinweg.[15]

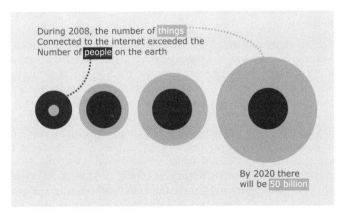

Abbildung 6: Internet der Dinge[16]

---

15 Umsetzungsempfehlungen für das Zukunftsprojekt Industrie 4.0; Abschlussbericht des Arbeitskreises Industrie 4.0; 2012, Seite 2
16 Brett Knobloch, President-Content on Demand; JGSullivan Interactive; 2012

Industry 4.0 ist dabei längst keine Zukunftsmusik mehr. Insbesondere stark automatisierte Hersteller verwenden den Echtzeitanalyseansatz schon für ihr Unternehmen. Der Semiconductor-Produzent *Freescale* nutzt beispielsweise ein System für seine Produktion, in dem alle produktionsrelevanten Daten (Tracking and Tracing der Produktionseinheiten) abgespeichert und in Echtzeit – teilweise über Automatismen – analysiert werden. Über ein einheitliches Datenmodell ist es bei *Freescale* möglich, die Bauteile bzw. deren Lebenszyklus detailliert zu verfolgen. Für die Ermittlung von Produktionsfehlern ist eine detaillierte Betrachtung aller Prozesse inklusive der produzierten Teile möglich. Damit kann die Ursachenanalyse für einen Fehler sehr schnell und zielgenau erfolgen. Darüber hinaus können über historische Daten Muster ermittelt werden, die als Grundlage für die Entwicklung von Prognosen verwendet werden können. Insgesamt wird ein stetig wachsendes Datenvolumen von über 25 Terabyte im Onlinerhythmus analysiert und ausgewertet. Eine weitere Besonderheit besteht darüber hinaus in der Parallelisierung des Logistikprozesses mit dem Qualitätsprozess. Die Tracking und Tracing – Daten der einzelnen Produktionsprozesse werden nicht nur für die Steuerung des Gesamtprozesses verwendet, sondern ebenso für die Echtzeit-Qualitätsanalyse. Über automatisierte Analysen kann Ausschuss schneller erkannt und bekämpft werden. Die Qualitätsprüfung erfolgt dabei über Fotografien der produzierten Bauteile, die dann mit Referenzfotografien im Rahmen der Echtzeitanalyse verglichen werden. Damit können auch Langzeitqualitätsschwankungen und deren Einflüsse besser erkannt werden.

Ein wesentliches Potenzial wird hier auch von Telematik-Anwendungen erschlossen. Im Rahmen dieser Anwendungen werden Daten in Echtzeit an eine zentrale Stelle zur Auswertung gesendet, um damit – ebenso in Echtzeit – wieder Rückschluss auf das Verhalten eines technischen Systems zu geben. So lässt sich zum Beispiel ermitteln, ob ein technisches System demnächst ausfallen wird und welche Bauteile pro-aktiv gewechselt werden müssen, damit es nicht zum Ausfall des Systems kommt. Insbesondere bei sehr teuren und kapitalintensiven Assets ist dies ein wettbewerbskritischer Faktor. Der Baumaschinenhersteller *Caterpillar* stattet beispielsweise eine Vielzahl seiner schweren Baugeräte mit Telematik-Boxen aus, damit im Echtzeitmodus Betriebszustände und Lastprofile ermittelt werden können. Über diese automatisch ablaufenden Analysen wird ermittelt, welche Fahrzeuge welche Ersatzteile benötigen, damit diese im Einsatz nicht ausfallen. In Morton (Illinois) werden zentral alle Ersatzteile prognostiziert und verwaltet („gemonitort"), um eine komplette logistische Transparenz zu erreichen.

Ähnliche Anwendungen finden sich auch bei Nutzfahrzeug- oder Flugzeugherstellern. Einige Produzenten von Turbinen und anderen Assets gehen sogar so weit, auf Grundlage des Einsatzprofils und der zu erwartenden Reparaturen entsprechende Flatrate-Angebote („Power by the hour") anzubieten. In letzter Konsequenz werden die Logistikprozesse von den analytischen Prozessen getrieben sein bzw. sie werden – als wesentlicher Teil der Wertschöpfungskette – selbst zum Gegenstand der Analyse.

Aber nicht nur für Industrieunternehmen gilt die Analyse von Prozessen in Echtzeit. Auch und gerade in Handelsunternehmen besteht ein großer Bedarf darin, zu wissen, wer, wann, welches Produkt in welchem Warenkorb erwirbt bzw. kombiniert. Diese Daten sind die absolut notwendige Grundlage um effiziente Nachschubprozesse anzusteuern und für eine effiziente Abwicklung der Prozesse zu sorgen. Darüber hinaus lässt sich über ein Kundenprofil noch genauer ermitteln, welche Filialen welche Sortimente benötigen und wie eine optimale Kampagne – und auch die damit verbundene schlanke Logistik – aussehen muss. Eine auf die Ergebnisse der Analyse abgestimmte Logistik wird damit zum Erfolgsfaktor. Sam Walton, der legendäre Gründer der Handelskette Walmart hat dies treffend auf den Punkt gebracht: „People think we got big by putting big stores in small towns. Really we got big by replacing inventory with information".[17] Das damit verbundene Prinzip des Vendor Managed Inventory (VMI) kann somit nur auf Basis einer umfassenden Transparenz und einer sehr schnellen Entscheidungsunterstützung funktionieren. Der Händler wird in diesem Zusammenhang zum Broker von Informationen bzw. stellt die so nötigen Informationen für die Planung und Steuerung der Prozesse zur Verfügung. Einem ähnlichen Prinzip folgen im Übrigen auch die Internetunternehmen, die über keine eigenen Bestände oder Logistik verfügen, aber als Intermediär zwischen Endkunde und Produzent auftreten.

Damit wird klar: Die richtige Information zum richtigen Zeitpunkt in der richtigen Detailtiefe führt zur Abwicklung schlanker Prozesse. „Lean Logistics" ist daher nur möglich auf Basis ganzheitlicher und schneller Analysesysteme.

7.   Der Warenflut folgt die Datenflut

Der Bedarf an unternehmensweiten Ansätzen wird auch in Zukunft weiter steigen. Zum einen ist es die ganzheitliche Sichtweise, die die Unternehmen benötigen, zum anderen ist es die Zunahme der Datenvolumina, die neue Systeme erfordert.

17   Quelle: Sam Walton (1918 -1992) Founder of Wal-Mart-Stores

30. Deutscher
Logistik-Kongress
23.-25. Oktober 2013

BVL
Bundesvereinigung
Logistik

Insbesondere durch die verbesserten Identifizierungsmöglichkeiten (z.b. RFID) und der Elektronifizierung von Prozessen entstehen eine Vielzahl an Daten in der Prozesskette („Der Warenflut folgt die Datenflut"), die verwaltet und zielgerichtet aufbereitet werden müssen. Die effiziente Verwaltung von Informationen bzw. der Aufbau von EDW wird eine der wesentlichen zukünftigen Herausforderungen für Unternehmen sein.

Eine zerfaserte analytische Silolandschaft findet sich heute noch in fast allen Unternehmen. Der Paradigmenwechsel zur Exploration der integrierten Unternehmensdaten ist aber in vollem Gange und wird neue Sichtweisen bzw. Lösungen erfordern.

Zusammenfassend kann daher festgestellt werden, dass die Optimierung der Supply Chain weitgehend abgeschlossen ist, während die Synchronisation der Unternehmensanalytik erst noch folgen muss. Die Logistik der Informationen – also die Business Intelligence – wird einen weiter steigenden Stellenwert einnehmen bzw. deren Wert darf nicht negiert werden. Die Logistik – als Spiegelbild der betriebswirtschaftlich erbrachten Leistungen – ist in Verbindung mit den Unternehmenskosten ein idealer Startpunkt für ein unternehmensübergreifendes Führungsmodell.

C2

Fokus Maschinen- und Anlagenbau

Der Wettbewerb entscheidet sich zukünftig zwischen den Wertschöpfungsketten

Supply Chain Management im Maschinen- und Anlagenbau

Der Wettbewerb entscheidet sich zukünftig zwischen den Wertschöpfungsketten

Supply Chain Management im Maschinen- und Anlagenbau

Martin Mossinkoff, Managing Director Logistics,
BEUMER Group GmbH & Co. KG, Beckum

1. Einleitung

Die weiter zunehmende Globalisierung sowie die weltweite Durchdringung von Informationstechnologien haben heute zu komplexen, weltumspannenden Netzwerken in der Beschaffung, Produktion und im Absatz geführt. Deren optimale Gestaltung und Steuerung sind zu den Kernaufgaben eines Unternehmens geworden. Gleichzeitig sind die Firmen zunehmendem Druck ausgesetzt, der von internationalem Wettbewerb, Nachfrageschwankungen, schwindender Kundentreue, kundenindividueller Massenproduktion, immer kürzeren Produktlebenszyklen sowie Lieferschwierigkeiten geprägt ist.

Um sich Wettbewerbsvorteile auf dem Markt verschaffen zu können, müssen Unternehmen Herausforderungen entlang der gesamten Versorgungskette meistern – vom Rohstofflieferanten bis hin zum Endverbraucher. Gleichzeitig verschärft sich der Wettbewerbsdruck durch den Globalisierungstrend, in dem die internationalen Handelsverflechtungen in Form von Firmenniederlassungen im Ausland, Zusammenschlüssen und Kooperationsabkommen kontinuierlich steigen. Diesem gerecht zu werden, zwingt logistikzentrierte Unternehmen dazu, Rationalisierungspotenzial durch Optimierung unternehmensinterner und -übergreifender Prozesse zu nutzen, um ihre jeweilige Marktposition im Spannungsfeld zwischen Kosten, Zeit und Qualität zu behaupten und zu verbessern.

Das vorrangige Ziel ist zunächst, die Versorgung bei minimaler Lagerhaltung und Kapitalbindung sicherzustellen. Anschließend soll die Vorhersagegenauigkeit von Warenflüssen zwischen Lieferanten und Endkunden verbessert werden. Dabei spielen Faktoren wie Preise, Umsatzanteile, saisonales Verhalten oder Wiederbeschaffungszeiten einzelner Produkte eine Rolle. Anhand dieser Daten kann die

Vorhersagegenauigkeit des Verbrauchs sämtlicher Materialien klassifiziert und die Verbrauchsstruktur gegebenenfalls optimiert werden. Damit lassen sich sowohl Nachfrageschwankungen der Kunden als auch Lieferschwierigkeiten der jeweiligen Sourcing-Partner ausgleichen. Unternehmen können so Waren und Leistungen kostengünstiger und zeitnah auf hohem Qualitätsniveau anbieten.

Dadurch gewinnt Supply Chain Management (SCM) immer mehr an Bedeutung. SCM erfasst alle Prozesse einer Wertschöpfungskette – von der Rohstoffgewinnung bis zur Auslieferung beim Endkunden inklusive der begleitenden und nachgelagerten Dienstleistungen – als komplettes System. Teil dieser Lieferkette sind Entwicklungs-, Beschaffungs-, Produktions- und Distributionsprozesse. Informationssysteme ermöglichen über die Unternehmensgrenzen hinaus die Aufgabenabstimmungen der an der Kette beteiligten Partner. Basis dafür ist das Worldwide Web. Bündeln die Unternehmen ihre gemeinsamen Fähigkeiten, schaffen sie eine langfristige Win-Win-Beziehung der gesamten Wertschöpfungskette.

Ein effizientes SCM ist nicht nur in verbrauchernahen Branchen ein wesentlicher Erfolgsfaktor, sondern auch immer mehr im Maschinen- und Anlagenbau. Eine Produktionsanlage zum Beispiel besteht aus vielen Rohstoffen und Einzelteilen. Die Anzahl der Lieferanten kann beträchtlich sein. Daher ist eine unternehmensübergreifende Koordination der Material- und Informationsflüsse über den gesamten Wertschöpfungsprozess hinweg unumgänglich. Nur so lassen sich sämtliche Prozesse sowohl zeit- als auch kostenoptimal gestalten.

Durch die Globalisierung verringert sich die Anzahl der Märkte, die sich auf ein einziges Land oder eine Region begrenzen. Darüber hinaus werden viele Komponenten an unterschiedlichen Standorten produziert, wodurch sich die Importquote erhöht. Das Internet ermöglicht einen weltweiten Zugriff auf Informationen. Demzufolge vergrößern sich die Entscheidungsmöglichkeiten der Kunden, wo sie ihre Bestellaufträge erteilen. Das Umfeld wird instabiler und der Wettbewerb härter, zudem wird dieser in Zukunft nicht mehr zwischen einzelnen Unternehmen entschieden, sondern zwischen kompletten Wertschöpfungsketten.

Je weiter die Produktion geografisch vom Zielmarkt entfernt liegt, desto stärker sollte auch die Vernetzung der einzelnen Unternehmen zunehmen, um Produkte preiswert und kundenindividuell zu gestalten und schnell auf den Markt zu bringen. Denn Verlagerungen ins Ausland führen zu steigender Komplexität der Lieferketten. Das kann die Transportkosten erhöhen und die Lieferzeiten verlängern. Die Unternehmen müssen daher ihre individuellen Zielvorstellungen erfassen, Maßnahmen ergreifen und geeignete Vorgehensmodelle entwickeln, damit sie diesen Nachteilen der Globalisierung begegnen können. Die interne Versorgungskette muss vom Vorlieferanten bis zum Endkunden erweitert werden, um Kosten- und Leistungsvorteile gegenüber den Wettbewerbern zu erzielen.

2.   Anforderungen an das Supply Chain Management

2.1. Effektiver Informationsfluss

Die Beziehungen sämtlicher Unternehmen, vom Zulieferer des Zulieferers bis zum Kunden des Kunden, sind in der Regel komplex. Schließlich hat jeder Lieferant mehrere Abnehmer, und umgekehrt hat jeder Kunde mehrere Lieferanten. Die Struktur dieser Beziehungen entspricht nicht immer einer linearen Kette, sondern einem weit verzweigten Netz. Deshalb spricht man auch von Logistikkettennetzwerken (supply networks). Um eine derartige Komplexität zu verwalten, ist eine leistungsfähige IT notwendig.

In der Theorie gibt es vier verschiedene Ansätze, Supply Chain Management zu definieren: Einige Wissenschaftler betrachten SCM als einen Optimierungsansatz, andere hingegen sehen darin eine Herausforderung in der Organisation und Steuerung der unternehmensübergreifenden Geschäftsprozesse. Die informationstechnische Sichtweise sieht in SCM eine Chance, um Wertschöpfungs- und Koordinationsvorteile durch den Einsatz von neuen IT-Lösungen zu verwirklichen. Der vierte Ansatz ist die ökonomische Betrachtung. Dort wird SCM als ein Koordinationsphänomen gesehen, wodurch Transaktionskosten gesenkt werden können.[1]

Sämtlichen Definitionsansätzen liegen übereinstimmende Kernelemente zugrunde. Ausgangspunkt der Supply Chain ist die Nachfrage und der Auftrag des Endkunden. Beim Supply Chain Management werden dabei nicht einzelne Teilbereiche optimiert. Ziel ist es, die gesamte, unternehmensübergreifende Wertschöpfungskette optimal zu gestalten. Dies wiederum erfordert Vertrauen und Vernetzung zwischen den beteiligten Unternehmen oder Abteilungen. Um dies sicherzustellen, müssen sie informationstechnisch verknüpft sein.

Grundlage einer erfolgreichen Strategie ist die Kenntnis kritischer Erfolgsfaktoren in logistischen Strukturen und Abläufen. Diese werden bereits weit vor Produktionsstart bestimmt, unter anderem durch eine bestimmte Lieferantenwahl und

---

1   Kloepfel Consulting (2008): „Supply Chain Management – Optimierung der Supply Chain bei einem Unternehmen des Kleinserienmaschinenbaus" (http://www.kloepfel-consulting.de/fileadmin/user_upload/dokumente/Diplomarbeit_Supply_Chain_Management.pdf)

30. Deutscher
Logistik-Kongress
23.-25. Oktober 2013

BVL

Bundesvereinigung
Logistik

durch Einsatz spezieller Informations- und Kommunikationstechnik. Denn damit sich ein Unternehmen Wettbewerbsvorteile sichern kann, muss es schnell auf Kundenwünsche reagieren können. Das setzt voraus, dass die Zulieferer ihrerseits schnell liefern. Um dies alles leisten zu können, bedarf es einer effizienten Informations- und Kommunikationstechnik, die eine Basis für eine umfassende Transparenz aktueller Bedarfe und verfügbarer Kapazitäten auf allen einbezogenen Wertschöpfungsstufen schafft.

Nur wenn sämtlichen logistischen Entscheidungsprozessen fundierte Informationen zugrunde liegen, können Lieferketten durch die wechselseitige Versorgung mit planungsrelevanten Daten überraschungsärmer und Pläne stabiler gemacht werden. Plananpassungen, die sich nie vermeiden lassen, können innerhalb kürzerer Frequenzen auf der Basis verbesserter Daten so vorgenommen werden, dass nicht nur das einzelne Unternehmen, sondern die gesamte Supply Chain an Flexibilität und Effizienz gewinnt. Ein umfangreicher Informationsfluss reduziert zudem das Risiko von Fehlern. Dadurch können vormals benötigte Redundanzen, etwa in Gestalt von Sicherheitsbeständen, eliminiert und die gesamte Prozesskette nicht nur entstört und beschleunigt, sondern insgesamt konsequenter auf den tatsächlichen Endkundenbedarf ausgerichtet werden.

2.2. Nachfrageschwankungen

Nachfrageschwankungen stellen einen der größten Unsicherheitsfaktoren im Supply Chain Management dar. Bei hohen Nachfrageschwankungen treten unvorhersehbare Herausforderungen an die Supply Chain auf. Das Ausmaß dieser Schwankungen hängt von der Position eines Unternehmens in der Wertschöpfungskette ab: Bei einem Herstellerunternehmen am Ende der Supply Chain treten in der Regel geringe Nachfrageschwankungen auf, während ein Zulieferunternehmen in der Mitte der Supply Chain bereits mit höheren Nachfrageschwankungen kalkulieren muss. Ein Zulieferer am Anfang der Lieferkette muss mit den höchsten Nachfrageschwankungen innerhalb der Kette rechnen.

Dieses Phänomen ist auch bekannt als Peitscheneffekt (englisch: Bullwhip Effect). Man versteht darunter die Unsicherheit der Nachfrageprognose, die sich entlang der Lieferkette von Schnittstelle zu Schnittstelle erheblich erhöht und wie ein Peitschenhieb aufschaukelt. Der Grund für den Peitscheneffekt ist die mangelnde Kommunikation zwischen den Akteuren entlang der Supply Chain: Wenn der Endkunde einmal eine größere Menge als gewöhnlich bei einer Bestellung ordert, geht dies in die Prognose der Nachfrage beim Hersteller ein. Dieser prognostiziert nun auch für die Zukunft eine höhere Nachfrage des Kunden. Um diese bedienen zu können, muss der Händler bei seinem Zulieferer mehr bestellen. Dies geht wiederum in dessen Nachfrageprognose ein, was auch zur Erhöhung dessen bestellter Menge führt – und so weiter. Jeder Akteur reagiert also nur auf die Nachfrage des ihm in der Supply Chain direkt nachgelagerten Unternehmens. Bündelbestellungen, Preisschwankungen und lange Lieferzeiten können den Peitscheneffekt zusätzlich verstärken.[2]

Diese Unsicherheit bei der Nachfrage führt zu erhöhten Kosten, etwa durch Sicherheitsbestände, Lieferverzögerungen oder geringe Kapazitätsauslastung. Darüber hinaus kann der Peitscheneffekt zu Lieferengpässen bis hin zum Produktionsstopp führen. Das Supply Chain Management kann diesem Effekt entgegenwirken: Eine verbesserte Kommunikation entlang der Lieferkette hilft dabei, die Materialflüsse zwischen Ursprungslieferanten und Endkunden genauer vorherzusagen. Dadurch können sowohl Nachfrageschwankungen als auch Lieferschwierigkeiten ausgeglichen werden. Auch durch flexible und schnelle Produktions- und Distributionsprozesse lassen sich Nachfrageschwankungen ausgleichen.

Im Maschinen- und Anlagenbau ist daher das „Lean Management" ein wichtiges Thema. Dieses Konzept, das von der Toyota Motor Company entwickelt wurde, umschreibt Reorganisationsprozesse innerhalb eines Unternehmens und einer gesamten Wertschöpfungskette. Ziel ist es, Prozesse und Hierarchien möglichst „schlank" zu halten, indem man nicht wertschöpfende Tätigkeiten vermeidet. Dies betrifft insbesondere die Logistik. Um die Arbeitsabläufe materialflussorientiert und zeitoptimiert zu gestalten, wird die gesamte Lieferanten- und Logistikkette eng in die Fertigung eingebunden. Im Klartext heißt das: der Mitarbeiter in der Montage bekommt sämtliche benötigten Materialien genau zur richtigen Zeit direkt an den Arbeitsplatz geliefert und verliert somit keine Zeit durch die Materialbeschaffung.

Durch Lean Management können Produkte in hoher Qualität und mit wenig Aufwand hergestellt werden. Voraussetzung ist, Negativfaktoren wie Überproduktion, Wartezeiten, unnötige Warentransporte, hohe Lagerbestände und Produktionsfehler zu identifizieren und zu eliminieren. Beim Lean Management gehen auch sämtliche Leistungsmerkmale von Lieferanten und Kunden in die Betrachtung mit ein. Um dieses Konzept erfolgreich umzusetzen, ist wiederum eine partnerschaftliche

---

2 Institut für Logistik-& Dienstleistungsmanagement der FOM Hochschule für Oekonomie & Management (2013): „Bullwhip Effect / Peitscheneffekt" (http://wiki.fom-ild.de/mediawiki/index.php/Bullwhip_Effect_/_Peitscheneffekt)

Zusammenarbeit der einzelnen Unternehmen auf Basis eines übergreifenden Supply Chain Managements erforderlich. Nur so kann das Potenzial einer Lieferkette voll ausgeschöpft werden.[3]

2.3. Globale Märkte

Besonders Unternehmen aus dem Maschinen- und Anlagenbau agieren zunehmend global. Durch Zusammenschlüsse und Fusionen vollzieht sich in der weltweiten Wirtschaft ein globaler Konzentrationsprozess, der längst noch nicht abgeschlossen ist. Auf politischer Seite werden sich in Europa durch den Beitritt weiterer Länder zur EU die Grenzen weiter öffnen, so dass ein noch umfassenderer Austausch von Dienstleistungen und Gütern möglich sein wird. Die produzierenden Unternehmen haben sich heute von den traditionellen, hoch vertikal integrierten Fabriken zu verteilten Produktionsverbünden entwickelt. Die einbezogenen Werke konzentrieren sich dabei auf bestimmte Technologien oder Produkte.

Die Komplexität der Wertschöpfungskette nimmt damit zu. Die Unternehmen werden sich deshalb in Zukunft noch stärker und näher in ihren Märkten positionieren müssen. Damit steigt die Bedeutung des umfassenden Supply Chain Managements. Global verteilte Kompetenzen und Funktionen müssen durch neuzeitliche Informationstechnologien zu einem virtuellen Unternehmen zusammengeführt werden. Anfänge dieser Entwicklung konnten in den 1980er Jahren zum Beispiel in Brasilien verfolgt werden, als durch die Lockerung der Importrestriktionen die nationale Wirtschaft plötzlich mit Wettbewerb konfrontiert wurde und sich der Markt insbesondere für Europäer und Amerikaner öffnete. Ähnliches ist zurzeit in China und anderen Weltmärkten zu beobachten.[4]

Die Versorgungskette, die sich von der Rohstoffgewinnung über mehrstufige Veredelungs- und Wertschöpfungsprozesse über Lieferanten und Produzenten bis zum Endverbraucher – und im Maschinen- und Anlagenbau in Zukunft immer mehr bis zum Recycling und Wiederverwenden von Rohstoffen – erstreckt, muss also nicht nur in ihrer Länge, sondern auch in der geografischen Struktur der einzelnen Kettenglieder effizient beherrscht werden. Die wichtigsten Ziele sind dabei

---

3   Kloepfel Consulting (2008): „Supply Chain Management – Optimierung der Supply Chain bei einem Unternehmen des Kleinserienmaschinenbaus" (http://www.kloepfel-consulting.de/fileadmin/user_upload/dokumente/Diplomarbeit_Supply_Chain_Management.pdf)
4   Agiplan (2011): „Globale Märkte – Neue Herausforderungen an das Supply Chain Management" (http://www.agiplan.de/veroeffentlichungen/veroeffentlichungen-archiv/224-globale-maerkte-neue-herausforderungen-an-das-supply-chain-management.html)

eine gesteigerte Flexibilität, verbesserter Service und geringere Abwicklungskosten. Die moderne Informationstechnologie ist die Voraussetzung, durch inter- oder intranetgestützte Informationstransfers neue Marktplätze zu schaffen, welche die Umsetzung globaler Strategien ermöglichen.

Mit der zunehmenden internationalen Zusammenarbeit und vertikaler Integration sowie der Fokussierung auf Kernkompetenzen haben Unternehmen akzeptiert, dass sie Elemente vernetzter Lieferketten sind. Scharfer Wettbewerb in globalen Märkten, kurze Lebensdauer bei der Produkteinführung und hohe Kundenerwartungen haben Lieferketten ins Zentrum betriebswirtschaftlicher Entscheidungen gerückt.

Auch im Maschinen- und Anlagenbau wird SCM eine immer größere Bedeutung beigemessen. Die Maschinenbaubranche erzielte in den vergangenen Jahren Rekordumsätze.[5] Dennoch steht sie, wie andere Branchen auch, durch die Globalisierung vor gewaltigen Herausforderungen. Um diese zu meistern, sind nicht nur regelmäßige Produkt-, sondern vor allem auch Verfahrensinnovationen notwendig. Hier gibt es, gerade im Bereich Lean Management, verschiedene Ansätze wie etwa Milkrun, Kaizen, Kanban oder Just-in-Time. Auch wenn sie unterschiedliche Schwerpunkte bei der Gestaltung der einzelnen Prozesse setzen, liegt doch all diesen Konzepten eine durchgängige Optimierung der gesamten Supply Chain zugrunde. Dies ist also die Grundvoraussetzung, um wettbewerbsfähig am Markt agieren zu können. Dazu müssen Maschinenbauunternehmen bereit sein, in die eigene Wertschöpfungskette zu investieren.

2.4. Ebenen des Supply Chain Managements

Grundsätzlich lässt sich das Konzept von SCM auf drei Gestaltungsebenen aufteilen:

- – Konfiguration (strategische Ebene)
- – Planung (taktische Ebene)
- – Ausführung (operative Ebene)[6]

5   Statista (2013): „Umsatz im deutschen Maschinenbau bis 2013" (http://de.statista.com/statistik/ daten/studie/3777/umfrage/umsatz-im-deutschen-maschinenbau-seit-1991/)
6   Kampf, Helge (2009): „Supply Chain Management – Eine Herausforderung für die Logistik" (http:// www.hk-businessconsulting.de/PDF/SCM2009.pdf)

Gemäß dieser Auffassung beinhaltet Konfiguration die langfristige Planung der einzelnen Elemente sowie die strategische Modellierung der Logistikkette. Sie bildet die Voraussetzung für die taktische und operative Ebene. Hier geht es vor allem darum, Logistikkettenelemente zu dimensionieren, um die logistischen Beziehungen innerhalb der Supply Chain vereinfacht, realitätsnah und geografisch abzubilden. Aufgabe ist es, die jeweilige Unternehmensstrategie zu integrieren, indem die Absatzziele, die Produktionsmengen sowie die benötigten Ressourcen definiert werden. Auf Basis der Waren- und Dienstleistungsflüsse erfolgt eine Analyse der Beschaffungs- und Absatzkanäle. Dazu gehört auch die Auswahl von Lieferanten und Logistikdienstleistern. Gleichzeitig werden die jeweiligen Produktions-, Lager- und Transportbereiche unter Einbindung aller an der Logistikkette beteiligten Unternehmen dimensioniert. Neben den logistischen Kenngrößen muss die Planung auch Kostendaten wie Produktions-, Lager und Transportkosten berücksichtigen.

Die Planung der Logistikkette basiert auf der definierten Konfiguration der Supply Chain und den prognostizierten oder realen Kundenbedarfen. Auf dieser Ebene werden die betroffenen Elemente der Wertschöpfungskette planerisch vernetzt, indem entsprechende Szenarien simuliert werden. Ziel ist, die mittel- und langfristige Programmplanung über die gesamte Supply Chain zu synchronisieren und dabei die kapazitäts- und terminbedingten Abhängigkeiten zu berücksichtigen. Dafür müssen unter anderem die Primärbedarfe für zu produzierende Produkte geplant werden. Auch die Produktions-, Belegungs- und Bestandsplanung für die Glieder der Logistikkette sowie die Distributions- und Transportplanung sind Teil dieser Ebene. Das alles dient der Bedarfsprognose als Basis für die abgestimmten Bestell-, Produktions-, Absatz- und Distributionsmengen sowie die Transportaufträge. Des Weiteren müssen Entscheidungen hinsichtlich Beschaffungskontrakten (Sourcing) und Bestellabwicklungen (Purchasing) sowie Zahlungsziele und Zahlungspläne getroffen werden. Der Fokus aller Aktivitäten dieser Ebene richtet sich auf Kundennachfragen und -anforderungen für eine effiziente Auftragsabwicklung (Order Fulfillment) in einem nahtlosen Prozess in der Logistikkette.

Die Logistikketten-Ausführung fasst die Aufgaben des transaktionalen Tagesgeschäfts zusammen, die eine unternehmensübergreifende Steuerung und Kontrolle der Logistikkette ermöglichen. Sie basiert auf der Programmplanung und berücksichtigt kurzfristige Nachfrageentwicklungen und sich ändernde Rahmenbedingungen. Um auf die aktuelle betriebliche Situation sowie veränderte externe Rahmenbedingungen bei der operativen Entscheidung eingehen zu können, muss die Struktur der Logistikkette es ermöglichen, dass Unternehmen flexibel auf kurzfristige Veränderungen reagieren können.

3.   Umsetzung von SCM im Maschinen- und Anlagenbau

3.1.   Stellenwert des SCM im Maschinen- und Anlagenbau

Das SCM hat sich branchenübergreifend als bedeutender Wettbewerbsfaktor eta-bliert. In einer Studie der Philipps-Universität Marburg mit über 100 deutschen Unternehmen wurde der Stellenwert des SCM für fast alle Wirtschaftsbereiche auf einer Skala von 1 (sehr gering) bis 5 (sehr groß) mit einem Wert größer als 4 beurteilt. Spitzenreiter ist die Automobilindustrie (4,79), dicht gefolgt von den Logistikdienstleistern (4,75).[7]

Die deutschen Maschinen- und Anlagenbauunternehmen bewerten in dieser Stu-die die Bedeutung des SCM mit einem Wert von 4,00. Verglichen mit anderen Branchen ist dies einer der niedrigsten Werte, lediglich die Textil-, Leder- und Bekleidungsindustrie (3,89) misst dem SCM eine noch geringere Bedeutung bei. Hier besteht also ein deutlicher Nachholbedarf.

Ein wenig schmeichelhaftes Zeugnis stellt auch die Supply Chain-Studie Bestlogi-stics den deutschen Maschinenbauern aus, wenn es um das Thema SCM geht. Bei den wichtigen Kennzahlen Bestandsreichweite, Lagerumschlag, Cash-zu-Cash-Zy-kluszeit und Wertschöpfung pro Mitarbeiter hängt der Maschinenbau im Vergleich mit anderen Branchen hinterher, heißt es in der Studie. Der Primus ist auch hier die Automobilindustrie. Um den besten Branchenwert über alle Industriesektoren zu erreichen, müssten die Maschinenbauer zum Beispiel die Bestandsreichweite, also die Menge der für die Produktion eingelagerten Waren, um mehr als 80 Pro-zent senken.[8]

Insgesamt sind in der Maschinenbaubranche die gesamten Bestandsreichweiten in der Summe gestiegen, statt dass sie durch kooperative Zusammenarbeit gesenkt worden wären. In den vergangenen sieben Jahren haben sich keine systemati-schen Verbesserungen in den Kennzahlen ergeben, kurzfristige Leistungssteige-rungen sind schnell wieder verpufft. Die Autoren der Studie sprechen von einem Lippenbekenntnis des Maschinenbaus zum SCM.

Großen Nachholbedarf sehen die Experten unter anderem beim Materiallagerbe-stand. Er ist bei den mittleren Betrieben um ein Viertel auf aktuell über 50 Tage gestiegen. Selbst bei den besten Unternehmen ist der Materialbestand in den ver-

---

7   Göpfert, Ingrid (2012): „Zielerreichungsgrad bestehender Supply-Chain-Management-Konzepte"
     (http://www.uni-marburg.de/fb02/bwl04/publikationen/dp2.pdf)
8   Maschinenmarkt (2011): „Produkte spitze, Supply Chains miserabel" (http://www.maschinenmarkt.
     vogel.de/themenkanaele/materialflusslogistik/articles/325947/)

gangenen sieben Jahren um 40 Prozent auf fast 25 Tage angewachsen. Die Studie beruht auf Informationen aus veröffentlichten Jahresberichten von 120 Unternehmen in drei Branchen. Im Maschinenbau unterscheiden die Autoren die Segmente Investitionsgüter und Komponenten.

3.2. Optimierungspotenzial und Nachholbedarf

Den Grund für das schlechte Abschneiden der Maschinenbauer sehen die Experten darin, dass der Druck zu tiefgreifenden Veränderungen in anderen Branchen deutlich höher war. Viele erfolgreiche SCM-Vorreiter kommen aus Branchen mit kontinuierlich fallenden Preisen und kurzen Produktlebenszyklen bei gleichzeitig steigenden Leistungsanforderungen. Die Effekte aus den Supply-Chain-Optimierungen sind niedrigere indirekte Kosten, kürzere Lieferzeiten, höhere Reaktionsfähigkeit und damit höhere Wertschöpfung pro Mitarbeiter sowie niedrigere Bestände. Daraus folgen zufriedenere Kunden und eine verbesserte Wettbewerbsfähigkeit.

Viele Maschinenbauunternehmen verstünden unter Supply Chain Management lediglich die Einkaufsverbesserung. Hier wurden Kostenreduzierungen angestoßen, die häufig zu größeren Bestellmengen und somit zu höheren Beständen führten. Dies sei jedoch kontraproduktiv zu den eigentlichen Gesamtoptimierungen. Viele IT-Berater verfolgten mit dem Schlagwort SCM die Einführung von Planungslösungen, die eine lange Einführungszeit haben und die Probleme bei den auszuführenden Prozessen nicht lösen. In dieser Gemengelage gehe die durchgängige Optimierung der Material-, Informations- und Werteflüsse vom Lieferanten bis zum Kunden verloren.[9]

Im internationalen Wettbewerb haben sich die deutschen Maschinenbauer bisher auf ihre hohe Produktqualität konzentriert – mit Erfolg, wie die gute Auftragslage beweist. Die immer lauter werdenden Kundenanforderungen nach kurzen und gleichbleibenden Lieferzeiten haben die Unternehmen aber bisher nicht konsequent beantworten können: Wenn die Nachfrage steigt, steigen auch die Lieferzeiten – und umgekehrt. Lange Lieferzeiten, lange interne Durchlaufzeiten und lange Wiederbeschaffungszeiten der eingesetzten Komponenten führen zu hohen Beständen. Die weiteren wesentlichen Einflussgrößen auf die schlechte Leistung beim SCM sind falsche Prozessansätze, Teil- statt Systemoptimierungen, hohe

---

9   Becker, Torsten (2011): „Wie kann der Maschinenbau auf den Supply Chain Zug aufspringen?"
     (http://www.bestgroup.eu/aktuelles/bestblog/2011/7/25/wie-kann-der-maschinenbau-auf-den-
     supply-chain-zug-aufspringen?site_locale=de)

Produktkomplexität und unvollständige Systemunterstützung. Hier zeigt sich, dass der Maschinen- und Anlagenbau das Thema Lean Management noch nicht weitreichend genug erfasst und umgesetzt hat.

Prozessansätze, wie etwa eine konsequente Kunden- und Prozessorientierung in der Supply Chain, werden nur in Teilen des Maschinenbaus genutzt. Viele gute Verbesserungsansätze im Maschinenbau bewirken erhebliche Leistungssteigerungen in einzelnen Sektoren, aber nicht die durchgängige Prozesskettenoptimierung: Die positiven Effekte werden an der nächsten Schnittstelle zunichte gemacht. Die steigende Zahl der Produkt- und Teilevarianten führt nicht zu den erforderlichen Prozessveränderungen. Da die Teileanzahl in der Regel schneller ansteigt als die Verkaufsstückzahl, sinken die Losgrößen. Die konventionellen Ansätze mit Mindestlosgrößen für eine wirtschaftliche Fertigung und Mindestbestellmengen führen zu einem Anstieg der Bestände, statt mit neuen Lösungen die Reaktionsfähigkeit der Supply Chain zu verbessern.

Die Zahlen der Bestlogistics-Studie belegen den deutlichen Nachholbedarf, den der Maschinenbau im Vergleich zu anderen Branchen bei der Optimierung seiner Wertschöpfungskette hat. In den vergangenen Jahren stand bei den meisten Unternehmen der Wettbewerb um die besten Produkte im Vordergrund. Mit einem durchgängigen SCM gewinnen die erfolgreichen Unternehmen auch im Zeitwettbewerb: Sie können schneller liefern, mehr Umsatz generieren und so schneller wachsen. Des Weiteren können sie Kosten senken, Absatzmengen steigern und ihre Marktposition halten oder sogar ausbauen.

3.3. Lösungsansätze

Maschinenbauunternehmen müssen die Effekte des SCM in anderen Branchen analysieren und intelligent an die eigenen Bedürfnisse anpassen. Denn mit dem richtigen Verständnis lassen sich erhebliche Wettbewerbsvorteile erzielen. Der Maschinenbau kann nur aufholen, wenn die Unternehmen erfolgreiche Transformationsprojekte in der Lieferkette umsetzen. Dazu müssen sie SCM-Ansätze verstehen, Strategien überprüfen und verfeinern, Ziele definieren und ein Gesamtkonzept aus Prozessen, Ressourcen und Produktarchitektur gestalten, Maßnahmen definieren und den Transformationsprozess in Gang setzen.[10]

---

10   Becker, Torsten (2011): „Wie kann der Maschinenbau auf den Supply Chain Zug aufspringen?"
      (http://www.bestgroup.eu/aktuelles/bestblog/2011/7/25/wie-kann-der-maschinenbau-auf-den-
      supply-chain-zug-aufspringen?site_locale=de)

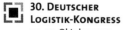 **30. Deutscher**
Logistik-Kongress
23.-25. Oktober 2013

 BVL
Bundesvereinigung
Logistik

Es ist jedoch wichtig, sich dem Thema SCM rechtzeitig zu widmen. Wenn im Krisenfall bei fallenden Absätzen sowie durch die unbeherrschbare Produkt- und Prozesskomplexität nur noch Notmaßnahmen möglich sind, fehlt es an der Personalkapazität für die Umsetzungen. Oder man nutzt die konjunkturell ruhigere Zeit, um seine Hausaufgaben zu machen. Das verlangt aber ein hohes Maß an Konsequenz, wenn die wirtschaftliche Lage instabil ist. Weitere Teiloptimierungen jedenfalls oder das Beibehalten des Status Quo lösen die Probleme nicht. Die Unternehmen sind gefordert, ihre eigene Position zu bestimmen und zu bewerten: Bei einer kritischen Prüfung der Kundenanforderungen, der Leistungen der eigenen Lieferkette und von Branchen-Benchmarking-Ergebnissen wird häufig ersichtlich, dass radikale Veränderungen erforderlich sind. Mit diesen Ergebnissen lässt sich der Veränderungsdruck auch intern kommunizieren. Die objektive Gesamtbewertung und diesen einmaligen Transformationsprozess kann ein Unternehmen mit externem Expertenwissen und erfahrenen Supply Chain-Beratern beschleunigen und zu einer schnelleren Amortisation führen.

4. Zukünftige Herausforderungen

Wie andere Branchen auch, muss sich der Maschinen- und Anlagenbau mit sich stetig verändernden Herausforderungen durch die sogenannten Megatrends auseinandersetzen. Dazu gehören vor allem die fortschreitende Globalisierung, der demografische Wandel, die Urbanisierung sowie die Individualisierung der Gesellschaft. Auch die Entwicklung der Technik schreitet immer weiter voran und eröffnet neue Möglichkeiten. Mit diesen Megatrends gehen tiefgreifende Veränderungen einher, die sich auch in den einzelnen Teilen der Lieferkette niederschlagen und das Supply Chain Management somit nachhaltig beeinflussen. Entscheidend für den Wettbewerbsvorsprung von Unternehmen wird in Zukunft vor allem die Fähigkeit sein, Lieferketten richtig zu segmentieren und sie an die zukünftigen Veränderungen des Markts und somit an die Produkt- und Geschäftsfeldstrategie anzupassen.

4.1. Ganzheitlicher und dynamischer Ansatz

Der Zyklus der Veränderung einer Lieferkette ist meist gebunden an Neuprodukteinführungen, an Weiterentwicklungen von Produkten oder an eine gesteigerte Produktivität. Um die Kosten zu optimieren, muss ein Unternehmen im Laufe eines Produktlebenszyklus' die Produktivität der Fertigungsstruktur permanent prüfen und verbessern. Eine Supply Chain kann daher kein einmalig festgelegtes Konstrukt sein, sondern muss als dynamisches Gebilde gesehen werden. Die wirtschaftliche Situation und das technologische Umfeld verändern sich kontinuierlich. Die momentane Geschwindigkeit der Wandlungen in der Wirtschaft und den Unternehmen ist unter anderem im voranschreitenden Prozess der Globalisierung sowie in der Steigerung der Kundenbedürfnisse begründet. Dabei zwingt dieser permanente Druck die Unternehmen dazu, den gesamten Wertschöpfungsprozess unternehmensübergreifend zu optimieren, die Produktlebenszyklen zu verkürzen und die Produktvielfalt zu erhöhen.

Unternehmen fühlen sich immer weniger einer bestimmten Branche zugehörig. Sie bringen vielmehr ganz spezifische Kernkompetenzen mit und entwickeln immer neue Services, um ihre Kunden optimal zu unterstützen. Dazu ist es einerseits wichtig, die Geschäftsprozesse im eigenen Unternehmen flexibel den veränderten Marktbedingungen anzupassen, andererseits können viele Innovationen und neuartige Services ohne die Integration und Kooperation der Geschäftspartner nicht realisiert werden. Also ist es notwendig, die eigene Logistikkette global und flexibel zu gestalten.

Das moderne Supply Chain Management muss künftig auch übergreifende Themen lösen können und darf Abteilungen nicht gesondert betrachten. Alle Ressorts des Unternehmens, von Strategie über Controlling bis zum Vertrieb, müssen unter dem SCM auf die Kombination von Kostenreduktion und gleichzeitig besserem Service ausgerichtet werden. Beispielsweise braucht die Produktion eine ordentliche Nachfrageprognose vom Vertrieb, um festlegen zu können, wann wie viel produziert und bestellt werden muss, und so dem Peitscheneffekt entgegenwirken zu können. Im Gegenzug kann der Vertrieb aber nur die Mengen verkaufen, die produziert wurden. Das SCM muss die Wichtigkeit guter Prognosen kommunizieren und gegebenenfalls auch an der Mitgestaltung von Bonussystemen mitwirken, um den Vertriebsmitarbeitern zusätzliche Anreize zu geben, anstatt nur den reinen Verkauf zu entlohnen.

Immer wichtiger für das Tagesgeschäft des Supply Chain Managers wird auch die Abstimmung mit vor- und nachgelagerten Stufen. Es ist zum Beispiel für einen Hersteller wichtig, informiert zu werden, wenn Händler Aktionen planen, um die Produktion entsprechend darauf einzustellen. Das Themenspektrum im Supply Chain Management hat sich ungemein erweitert, von der Organisation und Struktur von Prozessen und Personal über Anreizsysteme und deren Umsetzung bis hin zu Überzeugungsarbeit bei Geschäftspartnern und Teams.

30. Deutscher
Logistik-Kongress
23.-25. Oktober 2013

BVL
Bundesvereinigung
Logistik

4.2. Globale Ausrichtung

Die globalen Märkte der Zukunft verlangen sowohl neue Strategien als auch neue Tools für das Supply Chain Management. Dieser Entwicklung muss ein Wechsel von lokalen oder nationalen, zu globalen Beschaffungsstrategien und -quellen folgen. In Marktnähe angesiedelte Produktionswerke müssen flexibel, schnell und wirtschaftlich agieren können, und in der Distribution können optimal positionierte Warenverteilzentren deutliche Vorteile generieren. Insgesamt muss der Informationsaustausch durch geeignete internetbasierte Portale und Tools realisiert werden.

Als Resultat lassen sich durch zukunftsgerichtete Strategien der Wertschöpfungskette beachtliche Optimierungen erreichen: Ein Unternehmen kann etwa die Beschaffungskosten um bis zu 20 Prozent senken, die Lagerbestände sogar um bis zu 50 Prozent. Die Fertigungsdurchlaufzeiten können drastisch verkürzt und die Produktlieferzeiten dadurch deutlich minimiert werden. Gleichzeitig erhöht sich die Änderungsflexibilität um ungefähr 30 Prozent, während die Distributionskosten um fast ein Viertel sinken.[11]

Das Supply Chain Management stellt selbst bei bekannten und bewährten Lieferanten und Spediteuren sowie bei hoher Verfügbarkeit der Infrastruktur eine Herausforderung dar. Um aber in dynamischen Märkten wie den mittel- und osteuropäischen oder den asiatischen Ländern Risiken minimieren und Kosten senken zu können, muss ein Unternehmen seine übergeordneten Ziele klar definieren. Logistik, Einkauf, Planung und Produktion können nur durch übergreifende Zusammenarbeit erfolgreich im Sinne des Unternehmens optimiert werden. Richtige Zielkoordinaten sollten schon in den stabilen Märkten die Regel sein. Fehlen sie aber in dynamischen Märkten, endet das Engagement häufig in einem teuren Abenteuer, das die Wettbewerbsfähigkeit des Unternehmens zum Beispiel durch Produktionsausfälle stark in Mitleidenschaft ziehen kann.[12]

Für Maschinen- und Anlagenbauer stellt vor allem der asiatische Markt besondere Herausforderungen dar. Der Wettbewerb nimmt unter anderem durch chinesische Unternehmen deutlich zu. Deswegen müssen die deutschen Produkte bei konstant hoher Qualität zu dort wettbewerbsfähigen Preisen angeboten werden und gleichzeitig innovativer sein, um den Wettbewerbern immer einen Schritt voraus

---

11   Agiplan (2011): „Globale Märkte – Neue Herausforderungen an das Supply Chain Management"
     (http://www.agiplan.de/veroeffentlichungen/veroeffentlichungen-archiv/224-globale-maerkte-neue-
     herausforderungen-an-das-supply-chain-management.html)
12   Prokop, Petr (2009): „Herausforderungen des Supply Chain Managements in dynamischen Märkten"
     (http://www.bme.de/Herausforderungen-des-Supply-Chain-Managements.46872.0.html)

zu sein. Erreichen lässt sich dies durch modulare Lösungen, um die Anforderungen der Kunden individuell zu erfüllen. Um die Abnehmer optimal beliefern zu können, fertigen Unternehmen auch vor Ort.

Für viele Unternehmen, gerade im Maschinen- und Anlagenbau, ist Wachstum nur noch international möglich. Eine Internationalisierung kann jedoch nur dann auch wirtschaftlich sein, wenn das Unternehmen die Märkte gut kennt, Vertrauen in die Marktdaten und in die Zukunft hat, gut vorbereitet und nicht quartalszahlengetrieben ist und vor allem ein klar definiertes strategisches Ziel hat. Dazu gehört eine umfassende Analyse der gesamten Lieferkette, unter Berücksichtigung der lokalen Gegebenheiten. Dabei sollte das Unternehmen stets die Gesamtstrategie und die Wechselwirkungen zwischen den Funktionsbereichen im Gesamtkontext im Auge behalten. Denn die Umsetzung darf nicht nur die äußeren Umstände berücksichtigen, sondern auch die innere Organisation des Unternehmens. Etwa bei den funktionsübergreifenden Zielen und in der personellen Ausstattung. Wichtig ist auch, erreichte Ziele von Globalisierungsprojekten nachhaltig abzusichern. Denn häufig werden nur die ersten Schritte mit hoher Motivation und Aufmerksamkeit durchgeführt. Den nachhaltigen Erfolg sichert aber nur das kontinuierliche Optimieren und Anpassen der Vorgehensweisen in den Wachstumsmärkten.

4.3.   Technische Veränderungen

Aus technischer Sicht wird RFID (Radio Frequency Identification) bereits seit etwa zehn Jahren heiß und kontrovers diskutiert. Diese Technik befindet sich jedoch in vielen Unternehmen noch in der Pilotphase und wird noch nicht flächendeckend eingesetzt. Die logische Weiterentwicklung nennt sich Internet der Dinge. 1999 benutzte der britische Technologie-Pionier Kevin Ashton diesen Begriff erstmals im Zusammenhang mit seiner Forschung auf dem Gebiet der RFID-Kennzeichnung.[13] Das Internet der Dinge beschreibt die elektronische Vernetzung von Gegenständen wie etwa Maschinen, Bauteilen oder Verpackungen mit Hilfe von Mikroprozessoren. Eine Einsatzmöglichkeit dieser Technik liegt zum Beispiel in der Vernetzung von Produkten mit deren Transportroute. Ein Maschinenbauteil kann so zum Beispiel ermitteln, an welchem Produktionsstandort der Lagerbestand momentan am geringsten ist, das heißt wo es gerade am dringendsten benötigt wird, und seine Transportroute dementsprechend umleiten.

13   Wikipedia (2013): „Internet der Dinge" (http://de.wikipedia.org/wiki/Internet_der_Dinge)

Diese Technologie bildet die Basis der vierten industriellen Revolution, auch bekannt unter dem Schlagwort Industrie 4.0. Die Idee von Industrie 4.0, der intelligenten Vernetzung der Produktion, fasziniert Anlagenbauer, Produktionsplaner und Logistiker gleichermaßen. Mit der durchgängigen Vernetzung der Fabrik – vom Auftragseingang über die Konstruktion, Produktionsplanung und Materialbeschaffung bis hin zur eigentlichen Produktion – soll die wirtschaftliche Fertigung auch von kleinsten Auftragsmengen bis hin zur Losgröße Eins möglich werden. Eine Arbeitsweise, die individueller, flexibler und produktiver ist als bisher. Erweitert man diese Vernetzung auf sämtliche Lieferanten und Kunden, entsteht eine durchgängige und organisierte Wertschöpfungskette – also die Basis für ein erfolgreiches Supply Chain Management.

In diesen Prozess wird nicht nur die Ware einbezogen, die physisch vor Ort verfügbar ist, sondern auch die, die im gewünschten Zeithorizont verfügbar sein wird. Die Nachbevorratung der verbrauchten Ware erfolgt in gleicher Weise. Die davorliegenden Erzeuger-, Liefer- und Handelsstufen sind einbezogen – in vielen Fällen auch bereits die Fertigung und Produktion. Das alles geschieht transparent. Alle Beteiligten können Eigenschaft und Verfügbarkeit eines Produkts und den Stand eines Auftrags live im Internet verfolgen. Der Datenfluss steuert sehr komplexe automatische Warenflüsse, um Aufträge zu komplettieren und dem Empfänger zu liefern.

Das Ziel ist die autarke Produktion: Die Maschine bestellt selbst den Nachschub aus dem Lager, Flurförderzeuge, automatische Systeme und Handlinganlagen sorgen dafür, dass das Rohmaterial just-in-time an die Fertigungslinie geliefert wird. Intelligente Lager und Distributionszentren sind daher wichtiger Bestandteil dieser vierten industriellen Revolution. Schon heute versorgen in vielen Unternehmen auftragsgesteuerte Produktionslager den Maschinenpark just-in-time mit Rohmaterial und sichern so eine hohe Auslastung der Maschinen. Das Ergebnis sind kürzere Durchlauf- und Lieferzeiten sowie geringere Produktionskosten auch bei kleinen Auftragsmengen. Somit kann auch eine zunehmend individualisierte Produktion weiterhin wirtschaftlich sein und gleichzeitig die steigenden Kundenanforderungen erfüllen.

4.4. Nachhaltigkeit

Einen immer bedeutenderen Einfluss auf die Gestaltung der gesamten Wertschöpfungskette eines Unternehmens haben Umweltfaktoren und das darauf aufbauende Thema Nachhaltigkeit. Das zeigt sich zum Beispiel im Umgang mit Rohstoffen:

Der Mangel an Ressourcen wird nicht nur im Maschinen- und Anlagenbau dazu führen, dass es in Zukunft nicht mehr nur um höchstmögliche Leistung gehen wird, sondern vielmehr darum, für jede Anforderung flexibel die passende Leistung zu bieten und dabei so wenig Material und Energie wie möglich zu verbrauchen. Energieeffiziente Technik, der Einsatz erneuerbarer und die Schonung vorhandener Ressourcen wird einen immer höheren Stellenwert einnehmen. Dazu gehört zum Beispiel auch, Teile der Wertschöpfung in die Zielregionen zu verlagern, statt Produkte aufwändig um die halbe Welt zu transportieren. Letzteres ist nicht nur ein ökologischer, sondern auch ein ökonomischer Aspekt: Die durch die Rohstoffknappheit steigenden Ölpreise wirken sich auch auf die Transportkosten aus und haben somit einen direkten Einfluss auf die Supply Chain.

Hier setzt wiederum der SCM-Gedanke an: Eine intelligente und optimierte Gestaltung der gesamten Wertschöpfungskette kann dafür sorgen, dass sämtliche Waren in genau der richtigen Menge zur richtigen Zeit an den richtigen Ort transportiert werden. Unnötige Transporte und die Verschwendung überschüssiger Rohstoffe ließen sich so weitgehend vermeiden. Dies hat nicht nur auf die Umwelt einen positiven Effekt, sondern auch auf die Produktionskosten.

Im Supply Chain Management gilt es also derzeit immer mehr, die Konzepte „Lean" und „Green" zu realisieren und in Einklang zu bringen. Ein weiterer Ansatz ist „Cradle to Cradle" (deutsch: „von der Wiege zur Wiege"), ein Modell für industrielle Prozesse, in dem alle Materialien in geschlossenen biologischen oder technischen Kreisläufen fließen. Abfälle existieren in diesem Sinne nicht, sondern sind – wie in der Natur – der Rohstoff für ein anderes Produkt.[14] Im Optimalfall bedeutet dies die Produktion von günstigen Waren in guter Qualität mit geringem CO_2-Ausstoß, ohne Verschwendung von Materialien und zur Erfüllung aller Kundenerwartungen, die an dieses Produkt gestellt werden. Hierzu ist eine exakte Planung notwendig, um durch CO_2-arme Herstellung und Beschaffung auch Kosten einzusparen. Um wirtschaftlich zu arbeiten, spielen alle Nachhaltigkeitsaspekte einer Anlage für die Betreiber eine immer größere Rolle.

Auch der Mensch spielt beim Thema Nachhaltigkeit eine Rolle. Denn seine Arbeit wird, trotz aller Automatisierung, immer ein zentraler Bestandteil vieler Prozesse sein. Eines der Ziele des Supply Chain Managements sollte daher auch sein, diese Arbeit so schonend und angenehm wie möglich zu gestalten. Ausschlaggebend hierfür ist der demografische Wandel. Die zunehmende Alterung der Gesellschaft

---

14   Braungart, Michael (2013): „Terminologie: Cradle to Cradle" (http://www.braungart.com/de/content/terminologie)

verursacht eine immer längere Lebensarbeitszeit. Auch in den körperlich anstrengenden Abteilungen Produktion, Lager und Distribution wird daher der Altersdurchschnitt der Mitarbeiter immer weiter steigen. Für die Unternehmen muss das bedeuten, körperlich anstrengende und geistig ermüdende Arbeiten soweit wie möglich zu vereinfachen.

Gerade in der Intralogistik macht sich diese Entwicklung durch einen steigenden Automatisierungsgrad und die ergonomische Gestaltung vieler Arbeitsplätze bemerkbar. Beispiele hierfür sind etwa der Einsatz von automatischer Fördertechnik, von automatischen Kommissioniersystemen oder von Hebehilfen. Aufgabe des SCM muss sein, auch solche Optimierungspotenziale zu erkennen und effiziente, nachhaltige Alternativen aufzuzeigen. Denn dies steigert nicht nur die Leistung der Lieferkette, sondern schont auch die Mitarbeiter.

Auch für die Kundenwahrnehmung spielt das Thema Nachhaltigkeit eine große Rolle. Die Logistikkette hat einen enormen Einfluss auf die externe Wahrnehmung eines Unternehmens als nachhaltig wirtschaftende Organisation. Damit besteht auch eine gewisse Erwartungshaltung an den Supply Chain Manager, die gesamte Wertschöpfungskette entsprechend ressourcenschonend und energieeffizient zu gestalten. Ein Unternehmen kann so für ein positives Image beim Endkunden sorgen, was sich wiederum vorteilhaft auf die Umsatzzahlen auswirkt.

5.   Fazit

Prozesse und Lieferketten im Maschinen- und Anlagenbau befinden sich in einem fundamentalen Wandel. Dieser wird bestimmt durch fortschreitende Globalisierung, die rasante Entwicklung neuer Technologien, die Individualisierung der Gesellschaft, das steigende Umwelt- und Nachhaltigkeitsbewusstsein sowie den demografischen Wandel der Gesellschaft. Unternehmen können ihre Position am Markt nicht mehr isoliert betrachten, sondern sind wesentlicher Teil einer Liefer- und Wertschöpfungskette. Diese Ketten werden, wie auch die Beschaffungs- und Absatzmärkte, immer komplexer und internationaler.

Um auch in diesem Wandel wirtschaftlich und wettbewerbsfähig zu bleiben, müssen Maschinenbauunternehmen ihre gesamte Wertschöpfungskette im Zuge eines umfassenden Supply Chain Managements analysieren, strukturieren und optimieren. Das Ziel ist eine ganzheitliche Strategie, die sowohl die Lieferkette in ihrer Gesamtheit als auch sämtliche ihrer einzelnen Glieder definiert und steuert. Die Grundvoraussetzung dafür ist eine verbesserte Kommunikation zwischen den ein-

zelnen Unternehmen beziehungsweise Abteilungen, um einen effektiven und umfangreichen Informationsfluss zu schaffen. Hierfür sind spezielle informations- und
kommunikationstechnische Systeme notwendig.

Supply Chain Management umfasst die Konfiguration, die Planung und die Ausführung einer Lieferkette. Die Bedeutung von SCM als entscheidender Wettbewerbsfaktor zeigt sich quer durch alle Branchen. Im direkten Vergleich, etwa mit der
Automobilindustrie, offenbart sich jedoch beim Maschinen- und Anlagenbau ein
erheblicher Nachholbedarf, was die Umsetzung von SCM in der Praxis anbelangt.
Der Grund dafür ist, dass die Branche aufgrund ihres Erfolgs in den vergangenen
Jahren nicht zu tiefgreifenden Veränderungen gezwungen war. Hinzu kommt, dass
der Maschinen- und Anlagenbau im Vergleich zu anderen Branchen in wesentlich
kleineren Serien fertigt, oft sogar individuell. Dadurch war eine derart hohe Standardisierung der Fertigung bislang nicht möglich oder sehr teuer.

Um jedoch den steigenden Anforderungen auch in Zukunft souverän begegnen zu
können, muss die Maschinenbaubranche genau diese Veränderungen jetzt vornehmen. Denn in den zunehmend globalen Märkten wird der Wettbewerb immer
härter. Gleichzeitig ermöglicht die hohe Durchdringung sämtlicher Prozesse mit
Informationstechnologie heute eine hocheffiziente Fertigung auch kleiner Mengen, bis zur Losgröße Eins. Diese Chance müssen die Maschinenbauunternehmen
nutzen, um auch in Zukunft konkurrenzfähig zu bleiben. Die theoretische Vorlage
ist mit den diversen Ansätzen des Lean Management gegeben, nur müssen die
Unternehmen diese auch in die Praxis umsetzen.

Der Maschinen- und Anlagenbau darf nicht allein auf hochwertige Produkte setzen.
Denn die Kunden fordern heutzutage nicht nur Qualität, sondern auch Schnelligkeit
und Flexibilität. Durch die Optimierung sämtlicher Prozesse der Wertschöpfungskette, vom Lieferanten bis zum Endkunden kann ein Unternehmen wirtschaftlicher, schneller und flexibler produzieren. Die effiziente Organisation der Lieferkette sorgt für kürzere Durchlauf- und schnellere Lieferzeiten, höheren Umsatz und
damit letztlich für mehr Kundenzufriedenheit. Die wiederum ist der Schlüssel, um
im internationalen Wettbewerb dauerhaft erfolgreich zu sein.

C3

Brennpunkt Kontraktlogistik

 30. Deutscher
Logistik-Kongress
23.-25. Oktober 2013

 BVL
Bundesvereinigung
Logistik

**»Brennpunkt Kontraktlogistik« – Konzept eines Leitfadens
für Kontraktlogistikausschreibungen**

1. **Auf der Suche nach den „Knackpunkten" in Kontraktlogistikausschreibungen für Lagerdienstleistungen**
   1.1. Warum (noch) ein Leitfaden für die Ausschreibung von
   Kontraktlogistikprojekten?
   1.2. Gegenstand und Fokus der Untersuchung – „Knackpunkte"
   bei Lagerdienstleistungen in Kontraktlogistikprojekten
   1.3. Teilnehmer, Untersuchungsdesign und Aufbau des Handlungsleitfadens

2. **Ein Phasenmodell als Orientierungsrahmen auf der Suche nach
„Knackpunkten" in Kontraktlogistikausschreibungen**
   2.1. „Gebrauchsanleitung": Wie ist der Leitfaden konzipiert und aufgebaut?
   2.2. Die Kernphasen von Kontraktlogistikausschreibungen und Beispiele für
   „Knackpunkte" bei Lagerdienstleistungen

3. **Vom Leitfaden zu einem besseren Ausschreibungsprozess
an ausgewählten Beispielen der Phase RFI**
   3.1. Bearbeitung der Vertraulichkeitserklärung (Confidential Agreement)
   des ausschreibenden Unternehmens
   3.2. Strategische Beurteilung der eingegangenen Anfrage zur Teilnahme
   an einer Ausschreibung – Request for Information (RFI)
   3.3. Beantwortung der Request for Information (RFI)

4. **Resümee und Ausblick**

»Brennpunkt Kontraktlogistik« – Konzept eines Leitfadens für Kontraktlogistikausschreibungen

Prof. Dr. Norbert Schmidt, Hochschule für angewandte Wissenschaften Würzburg – Schweinfurt; Leiter des BVL Arbeitskreises Kontraktlogistik

Prof. Dr. Stephan Freichel, Fachhochschule Köln; ehem. Geschäftsführer / Vorstand, Logwin / Microlog, Aschaffenburg / Köln

1. Auf der Suche nach den „Knackpunkten" in Kontraktlogistikausschreibungen für Lagerdienstleistungen

Ein bekannter Leitsatz aus dem Projektmanagement lautet: „Fehler zu Beginn eines Projektes sind in späteren Phasen kaum noch auszugleichen!" oder wie es treffend ein Logistikdienstleister des AK-Kontraktlogistik (AK-KL) auf den Punkt brachte: „Kontraktlogistikprojekte werden bereits in der Ausschreibung gewonnen oder verloren!"

Dabei sind es die besondere Komplexität in der Aufgabenstellung, Vertragsbindungen über Jahre hinweg und das damit verbundene Investmentrisiko, das den Ausschreibungsprozess in Kontraktlogistikprojekten zu einer ganz besonderen Herausforderung für alle Projektbeteiligten werden lässt. Nicht umsonst wird auch von der „Königsdisziplin Kontraktlogistik" gesprochen – wohlwissend dass so mancher König sein Reich verteidigt und hin und wieder auch verloren hat.

Der BVL-Leitfaden „Brennpunkt Kontraktlogistik", entstand als Ergebnis einer eineinhalbjährigen Arbeit von 15 Unternehmen im „Arbeitskreis – Kontraktlogistik" der Bundesvereinigung Logistik e.V. Ziel war es, einen Beitrag zum besseren gegenseitigen Verständnis zwischen industriellen Auftraggebern (IAG) und Kontraktlogistikdienstleistern (KLDL) und damit letztlich zu gemeinsamen Erfolgen in der Zusammenarbeit im Rahmen von Kontraktlogistik zu leisten. Fokus bildete dabei der Ausschreibungsprozess von Lagerdienstleistungen, die immer noch das Gros der ausgeschriebenen Kontraktlogistikprojekte in Industrie und Konsumgüterwirtschaft mit einer oftmals hohen Komplexität stellen.

1.1. Warum (noch) ein Leitfaden für die Ausschreibung von Kontraktlogistikprojekten?

Die Idee, einen Leitfaden oder eine Art „Checkliste" für den Ausschreibungsprozess von Kontraktlogistikprojekten zu erstellen, war nicht gänzlich neu. Eine Recherche der bis dato im deutschsprachigen Raum erschienen Arbeiten zeigt eine Reihe von Vorarbeiten die sich aus verschiedenen Perspektiven dem Thema nähern. Zu nennen wären hier insbesondere:

- Die Vorarbeiten des Bundesverbandes für Materialwirtschaft, Einkauf und Logistik e.V. – BME, der sich traditionell mit den Themen Einkauf von Material und Dienstleistungen auseinandersetzt.[1]

- Die VDI Norm 4494 „Outsourcing am Beispiel der Kontraktlogistik". Entstanden aus einem mehrjährigen Projekt (Start 2005) einer Arbeitsgruppe aus Industrie und Logistikdienstleistung.[2]

- Die DIN SPEC 1001 „Lager- und Transportlogistik – Standardisierte Leistungsdefinition und -bewertung in der Angebotsphase", entstanden aus dem gemeinsamen Forschungsprojekt „StarLog" der Unternehmensberatung Miebach Consulting und dem DIN-Institut.[3]

- Darüber hinaus beschäftigt sich eine Reihe von Literaturquellen mit dem Ausschreibungsprozess von Transport und Logistik im Allgemeinen – weniger mit dem Ausschreibungsprozess von Kontraktlogistikprojekten im Besonderen.

Letztendlich sind diese Dokumente in der Praxis kaum bekannt, folglich ist die Wahrscheinlichkeit gering, dass mehrere Parteien sich entsprechenden Regelungen unterwerfen.

Eine Reflexion der Referenzen und Quellen zeigt darüber hinaus, dass die bestehenden Arbeiten aus Sicht der Praxis zu kurz greifen bzw. insbesondere nicht den Anspruch erheben können oder wollen, operative Fragestellungen des Ausschrei-

---

1   Zu erwähnen sei hier beispielsweise das MS-EXCEL™ Werkzeug „Make-or-Buy-Entscheidungen in der Logistik", das einen generellen Fragebogen für Outsourcing Entscheidungen bereitstellte. (vgl. Bundesverband Materialwirtschaft o.J.). Darüber hinaus existiert ein Leitfaden zur Auswahl des richtigen Ausschreibungs-Verfahrens (offene vs. standardisierte Ausschreibung) und ein Softwarewerkzeug zur Unterstützung der Vertragsgestaltung »TOOLOVE«
2   Vgl. sowohl VDI-Gesellschaft Produktion und Logistik (2012b) als auch VDI-Gesellschaft Produktion und Logistik (2012a)
3   Vgl. DIN (2010)

bungsprozesses in Kontraktlogistikprojekten zu thematisieren. In diesem Zusammenhang sind folgende Quellenmerkmale als Beleg für diese These anzuführen:

- Es wird meist nur die Perspektive eines Akteurs im Ausschreibungsprozess eingenommen, d.h. entweder Handlungsempfehlungen für den Auftraggeber *oder* für den Auftragnehmer von Kontraktlogistik-Projekten gegeben. Dies ist bei der Komplexität des Kommunikations- und Abstimmungsprozesses in Kontraktlogistikprojekten nicht zielführend. Gerade Kontraktlogistikprojekte folgen der Erkenntnis des japanischen Qualitätsmanagers Ryuji Fukuda, der schon in den 1980er Jahren darauf hinwies, dass 80% der Probleme eines Unternehmens (im vorliegenden Fall eines Kontraktlogistik-Projektes) an den Schnittstellen zwischen den Abteilungen (bzw. den Unternehmen) verursacht werden.[4]

- Die ausgearbeiteten Handlungsempfehlungen sind entweder sehr allgemein formuliert oder dienen eher einer grundsätzlichen Darstellung des Ausschreibungsprozesses ohne auf die Besonderheiten von Kontraktlogistikprojekten Bezug zu nehmen.

- Es findet nur in Einzelfällen eine Priorisierung der Problemstellungen im Ausschreibungsprozess statt. Vielmehr ist es Ziel, möglichst umfassend allgemeine Handlungsempfehlungen zu geben.

- Schließlich ist die Aufbereitung der zusammengetragenen Fakten wenig anwenderbezogen bzw. beschränkt sich, wie beispielsweise bei der VDI Norm 4494, auf die komprimierte Darstellung umfangreicher Checklisten, deren Selektion für den konkreten Anwendungsfall dem Leser überlassen bleibt.

Diese Praxis-Lücke führte bereits im Jahr 2011 zu Überlegungen, sich mit dem Thema „Ausschreibungsprozess in Kontraktlogistikprojekten" bei der Bundesvereinigung Logistik e.V. intensiver auseinanderzusetzen.

Startpunkt bildete dazu ein – mit der Unterstützung der Unternehmensberatung Bearing Point – extern moderierter „BVL Roundtable Kontraktlogistik", indem sich zunächst Vertreter der Logistikdienstleistungswirtschaft zu potenziell interessanten Themenfeldern austauschten. Dabei wurden Fragen der Compliance in strengstem Maße beachtet.

---

4   Vgl. Fukuda (1983)

30. Deutscher
Logistik-Kongress
23.-25. Oktober 2013

BVL

Bundesvereinigung
Logistik

Rasch wurde offensichtlich, dass insbesondere der Ausschreibungsprozess und das damit verbundene „Beziehungsmanagement" zwischen industriellem Auftraggeber (IAG) und Kontraktlogistikdienstleister (KLDL) essentiell für den nachhaltigen Erfolg von Kontraktlogistikprojekten ist. Neben verschiedenen für die KLDL-Branche spezifisch interessanten Themen zeigte sich, dass die Thematik von Ausschreibungen und die damit verbundene Zusammenarbeit mit den Kunden nur gemeinsam erarbeitet werden kann.

Als besonders wichtig erachteten die Teilnehmer des „Roundtable" folgende Arbeitsfelder im Rahmen von Kontraktlogistikprojekten:

- die Anbahnung, Kalkulation und Verhandlung,

- den Vertrag,

- die Implementierung und der Betrieb,

- die Nachverhandlung oder Neuausschreibung sowie,

- die Rückabwicklung.

Ziel sollte sein, für die genannten Themen Gestaltungsdimensionen, Problem- und Handlungsfelder sowie kritische Limits zu identifizieren, um im Ergebnis eine Art gemeinsamen „Codex" für den Ausschreibungsprozess zwischen IAG und KLDL abzuleiten.

Das Roundtable-Teilprojekt „Ausschreibung" wurde sodann in einen zeitlich begrenzten „Arbeitskreis Kontraktlogistik" überführt, der einen entsprechenden Handlungsleitfaden für den Ausschreibungsprozess in Kontraktlogistikprojekten erarbeiten sollte. Dabei galt es, die bis dato vorhandenen „Roundtable"-Vorarbeiten zu systematisieren sowie existierende Literaturquellen zu sichten und in das Konzept zu integrieren.

1.2. Gegenstand und Fokus der Untersuchung – „Knackpunkte" bei Lagerdienstleistungen in Kontraktlogistikprojekten

Nach einer Akquise- und Konzeptionsphase zur Gewinnung von Teilnehmern startete der „Arbeitskreises Kontraktlogistik" (AK-KL) der BVL am 09.03.2012 in Frankfurt zu seiner ersten, konstituierenden Sitzung.

In einem ersten Schritt galt es, den **Untersuchungsgegenstand** genauer inhaltlich ab- bzw. einzugrenzen. Insbesondere waren folgende Fragen zu klären:

- *Aufgabenstellung:* Welche Art von Kontraktlogistikprojekten sollten untersucht werden? Könnte es Sinn machen, einen Branchenfokus zu bilden und z.b. zwischen industriellen und konsumgüterbezogenen Kontraktlogistikprojekten zu unterscheiden?

- *Projektumfang:* Auf welchen zeitlichen und budgetmäßigen Umfang von Kontraktlogistikprojekten beziehen sich die Handlungsempfehlungen? Sind Großprojekte mit mehreren Millionen Euro Umsatz ebenso Untersuchungsgegenstand, wie kleine Projekte?

- *Prozessgrenzen:* Mit welchen Aktivitäten beginnt der zu untersuchende Ausschreibungsprozess, mit welchen Aktivitäten endet er?

- *Beziehungsstatus:* Sind Kontraktlogistikprojekte von Bestandskunden zu berücksichtigen – oder liegt der Fokus eher auf dem Neukundengeschäft?

- *Internationalität:* Werden nur Kontraktlogistikprojekte für Deutschland oder auch internationale Projektvorhaben erfasst?

Ein weiterer, wichtiger Punkt der Tagesordnung war die **Klärung der Erwartungshaltung der Teilnehmer aus Industrie und Logistikdienstleistung**. Aus einer Plenumsabfrage und der anschließenden Diskussion ließen sich die wichtigsten „Motivatoren" für die Teilnahme am Arbeitskreis identifizieren:

- Entwickeln eines gegenseitigen Verständnisses für die jeweiligen Herausforderungen, vor und während des Ausschreibungsprozesses;

- Kennenlernen der anderen Unternehmen und Austausch von Informationen bzw. „Best Practices" für den Ausschreibungsprozess;

- Erarbeitung von Handlungsempfehlungen für eine verstärkte Standardisierung des Tender-Prozesses;

- Identifikation und Auswertung von bereits bestehenden Vorarbeiten zum Thema in Literatur und wissenschaftlicher Community;

- Identifikation von „Knackpunkten" entlang des Ausschreibungsprozesses – sowohl intern, d.h. bezogen auf den jeweiligen eigenen Projektmanagement-Prozess von IAG und KLDL, als auch „extern" gegenüber dem jeweiligen potenziellen Vertragspartner;

- Erarbeiten konkreter Gestaltungshinweise und Erfolgsfaktoren aus den Erfahrungen der Praktiker.

Als **Zielgruppen** für den Leitfaden legte der Arbeitskreis fest:

- *Auf der Seite der industriellen Auftraggeber:* das Management aber auch die operative Ebene in Einkauf und den Logistik-Fachabteilungen;

- *Auf der Seite der Kontraktlogistik-Dienstleister:* Management, Vertrieb / Business Development aber auch den operativen Personenkreis, der die Angebote erstellt (z.B. Planer, Tender-Manager).

Nach einer weiteren Arbeitskreissitzung konnte im Ergebnis das nachfolgende **Profil für den Untersuchungsgegenstand** des Leitfadens abgeleitet werden:

1. *Lagerdienstleistungen mit Schwerpunkt Deutschland als Ausschreibungsgegenstand:* Kerngegenstand des Handlungsleitfadens sind Ausschreibungen von Lagerdienstleistungen / Warehousing-Leistungen in Deutschland.

2. *Prozessgrenzen von Make-or-Buy-Entscheidung bis Vertragsabschluss:* die Empfehlungen des Leitfadens beginnen mit der Entscheidung des industriellen Auftraggebers, eine Ausschreibung durchzuführen und enden mit der Vertragsunterzeichnung beider Seiten.

3. *Kein expliziter Branchenfokus:* eine Eingrenzung auf Projekte der industriellen Kontraktlogistik oder Konsumgüter-Kontraktlogistik findet nicht statt. Allerdings schlossen die AK-Teilnehmer für den Leitfaden Branchen aus, die sehr spezielle Anforderungen an die Prozessabwicklung stellen, wie z.B. bei der logistischen Abwicklung von Massengütern, Zeitungen, Papierrollen, Fertigfahrzeugen, bei reiner Projektlogistik, Stahl- oder Baustellenlogistik.

4. *Konzentration auf „Knackpunkte" zur Ressourcenschonung, intern und extern, für beide Kontraktpartner:* die Handlungsempfehlungen im Leitfaden beziehen sich auf sogenannte „Knackpunkte" für den industrielle Auftraggeber sowie für den Kontraktlogistikdienstleister. „Knackpunkte" im Ausschreibungsprozess sind demnach alle Themen, die im Sinne von Kostentreibern (Ressourcenverbräuche), Zeittreiber (im Projektmanagement) und Risikotreiber (in rechtlichen, versicherungstechnischen Fragen) den *Projekterfolg* negativ beeinflussen. Knackpunkte des Projekterfolgs können sowohl intern getrieben sein, also sich auf die erfolgreiche Abwicklung des eigenen Projektmanagements beziehen, als auch extern entstehen, d.h. durch den jeweiligen externen Projektpartner – sprich den Logistikdienstleister bzw. Industriellen Auftraggeber – verursacht werden. Der Begriff *Projekterfolg* bezieht sich auf zwei Zeitabschnitte: zum einen auf den eigentlichen Ausschreibungs- und Entscheidungsprozess sowie die daran anschließende Implementierungs- bzw. Umsetzungs-

phase. Beide Zeitabschnitte sollten berücksichtigt werden. Es waren also auch alle „Knackpunkte" zu benennen, die zwar in der Ausschreibungsphase zur Disposition stehen, jedoch erst in nachfolgenden Phasen („Implementierung" und „Umsetzung") wirksam werden. Gemeinsames Ziel ist es, Leitlinien zu erarbeiten, die für beide Seiten eine möglichst ressourcenschonende Abwicklung des Ausschreibungsprozesses ermöglichen.

5. *Keine Referenzprojekte wohl aber „Referenz-Knackpunkte" und Lösungsansätze:* die anfängliche Idee der Untersuchung von „Referenzprojekten" für Industrie und/ oder Konsumgüter – Kontraktlogistik wurde verworfen. Fokus bildete vielmehr die Identifikation von „Knackpunkten" mit Referenzcharakter, d.h. interne und externe Reibungspunkte, die für Lagerdienstleistungen „typisch" sind. Schließlich sollten Handlungsempfehlungen ausgesprochen werden, die sich aus der Vermeidung von Fehlern und den langjährigen Erfahrungen und eben der gemeinsamen Diskussion als Erkenntnisfortschritt ergaben.

1.3. Teilnehmer, Untersuchungsdesign und Aufbau des Handlungsleitfadens

Die Qualität eines Leitfadens bzw. der darin abgeleiteten Handlungsempfehlungen für den Ausschreibungsprozess von Kontraktlogistik-Dienstleistungen wird natürlich maßgeblich durch die Qualität der Quellen beeinflusst, die Lösungsbeiträge liefern.

Das organisatorische „Setting" des AK-KL ließ sich dabei vor allem durch folgende Punkte leiten:

– Die *Teilnehmer* des „Arbeitskreises Kontraktlogistik" sollten *paritätisch* aus der „Fraktion" industrieller Auftraggeber bzw. Kontraktlogistik-Dienstleister stammen.

– Die *beteiligten Unternehmen* sollten möglichst einen *Querschnitt* aus beiden Fraktionen im Hinblick auf Unternehmensgröße und Erfahrung im Bereich Kontraktlogistik repräsentieren.

– Schließlich sollten die Teilnehmer selbst ebenfalls einen *„Mix" in Bezug auf persönliche Erfahrung und beruflichen Hintergrund* bilden. Dies bedeutete, sowohl „Entscheider" als auch operativ Verantwortliche aus den Bereichen Logistik, Einkauf, Business Development und Vertrieb für die Projektmitarbeit zu gewinnen.

Der Wunsch etwas zu ändern einerseits, aber gleichzeitig die Zwänge des täglichen, operativen Geschäfts andererseits, verlangten von den Teilnehmern viel Engagement.

Umso mehr sei an dieser Stelle nochmals allen Mitwirkenden des Leitfadens für ihre Zeit sowie das persönliche Engagement beim Diskutieren, Schreiben und Korrigieren herzlich gedankt. Am „Arbeitskreis Kontraktlogistik" und damit an der Erstellung des Leitfadens wirkten mit (in alphabetischer Reihenfolge):

- Ottmar Beutel – Senior Manager Global Transportation and Warehousing, Merck KGaA, Darmstadt.

- Prof. Dr.-Ing. Josef Decker – Geschäftsführer, BVL Campus gGmbH, Bremen.

- Prof. Dr. Stephan Freichel – Professur Distributionslogistik, Fakultät für Fahrzeugsysteme und Produktion, Fachhochschule Köln; ehem. Geschäftsführer / Vorstand, Logwin / Microlog, Aschaffenburg / Köln; Initiator des BVL-Arbeitskreises Kontraktlogistik.

- Natascha Heller – Strategic Procurement, Weidmüller Interface GmbH & Co. KG, Detmold.

- Thomas Hüttemann – Managing Director, Panopa Logistik GmbH, Duisburg.

- Brendan Lenane – Head of Procurement Transport & Logistics Services, MAGNA Logistics Europe (MLE), Graz.

- Pierre Lutz – Manager Global Logistic Management, EUROCOPTER Deutschland GmbH, Donauwörth.

- Olaf Meerkötter – Geschäftsbereichsleiter Kontraktlogistik, Kraftverkehr Nagel GmbH & Co. KG, Versmold.

- Dirk Mitter – Consulting, kd projekt-consulting gmbh, Neuenburg.

- Dr. Boris Reczko – Supply Chain Manager, Oerder Management Services GmbH, Wiesbaden.

- Thomas Reppahn – Leiter Zentrale Logistics Product- and Processmanagement, Schenker Deutschland AG, Kelsterbach.

- Dr. Torsten Rudolph – Geschäftsführer Rudolph Logistik-Gruppe, Baunatal.

- Sandra Katharina Schlaak – Senior Manager, Corporate Leadbuyer Global Warehousing Services, Robert Bosch GmbH.

- Prof. Dr. Norbert Schmidt – Professur Speditions- und Transportlogistik, Hochschule für angewandte Wissenschaften Würzburg-Schweinfurt, Fakultät Wirtschaftsingenieurwesen, Abteilung Schweinfurt. Leiter des BVL Arbeitskreises Kontraktlogistik.

- Dr. Johannes Söllner – Geschäftsführer Geis Holding GmbH, Nürnberg. Mitglied des Vorstands der BVL.

- Oliver Weiß – Konzerneinkauf, UVEX Winter Holding GmbH, Fürth.

- Michael Zeidler – Manager Corporate Development, LOXXESS AG – Office Munich, Unterföhring.

Das Untersuchungsdesign folgte dem Konzept eines „Fraktions-Koalitions-Modells". Danach sollten zunächst beide „Fraktionen" getrennt voneinander ihre Positionen bestimmen, um im Anschluss daran Koalitions-Teams aus IAG und KLDL zu bilden, die jeweils einzelnen Phasen des Ausschreibungsprozesses zugeordnet werden konnten. Die personelle Besetzung orientierte sich dabei in ihrem Umfang an der Bedeutung der jeweilig phasenbezogenen „Knackpunkte". Entsprechend wurde z.B. die Phase „Erstellen einer Ausschreibung" (IAG) bzw. „Erstellung des Angebots" (KLDL) jeweils mit drei Personen besetzt, während z.B. die Phase „Angebotsnormierung" (IAG) bzw. „Kalibrierung des Angebots und Verhandlungsführung" (KLDL) jeweils nur von einer Person betreut wurde.

2. Ein Phasenmodell als Orientierungsrahmen auf der Suche nach „Knackpunkten" in Kontraktlogistikausschreibungen

Von Anfang an sollte die Ausarbeitung des Leitfadens sich an den Bedürfnissen der Praxis und der späteren Anwender orientieren. Es ging nicht darum, ein allumfassendes „Kompendium der Ausschreibung von Kontraktlogistikprojekten" zu verfassen, sondern sich in erster Linie genau an *den* Fragestellungen und Problemen zu orientieren, die in der Ausschreibungspraxis tagtäglich Zeit, Nerven und nicht zuletzt Geld kosten oder später in der Umsetzung gar zum Scheitern des Projektes führen können.

Um eine möglichst optimale Suchstrategie des Nutzers zu unterstützen, wählte der Arbeitskreis ein Prozessmodell mit sechs Kernphasen – beginnend mit der Entscheidung des industriellen Auftraggebers, eine Ausschreibung durchzuführen und endend mit der Unterzeichnung des Kontraktlogistik-Vertrages. In den nach-

 30. DEUTSCHER
LOGISTIK-KONGRESS
23.-25. Oktober 2013

 BVL
Bundesvereinigung
Logistik

folgenden Abschnitten wird der Aufbau des Leitfadens erläutert und Hinweise für den optimalen Gebrauch des Leitfadens skizziert.

2.1. „Gebrauchsanleitung": Wie ist der Leitfaden konzipiert und aufgebaut?

Um das Konzept und den Aufbau des Leitfadens zu verstehen, sei an dieser Stelle kurz auf die grundsätzliche Vorgehensweise bei der Identifizierung der „Knackpunkte" und der späteren Ausformulierung der „Knackpunktfragen" eingegangen.

Die nachfolgende Abbildung mag hierzu einen Orientierungsrahmen bieten.

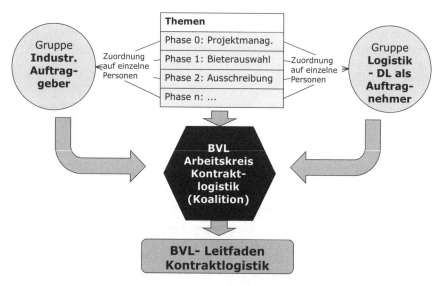

Abbildung 1: Das organisatorische Konzept des BVL-AK Kontraktlogistik[5]

Das Vorgehen orientierte sich für jede der sechs festgelegten Prozessphasen des Ausschreibungsprozesses nach einem Standardablauf, der folgende Punkte umfasste:

---

5   Quelle: Eigene Darstellung

1. In einem ersten Schritt galt es, Einigkeit im AK-KL darüber zu erzielen, welche Referenz-Aktivitäten den jeweiligen Ausschreibungsphasen zuzuordnen sind. Dazu wurden zunächst für jede Phase fraktionsübergreifende Teams aus IAG und KLDL gebildet. Jedes Team hatte anschließend die Aufgabe, für seine Ausschreibungsphase die relevanten Prozesse zu identifizieren und gegenseitig zu verifizieren.

2. Nach Vorlage dieser „Prozessliste" beantworteten die Teammitglieder aus ihrer jeweils persönlichen Sicht (IAG oder KLDL), welche internen bzw. externen „Knackpunkte" für die einzelnen Aktivitäten relevant sind bzw. einer gegenseitigen Abstimmung bedürfen. Ebenso sollten gleichzeitig Lösungsansätze notiert werden, um diese Knackpunkte in Zukunft für beide Seiten ressourcenschonend zu behandeln. Diese Prozess und Aktivitäten bezogene „Knackpunktliste mit Lösungsansätzen" wurde durch den gesamten AK-KL verifiziert, ergänzt bzw. angepasst.

3. Im nächsten Schritt fand eine Konsolidierung der Knackpunkte in sogenannte „Knackpunktfragen" statt. Motiviert wurde dieses Vorgehen von der Vorstellung, dass potenzielle Nutzer sich leichter an Fragen als an Stichworten orientieren können. Darüber hinaus bieten die – zumeist sehr offen gestellten – Knackpunktfragen eine bessere Möglichkeit, die gesamte Komplexität des Ausschreibungsprozesses abzubilden und in den eigenen Betriebsalltag zu überführen.

4. Auf der Grundlage der Knackpunktfragen fand anschließend die Ausformulierung bzw. Beantwortung durch die AK-Teilnehmer statt. Dabei orientierte sich der Schreibprozess an drei Schritten:

   a) Im ersten Teil der Beantwortung der „Knackpunktfragen" wurde herausgearbeitet, warum es sich hier um einen besonders relevanten Punkt der internen bzw. externen Abstimmung handelt;

   b) Darauf aufbauend schließt sich der Lösungsteil an, der einheitlich jeweils mit dem Titel „Was wir Ihnen unserer Meinung nach empfehlen würden" überschrieben ist. Dabei wurden die Teilnehmer angehalten, bewusst ihre subjektive, durch Erfahrungen geprägte Sicht einfließen zu lassen.

   c) Sofern es sich anbot, schließt jede Knackpunktfrage mit einer „Checkliste und Takeaways", die pointiert nochmals die Erkenntnisse zusammenfassen.

┌─┐ 30. Deutscher
└─┘ Logistik-Kongress
23.-25. Oktober 2013

BVL
Bundesvereinigung
Logistik

Aus dem beschriebenen Vorgehensmodell ließ sich nun auch eine entsprechende Suchstrategie für den Nutzer des Leitfadens ableiten, die sich mit drei zentralen Fragen beschreiben lässt:

1. Welcher „Fraktion" gehöre ich an?: Industrieller Auftraggeber oder Kontraktlogistik-Dienstleister?

2. Für welche Ausschreibungsphase suche ich Handlungsempfehlungen bzw. für welchen Teilprozess der Ausschreibung?

3. Welche Knackpunktfragen sind entsprechend für mich in der jeweiligen Phase bzw. Teilaktivität relevant und wie sehen mögliche Lösungsstrategien aus?

Diese Suchstrategie ist in der nachfolgenden Abbildung visualisiert:

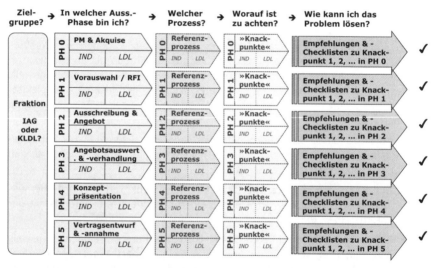

Abbildung 2: Suchstrategie – der Ableitungsweg für Empfehlungen im Leitfaden[6]

---

6   Quelle: Eigene Darstellung

2.2. Die Kernphasen von Kontraktlogistikausschreibungen und Beispiele für „Knackpunkte" bei Lagerdienstleistungen

Um den im vorangegangen Abschnitt skizzierten Suchprozess zu erleichtern, sind nachfolgend die typischen sechs Projektphasen von Kontraktlogistik-Ausschreibungsprozessen mit ihren Aktivitäten im Detail beschrieben und die mit ihnen verbundenen Knackpunkten aufgeführt.

2.2.1. Der Ausschreibungsprozess als Projekt im Überblick

Ausgangspunkt für die Erstellung und den Aufbau des Leitfadens bilden sechs Kernphasen des Ausschreibungsprozesses in Kontraktlogistikprojekten. Jede Phase beinhaltet parallele aber auch zeitversetzt stattfindende Aktivitäten des industriellen Auftraggebers (IAG) und des potenziellen Kontraktlogistikdienstleisters. Zur Einführung seien hier die sechs Phasen in ihren jeweiligen Inhalten kurz charakterisiert:

- **Phase 0 – Projektstart und Akquise:** Beginnend mit der Entscheidung des IAG, ein Kontraktlogistikprojekt durchzuführen, startet der damit verbundene, interne Projektmanagement-Prozess mit dem Kick-off Workshop. Da noch kein Kontakt zwischen den Vertragsparteien stattgefunden hat, befindet sich der KLDL parallel noch in der Phase der Akquisition bzw. dem Aufbau der Geschäftsbeziehung oder der Kundenpflege.

- **Phase 1 – Erste Bieterselektion und RFI:** Erste aktive Handlung zur Kontaktanbahnung am Anbietermarkt ist für den IAG die Erstellung und der Versand des *„Request for Information – RFI"*. Eine per Email oder oftmals fernmündlich durchgeführte Abfrage, die an potenzielle Kandidaten versandt wird und eruieren soll, inwieweit Interesse, Kapazitäten und Kompetenz für die Teilnahme am eigentlichen Ausschreibungsprozess auf Seiten der angesprochenen Kontraktlogistikdienstleister vorhanden sind. Eng damit verbunden und eine wichtige Voraussetzung für den weiteren Informationsaustausch, ist dabei das zumeist mitversandte *„Confidential Agreement – CA" (auch „Non Disclosure Agreement" – NDA genannt).* Eine gegenseitig zu zeichnende Geheimhaltungsvereinbarung, die sicherstellt, dass geschäftssensible Informationen von beiden Kontraktseiten im Rahmen des Ausschreibungsprozesses geachtet werden.

- **Phase 2 – Request for Quotation und Angebotserstellung:** Die nächste Phase beinhaltet die Konzeption und die eigentliche Erstellung der

30. Deutscher
Logistik-Kongress
23.-25. Oktober 2013

BVL
Bundesvereinigung
Logistik

Ausschreibungsunterlagen für das Ausschreibungsobjekt. Der Fachterminus, das *„Request for Quotation – RFQ"*, manchmal auch in Kombination mit einem *„Request for Pricing – RFP"* enthält alle notwendigen Ziele, Anforderungen und Daten zum Ausschreibungsobjekt. In stetigem Austausch und teilweise zeitversetzt erstellt auf dieser Grundlage der Kontraktlogistikdienstleister sein Angebot – verbunden mit der Initiierung seines eigenen, internen Projektmanagement-Prozesses.

- **Phase 3 – Angebotsnormierung/-kalibrierung und Verhandlungsführung:** Nach Eingang der Angebote findet auf Seiten des IAG ein Normierungsprozess statt, der neben der Vollständigkeit der Angebote, die eingereichten Konzepte und natürlich Preise vergleicht. Ziel ist es, aus der vorangegangenen *„Long-List"* der Anbieter eine *„Short-List"* von 2-3 Kontraktlogistikdienstleistern zu identifizieren, die für das gemeinsame Projekt geeignet sind. Aus diesem Prozess beim IAG findet abgeleitet ein Informations- und Kommunikationsprozess statt, der neben Besuchen vor Ort und der Beantwortung von Rückfragen resultierend eine Kalibrierung in inhaltlicher und preislicher Form auf Seiten des Anbieters nach sich zieht.

- **Phase 4 – Bieterpräsentation und Partnerwahl:** Der skizzierte Prozess der Angebotskalibrierung wird durch eine oder mehrere Bieterpräsentationen begleitet, die rückkoppelnd wieder zu neuen Verhandlungsrunden und Anpassungsprozessen des Angebotes führen können. Dabei kristallisiert sich zunehmend aus der *„Short-List"* ein finaler Kontraktlogistikpartner heraus. Mit diesem Partner wird dann oftmals ein *„Letter of Intent"* – LOI gezeichnet, der die Absicht zur Geschäftsbeziehung beider Parteien zum Gegenstand hat (vgl. Phase 5).

- **Phase 5 – Vertragsentwurf, -prüfung und -abschluss:** Die letzte und mit die wichtigste Phase des Ausschreibungsprozesses ist der Vertragsentwurf auf Seiten des IAG sowie die damit verbundene Vertragsprüfung durch den Kontraktlogistikdienstleister. Da in einem typischen Kontraktlogistikprojekt Vertragslaufzeiten von drei bis fünf oder mehr Jahren kennzeichnend sind, ist der Kontraktlogistikdienstleister bei der Erstellung seines Angebotes darauf angewiesen, dass möglichst frühzeitig kosten-, zeit- und risikotreibende Vertragsbestandteile kommuniziert werden – z.B. der Wunsch eines Betriebsübergangs nach §613a BGB. Dies bedeutet jedoch, dass Vertragsbausteine schon in frühsten Phasen kommuniziert und verhandelt werden.

Auf dem Weg zum Vertragsabschluss spielt der *„Letter of Intent"* – *LOI* eine wichtige Rolle. Dieses vorvertragliche Dokument, im Sinne einer Absichtserklärung des IAG zum Vertragsschluss, soll sicherstellen, dass der final ausgewählte Kontraktlogistikdienstleister mit seinen vorbereitenden Arbeiten, z.b. der finalen Beauftragung seiner Lieferanten zur Sicherstellung des Anlaufprozesses und damit der gemeinsam vereinbarte „Go-Live"-Termin garantiert werden kann.

In den vorgestellten Phasen findet dabei eine sukzessive Annährung im Sinne einer immer enger werdenden Beziehung zwischen beiden Kontraktpartnern statt. Die nachfolgende Abbildung macht diesen sukzessiven, schrittweisen Verhandlungsprozess in seinem Verlauf deutlich und enthält zur Illustration bereits einige wichtige „Knackpunkte" für beide Vertragsseiten.

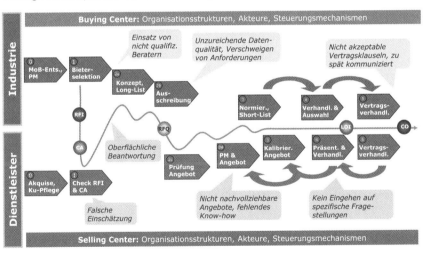

Abbildung 3: Die Phasen und Hauptprozesse in der
Kontraktlogistik-Ausschreibung[7]

Die Abbildung veranschaulicht noch ein wichtiges Detail: Der gesamte Prozess der Vertragsentstehung vollzieht sich nicht im neutralen Kontext. Vielmehr kann die Industrieseite als „Buying Center" interpretiert werden, die durch individuel-

---

7   Quelle: Eigene Darstellung in Anlehnung an: (Wrobel & Klaus 2009), S. 41

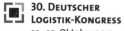

le Organisationsstrukturen, Akteure und Steuerungsmechanismen den gesamten Prozess maßgeblich prägt. So ist beispielsweise die reibungslose und kommunikativ gut abgestimmte Zusammenarbeit von Logistik-Fachabteilung und Einkauf auf Seiten des IAG eine wichtige Voraussetzung für einen effektiven und effizienten Ausschreibungsprozess.

Diesem „Buying Center" steht auf der Seite des Kontraktlogistikdienstleisters das „Selling Center" gegenüber. Auch hier kennzeichnen die bestehende Auf- und Ablauforganisation des Dienstleisters, mit den vorhandenen Strukturen und Akteuren sowie den individuellen Steuerungsmechanismen, die Art und Weise der Akquisition und Projektabwicklung.

Dieses systemische Verständnis des iterativen Zusammenspiels von „Buying Center" und „Selling Center" ist besonders wichtig, um die mit dem Prozessablauf verbundenen „Knackpunkte" besser zu verstehen. Es handelt sich bei der Ausschreibung quasi um ein gemeinsames „Ausschreibungsprojekt", das dem eigentlichen Kontraktlogistikprojekt vorgelagert ist.

2.2.2. Die Ausschreibungsphasen im Detail und Beispiele für identifizierte „Knackpunkte"

Auf der Grundlage dieses Verständnisses der Ausschreibung in Form eines Phasenmodells erarbeitete der Arbeitskreis anschließend für jeden Haupt- bzw. Teilprozess eine Sammlung von relevanten „Knackpunkten".

Die nachfolgende Tabelle zeigt beispielhaft wichtige Ergebnisse dieser Arbeiten. Alle „Knackpunkte" und weitere Detailinformationen, wie mögliche Lösungsansätze, findet der Leser ausführlich im Leitfaden beschrieben.

Nr.	Hauptprozesse	Teilprozesse und Aktivitäten	Beispiele für „Knackpunkte": Zeit-, Kosten- und Risikotreiber
Phase 0: Projektmanagement und Ablauforganisation			
IAG: Aktivitäten Industrie im Rahmen der Projektorganisation			
1	Erhebung der Nachfrage nach Kontraktlogistik	• Center of Gravity Analysen • Aufnahme des Status Quo, Optimierung der Transportströme, Beschaffungs-/, Produktions-, Distributions-, Ersatzteil-, oder Reverse Logistikstrukturen ; dadurch Bedarfsanalyse nach neuem KL- Bedarf • Ggfls. Analyse eines vorhandenen Lagerstandorts und dessen Funktion in der Sourcing- oder Distributionsstrategie des Unternehmens	• Datenqualität sehr schlecht • Oftmals stete Veränderung und Dynamik des Güterflusses reduziert die Prognosequalität des IAGs.
2	Make-or-Buy Entscheidung	• Analyse, inwieweit Bedarf outgesourct werden soll oder intern betrieben wird	• kein klarer strategischer Ansatz des Outsourcing Projekts und interne Machtkämpfe beim IAG • ständige Preisschwankungen • Überkapazitäten intern
2a	Einholung von Benchmarking-Raten	• Minipreisabfrage (2-3 LDL), um die Marktbedingungen abzufragen und Kalkulationspreise für die Entscheidung zu erhalten	• Kenntnis und Akzeptanz der KLDL, dass es sich nur um Kalkulationspreise handelt und nicht um eine definitive Ausschreibung. Angebote sollten allerdings realistisch und valide sein.
2b	Analyse zur Make-or-Buy Entscheidung	• Analyse der eingegangenen Angebote und Ermittlung der Kostensituation bei Outsourcing • Parallele Kostenkalkulation eines internen Betriebs • Übergabe an den internen Kunden, die Fachabteilung, als Entscheidungsgrundlage	• Laufende Änderungen der Anforderungen und keine korrekten Informationen (Mengen, Daten), um die Kalkulation verlässlich zu machen • Daten sind durch den KLDL nicht richtig ausgefüllt und können so nicht verwendet werden

Nr.	Hauptprozesse	Teilprozesse und Aktivitäten	Beispiele für „Knackpunkte": Zeit-, Kosten- und Risikotreiber
2c	Entscheidung Make-or-Buy	• Vorstellung der Kalkulationsergebnisse und Entscheidung ob Make-or-Buy	• Keine Make-or-Buy-Entscheidung möglich aufgrund geänderter Faktoren.
3	Planung und Durchführung Kick-Off-Meeting	• Beginn des Ausschreibungsprojekts ist ein Kick-Off Meeting mit allen Stakeholdern. Dies sollte vorausschauend geplant werden um alle Stakeholder auch involvieren zu können	• Verfügbarkeit von Kollegen zur Durchführung der Meetings • Buy-in des Top – Managements und der Arbeitnehmervertreter
3a	Einladung zum Kick-off und Teilnehmerauswahl	• Alle internen Stakeholder müssen berücksichtigt und eingeladen werden	• Verfügbarkeit von Kollegen
3b	Agenda Kick-Off	Ziel des Kick-Off Meetings sind: • Bereitstellung Projektteam • Kapazitäten des Projektteams • Projektplan mit allen wichtigen Meilensteinen • Festlegung ob Steering Committee benötigt wird und wer diesem beiwohnt • Arbeitspakete und verantwortliche Teilprojektverantwortliche • Abstimmung über regelmäßige Meetings • Vorschlag einer Long List beteiligter KLDL • Vorbereitung von Projektgenehmigungsprozessen • Klärung Projektbudget (Reiseaufwand, etc.) • Eindeutige Regelung der Verantwortlichkeiten und Ansprechpartner auf Seiten IAG	• Interessenkonflikte • Zeitplanungen sind nicht mit den Ressourcen des KLDL abgestimmt. Dies kann bei Überlastung des KLDL zu Engpasszeiten wie Ferien, Weihnachten etc., zu keinem oder schlechten Angebot führen

Nr.	Hauptprozesse	Teilprozesse und Aktivitäten	Beispiele für „Knackpunkte": Zeit-, Kosten- und Risikotreiber
3c	Kick-Off Meeting Protokoll	• Versendung des Kick-Off Protokolls an Steering Committee und ggfls. an Kostenstellenverantwortliche sowie an Leitungsebene (inkl. Projektplan und Zielstellung)	• Nicht Berücksichtigung von relevanten Projekt-Stakeholdern

KLDL: Aktivitäten im Vorfeld des Kontraktlogistikprojektes

Nr.	Hauptprozesse	Teilprozesse und Aktivitäten	Beispiele für „Knackpunkte": Zeit-, Kosten- und Risikotreiber
1	Markt- und Zielkundenplanung	• Genaue Definition der Branchen (nach Produkt, Umsatz usw.), die penetriert werden sollen	• Ressourcenaufwändige Recherche potenzieller Auftraggeber
2	Benchmarking Projekte (Vorab-Anfragen)	• Durchführung von Benchmarking-Projekten ➔ Abgabe von Preisen und Aufzeigen von Verbesserungsideen	• Identifikation und Bewertung von „Benchmarking-Ausschreibungen" oder möglichen Scheinausschreibungen
3	Messebesuche bei den Zielkunden	• Nutzen von Messen der Zielkunden, um sich zu präsentieren (als Aussteller) oder um Kontakte zu knüpfen	• Festlegung der Mitarbeiter, die zu Messen und Zielkundenbesuchen eingesetzt werden (Vertrieb oder auch Experten, z.B. Projektmanager, Werkleiter, usw.)
4	Bestandskunden-Marketing	• Bestehende Kontakte pflegen, um weitere Ausschreibungen von Bestandskunden zu bekommen • Kundenzufriedenheitsanalyse als Frühindikator, wie man aus Kundensicht wahrgenommen wird	• Definition der Häufigkeit, Inhalte und personellen Ausstattung der Bestandskunden-Besuche
5	Vernetzung	• Vernetzung in Gremien, Organisationen, Mitwirken in Facharbeitsgruppen oder Branchenspezifischen Vereinen/Verbänden, etc. Dazu zählt dann auch das Teilnehmen an branchenspezifischen Symposien usw.	• Festlegung der Mitarbeiter für die Teilnahme an z.B. Fachgruppen • Festlegung und Budgetierung der Ressourcen für „Networking"

30. Deutscher
Logistik-Kongress
23.-25. Oktober 2013

BVL
Bundesvereinigung
Logistik

Nr.	Hauptprozesse	Teilprozesse und Aktivitäten	Beispiele für „Knackpunkte": Zeit-, Kosten- und Risikotreiber
6	Mailings	• Zielgruppengenaue Mailingaktionen. Z.B. Vermarktung von bestimmten Dienstleistungen oder Standorten (Vermarktung am Rande von Messen, z.b. ISPO um einen bestimmten Standort zu vermarkten, der bereits ein ähnliches Kundenspektrum abbildet)	• Identifikation des richtigen Ansprechpartners für Mailing-Aktionen. • Aktualität der Mailing-Listen
7	Präsentation der Standorte	• Organisation von Hausmessen, d.h. die Einladung von Kunden und Zielkunden in die Niederlassungen, in denen bestimmte Leistungen erbracht werden • Ergänzt um Fachvorträge oder Workshops. Beispiel: Tag der offenen Tür, Logistik Tag BVL, Eröffnungstage. Hier geht es darum, bestehende Mandanten und Neukunden zusammenzubringen	• Erstellen von Präsentationen • Auswahl der einzuladenden Gäste (eventuell auch der direkte Wettbewerb?)
8	Persönliche Vorstellung bei den Industrieunternehmen	• Ergänzend zu Mailingaktionen sollten persönliche Termine bei potentiellen Kunden durchgeführt werden, um das Unternehmen und den Leistungskatalog zu präsentieren	• Fehlende Vorbereitung und mangelhafte Durchführung von Kundenterminen
9	Gezielte Aktionen, um den Unterschied zum Wettbewerb herauszustellen	• Kundenbindung durch z.B. Gain-Sharing – Konzepte mit Kunden und gemeinsame Verbesserungsprojekte	• Präsenz und Sicherung der Wahrnehmung bei potenziellen Kontraktlogistikkunden
10	Bearbeitung von Preisabfragen zu Kalkulationszwecken	• Realistische Kalkulation, um den anfragenden Industrieunternehmen eine valide Planungsbasis zu liefern	• Festlegung des Ressourcenumfangs für kurzfristige Preisabfragen

Nr.	Hauptprozesse	Teilprozesse und Aktivitäten	Beispiele für „Knackpunkte": Zeit-, Kosten- und Risikotreiber
Phase 1: Vorauswahl, Bieteridentifikation – Bewertung und Beantwortung RFI			
IAG: Erstellung und Versand RFI, Vorauswahl und Bieteridentifikation			
1	Erstellen des Kriterienkatalogs bzw. Profil der Serviceanforderungen	• Definition und Beschreibung der aktuellen Situation („As Is") • Festlegung des Profils Serviceanforderungen in zeitlicher, kostenbezogener und inhaltlicher Hinsicht • Abgrenzen von Eigen- und Fremdleistung („To Be")	• Systematische Pflege von Marktdaten über potenzielle KLDL-Anbieter
2	Erstellen und Versand der Voranfrage (RFI)	• Strukturierung der Anforderungen für das Request for Information (RFI) • Anpassung ggfls. vorhandener Standardvorlagen	• Erfassung aller für den KLDL relevanten Kosten- und Zeittreiber • Strukturierung der Marktabfrage
2a	Identifikation potenzieller Bieter und passender Ansprechpartner	• Interne Recherche / Desktop-Research zur Identifikation potenzieller Bieter • Wenn notwendig und sinnvoll vor dem Hintergrund des Projektumfangs Einsatz externer Ressourcen – z.B. von Beratern	• Auswahl / Validierung von potenziellen Ansprechpartnern • Nachfassen, Zeiteinteilung, Vervollständigung fehlender Daten
2b	Identifikation der Kontaktadressen	• Interne Recherche / Desktop-Research zur Identifikation potenzieller Bieter-Adressen • Verifizierung der gefundenen Kontaktadressen	• Validierung der Ansprechpartner • Pflege der Adressdatenbanken (CRM!)
2c	Information der potenziellen Bieter	• Versand des RFI's an potenzielle Bieter	• Vorliegen von organisatorischen Standards (Dokumente und Prozessabläufe) für die Erstellung, den Versand und das „Tracking" der versandten Unterlagen

Nr.	Hauptprozesse	Teilprozesse und Aktivitäten	Beispiele für „Knackpunkte": Zeit-, Kosten- und Risikotreiber
3	Erstellung und Versand Confidential Agreement (Geheimhaltungsvereinbarung)	• Versand des RFI an potenzielle Bieter	• Rechtliche Abstimmung des Confidential Agreement mit den bestehenden organisatorischen Vorgaben bei IAG und KLDL
4	Auswertung der Bieterantworten auf das versandte RFI	• „Tracking" der versandten Unterlagen • Bewertung der RFIs und Ableitung der potenziellen Kandidaten der „Long List"	• Späte Datenlieferung der KLDL • Durch KLDL: Falsche Daten / Nichtverstehen von Daten / nur grobe Abschätzungen des Kostenaufwands zur Herstellung der Vergleichbarkeit
5	Definition der Long-List für RFQ	• Abschließende Prüfung der RFIs • Bestimmung der „Long List" (5-10 Bieter, je nach Projektumfang)	• Existierende organisatorische und prozessuale Standards für die Bewertung von RFIs auf Seiten des IAG
KLDL: Beantworten des Confidential Agreement und des RFI			
1	Bearbeitung Confidential Agreement		
1a	Eingang und Prüfung des CA	• Prüfung des CA aus juristischer Sicht (inbes. Akzeptanz von Klauseln wie Vertragsstrafen aus strategischer Sicht)	• Pragmatisch rechtliche Prüfung und Beachtung / Vermeidung von Vertragsstrafen • Überzogen rechtliche Diskussionen in noch nicht „kriegsentscheidenden" Vorphasen seitens KLDL verärgert IAG
1b	Bearbeiten und Unterzeichnen des CA	• Bearbeiten des CA • Unterzeichnen des CA	• Zu lange Bearbeitungszeiten und „nickeliges" Nachfragen schon in dieser Phase (ggfls. Kundenverärgerung und Auslistung) • unvorsichtige / vorschnelle Unterzeichnung (z.B. Nichtbeachtung ggfls. kritischer Klauseln mit Androhung von Vertragsstrafen)

Nr.	Hauptprozesse	Teilprozesse und Aktivitäten	Beispiele für „Knackpunkte": Zeit-, Kosten- und Risikotreiber
2	Beantwortung der Anfrage zur Teilnahme an einer Ausschreibung	• Vorab-Bewertung der Ausschreibung ggfls. aus ersten Informationen / Kenntnis des Projekts • Beurteilung der Abgabe in Bezug auf Attraktivität / „Fit" der Ausschreibung (wie interessant ist der Kunde?) • Machbarkeitsprüfung	• Eingangsmeldung nicht systematisch organisiert keine systematische, frühzeitige Datenerfassung /Kommunikation per CRM • Bedeutung des Projekts wird nicht vorab erkannt • Zu breite oder enge Streuung von Anfragen durch IAG (z.B. Verwendung von „Massenmailings" und „Einkaufs-Suchmaschinen" per Internet)
2a	Eingang der Request for Information (RFI)	• Bestätigung des Eingangs eines RFI's	• keine zeitnahe Rückkopplung an IAG
2b	Bearbeitung und Abgabe RFI	• Bewertung, Beantwortung und Abgabe eines RFI	• Zeit für umfangreiche Datenerhebung unter Einbeziehung anderer Abteilungen PR, Finanzierung, IT etc.) wird unterschätzt • Spezieller Datenerhebungsaufwand mit Ressourcenbindung • Beantwortung RFI bei KLDL durch „Junior Manager" oder in unprofessioneller Art und Weise
3	Quick-Check	• Vor-Ort Besichtigung (Pre-Bidders Meetings, Werkstouren, Vertriebsgespräche, GF Treffen) Bemerkung – hier noch nicht: Erweiterte Quick-Scans bzw. konkrete Begehung im Rahmen einer zugelassenen Begehung bzw. eines Workshops zur Identifikation wesentlicher Daten	• Inkompetente Mannschaft ohne Branchenkenntnis oder -empathie (KLDL verliert, bevor der RFI abgegeben ist) • Nutzung der Chance sich über das Projekt hinaus zu profilieren

 30. DEUTSCHER
LOGISTIK-KONGRESS
23.-25. Oktober 2013

 BVL
Bundesvereinigung
Logistik

Nr.	Hauptprozesse	Teilprozesse und Aktivitäten	Beispiele für „Knackpunkte": Zeit-, Kosten- und Risikotreiber
Phase 2: Erstellen der Ausschreibung (RFQ) und des Angebots			
IAG: Erstellen und Versand der Ausschreibung			
1	Erstellung der Leistungsbeschreibung	• Beschreibung der benötigten Logistikprozesse • Definition der Leistungseinheiten als Basis für Preiskatalog (Kalk.-Gerüst) ▪ Menge pro Leistungseinheit ▪ Beschreibung der Waren ▪ benötigtes Equipment ▪ generelle Serviceanforderungen (Kann- / Muss-Anforderungen) ▪ IT-System bzw. Anforderungen ▪ Definition der benötigten KPI's sowie deren Reporting	• Reisekosten bei globalen Projekten • Nichtverfügbarkeit von Kapazitäten auf Seiten des KLDL • Unterschätzen des Zeitbedarfs für die Prozessaufnahme
2	Erstellung der Ausschreibungsunterlage	Ausschreibungsunterlage besteht aus: • Allgemeines Ausschreibungsdokument • Leistungsbeschreibung • Preistemplates	• Zu lange Reaktionszeiten des KLDL bei kurzfristigen Anfragen • Urlaubzeiten auf Seiten IAG und KLDL
3	Ausschreibungsunterlagen dem KLDL zur Verfügung stellen	Verteilung der Ausschreibungsunterlage: • per Email • per Post auf Medienträger • Bereitstellung auf internem Download-Link • Bereitstellung auf Ausschreibungsplattform (Beschaffungsplattform)	• Übermittlungsfehler • falsche Kontaktdaten des KLDL • Absagen von KLDL • Nichtakzeptanz der Ausschreibungsplattform auf Seiten des KLDL

Nr.	Hauptprozesse	Teilprozesse und Aktivitäten	Beispiele für „Knackpunkte": Zeit-, Kosten- und Risikotreiber
KLDL: Erstellen und Versand des Angebots			
1	Hygienecheck durch KLDL	• KLDL nutzt „Bauchgefühl" (Ernsthaftigkeit, Beziehung, gewährte Bearbeitungszeit) vor Entscheidungsprüfung	• Falsche Einschätzung des RFQ – insbesondere hinsichtlich der strategischen Relevanz und Vollständigkeit
2	Prüfung RFQ und Vertragsentwurf	• KLDL prüft „Fit" (Immobilie, Branche, Ort, Größe, Kapazitäten, Kunde [Bonität], Vertragsdauer, Vertragsbeginn, Haftung, Risiken, Sonderkündigungsmöglichkeiten)	• Fehlerhafte, interne Informationen über Projekt und Kunden • Fehlende oder unzureichende Information im RFQ-Dokument
3	Aufstellung des Projektteams („Staffing") für die Angebotserstellung	• Festlegung Teamleiter und Fachleute für Materialfluss, IT • Klare Regelung der Verantwortlichkeiten und Schnittstellen. Weiterhin sollte je nach Größe / Umfang ebenfalls ein Kick-off Meeting stattfinden. • Ebenso ratsam ist die Erstellung einer Machbarkeitsstudie, die dem Entscheidungsgremium vorgestellt wird • Definition von Technik, Vertrag, Dokumentenerstellung, Controlling, Kommunikation, Profit-und Loss-Verantwortlicher, Immobilie, Versicherung, Recht, Implementierung, Personal, Implementierungssupport, ggf. Transportorganisation, ggfls. Zoll.	• Ressourcenverfügbarkeit der Teammitglieder • Identifikation von möglichen Sublieferanten • Unzureichende Avisierung großer Tender • Unklare Angaben, z.B. über IT-Ownerschaft, Immobiliensituation

Nr.	Hauptprozesse	Teilprozesse und Aktivitäten	Beispiele für „Knackpunkte": Zeit-, Kosten- und Risikotreiber
4	Projekt Kick-off	• Projektmitglieder treffen sich, Aufgaben werden verteilt, ggfls. Bildung von Teilprojekten, Abhängigkeiten werden erkannt	• Terminfindung
5	Planungs- und Ausschreibungsphase des Grobkonzepts	• Projektmitglieder arbeiten gemäß Projektstrukturplan (Standortfindung, Mengenplausibilisierung, Materialfluss, Bedarfsanalyse Personal und Technik, Gebäudelayout inkl. Brandschutz, IT) • Abstimmung, Visualisierung, Erstellen Zeitpläne Implementierung, Nutzwertanalyse verschiedener Szenarien, Kosten-Nutzen- Analyse, Controlling, Plausibilitätscheck • Angebotserstellung	• Finden von Referenzwerten • Hohe Komplexität bei Interaktion zwischen Teilprojekten • Identifikation, Verlässlichkeit und Verbindlichkeit von Drittlieferanten • Ausfall von Projektmitgliedern • Inplausibilitäten oder unzureichende Daten in der Ausschreibung • Keine detaillierte oder unzureichende Prozessbeschreibung • Rückfragen bei IAG; Verzögerung bei Beantwortung
6	Projektabschluss Tenderphase	• Zusammenfassen aller Ergebnisse zum Gesamtkonzept	• Rückfragen der Entscheider • Einheitliche Meinungsfindung
7	Angebot übergeben	• Angebot inkl. Preisblatt überlassen, Präsentation erstellen und überlassen • Ausführen der Prämissen	• Übersetzung der Kalkulation auf Preisblattlogik des Kunden (z.B. Stück im cbm, Arbeits- oder Kalendertag)

Phase 3: Angebotsnormierung und Verhandlungsführung
IAG: Angebotsnormierung und Verhandlungsführung

| 1 | Abgleich der Angebote mit dem Pflichtenheft | • Erster grober Abgleich der übersandten Angebotsunterlagen mit dem Pflichtenheft bzw. dem Anforderungsprofil

 • Eventuell notwendige Nachfragen beim KLDL | • Erweiterung der Anforderungen von operativer Abteilung ohne Rücksprache |

Nr.	Hauptprozesse	Teilprozesse und Aktivitäten	Beispiele für „Knackpunkte": Zeit-, Kosten- und Risikotreiber
2	Strukturprüfung des Angebots	• Überprüfung der angebotenen Lösungskonzepte • Überprüfung der eingekauften Servicekomponenten auf Passigkeit mit dem Pflichtenheft • Erster Scan des Preisniveaus und Vollständigkeit der Preisblätter	• Zu wenig / falsches Personal bei der Auswertung (fehlende bzw. unzureichende Konzeptbeschreibung des KLDL) • Anforderungen an Servicelevel Anforderungen im Hinblick auf Zahlungsziele
3	Überprüfung und Vergleich der angebotenen Preise	• Überprüfung und Vergleich der Preistableaus • Aufstellen eines Kosten-Nutzen-Vergleichs zur Bewertung der alternativen Bieterangebote	• Nachvollziehbarkeit, Transparenz und Skalierbarkeit der Kostenkalkulation durch den KLDL • Einpreisen von Aktivitäten, die so nicht gefordert wurden
4	Kalibrierung des Angebots und Verhandlungsführung	• Ggfls. Besuche vor Ort • Verhandlungsführung • Kalibrierung von Angebotsinhalten, -preisen und -organisation mit der geforderten Leistungsbeschreibung	• Verlängerung der Angebotsfrist auf Anfrage

KLDL: Kalibrierung des Angebots und Verhandlungsführung

Nr.	Hauptprozesse	Teilprozesse und Aktivitäten	Beispiele für „Knackpunkte": Zeit-, Kosten- und Risikotreiber
1	Bereitschaft für Verhandlung herstellen	• Sicherstellen der Erreichbarkeit für Rückfragen, Sicherstellen von ausreichend Kapazität zur Bearbeitung von Rückfragen	• Kapazitäten für Rückfragen vorhalten • Kurzfristige Terminvorgaben bei Rückfragen
2	Rückfragen beantworten	• Einzelfragen zum Angebot werden schriftlich beantwortet	• Verfügbarkeit der erforderlichen Mitarbeiter der Fachabteilungen zur Klärung von Rückfragen

Nr.	Hauptprozesse	Teilprozesse und Aktivitäten	Beispiele für „Knackpunkte": Zeit-, Kosten- und Risikotreiber
3	Veränderung von Basisdaten managen	• Durch die Auswertung der Angebote ergeben sich beim potentiellen Kunden Erkenntnisse, die zu einer Aktualisierung der Basisdaten / Ausschreibungsunterlagen führen	• Zeitbedarf zur Bearbeitung alternativer Szenarien • Häufig Druck auf Kostenstruktur mit dem Ziel, mehr zu variabilisieren
4	Gemeinsame Besprechung offener Punkte	• Längeres Meeting zur Durchsprache aller offenen Fragen und der entsprechenden Antworten und angebotenen Alternativen	• Zustandekommen des persönlichen Gespräches mit dem IAG • Terminierung der Review Gespräche
5	Verhandlungen mit Lieferanten	• Bei der Überarbeitung des Angebotes müssen Rückfragen und Nachverhandlungen mit potentiellen Lieferanten für Flächentechnik, IT, etc. geführt werden	• Zeitbedarf zur Bearbeitung alternativer Szenarien • Häufig Druck auf Kostenstruktur mit dem Ziel, mehr zu variabilisieren
6	Abgabe eines überarbeiteten Angebots	• Je nach Art der Rückfragen komplette Überarbeitung Angebot, Erstellung weiterer Varianten oder auch nur geringfügige Anpassung	• Mehrere Varianten / Szenarien müssen detailliert beschrieben werden, eine exakte Abgrenzung der enthaltenen und nicht enthaltenen Kosten muss erfolgen

Phase 4: Bieterpräsentation und -bewertung			
IAG: Vorbereitung, Durchführung und Bewertung von Bieterpräsentationen			
1	Abklärung Präsentationsschwerpunkte und Zusammensetzung des Teams	• Klärung der Präsentationsschwerpunkte und Zusammensetzung des Teams	• Gemeinsame Festlegung der Präsentationsschwerpunkte und des Tagesablaufs
2	Vorbereitung der Präsentation	• Aufsetzen eines Bewertungskatalogs für die Präsentation • Buchung der Räume • Einladung der Teilnehmer (intern und extern)	• Aufsetzen einer nutzwertanalyseorientierten Bewertungsmatrix • Terminabstimmung und Verfügbarkeit von internen und externen Teilnehmern

Nr.	Hauptprozesse	Teilprozesse und Aktivitäten	Beispiele für „Knackpunkte": Zeit-, Kosten- und Risikotreiber
3	Durchführung der Präsentation	• Erstellen der Agenda • Organisation des Tagesablaufs (Dramaturgie, Rollenverteilung, Zeitplanung) • Durchführung der Präsentation	• Teilnehmerkreis im Hinblick auf Anzahl, Know-How und Hierarchieebene • Zeitplanung für Präsentation bzw. Fragen des IAG
4	Bewertung der KLDL nach der Präsentation	• Bewertung der Präsentation auf der Grundlage einer vorher definierten Nutzen-Bewertungs-Matrix	• Vorlage von organisatorischen Standards zur Bewertung der Bieter (Bewertungsgrundlage: systematisierte, gewichtete Nutzwertanalyse) • Entscheidungsfindung

KLDL: Vorbereitung und Durchführung der Bieterpräsentationen

Nr.	Hauptprozesse	Teilprozesse und Aktivitäten	Beispiele für „Knackpunkte": Zeit-, Kosten- und Risikotreiber
1	Abklärung Präsentationsschwerpunkte und Kundenteamzusammensetzung	• Abfrage bei potenziellen IAG, welche Präsentationsschwerpunkte gesetzt werden sollen, welcher Teilnehmerkreis zu erwarten ist und welche Zeit zur Verfügung steht (klare Agenda) • Zusammenstellung des Präsentationsteams	• Systematische Abfrage möglicher Wünsche des IAG • Festlegung und interne Terminplanung für das Präsentationsteam
2	Erstellung kundenspezifischer Präsentationen auf Basis Angaben	• Erstellung der Präsentation – individuell für jeden einzelnen Kunden nach den gewünschten Angaben • Verifizierung der Präsentationsinhalte • Rollenverteilung und Zeitplanung	• Grad der Individualisierung der Präsentation
3	Durchführung Präsentation	• Anreise • Durchführung der Präsentation vor Ort beim Kunden	• Teamzusammensetzung trifft Kundenwünsche • Einhalten der Präsentationszeiten • Verhandlungsführung • Reaktionen auf Anfragen des IAG

⌐■⌐ 30. DEUTSCHER
└■┘ LOGISTIK-KONGRESS
23.-25. Oktober 2013

BVL
Bundesvereinigung
Logistik

Nr.	Hauptprozesse	Teilprozesse und Aktivitäten	Beispiele für „Knackpunkte": Zeit-, Kosten- und Risikotreiber
4	Nachbearbeitung Präsentation	• Interne Bewertung des Präsentationserfolgs ggfls. Nachreichen von noch offenen Fragen an den Kunden • Feedback durch den Kunden	• Vorlage von organisatorischen und prozessualen Standards für ein systematisches Feedback der Kundenpräsentation • Dokumentation und kontinuierliche Dokumentation der Feedbacks

Phase 5: Vertragsentwurf, -verhandlung und -abschluss

IAG: Ausarbeitung des Vertragsentwurf, Vertragsverhandlung und Vertragsabschluss *(zum Zeitpunkt der Veröffentlichung noch nicht abgeschlossen)*

KLDL: Prüfung Vertragsentwurf, Vertragsanpassung und -abschluss

1	Absichtserklärung (LOI)	• Abschluss einer Absichtserklärung („Letter of Intent")	• Rechtliche Verbindlichkeit (Bindungswillens im LOI?) Exklusivität • Schaden- /Aufwendungsersatz bei Nicht-zustandekommen eines Hauptvertrags.
2	Vorlage eines Vertragsentwurfs (ggfls. nebst Anlagen) durch den IAG oder den KLDL	• Gestaltung des Vertrages (Entwurfs) • Entwicklung und Erstellung von Vertragsanlagen	• Zeitpunkt der Kommunikation wichtiger, erfolgskritischer Vertragsinhalte • Flexibilität in der Leistungsbeschreibung (Akzeptanz alternativer Konzepte)
3	Prüfung des Vertragsentwurfs	• Prüfung der vertraglichen Regelungen unter rechtlichen und wirtschaftlichen (kaufmännischen) Gesichtspunkten	• Service Levels / KPI: Bonus-Vereinbarungen bei Erreichen von KPI-Zielen • Investitionen: Abschreibungsdauer, Regelung bei Beendigung (Buchwert / Verkehrswert)

Nr.	Hauptprozesse	Teilprozesse und Aktivitäten	Beispiele für „Knackpunkte": Zeit-, Kosten- und Risikotreiber
4	Verhandlung und Anpassung der kritischen Vertragsbestandteile	• Änderung und Anpassung des Vertragsentwurfs und Übersendung • Ggfls. weitere Verhandlungsrunden mit Anpassung des Vertrages • Finalisieren des Vertragsentwurfs • Unterzeichnung des finalen Vertrags durch beide Vertragsparteien	• Vergütung: Staffelpreis, Vergütung

3. Vom Leitfaden zu einem besseren Ausschreibungsprozess an ausgewählten Beispielen der Phase RFI

Der Leitfaden dient zum einen dem Aufzeigen der Stolpersteine bzw. „Knackpunkte", die es bei Kontraktlogistikprojekten zu vermeiden gilt. Zum anderen lassen sich vor dem Hintergrund der gesammelten praktischen Erfahrungen und Auswertung von Fehlern in Ausschreibungsprozessen Handlungsempfehlungen für Unternehmen ableiten. Zwei wichtige Abschnitte entlang des Pfades der Fremdvergabe logistischer Dienstleistungen sind die Phasenbereiche der Sondierung des Marktes und Entwicklung potenzieller Partnerverbindungen sowie die Phase der Vertragsentwicklung und Implementierung. Vergleiche mit einer „Eheschließung" liegen nahe.

Exemplarisch für den Leitfaden wollen wir im Folgenden ausgewählte „Knackpunkte" für diese Phase aus der Perspektive des KLDL näher betrachten. Wir unterscheiden dabei nach den Teilprozessstufen:

– Bearbeitung der Vertraulichkeitserklärung (Confidential Agreement) des ausschreibenden Unternehmens

– Strategische Beurteilung der eingegangenen Anfrage zur Teilnahme an einer Ausschreibung – Request for Information (RFI)

– Beantwortung der Request for Information (RFI)

Im Folgenden dienen verschiedene Leitfragen sowie Gestaltungsempfehlungen zur Gliederung der genannten Aspekte.

3.1. Bearbeitung der Vertraulichkeitserklärung (Confidential Agreement) des ausschreibenden Unternehmens

Welche Punkte sollten bei einem eingehenden Confidential Agreement aus Sicht des Kontraktlogistik-Dienstleisters überprüft werden?

In der Phase der vorvertraglichen Anbahnungen, hier im Rahmen des „Request for Information" (RFI), geht es oftmals um den Austausch einer Vielzahl vertraulicher Daten zwischen Kontraktnehmer und ausschreibendem Unternehmen („Verlader", hier als industrieller Auftraggeber IAG bezeichnet). Obgleich gerade bei schriftlich eingeholten RFIs seitens der IAG zunächst der KLDL zu Informationslieferungen aufgefordert wird, findet die Forderung zum Abschluss eines „Confidential Agreements" (CA) in vielen Fällen durch den IAG statt.

Vor oder gleichzeitig mit dem RFI geschieht dies im Vorgriff auf den eigentlichen „Request for Quotation (RFQ)" und bereits vor dem Hintergrund, dass oftmals die Tatsache der Ausschreibung selbst als vertraulich behandelt werden soll. Daher sind KLDL meist in der reaktiven Position auf eingeforderte CAs.

Je nach Zustandekommen der Anbahnungen und Gespräche mit den Kunden kann es jedoch sinnvoll und möglich sein, einen „idealen", wenn auch stets fairen und vollständigen CA seitens des KLDL bereit zu halten, um mit dem Formulierungsvorschlag eine aktive Position einzunehmen. Dieser CA kann dann auch den IAG zur Gewährung von Vertraulichkeit einbeziehen.

Ein Confidential Agreement enthält dabei typischerweise:

- Die juristisch korrekte Bezeichnung auf welche Parteien sich die Vereinbarung erstreckt

- Eine Definition der Daten und Informationen, die als vertraulich behandelt werden sollen und inwieweit sich die Vereinbarungen sich z.B. auf schriftliche, gekennzeichnete und/oder mündliche Informationen beziehen

- Angaben zu Voraussetzungen zur Sicherung vertraulicher Informationen gegenüber Dritten

- Ausnahmen zur getroffenen Vertraulichkeitsvereinbarung – z.B. öffentlich zugängliche Informationen

- Zeitliche Dauer bzw. Gültigkeit der Vertraulichkeitsvereinbarung.

Auf was Sie unserer Meinung nach achten sollten:

- Erfolgskritisch ist eine zügige, pragmatische jedoch auch solide rechtliche Beurteilung und vollständige, rechtlich und kaufmännisch tragfähige, formal korrekte Bearbeitung der Vertraulichkeitserklärungen („Confidential Agreements" (CA)). Dies bedeutet insbesondere:

  - Vermeiden Sie zu lange Bearbeitungszeiten und aufwändige juristische Prüfungen – außer es drohen aus „Knebelklauseln" drastische Folgen.

  - Achten Sie auf Standards im Bearbeitungsprozess. Beim KLDL sollten klare Vorgaben zur Prüfung und Abgabe von CAs im Tendermanagement-Prozess vorliegen.

  - Sorgen Sie für kurze, interne Wege. Eine rasche Unterstützung seitens der „Zentrale" oder der Geschäftsleitung beim KLDL ist zweckmäßig, damit der Key-Account-Manager vor Ort ohne „Störgeräusche", z.B. wegen umständlicher Abklärungen der internen Akzeptanz einer CA, souverän agieren kann.

  - Ebenso ist ein rascher und pragmatischer Zugang zur Rechtsabteilung seitens des Key-Account Managements oder Projektingenieurs beim KLDL sinnvoll, damit interne Prüfungen, Klärungen mit dem Kunden und finale Abschlüsse der Dokumente rasch vorankommen.

Checklisten und „Takeaways":

- *Prüfen auf Praktikabilität.* Ein CA ist zunächst auf wesentliche inhaltliche Punkte und Praktikabilität zu überprüfen (Gegenstand, Sachverhalt, Praktikabilität der Vertraulichkeit).

- *Prüfen auf Formalien.* Dies betrifft insbesondere Punkte wie die Bezeichnung der Legaleinheiten oder der Zeitraum, auf den sich das CA bezieht.

- *Prüfen juristischer Fragen.* Kritische Punkte sind hier Haftungssummen, Standardklauseln, Formulierungsvorschläge für die Gesprächsführung.

 30. Deutscher
Logistik-Kongress
23.-25. Oktober 2013

BVL
Bundesvereinigung
Logistik

Wer sollte das CA überprüfen? Wie lässt sich das Problem von „vorvertraglichen Versprechungen" vermeiden ohne gleichzeitig durch rechtliche Diskussionen potenzielle Auftraggeber zu vergraulen?

Das CA kann beim KLDL entweder intern oder mit externem Spezialisten-Support überprüft werden. Intern sollte zunächst der Key-Account-Manager oder Tender-Manager aufgrund festgelegter Checkpunkte eine erste Prüfung vollziehen. Existiert eine Rechtsabteilung / ein Justitiar, so kann dieser entweder grundsätzlich oder im Einzelfall konsultiert werden. Die Einbeziehung externer Juristen hat grundsätzlich den Vorteil, dass Haftungsfragen des Juristen somit nach außen verlagert werden können. Man beachte jedoch auch die Kosten, wenn das Ausschreibungs-Management bei allen „Spatzen" von der Führung gezwungen wird, gleich mit „juristischen Kanonen" zu schießen, damit in jeder noch so frühen Phase sämtliche Sicherungsleinen eingezogen werden.

Abzuwägen ist die Prüfungsintensität von CAs. Vorschläge zu „wasserdichten aber leider weltfremden Formulierungen", die z.B. noch durch einen externen Rechtsberater eingekauft werden, können dazu führen, dass diese oft wieder schwer entkräftet werden können oder man sich selbst den Weg zu einer pragmatischen Formulierung verbaut.

Auf was Sie unserer Meinung nach achten sollten:

– *Culpa in Contrahendo – Vorsicht bei schriftlichen Fixierungen.* Grundsätzlich zu beachten sind im Rahmen von vorvertraglichen Anbahnungen Handlungen und schriftliche Festlegungen, die vom potenziellen Kunden später bei Scheitern der Zusammenarbeit als „vorvertragliche Versprechungen" ausgelegt werden könnten.

– *Schaffen Sie Handlungsempfehlungen im Checklisten-Format.* Es helfen Basisvorgaben im Checklisten-Format („Leitfaden") durch die Geschäftsleitung, die ggfls. durch externe Beratungen geprüft wurden.

3.2. Strategische Beurteilung der eingegangenen Anfrage zur Teilnahme an einer Ausschreibung – Request for Information (RFI)

Wie lässt sich eine eingehende Anfrage (RFI) in ihrer Bedeutung für den KLDL richtig einschätzen?

Die Einschätzbarkeit der Bedeutung einer Ausschreibung hängt zunächst von den Informationen im RFI-Prozess und der Dialogbereitschaft des Kunden im Vorfeld ab. Je mehr Informationen vorliegen, desto besser kann der „Fit" bzw. die Passgenauigkeit eines aus dem RFI resultierenden Tenders abgeschätzt werden. Vorausgesetzt wird hier, dass die Mitarbeiter und die Geschäftsleitung des KLDL selbst eine klare Idee besitzen, welche Anfragen potenziell lukrativ sein können. Das setzt strategisch eine klare Segmentierung und spezifische Bewertung der Märkte bzw. Kundenprojekte voraus. Mögliche Kriterien zur Marktsegmentierung können sein:

- Logistische Funktionen (Transportieren, Umschlagen, Lagern, Verpacken etc.) und Value-Added Services (Anarbeiten, Vormontieren, Displaybau, Anschließen, Qualitätssichern etc.)

- Eingesetzte Verkehrsträger (Straße, Luft, See, multimodale Verkehre)

- Regionen (national, europäisch, international...)

- Kundengruppe / Branche / Kunde

- Supply-Chain-Abschnitt (Plan, Source, Make, Deliver, Return)

- Lade-/Lagereinheit (Palettierte Ware, Schüttgut...)

- Gütergruppe / -art (Gefahrgut, Lebensmittel, Ersatzteile ...)

Sofern das Projekt in den Grundzügen klar dargelegt wird und / oder Türen für Rückfragen offen stehen, steigen die Chancen, dass eine kompetente Stelle beim KLDL die Bedeutung rasch, pragmatisch und situativ richtig einschätzen kann.

Gibt es hingegen nur vage Angaben, allgemeine RFI-Abfragen, verschwiegene One-Way-Vorgaben seitens des IAGs über den Einkauf oder durch externe Berater, wird es für den KLDL in dieser Phase schwierig, Potenzial und Eignung eines Projekts einzuschätzen.

Auf was Sie unserer Meinung nach achten sollten:

- *Der RFI ist eine wichtige „Visitenkarte" des KLDL.* Sofern ein Projekt nach professioneller Sichtung durch kompetente Stellen des KLDL nicht „passt", ist zu überlegen, ob der RFI dennoch (für künftige Fälle) aus taktischen Gründen als Visitenkarte eingereicht werden soll oder ob das Projekt unmittelbar besser nicht verfolgt und abgesagt wird: In beiden Fällen idealerweise mit persönlicher Erläuterung bzw. Empfehlung beim „Buying Center" des „Prospect" (= potenzieller Kunde).

- *Wägen Sie den (De-)Zentralisierungsgrad der Entscheidungsfindung ab.* Grundsätzlich stellt sich für die Koordination der Tender-Prozessschritte, auch bei RFIs, die Frage der (De-)Zentralisierung der Entscheidungsfindung; diese sicherlich in Abhängigkeit von der Größe und Komplexität der KLDL-Organisation. Eine stärkere Zentralisierung führt zumindest zu einer stringenten Erfassung und einfacher zu koordinierenden Bearbeitung von eingehenden RFIs. Mit entsprechender Disziplin und Systemunterstützung lässt sich dies jedoch auch dezentral und disloziert in den Niederlassungen realisieren.

- *Etablieren Sie ein „Projektradar".* Sicherzustellen ist eine funktionierende Projektsteuerung und eine enge Projektverfolgung. Ein „Projekt-Owner" bzw. Kümmerer ist rechtzeitig und eindeutig zu bestimmen; auch in Vorphasen, die dann rasch zu weiteren Projektphasen heranreifen können. Gibt es ein Customer-Relationship-Management-System (CRM-System), so ist ein Tracking zumindest ab RFI-Eingang vorzunehmen. Kundenprojekte sind nach festzulegenden Regeln der Projektsteuerung stringent zu verfolgen.

Checklisten und „Takeaways":

Für die strategische Beurteilung von Anfragen können vorbereitete Checklisten auch in dieser Phase – wenn nicht hier, dann beim RFQ – Hilfestellung leisten. Typische Inhalte für solche Checklisten sind:

- Strategischer Fit (Produkt-Markt-Kombination),
- passende Logistik-Aufgabe,
- Technologie (Verkehrsträger, IT-Anforderungen etc.),
- personelle Ressourcen für Planung und Durchführung des Projekts,

- finanzielle Ressourcen,

- Kundenbonität,

- Kundenattraktivität,

- Lokation / Region,

- Benchmark / Ernsthaftigkeit bzw. Chance der Vergabe / Dienstleisterwechsel,

- Einschätzung ob ein eher taktischer oder ernsthafter „Pitch" gewählt wird.

Welche Kriterien / Punkte spielen für einen Kontraktlogistik-Dienstleister eine besondere Rolle bei der (ersten) strategischen Beurteilung eines RFIs?

Eine besondere Rolle spielt zunächst die Kundenbeziehung:

- Bestandskunden und dabei Großkunden genießen meist eine besondere Beachtung: Bei einer funktionierenden Beziehung wird man als KLDL hier auch sicherlich RFIs für neue Themen auf informellen Wegen besser hinterfragen können als dies für Außenstehende KLDL möglich ist.

- Ehemalige Kunden / „Lost Business": Abhängig von der Beziehung, ehemaligen Leistung und Attraktivität gibt es hier ggfls. eine besondere Ambition seitens des KLDL zur Rückgewinnung eines Kunden.

- Strategische Kunden / Branchen / Leistungsangebote: Hier sollte der Fokus des KLDL-Engagements liegen.

- Zur Einschätzung sind die genannten Aspekte des strategischen und operativen Fit zu nennen, soweit diese eben in der Phase des RFI eingeschätzt, abgefragt oder recherchiert werden können.

Auf was Sie unserer Meinung nach achten sollten:

Sofern der KLDL die Möglichkeit erhält, im Vorfeld oder im Rahmen von RFIs zu Gesprächen oder Bidders (Pre-)Meetings eingeladen zu werden, sind Leitfragen zu stellen wie:

- Werden wir auf die falsche Fährte geführt; man zeigt z.B. wenig repräsentative Standorte?

- Wurden hier die richtigen Ansprechpartner präsentiert (Die Finanz-/ Einkaufsabteilung macht die Führung; man bekommt aber mit, dass die Operations offensichtlich eigentlich nicht outsourcen will...)?

- Wurden die operativen Herausforderungen benannt oder „umschifft" (z.B. Qualität von Ladungsträgern, Saisonalität, Produktgewichte, Datenqualität, Tagesganglinien, Cut-off Zeiten etc.)?

- Wurde der KLDL-Besuch gut vorbereitet? Wer ist der Entscheider und wer im Buying-Center? Haben wir als KLDL das passende Selling-Center?

- Wurde zu einem fairen und nachvollziehbaren Innovationswettbewerb angeregt und werden Vorleistungen am Ende honoriert (oder werden wir hier nur als Ideengeber ausgenutzt)?

- Handelt es sich um einen Dialog auf Augenhöhe und einen professionellen Beauty-Contest (oder eine Schein-Ausschreibung) und wie positionieren wir uns in welcher Aufstellung als Selling Center?

3.3. Beantwortung der Request for Information (RFI)

Wie lässt sich sicherstellen, dass Anfragen von Industrieseite auch intern die richtigen Entscheidungsträger erreichen?

Erfolgreiches Management von Ausschreibungsprozessen bei Kontraktlogistikprojekten bedingt professionelle Kommunikation – nicht nur gegenüber den potenziellen Auftraggebern in Industrie und Handel, sondern vor allem auch intern bei Kommunikations- und Informationsprozessen des Kontraktlogistik-Dienstleisters.

Typische Stolperfallen, die sich auf Seiten des KLDLs zeittreibend und damit negativ auf den Kundenservice auswirken, sind:

- *Eingangsmeldungen beim KLDL werden unsystematisch behandelt.* Es gibt keine Koordinationsmechanismen beim KLDL: RFIs bleiben liegen. Es gibt keine organisierte Mailweiterleitung. Anfragen „versumpfen" in der Niederlassung oder auch in der Zentrale (Krankheit, Urlaub, Vertretung, falsch weitergesendete Anfragen werden „gebunkert" etc.). Oder aber: Es gibt keine systematische, frühzeitige Datenerfassung oder Kommunikation per CRM (Customer Relationship Management System).

- *Die Bedeutung eines mit der Anfrage verbundenen Projekts wird nicht erkannt.* Folge: die Anfrage wird ggfls. i.V.m. temporärer Kapazitätsüberlastung oberflächlich behandelt – und endet im Sekretariat oder dem Postein-gangsbüro auf den Stapel.

- Leitungsgremien werden nicht oder zu spät einbezogen. Dies geschieht möglicherweise aus „Schludrigkeit", Überlastung, mangels geeignetem Reporting-System oder Nicht-Erreichbarkeit von Entscheidungsträgern.

- *Vorabkenntnissen in der Organisation (Feld und Zentrale) werden nicht rasch und systematisch abgefragt.* Möglichkeiten wären hier z.b. per Ten-der-Telefonkonferenz oder CRM-Standardreports.

Auf was Sie unserer Meinung nach achten sollten:

- *Permanente Sensibilisierung des Vertriebs und der Niederlassungsleiter, verbunden mit klar definierten internen Kommunikations- und Informati-onsprozessen.* Es muss jedem Mitglied der Organisation klar sein, welchen Weg eine Projektanfrage nimmt, die auf unterschiedlichsten Wegen das Unternehmen erreichen kann.

- *Checklisten zur Vorevaluation und systematischen Einsteuerung in die Or-ganisation.* Systematisch aufgebaute Checklisten je nach Projekttyp zur raschen Vorevaluation; Anlegen eines ersten „Projektblatts" oder CRM-Eintrags im Ausschreibungsprozess in dieser Phase als wesentliche Pro-jektphase (z.B. „Gateway 1" als Zählpunkt im Rating von erhaltenen / abgegebenen / gewonnenen Projekten).

- *Bleiben Sie im Web präsent und aktuell.* Präventiv sind auch die Web-Seiten und Broschüren aktuell zu halten. Adressen wie info@xyz.com (mailto:info@xyz.com) sind regelmäßig zu bearbeiten; am besten mehr-mals täglich mit festgelegtem Procedere für das weitere Follow-Up. Dies gilt insbesondere auch bei Auslandstöchtern.

Welchen Beitrag kann ein potenzieller IAG leisten, damit die Anfrage zur Teilnahme an einer Ausschreibung durch einen KLDL seriös bewertet werden kann?

Je mehr Informationen ein potenzieller Auftraggeber bereitstellt, desto besser kann das Projekt beim KLDL beurteilt werden. Eine simple Vorgehensweise ist die Beantwortung von grundlegenden W-Fragen (was, wo, wann, wie lange …).

 **30. Deutscher**
Logistik-Kongress
23.-25. Oktober 2013

 BVL
Bundesvereinigung
Logistik

Sofern es sich beim versandten RFI um eine grundsätzliche Sondierung handelt, sollte auch dies zum Ausdruck gebracht werden, um die Offenheit eines Projekts darzulegen.

Auf was Sie unserer Meinung nach achten sollten:

- *Versenden Sie den RFI selektiv und bleiben Sie empfangsbereit.* Zu empfehlen ist beim Versand des RFI's eine nicht zu breite Streuung von Anfragen, sondern ggfls. gezielte auch telefonische Vorab-Recherchen gepaart mit möglichst langjährigem aktuellen Markt-Know-how.

- *Aktives Beschaffungsmarketing und nicht permanentes Benchmarking.* Es hat sich im Markt gezeigt, dass zu häufige und durchsichtige „Lockvogel-oder Benchmark-Marktanfragen" die Resonanz bei womöglich gut geeigneten KLDL-Partnern reduziert.

- *Achten Sie auf den richtigen Mix der Anbieter...und kontrollieren / fordern Sie Ihren „unproduktiven / indirekten Einkauf"* (= Einkauf für „nicht direktes Produktions-Material und -Dienstleistungen"). Ein zu enges Anfragespektrum immer wieder der gleichen bekannten KLDL ohne Berücksichtigung auch lokaler oder anderer womöglich besserer Anbieter kann dazu führen, dass der beste KLDL gar nicht erst Berücksichtigung findet.

- *Respektieren Sie die Ressourcenbindung von RFIs und RFQs für KLDL.* Die Bedeutung der Kosten und Ressourcenbindung für RFIs und RFQs sollten von der Industrie mit entsprechendem kaufmännischem Gebaren und Respekt behandelt werden.

- *Bitte kein „Jugend forscht" im Einkauf von KLDL-Services.* Vorsicht ist auch geboten, wenn auf Seiten des IAG „extensiver Hilfskräfteeinsatz im Einkauf" zwecks Entlastung genutzt wird und zu viel „Jugend forscht" auf den Markt losgelassen wird.

- Zur neutralen, fachkundigen *Beschaffungsmarktforschung* empfiehlt es sich auch, renommierte Institutionen an *Hochschulen* zu beauftragen.

Welche Punkte sind bei der Bearbeitung und Abgabe von RFIs zu beachten?

Die Zeit beim KLDL für umfangreiche Datenerhebung unter Einbeziehung gegebenenfalls anderer Abteilungen wie PR, Controlling und IT wird oftmals unterschätzt oder seitens dieser Abteilungen zeitweise nicht gewährt. Gründe sind womöglich: andere Prioritäten, andere Ziele oder temporäre Überlastung. Insofern ist stets für eine adäquate Kapazität und qualitative Filterung von RFIs zu sorgen.

Auf was Sie unserer Meinung nach achten sollten:

- *Haben Sie einen „RFI-Quick-Scan" parat.* Rasche, aber systematische und trainierte RFI-Quick-Scans sowie professionelle Abschätzungen von Projekten, sofern aus dem RFI ersichtlich, gepaart mit ggfls. rascher Eskalation und „Management Attention" helfen, das richtige Maß an Committment im Projekt zu erarbeiten.

- *Beantworten Sie das RFI strategisch-taktisch klug.* Nach abnehmendem Genauigkeitsgrad der RFI-Beantwortung stellen sich z.b. Fragen, wie offen Details und wie genau die Datengrundlage kommuniziert werden.

- *Bleiben Sie persönlich, kunden- und serviceorientiert.* Eine persönliche Abgabe und Erläuterung der RFIs, wenn durch den Ausschreibenden zugelassen, kann für weitere Phasen hilfreich sein.

Welche kommunikativen Aspekte sind bei der Information von KLDL im Rahmen des Versands von RFIs zu beachten? Welche Rolle sollen / dürfen Ausschreibungsportale oder -plattformen bieten?

Grundsätzlich sollte der IAG festlegen, ob und inwieweit der RFI eine einseitige, geschlossene Marktabfrage darstellt oder bereits in der Phase des RFI ein Dialog bzw. Feedback zugelassen wird.

Auf was Sie unserer Meinung nach achten sollten:

- *Verzichten Sie auf anonyme, automatisierte Abfragen.* Ungünstig und vom KLDL-Markt mit wenig Gegenliebe ausgestattet sind Abfragen über eine „Tendermaschinerie", schlecht funktionierende Ausschreibungsportale mit hohem Einarbeitungsaufwand und geringer Benutzerfreundlichkeit sowie über Plattformen von Drittanbietern, womöglich noch mit anonymer Abfrage.

- *Fragen Sie vorher ab / an, an wen Sie den RFI senden und lassen Sie (qualifizierte) Feedbacks/Rückfragen zu.* RFIs sollten grundsätzlich richtig

 **30. Deutscher**
Logistik-Kongress
23.-25. Oktober 2013

 BVL
Bundesvereinigung
Logistik

adressiert sein, idealerweise mit einer Vorabanfrage, welcher Ansprechpartner zu kontaktieren ist. Ferner ist ein Feedback des KLDL zum Eingang
von RFIs vorzusehen.

– *Bitte kein anonymer Beratereinsatz.* Beim Beratereinsatz sollte der Auftraggeber gleichermaßen die Qualität der Abfrage steuern, sofern dieser
im eigenen Namen auftritt.

**Welche Punkte im Rahmen der Beantwortung eines RFIs sind für den KLDL
mit besonderer Sensibilität bzw. einem großen Aufwand verbunden? Mit
welchen Maßnahmen kann ein potenzieller Auftraggeber den Aufwand für
die Beantwortung eines RFI's im Rahmen halten?**

Der KLDL sollte rasch und pragmatisch entscheiden, in welcher Form bzw. Tief-
gang der RFI bearbeitet wird. Der Bearbeitungsaufwand für eine KLDL geht einher mit der Spezität der Fragen bzw. der vorgegebenen Antwortstruktur. Da ein
Dienstleister (je nach Größe und Bekanntheit) mit einer Vielzahl von Anfragen
konfrontiert ist, sind üblicherweise Antwortmodule vorbereitet, da sich die Basis-
fragen des Marktes wiederholen (s.o.: „W-Fragen").

Zu spezifische schematische Abfragen von Vergangenheitsdaten – womöglich
noch geschlossene Fragen mit webbasierten und eingegrenzten Pull-Down-Ant-
wortmenüs – können zur Fehlinterpretation durch den Kunden führen, da historische Daten des KLDL nicht die strategischen Absichten widerspiegeln. Dem KLDL
ist angeraten, ggfls. externe Daten, Berater oder andere Quellen zur Evaluierung
des potenziellen Kunden zu nutzen und daraus den Datenumfang festzulegen.

Auf was Sie unserer Meinung nach achten sollten:

– Hinterfragen sie als IAG den Nutzen von spezifischen Detailzahlen beim
RFI und fahren Sie Pre-Tests des Fragebogens. Als KLDL überlegen Sie, ob
Abschätzungen genügen, wenn Zahlen nicht vorliegen.

– Der KLDL seinerseits sollte überlegen, ob für jeden Punkt umfangreiche
Controlling- oder IT-Ressourcen nebst operativen Kräften für einzelne Ex-
akt-Datenabfragen bemüht werden sollen.

– Fokussierte Abfragen mit Ergänzung öffentlich verfügbarer Sekundärdaten
sind besser. Seitens des IAG empfiehlt sich eine fokussierte Vor-Analyse
mit Sekundärdatenchecks statt „stumpfer" Komplettabfragen beim KLDL
(z.B. Sichtung der Websites, Geschäftsberichte, Veröffentlichungen etc.).

4. Resümee und Ausblick

Ziele des Arbeitskreises waren das Erreichen eines besseren Verständnisses der Akteure sowie die Verbesserung und Gestaltung komplexer Ausschreibungsprozesse. Zum einen konnte ein Austausch innerhalb einer Gruppe von Akteuren der Logistikbranche, also KLDL und IAG (Industrie, Handel und andere Kunden von Logistikdienstleistern) und zum anderen zwischen den Akteuren organisiert werden. Sub-Optimierungen und „Kochen im eigenen Saft" sowohl auf Seiten der Dienstleister als auch der Industrie führen letztlich nur bis zu bestimmten Ebenen des Fortschritts. Nur die intensive Kenntnis des jeweils anderen Parts verhilft einem Unternehmen zu nachhaltigen Erfolgen und langjähriger Partnerschaft entlang komplexer Supply Chains.

Eine Einteilung nach Phasen hat sich als sinnvoll und zweckmäßig erwiesen, da die Abschnitte spezifische Problemstellungen und Lösungsansätze beinhalten. Eine Betrachtung des Lebenszyklus ist daher zur Analyse geeignet. Die Gewichtung einzelner Phasen oder Teilphasen ist hingegen kaum möglich. Projekte können an den unterschiedlichsten Stellen scheitern oder der Projekterfolg daran bemessen werden. In der betrieblichen Praxis und der betriebswirtschaftlichen Forschung stehen die „Hard Facts" dabei gerne im Vordergrund. Gerade Entscheider suchen zumeist nach rechenbaren Größen. „Soft Facts" hingegen sind schwer bewertbar und werden zu unrecht in den Hintergrund gestellt. Allerdings sind sich nicht nur die Teilnehmer des Arbeitskreises darüber einig, dass schwerwiegende Knackpunkte bzw. Erfolgsfaktoren gerade hierin „vergraben liegen".

Während die Make-or-Buy-Phase schon weit erforscht und in ihrer strategischen Bedeutung erkannt ist, sind Phasen im Vorfeld der Vergabe oder Implementierung deutlich weniger untersucht (vgl. auch Hofmann & Freichel (2010)). Die dargestellte Phase des RFI beleuchtet daher auch die Verbindungsstellen zur Geschäftsentwicklung im Vorfeld, den nachfolgenden Phasen bis hin zum Vertragsabschluss sowie den Verbindungen von vertriebsrelevanten „Soft-Facts" und „Hard- Facts" (z.B. Verärgerung des Kunden vs. rechtlicher Absicherung). Die Darlegung soll daher zum Studium des Leitfadens anregen und stellt an dieser Stelle lediglich einen Ausschnitt dar.

Resümierend angesprochen werden soll abschließend dennoch die sehr wichtige Hard-Fact-Phase des Logistik-Kontrakts, d.h. des Vertrags an sich. Dabei sind die wichtigsten Bestandteile in einem Logistikvertrag diejenigen Regelungen, die unmittelbar die gegenseitigen Hauptleistungspflichten der Vertragsparteien betreffen. Hierzu zählen in erster Linie Art, Inhalt und Umfang der gegenseitigen

 30. Deutscher
Logistik-Kongress
23.-25. Oktober 2013

 BVL
Bundesvereinigung
Logistik

Leistungspflichten sowie die Rechtsfolgen für den Fall, dass eine Vertragspartei entweder ihren Leistungspflichten nur unzureichend nachkommt oder diese sogar so gravierend (schuldhaft) verletzt, dass der anderen Vertragspartei ein nachweislicher Schaden entsteht (Haftung für Schäden).

Beim Thema Haftung (für Güter- bzw. Warenschäden) ist dringend eine sachliche und betragsmäßige Begrenzung im Vertrag zu empfehlen, und zwar im Interesse beider Vertragsparteien. Besteht der IAG – an den tatsächlich Risikoverhältnissen vorbei – auf die Vereinbarung einer unbegrenzten Haftung, kann es passieren, dass ihm im Schadenfall im ungünstigsten Fall ein KLDL ohne ausreichenden (Haftpflicht-) Versicherungsschutz gegenübersteht, weil für Verträge mit unbegrenzter Haftung von manchen Versicherern generell keine Deckung mehr gewährt wird. Im besten Fall hat der IAG es mit einem KLDL zu tun, der einen nicht notwendigen und damit auch unnötig teuren Versicherungsschutz vorhält.

Eine wesentliche „Take-Away"-Erkenntnis des Arbeitskreises an dieser Stelle war und ist: Für KLDL existenzbedrohende Forderungen der Industrie, die vom KLDL nicht versichert und finanziell abgebildet werden können, sollten nach gesundem kaufmännischen Verständnis weder angefragt noch abgeschlossen werden.

Ein weiterer wichtiger Punkt, der bei der Gestaltung eines Logistik-Agreements zu beachten ist, ist die Frage eines möglichen Personalübergangs bzw. Betriebsübergangs; in Deutschland geregelt gemäß § 613a BGB. Beim Outsourcing kommt es dabei häufig dazu, dass mit der Auslagerung von logistischen Leistungen auch das beim IAG vorhandene Personal auf den KLDL übergehen bzw. von ihm übernommen werden soll. Das Risiko, ungewollte Kosten durch einen Arbeitnehmerübergang tragen zu müssen, wird noch dadurch vergrößert, dass die Tarifabschlüsse in der Industrie oder im produzierenden Gewerbe oft höher sind als in der Logistikbranche. Eine weitere Verwendung nach Auslaufen des Kontraktes an anderer Stelle ist für den KLDL daher schwierig. Sollte zwischen den Vertragsparteien Einigkeit über einen Personalübergang im Wege eines Betriebsübergangs gemäß § 613a BGB bestehen, sind unbedingt die gesetzlichen Informationspflichten zu beachten und deren Verteilung auf die Parteien zu regeln, wobei dies nicht zwingend im Logistikvertrag geschehen muss.

Ein „Take-Away" des Arbeitskreises an dieser Stelle ist: Es können bzw. sollten keine (Personal-) Probleme sondern nur Lösungen outgesourct bzw. vom KLDL übernommen werden. Es gab kaum einen Teilnehmer, der hier keine schlechten bzw. guten Beispiele zu berichten wusste.

Insbesondere bei umfangreichen Investitionen einer Vertragspartei (in der Regel ist dies der KLDL) in betriebsnotwendigen Anlagen und Einrichtungen sollte stets die Abschreibungsdauer bzw. ihr Amortisierungszeitraum im Blick behalten werden. Für den Fall einer unplanmäßigen bzw. vorzeitigen Vertragsbeendigung sollte eine Vereinbarung getroffen werden, die eine (zumindest anteilige) Erstattung der aufgewendeten Kosten regelt.

Literaturverzeichnis

Bundesverband Materialwirtschaft, Einkauf und Logistik e. V. (o.J.): Make-or-Buy Entscheidungen in der Logistik! EXCEL-Tool. Bundesverband Materialwirtschaft, Einkauf und Logistik e.V.,

DIN Deutsches Institut für Normung e.V. (2010): Lager- und Transportlogistik – Standardisierte Leistungsdefinition und -bewertung in der Angebotsphase – DIN SPEC 1001. Beuth Verlag, Berlin.

Fukuda, R. (1983): Managerial engineering: techniques for improving quality and productivity in the workplace. Productivity Press, Cambridge, Mass. (u. a.).

Hofmann, E. & Freichel, S. L. K. (2010): Gestaltung und Bewertung institutioneller Arrangements in der Logistik: Alternative Betreibermodelle und deren finanzielle Implikationen. S. 1242-1271 in Dimensionen der Logistik (R. Schönberger, Hrsg.). Gabler, Wiesbaden.

Piper, H., Pokrant, G. & Gran, A. (2007): Transport- und Logistikrecht. Beck, Köln.

VDI-Gesellschaft Produktion und Logistik (GPL). (2012a): VDI 4494 – Blatt 2: Outsourcing am Beispiel der Kontraktlogistik. Beuth Verlag, Düsseldorf.

VDI-Gesellschaft Produktion und Logistik (GPL). (2012b): VDI 4494, Blatt 1 Entwurf: Outsourcing am Beispiel der Kontraktlogistik. Beuth Verlag, Düsseldorf.

Wrobel, H. & Klaus, P. (2009): Projektanbahnung in der Kontraktlogistik. Fraunhofer IRB Verlag, Stuttgart.

**30. Deutscher
Logistik-Kongress**
23.-25. Oktober 2013

BVL
Bundesvereinigung
Logistik

C4

Erfolgsfaktor Social Media

 30. Deutscher
Logistik-Kongress
23.-25. Oktober 2013

 BVL

Bundesvereinigung
Logistik

Wie Social Media die Unternehmenskommunikation verändert

1. Warum sollten Unternehmen sich mit Social Media beschäftigen?

2. Was ist „Social Media"?

3. Was jedes Unternehmen unbedingt tun sollte

4. Für die Umsetzung welcher Ziele eignet sich Social Media als Plattform? (Und für welche nicht?)

5. Was sollte unbedingt erledigt werden, bevor ein Unternehmen mit Social-Media-Aktivitäten startet?

6. Falls unser Unternehmen nun beispielsweise mit dem Twittern beginnen sollte: Wie geht das?

Wie Social Media die Unternehmenskommunikation verändert

Susanne Westphal, Inhaberin, SueWest Communications

1. Warum sollten Unternehmen sich mit Social Media beschäftigen?

Social Media hat unser Kommunikationsverhalten grundlegend verändert: Kommunikation ist offener, einfacher und demokratischer geworden. Jeder kann seine Meinung äußern und großflächig verbreiten. Das hat Vor- und Nachteile.

Ein begeisterter Kunde wird sich in seinen Online-Foren über seine Erfahrungen äußern und ist deutlich glaubwürdiger als jede Werbebotschaft des Unternehmens selbst. Gleichzeitig kann jemand, der sich geärgert hat, auf selbem Weg seinen Dampf ablassen und dabei möglicherweise sogar Unwahres verbreiten. Niemand kontrolliert oder zensiert Äußerungen im Netz.

Wer die Entwicklung von Social-Media verschläft, handelt sich enorme Nachteile ein:

- Sie bekommen nicht mit, was über Sie gesprochen wird.

- Sie geben Ihrer Konkurrenz Gelegenheit, sich sichtbarer zu positionieren.

- Sie nutzen nicht, dass Ihre Mitarbeiter und Kunden besonders glaubwürdige Botschafter Ihrer Marke sind.

- Sie bleiben abhängig davon, Journalisten auf verständliche Weise von Ihren Themen zu überzeugen und müssen sich überraschen lassen, was diese über Sie und Ihre Produkte schreiben.

- In möglichen Krisensituationen haben Sie keinen Kanal, auf dem Sie selbst Ihre Version der Wahrheit verbreiten können.

- Sie können die enorme Kraft von viralen Werbekampagnen nicht gewinnbringend für sich nutzen.

2. Was ist „Social Media"?

Social Media ist kein neuer, zusätzlicher Kanal in unserer Medienlandschaft. Social Media bedeutet eine grundlegende Veränderung unseres Kommunikationsverhaltens.

Während in den ersten Stunden des Internet reine Einbahnstraßen-Kommunikation zu beobachten war, wird unsere Kommunikation zunehmend interaktiver und dialogorientierter. Unternehmen stellen nicht mehr nur reine Angebote ins Netz ein, die genutzt werden können oder auch nicht. Jedes Individuum ist zum Sender geworden und ist technisch ganz einfach in der Lage, eigene Inhalte zu verteilen. Wir sind es gewöhnt, jeden Textbeitrag im Internet kommentieren zu können. Und wundern uns, wenn dies im Intranet des eigenen Unternehmens durch technische Einschränkungen verwehrt bleibt. Von Social Media oder Web 2.0 sprechen wir, sobald viele Sender und Empfänger untereinander in Interaktion stehen und Inhalte untereinander teilen und austauschen können. Hierzu zählen Plattformen zum Austausch von Musik oder Fotos ebenso wie Spieleplattformen, wo mehrere Spieler gegeneinander antreten oder Teams bilden können.

Abbildung 1: Pareto-Prinzip: 20% zeigen 80% Aktivität

Dass jeder die Möglichkeit hat, Inhalte einzustellen und zu teilen bedeutet nicht, dass dies jeder tut. Nur rund 20 % aller Nutzer gestalten 80 % der Social-Media-

Beiträge. Wird ein Posting von etwa 100 Nutzern gelesen, kann man davon ausgehen, dass etwa 10 davon ein Feedback in Form eines „gefällt mir"-Klicks geben. Nur ein Nutzer antwortet statistisch in Form eines eigenen Wortbeitrags.

Abbildung 2: Social Networks: Eine Cocktailparty

Social-Media-Netzwerke funktionieren wie eine Cocktailparty!

Wer sich richtig verhalten will, überträgt am besten die Benimmregeln eines Sektempfangs am Abend eines Messetags auf die Social-Media-Welt:

1. Ich bereite mich vor.

    Bevor sie auf „irgendeine" Party gehen, erkunden Sie sich lieber, welche Leute dort so unterwegs sind, wen Sie treffen könnten. Wenn Sie ganz neu sind, lassen Sie sich von einem erfahreneren Gast begleiten. Nehmen Sie Visitenkarten mit (richten Sie sich ein aussagekräftiges Profil ein) und überlegen Sie, was Ihre wichtigsten Botschaften sind.

2. Ich sehe mich um und höre erst einmal zu.

    Wer noch in der Eingangstür stehend die Sprechtüte zückt und Sonderangebote verkündet, wird die anderen Gäste wenig begeistern. Sie werden sich kopfschüttelnd abwenden. Hören Sie also erst einmal zu und bringen Sie sich in die bestehenden Gespräche ein.

3. Ich stelle mich vor.

Wenn ich mich in einer neuen Runde zu Wort melde, sage ich kurz (!) wer ich bin und wie ich einzuordnen bin.

4. Ich antworte, wenn ich angesprochen werde.

Wenn ich etwas gefragt werde, erwartet mein Gegenüber eine zeitnahe Antwort. Und hat wenig Verständnis dafür, wenn ich mich erst einmal abwende, um internen Freigabeprozessen Genüge zu tun und erst einmal meinen Chef zu fragen, was ich antworten darf. Vertraut eine Firma ihren Mitarbeitern nicht, darf sie sie eben nicht zu einer Messe schicken. Und auch nicht auf eine Social-Media-Plattform.

5. Ich passe mich dem Ton meiner Umgebung an, damit ich verstanden und akzeptiert werde.

In jeder Gesellschaft gibt es bestimmte Regeln der Tonalität und Ansprache. Auf einer Berghütte duzt man sich, auf Social-Media-Plattformen auch. Gleichzeitig kommen wir in einen Konflikt, wenn wir unseren Kunden auf der Hütte oder bei Facebook treffen, weil wir ihn sonst immer siezen würden. Hier ist Fingerspitzengefühl angesagt: einzelne Kunden erwarten von einer Firma im Dialog wohl eher das gewohnte „Sie". „Ich danke Ihnen für den Hinweis, Herr Meier." Die Gruppe möchte aber lockerer angesprochen werden und wird nicht darüber stolpern, wenn ein Gewinnspiel kommentiert wird mit „Ihr könnt ein I-Pad gewinnen". Zumindest sollte der Ton persönlicher und verbindlicher klingen als in Werbebroschüren.

6. Erst geben, dann nehmen.

Bevor ich andere um etwas bitte, bringe ich mich erst einmal selbst ein. Wer andere Autoren lobt, gute Beiträge mit einem „gefällt mir" markiert, auf hilfreiche Links weiter verweist, kann irgendwann auch andere darum bitten, dasselbe zu tun.

7. Ich spreche nicht nur von mir sondern stelle interessiert Fragen.

Das Wesen eines Dialogs ist es, dass beide Gesprächspartner zu Wort kommen. Wenn ich nur werblich klingende Aussagen über mich verbreite, meinen Empfängern aber gleichzeitig nicht zuhöre, wirkt das unhöflich und desinteressiert.
Einen egozentrischen Twitter-Account erkennt man beispielsweise daran, dass er niemandem „folgt", also niemandem zuhört.

8. Ich bedanke mich, wenn mir jemand einen Gefallen getan hat.

Nein, es ist nicht selbstverständlich, wenn jemand meinen Beitrag, mein Buch, mein Produkt, meinen Kongress lobt. Danken Sie explizit und öffentlich dafür. So macht loben doch gleich noch viel mehr Spaß!

9. Ich entschuldige mich, wenn ich jemanden verärgert oder verletzt haben sollte.

Wie im wirklichen Leben sollte ich erst einmal um Entschuldigung bitten, wenn ich jemanden verärgert habe. Und das ganze sollte ebenso öffentlich geschehen, wie die Verletzung selbst. Räume ich einem verärgerten Kunden gegenüber öffentlich meinen Fehler ein, werde ich auch andere durch diese souveräne Antwort begeistern.

10. Ich lasse mich öfter mal sehen und komme regelmäßig zu diesem Kreis.

Wenn ich dauerhafte Kontakte knüpfen will, gelingt mir dies leichter, wenn ich mich regelmäßig in bestimmten Räumen oder Foren aufhalte. So werde ich wieder erkannt und ich gebe anderen die Chance, sich ein Bild von mir zu machen, indem ich mich immer wieder mal zu bestimmten Themen äußere.

Abbildung 3: Netz-Fakten in Deutschland

Die wichtigsten Kanäle für Unternehmen:

Facebook

Auf Facebook können Sie als Unternehmen eine oder mehrere Fanpages einrichten, wo andere Facebook-Nutzer ihren Freunden zeigen können, dass sie sich mit Ihnen als „Fans" identifizieren. Sie können über diesen Kanal also hervorragend bestehende Kontakte (zu Kunden, Geschäftspartnern, Bewerbern oder Interessenten zu Ihrem Fachgebiet) pflegen und diesen Kreis allmählich ausdehnen, weil sie auch die Kontakte Ihrer Kontakte mit Ihren Botschaften erreichen. Facebook-Postings sollten kurz formuliert sein, gern mit einem Bild oder Kurzvideo versehen, die zum Dialog einladen. Sehr gut kommt es an, wenn man seinen Mitlesern Fragen stellt, Rätselaufgaben vergibt oder zu einem Thema abstimmen lässt. Zu einem Foto könnte man raten lassen „in welcher Stadt findet unser soundso-Kongress statt?" Manche Unternehmen sammeln über Facebook Vorschläge für Produktnamen oder Werbekampagnen ein und lassen diese gleichzeitig bewerten.

Reine Sachinformationen sind langweilig. Auf Facebook dulden die Nutzer nicht nur, sie erwarten Meinungsäußerungen oder Wertungen. Es wirkt sympathisch, wenn Firmen-Fanpages zeigen, wer hier für das Unternehmen schreibt (am liebsten mit Namen und Bildern). Dialoge führt man nämlich lieber mit Menschen als mit Marken.

Selbstverständlich können auch Manager oder Mitarbeiter auf ihrer persönlichen Facebook-Seite Botschaften des Unternehmens weiter verbreiten oder darauf verlinken. Das wirkt besonders glaubwürdig.

Twitter

Twitter ist ein Kurznachrichtenportal, auf dem jeder Nutzer Nachrichten mit bis zu 140 Zeichen Länge platzieren kann. Die Botschaften haben also besonders kompakten Schlagzeilen-Charakter. Sehr häufig wird auf längere Beiträge verlinkt. Der Vorteil an Twitter ist, dass weltweit alle Botschaften nach Begriffen durchsucht werden können. So kann Twitter als Werkzeug für Recherchen verwendet werden. Gleichzeitig verweisen Blogger hier gern auf ihre aktuellen Texte und Beiträge und machen damit Werbung für sie.

Youtube

In der Mediennutzung ist zu beobachten, dass die Nutzer immer lesefauler werden. Beiträge mit Bildern werden deshalb viel mehr beachtet. Ein Kurzvideo lieber angeklickt als erklärende Texte gelesen. Videos müssen nicht teuer und aufwändig produziert werden. Viel wichtiger scheint es, dass sie kurz und kompakt sind (länger als drei Minuten sollte ein einzelnes Video nicht dauern). Niemand möchte ständig Vorstände oder Geschäftsführer im Interview sehen. Viel interessanter sind Filmbeiträge, in denen Mitarbeiter oder Kunden im Vordergrund stehen.

Google+

Bösen Zungen behaupten, Google Plus hätte in etwa so viele technische Features wie Nutzer. Tatsächlich sind die Möglichkeiten, mit anderen zu kommunizieren, ausgeklügelt programmiert und vielfältig in den Möglichkeiten. Der Nachteil, dass dort weniger Nutzer unterwegs sind wird von einigen aber auch als Vorteil gesehen: Man wird dort wahrscheinlich nicht von Nachbarn oder Mitarbeitern „angequatscht" und zum „Freund" gemacht. Will eine kleine Gruppe etwa im Sinne einer Projekt-Zusammenarbeit in Verbindung sein, eignet sich Google Plus dafür hervorragend. Besonders interessant ist die Möglichkeit, dass dort bis zu sieben Nutzer gleichzeitig eine Videokonferenz (ein sogenanntes „Hangout") starten können und unzählige Zuschauer live dazu einladen können.

3. Was jedes Unternehmen unbedingt tun sollte

Kein Mensch und erst recht kein Unternehmen „muss twittern" oder „muss facebooken". Die Entscheidung, inwieweit Unternehmen sich in Form von aktiven Accounts einbringen, kann immer noch später getroffen werden. Doch einige Schritte sollten Firmen im Zusammenhang mit Social Media auf keinen Fall versäumen. Zum absoluten Pflichtprogramm in der Unternehmenskommunikation gehören folgende Aufgaben:

1. Monitoring von Social Media Plattformen:

    Sie müssen wissen, was über Sie gesprochen wird. Beobachten Sie systematisch die gängigen Plattformen wie Facebook, Twitter oder Youtube, indem Sie diese regelmäßig auf wichtige Suchbegriffe hin durchsuchen. Noch besser funktioniert das Monitoring, wenn Sie mit wichtigen Meinungsbildnern und besonders aktiven Nutzern verbunden sind und über sie von wichtigen Postings erfahren. Wenn jemand Unwahrheiten über Sie verbreitet, haben Sie allerhöchstes Interesse daran, möglichst schnell davon mitzubekommen. So können Sie sofort reagieren, Ihre Version entgegensetzen und so die öffentliche Meinungsbildung nicht anderen zu überlassen.

2. Mitarbeitern Medienkompetenz vermitteln:

Sie können davon ausgehen, dass die meisten Ihrer Mitarbeiter sich privat in Sozialen Netzwerken engagieren. Nutzen Sie die Medienkompetenz Ihrer Belegschaft! Vermutlich gibt es einige Kollegen, die sich so richtig gut auskennen und einige Tricks auch schon selbst ausprobiert haben. Geben Sie diesen die Gelegenheit, ihr Wissen anderen weiter zu geben.

Doch nicht alle wissen über Chancen und Risiken ganz genau Bescheid. Wenn Sie verhindern wollen, dass Mitarbeiter durch unbedachte Äußerungen oder Unwissenheit sich selbst oder ihrem Arbeitgeber schaden, sollten Sie sie aufklären.

– Social-Media-Guidelines: Sie bestehen idealerweise aus zwei Teilen. In einem kürzeren Regelteil werden die Spielregeln knapp und verständlich auf einer Seite Text zusammengefasst. Hier werden Mitarbeiter beispielsweise darauf aufmerksam gemacht, dass sie keine fremden Texte oder Bilder verwenden dürfen oder keine Betriebsgeheimnisse ausplaudern sollen. Ein zweiter, etwas ausführlicherer Teil soll die Mitarbeiter ermutigen, Social Media Plattformen für sich Gewinn bringend zu nutzen. Er zeigt die Vielfalt der Netzwerke auf und erläutert, wie der Einzelne diese privat oder beruflich sinnvoll nutzen kann. Etwa um zu einem Thema zu recherchieren, Experten zu finden, Fachbeiträge zu teilen oder öffentliche Termine möglichst breitem Publikum zugänglich zu machen.

– Social-Media-Schulungen: Es lohnt sich durchaus, wenn Unternehmen ihre Mitarbeiter im Bereich der Social Media Nutzung Schulungen anbieten. Im geschützten Raum können offen Fragen geklärt und Anwendungen ausprobiert werden. Durch das eigene Erarbeiten bleiben die Inhalte viel besser haften als durch theoretisches Material zum Durchlesen. Bei den Schulungen wird sinnvollerweise unterschieden zwischen Basis-Trainings für alle und intensivere Angebote für Kollegen, die die Accounts des Unternehmens pflegen und mit Inhalten füllen.

3. Krisenfahrplan erstellen:

Seit der Existenz von Sozialen Netzwerken können sich Krisen schneller ausbreiten und damit größeren Schaden bewirken. Spielen Sie einmal die gängigen Krisenfälle durch, in die Ihr Unternehmen geraten könnte und überlegen Sie im Vorfeld, wie sie darauf reagieren werden.

Solche könnten sein:

- Ihr Unternehmen wird auf einer Arbeitgeber-Bewertungsplattform schlecht bewertet.
- Ein Kunde hat schlechte Erfahrungen mit einem Produkt oder einer Dienstleistung gemacht.
- Eine vertrauliche oder ganz persönliche Information dringt durch ein Versehen in die Öffentlichkeit.
- Einem Mitarbeiter passiert eine Panne und er äußert sich zu einem Sachverhalt öffentlich, statt über eine direkte Nachricht an den einzelnen.
- Ein Mitarbeiter vergreift sich im Ton.
- Über eine Führungskraft oder einen Mitarbeiter wird Negatives verbreitet.

Beschwerde via Facebook-Fanpage und die Antwort:

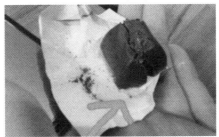

„Lieber Sebastian, vielen Dank für deinen Hinweis. Die Qualität unserer Produkte und eure Zufriedenheit haben für uns höchste Priorität. Um die Situation besser nachvollziehen zu können, würden wir dich daher bitten […] Kontakt mit unserem Consumer Service aufzunehmen. Die KollegInnen helfen dir dann gerne weiter. Viele Grüße…"

Abbildung 4: Beschwerde via Facebook-Fanpage und die Antwort

Dieses Beispiel zeigt ein Foto, das ein Kunde in seinem Blog gepostet hat: ein angebissenes Stück Schokolade nebst Made. Auf seine Beschwerde hin reagierte das Unternehmen mit einer Standard-Antwort aus dem Baukasten.

Erst diese Antwort löste eine wahre Empörung im Netz aus. Schade, dass hier offenbar kein guter Krisenfahrplan vorbereitet war.

4. Accounts auf Ihren Firmennamen eintragen und damit sichern:

Ob Sie nun sofort vorhaben, eine Fanpage auf Facebook zu betreiben oder aktiv zu twittern oder nicht, ist dabei völlig unerheblich. Sichern Sie sich frühzeitig einen gängigen Account-Namen, sonst tut es ein anderer. Und Sie können sich nicht dagegen wehren, wenn eine Privatperson Ihren Firmennamen oder gar Ihren Privatnamen als Twitter-Account verwendet und damit den Eindruck erweckt, Sie selbst wären Urheber der Inhalte.

4. Für die Umsetzung welcher Ziele eignet sich Social Media als Plattform? (Und für welche nicht?)

Als die Kommunikationsabteilung eines international tätigen Maschinenbaukonzerns schon vor einigen Jahren auf die Idee kam, eine Facebook-Seite und einen Twitter-Account einzurichten und zu pflegen, äußerten sich die Skeptiker im Haus mit einem völlig berechtigten Einwand: „Deswegen verkaufen wir doch nicht eine Anlage mehr!". Natürlich werden Investitionsgüter, die Kosten in siebenstelligen Größenordnungen verursachen, nicht über Soziale Netzwerke getätigt. Auch bei Konsumgütern ist es nicht sicher, ob sich die Absatzzahlen sofort verändern, nur weil Sie dort sichtbar sind. Doch verschiedene andere Unternehmens- und Kommunikationsziele können Sie über diesen Weg hervorragend unterstützen und ihre Erfolge auch konkret messen.

– Arbeitgebermarke positionieren

Einige Branchen spüren schon heute den Fachkräftemangel, der andernorts erst für die nächsten Jahre prognostiziert wird. Deshalb lohnt es sich, wenn Unternehmen als attraktive Arbeitgeber Gesicht zeigen, Mitarbeiter zu Wort kommen lassen und über Sprache und Bilder ein Gefühl für die Unternehmenskultur vermitteln. Bewerber erkundigen sich im Netz, bevor sie sich näher für einen möglichen Arbeitgeber interessieren. Dabei sind für sie vor allem Informationen relevant, die über eine Stellenanzeige nicht vermittelt werden können: Welche Leute arbeiten dort? Wie ist das Betriebsklima? Macht es den Mitarbeitern Spaß, dort zu arbeiten? Wie sind Entwicklungs-Chancen und Weiterbildungsangebote?

– Bekanntheitsgrad steigern und Image prägen

Natürlich steigern Sie durch Aktivitäten auf Social-Media-Plattformen ihren Bekanntheitsgrad und haben hier auch Gelegenheit, Ihr Markenimage zu pflegen. Wer sich zum Beispiel als besonders engagiert und nachhaltig denkend zeigen will, kann über Social-Media-Kanäle über Sponsoring-Aktivitäten berichten und auch andere mobilisieren, mitzumachen.

– Schneller Austausch mit Projektpartnern

Auch für die interne Kommunikation mit Mitarbeitern oder externen Projektpartnern eignen sich manche Social-Media-Plattformen in hervorragender Weise. Sie können mit spielerischer Leichtigkeit blitzschnell relevante Informationen austauschen, ohne behindernde Freigabe-Prozesse oder komplexe Intranet-Strukturen berücksichtigen zu müssen. Natürlich würde man auf diesem Weg keine streng vertraulichen Informationen verbreiten. Doch um beispielsweise auf Branchen- oder Unternehmensnachrichten in Form von Verlinkungen auf Artikel oder Fachbeiträge hinzuweisen, motivierende Appelle ans Team zu verbreiten oder den für das Teambuilding so wichtigen informellen Austausch zu fördern, eignen sich Social-Media-Kanäle gut. So erleben Teams, die möglicherweise an ganz verschiedenen Standorten tätig sind ein ganz neues Gefühl von Großraumbüro.

– Termine bekannt geben

Viele Unternehmen veranstalten regelmäßig Informationsabende, halten Vorträge, zeigen sich auf Messen oder Kongressen. Zu diesen Terminen wünschen sie sich viele Gäste – auch hier gibt es in den Sozialen Netzwerken zahlreiche Möglichkeiten, breitflächig einzuladen.

– Experten positionieren

Sie haben sich vorgenommen, die Meinungsführerschaft zu wichtigen Themen Ihrer Branche zu übernehmen? Machen Sie Ihre internen Experten bekannt: über Fachbeiträge, die sie gezielt über Social-Media-Kanäle bewerben und verlinken. Über einen eigenen Youtube-Kanal können Sie Gesicht zeigen und Wissen nicht nur in (langweiliger) Textform vermitteln, sondern durch Bewegtbild Interesse wecken.

- Wissen intern vernetzen

Wissen ist Macht – an dieser Erkenntnis hat sich nichts geändert. Doch der wesentliche Kulturwandel ist daran zu erkennen, dass Machtstrebende nicht mehr auf ihrem Hoheitswissen sitzen bleiben und es für sich behalten. Im Gegenteil! Heute wird mit Wissen geprahlt, indem man es teilt und möglichst viele Spuren im Netz hinterlässt, die andere dann als Quelle zitieren. Ein schönes Beispiel hierfür ist die Plattform www.slideshare.net. Hier laden Experten ihre Präsentationen zu Vorträgen oder Fachbeiträgen hoch, die für andere interessant sein könnten. Jeder kann sie dort lesen oder sogar herunter laden. Dennoch darf kein Wissen „geklaut" werden.

5. Was sollte unbedingt erledigt werden, bevor ein Unternehmen mit Social-Media-Aktivitäten startet?

Sie brauchen eine Strategie

Was haben Sie vor? Was sind Ihre Ziele, die Sie mittels Social-Media-Plattformen erreichen wollen? Welche Botschaften wollen Sie platzieren? Überlegen Sie sich einen Themenplan.

Sie brauchen Kapazitäten

Ja, das Einrichten und die Pflege von Social-Media-Accounts kostet Mitarbeiterzeit. Doch vermutlich weniger, als Sie denken. Kunden, die sich über Facebook oder andere Kanäle an Ihr Unternehmen wenden, hätten sonst vielleicht angerufen oder eine E-Mail geschickt. Sorgen Sie dafür, dass wenigstens zwei Mitarbeiter zu üblichen Geschäftszeiten Ihre Accounts beobachten oder Fragen beantworten können. Ansonsten ist die benötigte Mitarbeiterkapazität stark davon abhängig, wie viele Dialogmöglichkeiten Ihr Unternehmen sonst noch anbietet.

Keine Leichen im Keller

Jeder Fehler des Unternehmens wird in der Social-Media-Öffentlichkeit besonders schnell gesehen, kommentiert und verbreitet. Erledigen Sie also erst Ihre Hausaufgaben: Achten Sie stets darauf, dass Ihr Geschäftsgebaren und das Verhalten Ihrer Manager und Mitarbeiter korrekt ist.

Technik

Es soll immer noch Unternehmen geben, deren Mitarbeiter (und selbst Pressesprecher) von zu Hause aus oder von unterwegs keinen Zugriff auf Firmenaccounts in sozialen Netzwerken haben. Das ist natürlich unsinnig. Ich empfehle Ihnen: schenken Sie besonders aktiven Kommunikatoren ein i-Pad, das diese auch privat nutzen dürfen. Sie werden es Ihnen durch viel Wochenend- und Abendstunden, die sie für das Unternehmen lesen und schreiben, danken!

Verantwortung

Übergeben Sie Mitarbeitern, die Firmenaccounts pflegen, die Verantwortung für das, was sie für das Unternehmen schreiben. Nur so sind schnelle und sinnvolle Antworten möglich. Aus dem gleichen Grund rate ich auch davon ab, das Pflegen der Accounts an externe Dienstleister zu übergeben. Es ist wichtig, dass hier kompetente und wissende Leute am Werk sind, die nicht ständig schreiben müssen „das weiß ich nicht" oder „ich muss erst mal nachfragen, ob ich Ihnen antworten darf". Oder gar nicht antworten, was die Wirkung nicht besser macht.

6. Falls unser Unternehmen nun beispielsweise mit dem Twittern beginnen sollte: Wie geht das?

So twittern Unternehmen richtig

Immer wieder fallen mir bei Twitter Negativ-Beispiele von Unternehmen auf, die vermeidbare, dumme Fehler begehen. Deshalb ist in diesem Kapitel zusammengefasst, was beim Twittern für Unternehmen wichtig ist.

1. Warum twittern wir überhaupt?

   Was ist Ihre Zielsetzung? Wen wollen Sie erreichen? Was sind Ihre Kernbotschaften? Sie können bei Twitter nicht Privatkunden, Firmenkunden, Geschäftspartner, Mitarbeiter, Investoren, Journalisten einzeln erreichen. Alle lesen immer alles mit. Aber: Sie können natürlich Themenschwerpunkte mit verschiedenen Twitter-Accounts setzen.

2. Wer twittert?

Twittern ist echte „public relations"-Arbeit. Also sind hier zuständig: Geschäftsleitung, PR-Verantwortlicher oder ein social-media-Chef, wenn es einen solchen gibt. Wichtig: in der „bio" des Accounts sollten unbedingt die Namen der twitternden Personen aufgeführt werden. Falls nur eine Person für das Unternehmen twittert, ist es wichtig, dass diese auch fleißig dran bleibt, ständig die Tweets liest und schnell beantwortet.

3. Pflichtaufgaben

- Alle persönlichen Nachrichten („direct messages") innerhalb von 3-4 Stunden lesen und beantworten.

- Wenigstens 1 x täglich überprüfen: wer folgt mir? Dann: eindeutige Pornoanbieter blockieren, allen anderen zurück folgen (sonst können diese Personen Ihnen keine direkten Nachrichten senden!)

- Täglich mehrmals (auch am Wochenende) alle Tweets beobachten, in denen der eigene Twitter-Account benannt wird (nach „@Twittername" suchen)

- Regelmäßig Tweets verfassen (1-2 pro Tag sollten es schon sein). Vorsicht: niemals mehrere Tweets in Folge abfeuern. Dann sehen Ihre Follower Ihr Logo gleich mehrfach untereinander stehen, erschrecken sich zu Tode und entfollowen Sie.

- Regelmäßig Tweets lesen und als Re-Tweet neu posten, wenn der Inhalt interessant erscheint. Twitter ist ein Dialog-Kanal. Niemand freut sich, wenn Sie nur verkünden, aber nicht zuhören. Durch regelmäßige Tweets, die jemandem offen antworten (@Benutzername und dann der Text) oder eine andere Person zitieren (RT @Benutzername) beweisen Sie, dass Sie auch lesen können. Eine gute Quote ist es, wenn 30-50 % Ihrer Tweets ein @-Zeichen beinhalten.

4. Inhalte

Mögliche Inhalte der 140-Zeichen-Botschaften:

- Neuigkeiten über das Unternehmen
- Produkt-News (klar, warum denn nicht? Nur nicht zu viel Werbung machen!)
- Branchen-Neuigkeiten
- Hinweis auf interessante Artikel in Fachmedien / sonstiger Presse
- Gewinnspiele (nicht zu viele!)
- Stellungnahme zu Diskussionsthemen in der eigenen Branche („Wie steht unser Unternehmen zum Thema xy")
- Verweis auf aktuelle Urteile
- Anekdoten von Produkt- / Anwendergeschichten

Das geht gar nicht: Beschimpfen oder diskriminieren Sie niemanden. Drücken Sie sich sprachlich sauber und korrekt aus. Seien Sie freundlich. Benehmen Sie sich einfach so, als säßen Sie bei Wetten-dass auf dem Sofa: die ganze Welt kann sie sehen und hören. Seien Sie neu, interessant, amüsant, witzig, streitbar, klar.

Wenn mehrere Personen für das Unternehmen twittern oder der Twitter-Account nach „Firmenname" klingt und nicht nach einer Person, ist es total unpassend, wenn in Tweets:

- über Hobbies / Lieblingsmusik / Sportergebnisse / die eigenen Kinder / das Wetter geschrieben wird.
- politische Ansichten verkündet werden (außer, das Unternehmen positioniert sich zu einem politischen Thema, das aber etwas mit dem Unternehmen zu tun hat).
- persönliche Meinungen verbreitet werden.

Wenn Stefan Keuchel, alias @frischkopp, am Wochenende die HSV Ergebnisse beweint, ist das in Ordnung. Würde er dasselbe tun unter dem Accountnamen @google, wäre das unmöglich. Personenbezogene Accounts wirken persönlicher, näher, direkter. Firmenbezogene Accountnamen klingen sofort werblicher, werden natürlich schneller unter dem Firmennamen gefunden aber sind deutlich distanzierter.

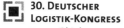

Schreib- und Stilregel für Twitter:

- Die 140 Zeichen müssen nicht ausgenutzt werden! Wer sich auf 120 Zeichen (oder sogar weniger) beschränkt, wird häufiger zitiert (ge-retweetet). (Beim Zitieren wird vor die Nachricht ein RT @NamedesVerfassers gesetzt. Das schluckt schon ein paar Zeichen. Ist der nachfolgende Tweet zu lang, muss er manuell gekürzt werden. Das ist lästig. Drum lassen es viele lieber gleich bleiben. Twitterer sind faul!)

- Nur 1 Gedanke je Tweet! Überfordern Sie Ihre Leser nicht! Überfrachten Sie eine Meldung nicht mit allzu vielen, klugen Gedanken. Lieber mehrere Ideen in mehrere Tweets aufteilen.

- Tweets brauchen zeitlich etwas Luft Lassen Sie immer ein wenig zeitlichen Abstand zwischen verschiedenen Botschaften. Wenn jemand nicht allzu vielen Leuten folgt, sieht er sonst Ihren Avatar mehrfach untereinander in der Timeline. Das könnte aufdringlich wirken wie eine Salve Botschaften aus dem Maschinengewehr!

- Schreiben Sie schöne, deutsche Sätze ohne Abkürzungen Auch wenn 140 Zeichen nun mal knapp sind: versuchen Sie, möglichst ohne Abkürzungen auszukommen. Das liest sich einfach schöner! Wer ständig zwischen englischen und deutschen Tweets hin- und herspringt, sollte sich vielleicht überlegen, verschiedene Accounts für die verschiedenen Sprachen zu führen. „thx 4 Ur attent. pls RT this, good N8" wirkt wie die Kontaktanzeige eines Geizhalses.

- Geizen Sie mit Hashtags (#) Das Hashtag-Zeichen kennzeichnet Begriffe, die leichter gefunden werden sollen. Wollen Sie ein Unternehmen besonders loben (und möchten, dass dieses auch mitbekommt, was Sie da schreiben) ist es schlau, etwa den Service von #Otto zu bejubeln. Tweets mit mehr als einem #-Zeichen sehen zerhackt und hässlich aus. Sie bekommen weniger Favoriten-Sternchen und werden seltener ge-retweetet. Ein (!) Hashtag kann auch mal an das Ende eines Tweets gesetzt werden und eine thematische Überschrift liefern, die den Text davor in einen klaren Kontext setzt. #Twittertipps

- Zeigen Sie, dass Sie die Rechtschreibung beherrschen! Es erstaunt immer wieder, wie gut und richtig die meisten Tweets formuliert sind. Sobald ich mich selbst vertippe, kann ich wetten, dass mich in den nächsten 3 Minuten jemand darauf hinweist. Aber das könnte auch daran liegen, dass ich so vielen Textern folge! Also: weiter so! Tweets sehen nicht schöner aus, wenn alles nur in Kleinbuchstaben geschrieben wird!

– „Wie Du willst, das man Dir tut, das füg auch allen andern zu" oder so ähnlich. Wundern Sie sich, warum Sie so selten zitiert werden? Wie oft schreiben Sie selbst Retweets? Da könnte es einen Zusammenhang geben....

– Liefern Sie einen Mehrwert Es ist schön, wenn Sie einen Link zu einem spannenden Artikel teilen wollen. Aber bitte: liefern Sie mehr als nur das! Greifen Sie die interessanteste These heraus! Machen Sie Ihre Meinung zum Thema deutlich. Diese persönliche Komponente macht ja Twitter gerade so interessant!

– Sehen Sie auf die Uhr! Achten Sie darauf, dass Ihre Themen (ein wenig) zur Tageszeit passen. Wenn Sie unter Geschäftspartnern ernst genommen werden wollen, passen privatere Themen (wie hat der HSV gespielt?) eher in die Abendstunden oder ins Wochenende.

– Bleiben Sie höflich! Die Welt liest mit! Vermeiden Sie also Äußerungen, auf die Ihr Chef / Ihr Kunde / Ihr Partner / Ihre Mutter nicht stolz wären! Denn all die können Ihre Beiträge lesen.

Freuen Sie sich über die Möglichkeiten, die Social Media Ihnen und Ihrem Unternehmen bietet. Starten Sie mit Spaß und lassen Sie sich gut beraten.

E1

Erfolgsfaktor Technische Logistik

Optische Systeme verändern die Logistik-Technik

Optische Systeme verändern die Logistik-Technik

Prof. Dr.-Ing. Ludger Overmeyer, Leiter des Instituts für Transport- und Automatisierungstechnik der Leibniz Universität Hannover, Geschäftsführender Gesellschafter des Instituts für Integrierte Produktion Hannover

Dipl.-Ing. Steffen Kleinert, Wissenschaftlicher Mitarbeiter des Instituts für Transport- und Automatisierungstechnik

Dipl.-Ing. Mišel Radosavac, Wissenschaftlicher Mitarbeiter des Instituts für Transport- und Automatisierungstechnik

Dipl.-Ing. Tobias Krühn, Wissenschaftlicher Mitarbeiter des Instituts für Transport- und Automatisierungstechnik

Dipl.-Inf. Sven Heißmeyer, Wissenschaftlicher Mitarbeiter des Instituts für Integrierte Produktion Hannover

Dipl.-Ing. Aaron Bentlage, Wissenschaftlicher Mitarbeiter des Instituts für Integrierte Produktion Hannover

1. Einleitung

Die Logistik stellt einen wesentlichen Bestandteil der Wertschöpfungskette dar. Daher sind zukunftsfähige Logistiksysteme ein entscheidender Wettbewerbs- und Erfolgsfaktor für Unternehmen [GUN06]. Durch individuelle Kundenwünsche, verkürzte Innovationszyklen sowie eine steigende Vielfalt an Produktvarianten sind die Anforderungen an die Materialflusstechnik zunehmend komplexer geworden [DEL09]. Um diesen Anforderungen gerecht zu werden und eine kontinuierliche Effizienzsteigerung von Logistiksystemen zu ermöglichen, ist die Entwicklung innovativer Systeme notwendig. Ein Schlüssel zum Entwurf derartiger Systeme ist die Anwendung optischer Technologien.

Anhand eines vereinfachten Szenarios werden im Folgenden die Möglichkeiten optischer Technologien in der Intralogistik dargestellt.

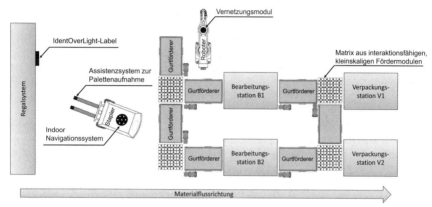

Abbildung 1: Anwendungsszenario

Das exemplarische Szenario umfasst ein verkettetes Produktionssystem mit zwei Bearbeitungsstationen (B1 und B2) und zwei Verpackungsstationen (V1 und V2). Die Materialversorgung dieses Produktionssystems erfolgt durch typische Teilsysteme der Intralogistik, die um optische Technologien erweitert wurden.

Als erster Schritt in diesem Szenario lagert ein Gabelstapler eine mit Halbzeugen beladene Palette aus einem Regalsystem aus. Vor der Entnahme erfolgt zunächst eine Identifizierung der Palette mit Hilfe eines wiederbeschreibbaren, optischen Labels. Die anschließende Aufnahme der Palette wird durch eine Positionierhilfe unterstützt. Mit Hilfe von 3D-Kameras in den Gabelzinken sowie einer Auswertesoftware wird sichergestellt, dass die Gabelzinken exakt in die Öffnungen der Palette eingeführt werden. Die entnommene Palette wird anschließend zu einem Depalettierungs-Roboter transportiert. Der Fahrer des Gabelstaplers wird bei diesem Prozessschritt durch ein optisches Indoor-Navigationssystem unterstützt. Bei der Übergabe der Palette an den Roboter werden neben den Halbzeugen gleichzeitig auch die Informationen zu dieser spezifischen Ladung übergeben. Durch den Einsatz einer optischen Datenübertragung wird in diesem Szenario eine erneute Identifizierung der Palette durch den Roboter vermieden. Nach der Depalettierung durch den Roboter werden die Halbzeuge durch ein Stetigfördersystem zu den Bearbeitungs- und Verpackungsstationen transportiert. Das Fördersystem besteht aus mehreren Matrizen aus kleinskaligen optisch vernetzten Fördermodulen. Vor den Verpackungsstationen werden anschließend jeweils 3 Produkte gesammelt und in einer definierten Orientierung der Verpackungsstation zugeführt.

Anhand dieses vereinfachten Szenarios wird deutlich, dass ein Einsatz optischer Technologien bei einer Vielzahl unterschiedlicher Prozesse der Intralogistik möglich ist (vgl. Abbildung 2).

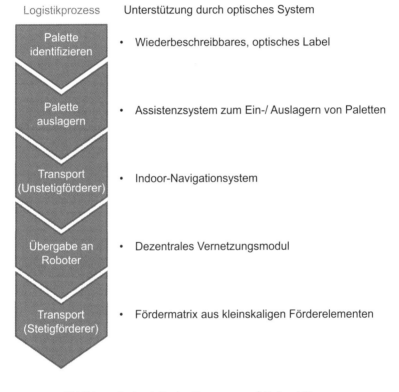

Logistikprozess   Unterstützung durch optisches System

- Palette identifizieren — Wiederbeschreibbares, optisches Label

- Palette auslagern — Assistenzsystem zum Ein-/ Auslagern von Paletten

- Transport (Unstetigförderer) — Indoor-Navigationssystem

- Übergabe an Roboter — Dezentrales Vernetzungsmodul

- Transport (Stetigförderer) — Fördermatrix aus kleinskaligen Förderelementen

Abbildung 2: Logistische Prozesse und Unterstützung durch optische Technologien

Nachfolgend werden die einzelnen Teilsysteme und die jeweilige Anwendung optischer Technologien detailliert beschrieben.

2. Wiederbeschreibbares, optisches Label

Der erste Schritt vieler Intralogistikprozesse und des hier beschriebenen Szenarios ist die Identifizierung eines Ladungsträgers oder des Lagerplatzes. Mit Barcodes, Etiketten und RFIDs haben sich unterschiedliche Technologien für die automatische Identifizierung (Auto-ID) von Objekten in der Intralogistik etabliert. Jedes der genannten Auto-ID-Verfahren hat spezifische Vor- und Nachteile. Abbildung 3 zeigt eine Analyse bestehender Auto-ID-Systeme hinsichtlich einer automatischen (bzw. maschinellen) Lesbarkeit, einer manuellen Lesbarkeit und einer Wiederbeschreibbarkeit.

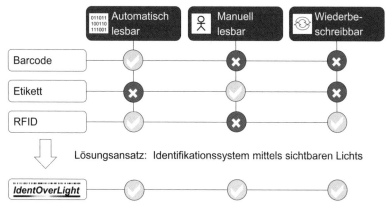

Abbildung 3: Eigenschaften verschiedener Auto-ID Verfahren

Barcodes sind das am häufigsten verwendete Auto-ID System. Ihr Vorteil liegt in der simplen Erzeugung sowie den geringen Kosten des Informationsträgers. Allerdings können Barcodes die enthaltenen Informationen nur mittels Lesegerät zur Verfügung stellen. Soll die am Objekt gespeicherte Information bei Nutzung von Barcodes verändert werden, so muss ein neuer Informationsträger erstellt und angebracht werden. Auch Etiketten zeichnen sich durch geringe Kosten des Informationsträgers aus und sind nicht wiederbeschreibbar. Die am Objekt gespeicherten Informationen sind manuell lesbar, jedoch ist ein automatisches Auslesen meist nicht möglich. RFID ist bspw. je nach Frequenzband über Entfernungen von mehreren Metern automatisch lesbar und wiederbeschreibbar. Allerdings können die gespeicherten Informationen nur mittels eines entsprechenden Lesegeräts für den Menschen sichtbar gemacht werden.

In dem Projekt „IdentOverLight" wurden die positiven Eigenschaften von beste-henden Auto-ID Verfahren in einem neuen Konzept vereint, das auf sichtbarem Licht basiert. Der Informationsträger ist wiederbeschreibbar und sowohl für den Mitarbeiter in Klarschrift als auch für ein Lesegerät automatisch lesbar.

Das wiederbeschreibbare, optische Label besteht aus einem Sender und einem In-formationsträger als Empfänger, welche über eine drahtlose optische Schnittstelle miteinander kommunizieren. Abbildung 4 zeigt das Funktionsprinzip des Lösungs-ansatzes.

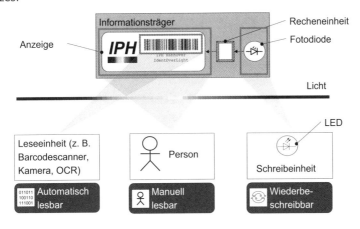

Abbildung 4: Funktionsprinzip IdentOverLight

Die auf dem Informationsträger zu speichernden Informationen werden von einer LED an eine Photodiode gesendet und auf einem Anzeigeelement in Klartext sowie als 2D-Code dargestellt. Das Display ist als bistabiles No-Power-Display ausge-führt, das den angezeigten Inhalt nach dem Schreibvorgang ohne weitere Ener-gieaufnahme beibehalten kann. Der automatische Auslesevorgang erfolgt über das Display mittels eines konventionellen Barcode-Lesegeräts. Der Sender ist eine modifizierte Version eines USB-Infrarot Adapters, bei dem die Infrarotdiode durch eine LED im roten, sichtbaren Bereich ersetzt ist. Der Sender überträgt Daten mit einer Geschwindigkeit von 2.400 Baud bei einer Modulationsträgerfrequenz von 36 kHz. Die eingesetzte Leuchtdiode sendet bei 660 nm mit einer maximalen Lichtstärke von 4 Candela bei einem Abstrahlwinkel von 40°. Dadurch wird eine Reichweite von etwa 40 cm ermöglicht. Abbildung 5 zeigt einen an einem Mehr-wegbehälter angebrachten Informationsträger während des Schreibvorgangs.

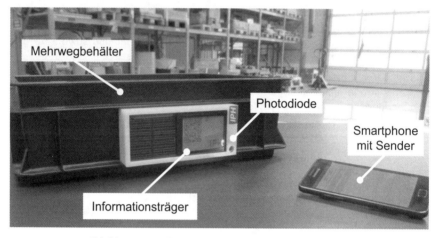

Abbildung 5: Informationsträger im Schreibvorgang

In ähnlichen Forschungsprojekten, wie z.B. Pariflex [PAR09] oder InBin – der intelligente Behälter [IML12], werden ebenfalls programmierbare Displays zur Entwicklung innovativer Auto-ID eingesetzt. Zur Datenübertragung an das Auto-ID-Label wird in diesen Projekten jedoch Funk genutzt. Der Einsatz von sichtbarem Licht bietet zudem den Vorteil, dass eine direkte Ansprache (bzw. Adressierung) eines Informationsträgers durch die Ausrichtung des Senders ermöglicht wird und der Mitarbeiter sehen kann welches Label er beschreibt oder ausliest. Durch visuelle Rückkopplung beim Lesen und Beschreiben des Informationsträgers können Fehler vermieden werden. Der tägliche, gewohnte Umgang mit dem Medium Licht kann beim IdentOverLight Lösungsansatz zudem zu einer höheren Akzeptanz des Systems führen.

3.   Assistenzsystem zum Ein-/Auslagern von Paletten

Bei der Auslagerung einer identifizierten Palette, beispielsweise aus einem Hochregallager, sind Gabelstapler auch in Zukunft ein wesentlicher Bestandteil der innerbetrieblichen Transportkette. Manuell bediente Gabelstapler zeichnen sich dabei besonders durch Ihre Anpassungsfähigkeit und Flexibilität gegenüber automatisierten Regalbediengeräten oder Flurförderzeugen aus [MAR11]. Um den Gabelstaplerfahrer bei seiner Tätigkeit zu unterstützen, werden 3D-Kamerasysteme verwendet, welche die Gabelzinkenposition relativ zur Palette erfassen. Insbesondere, wenn Paletten aus großen Höhen ausgelagert werden sollen oder die Sicht des Fahrers beispielsweise durch den Hubmast verdeckt ist, wird die Handhabung des Gabelstaplers erschwert. Anhand der automatisiert ausgewerteten Aufnahmen der integrierten Kameras, werden, im Rahmen eines Fahrerassistenzsystems, Verfahrempfehlungen an den Gabelstaplerfahrer ausgegeben, die dabei helfen das Fahrzeug optimal zu positionieren und Unfälle zu vermeiden [OVE13].

Die speziell für diese Anwendung entwickelten und nach dem „Time of Flight"-Prinzip arbeitenden Kameras (Abbildung 6, links) sind in die Gabelzinkenspitzen integriert, um dadurch eine optimale Sicht, sowohl bei einer aufgenommenen Palette, als auch im unbeladenem Zustand zu ermöglichen [OVE12a]. Um den Schutz der Sensoren vor mechanischen Beschädigungen sicherzustellen, wurden speziell modifizierte Gabelzinken mit angepassten Kameragehäusen gefertigt (Abbildung 6, rechts). Die Integration der Kameras in der Gabelzinkenspitze bedingt zwei wesentliche Anforderungen an die Kamerahardware. Zunächst müssen die Kameras klein genug sein, um sie integrieren zu können, ohne dabei die Gabelzinken unzulässig zu schwächen oder zu vergrößern. Außerdem dürfen Stöße, wie sie beispielsweise beim Absetzen der Gabelzinken auf dem Hallenboden oder bei Berührungen mit Ladungsträgern auftreten, nicht zu Beschädigungen der Sensoren führen. „Time of Flight"-Kameras mit der verwendeten Technik erfüllen beide Anforderungen, da sie robuster und kompakter sind als vergleichbare Sensorsysteme wie z. B. Laserscanner, Stereokameras oder Systeme auf Basis von strukturiertem

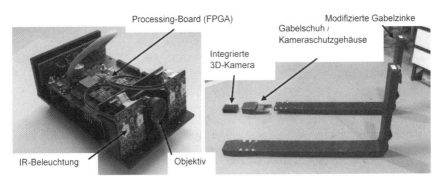

Abbildung 6: Links: hochintegriertes 3D-Kamerasystem, Rechts: vollständige modifizierte Gabelzinken

Licht. Die maßgeblichen Vorteile dieser Technologie sind, dass keine beweglichen Teile wie bei Laserscannern erforderlich sind und die Ausrichtung zwischen Objektiv und Beleuchtung unkritisch ist. Zudem liefert die Kamera ein vollständiges, organisiertes Array von zeitgleich aufgenommenen Messpunkten, wodurch Bildbewegungen nicht, wie bei sequentiellen Aufnahmen, verzeichnet werden.

Die Auswertungssoftware für die Aufnahmen der 3D-Kameras wird aktiv, sobald der Fahrer die Gabelzinken grob vor der aufzunehmenden Palette positioniert hat. Aufgrund der Einbauposition der Kameras in den Gabelzinkenspitzen befinden sich die Kameras zum Einsatzzeitpunkt unmittelbar vor den Ladungsträgeröffnungen und filmen gewissermaßen in die Palette hinein (vgl. Abbildung 7). Eine Orientierung an der Frontseite der Palette oder an geometrischen Merkmalen der Palettenöffnung ist daher nur eingeschränkt möglich. Um diesem Umstand zu begegnen, werden für die relative Positionsbestimmung die Innenflächen der Ladungsträgeröffnung bzw. die Auflagefläche im Regal als Orientierungsflächen verwendet. Dadurch ist es möglich, eine vertikale und horizontale Positionserfassung auch bei bereits in die Palette einfahrenden Gabelzinken zu generieren. In Abbildung 8 wird der vereinfachte Auswertungsablauf dargestellt sowie beispielhaft die Prozesszwischenschritte für die linke Öffnung einer Standard-Palette.

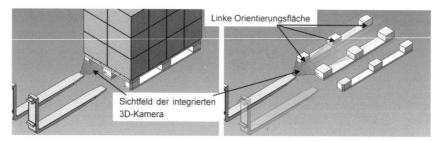

*Abbildung 7: Schematische Darstellung des Kamerasichtfeldes
in den Ladungsträger hinein*

Die Auswertung der Kameraaufnahmen beginnt mit der Überprüfung auf Hindernisse in unmittelbarer Nähe zur Kamera. Sollten gültige Messpunkte erfasst werden, die sich in der Nähe der Kamera befinden, wird eine entsprechende Kollisionswarnung an den Fahrer ausgegeben. Diese Ausgabe erfüllt neben der allgemeinen Verbesserung der Handhabungssicherheit auch die Funktion eines Selbstschutzes der Kameras, da diese vor einer möglichen Beschädigung durch frontal in die Kamera eindringende Objekte warnen.

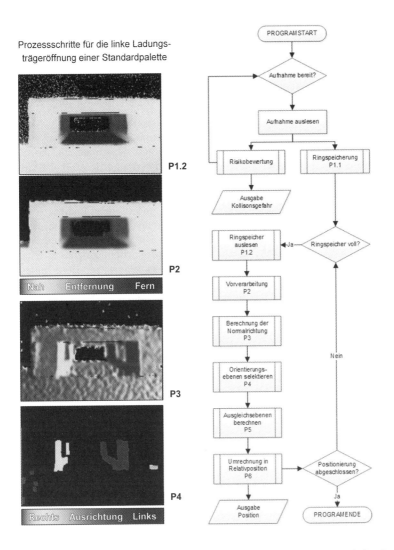

Abbildung 8: Programmablauf für die Auswertung der 3D-Bilder und die Generierung von Verfahrempfehlungen mit Zwischenschritten der Bildverarbeitung

Die eigentliche Auswertung der Bilder erfolgt nachdem mehrere Aufnahmen aus einem Ringspeicher zu einer resultierenden Aufnahme verrechnet wurden. Durch die Zusammenfassung mehrerer Aufnahmen mit ggf. unterschiedlichen Aufnahmeeinstellungen werden das Messrauschen sowie nicht messbare Bildbereiche minimiert. In der anschließenden Vorverarbeitung werden weitere Optimierungen zur Rauschunterdrückung und Vorselektion relevanter Datenpunkte vorgenommen (vgl. Abbildung 8; P1.1, P1.2 & P2) [KLE12].

Um die Relativposition zwischen Kamera und Palettenöffnung bestimmen zu können, werden zunächst die Ausrichtungen der Flächen berechnet, welche durch zueinander benachbarte 3D-Bildpunkte (Voxel) definiert sind [KLA09]. Da die gesuchten Flächen vorwiegend parallel zur Sichtachse der Kamera und entweder geneigt um die Y- oder X-Achse ausgerichtet sind – nicht jedoch geneigt in mehreren Achsen – ist eine Charakterisierung entlang der vertikalen und horizontalen Flächenausrichtung ausreichend. Da die Aufnahmen der Kameras organisiert sind, Voxel innerhalb der Bildmatrix also auch in der Realität benachbart sind und die Messwertstreuung ausreichend gering ist, wird die Flächenausrichtung trigonometrisch bestimmt. Der Prozessorzeitaufwand für eine derartige Berechnung ist geringer als beispielsweise beim Least-Squares-Verfahren und die Genauigkeit der ermittelten Normalenrichtungen reicht für die nachfolgende Selektion von Orientierungsflächen aus.

Die zu den Orientierungsflächen gehörenden Voxel werden mit Hilfe eines RANSAC-Algorithmus gegen Ausreißer gefiltert und zu einer Ebene zusammengefasst. Über einen Least-Squares-Algorithmus wird die endgültige Position der Fläche im Raum bestimmt. Durch den Abgleich jeweils zweier gegenüberliegender Flächen bzw. den Abgleich zwischen Erwartungswert und Istwert der Flächenpositionen wird die Relativposition und somit die Verfahrempfehlung bestimmt und dem Fahrer als visuell leicht verständliche Animation angezeigt (Abbildung 9).

Abbildung 9: Verfahrempfehlung wie sie dem Gabelstaplerfahrer angezeigt wird: „Gabelzinken nach links bewegen". Der Kreis im Zentrum der Anzeige wird Rot, wenn eine Kollision droht, Gelb, bei Positionskorrekturen oder Grün, wenn die Position innerhalb der Soll-Toleranz ist.

4. Optisches Indoor-Ortungssystem

Zur Unterstützung der wandlungsgerechten Automatisierung von Transport- und Lagersystemen wurde ein innovatives, optisches Positionsbestimmungssystem als Indoor-Ortungssystem für geschlossene Lagerbereiche entwickelt. Die Neuheit des Positionsbestimmungssystems besteht, im Vergleich zu bekannten Indoor-Ortungsverfahren, in der Verwendung einer aktiven optischen Infrastruktur. Diese Infrastruktur besteht aus optischen Baken, die in die Deckenbeleuchtung integriert werden und ihre Position im Lager durch moduliertes Licht aussenden (vgl. Abbildung 10). Der Empfänger auf dem FFZ erfasst diese Signale mittels einer Kamera und eines Photodioden-Arrays. Anhand der Einfallswinkel und der zeitgleich übertragenen Position der Baken kann der Empfänger die Position des FFZ bestimmen. Da das FFZ sich nicht seitlich oder nach vorne neigen kann, ist es dabei ausreichend, die Lage in vier Dimensionen (Position xyz, Orientierung bzw. Gierwinkel/Fahrtrichtung) zu errechnen.

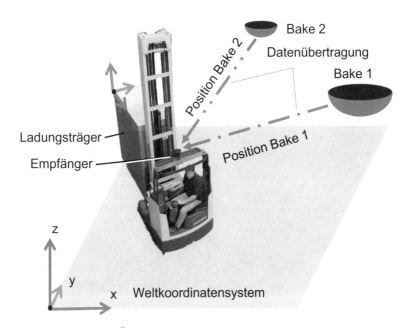

Abbildung 10: Übersicht optisches Positionsbestimmungssystem

Die Infrastruktur des Positionsbestimmungssystems besteht aus optischen Baken, die an der Hallendecke montiert werden und durch eine gezielte Modulation von Infrarotlicht (IR, 940 nm, Trägerfrequenz 56 kHz) Referenzinformationen, insbesondere die eigene Position, in Form von Nachrichten aussenden. Abbildung 11 zeigt eine optische Bake, die über 8 optische LED Kanäle eine räumliche Abdeckung (Öffnungswinkel je LED 30°) erreicht. Mittels Fotoempfängern synchronisieren sich mehrere in Sichtweite befindliche Baken untereinander. Hierzu wird ein Zeitmultiplexverfahren mit einer Rahmendauer von 200 ms, aufgeteilt in 25 Zeitschlitze (8 ms), verwendet. Jede Bake sendet auf einem zugewiesenen Zeitschlitz. Die effektive Nutzdatenübertragungsrate pro Bake beträgt 160 Bit/s. Durch gezielt eingebrachte, zeitliche Verzögerungen wird das Datensignal in Abhängigkeit vom Abstrahlwinkel konditioniert.

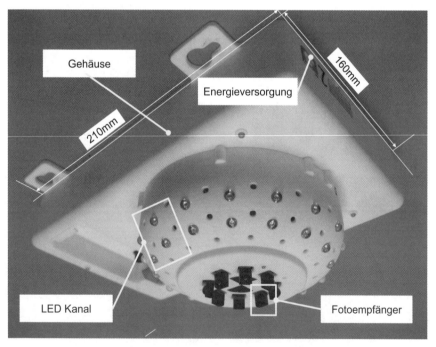

Abbildung 11: Optische Bake des Positionsbestimmungssystems

Ein Empfänger auf dem FFZ empfängt die Signale der in Sichtweite befindlichen Baken. Der Empfänger besteht zu diesem Zweck aus zwei Arten von optischen Sensoren: einer bildgebenden HD-Kamera (ZELOS 02150M, Kappa optronics) und 4 räumlich angeordneten Fotoempfängern. Die Kamera ist mit einem 180°-Fischaugenobjektiv ausgestattet, um den oberen Halbraum über dem FFZ sensorisch zu erfassen. Zur Erhöhung des Bildkontrastes ist ein IR-Filter zwischen Objektiv und Bildsensor eingebracht. Abbildung 12 zeigt den umgesetzten, prototypischen Aufbau des Empfängers zur Verifikation des Systemverhaltens.

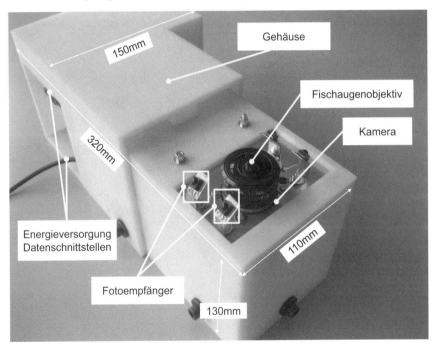

Abbildung 12: Prototypischer Empfänger des Positionsbestimmungssystems

Aus den genannten Sensoren berechnet der Empfänger seine Position in vier Dimensionen (Position in 3D sowie Fahrtrichtung). Aus der Bildsequenz, die mit der Kamera erfasst wird, werden die Bildkoordinaten der sichtbaren Baken bestimmt. Diese Verarbeitung entspricht einer Einfallswinkelmessung (Angle of Arrival, AOA).

30. Deutscher
Logistik-Kongress
23.-25. Oktober 2013

BVL
Bundesvereinigung
Logistik

Parallel werden die Nachrichten der Baken mit dem Fotoempfänger aufgezeichnet. Durch die winkelabhängige Konditionierung des Sendesignals lässt sich eine einfache Triangulation durchführen, die eine 2D-Positionsschätzung liefert. Dadurch lassen sich die Bildkoordinaten der Baken den zugehörigen absoluten Weltkoordinaten, die in den Bakennachrichten enthalten sind, zuordnen. Mit mindestens zwei derartigen Korrespondenzen von Baken im Kamerabild zu Weltkoordinaten ergibt sich eine analytisch exakte Lösung für das Ortungsproblem in vier Dimensionen [HEI12]. Die Übermittlung der Daten vom Empfänger an das Navigationssystem des Fahrzeugs erfolgt nach dem NMEA0183-Standard, der von nahezu allen kommerziell erhältlichen GPS-Empfängern unterstützt wird. Abbildung 13 zeigt die logische Struktur des Empfängers.

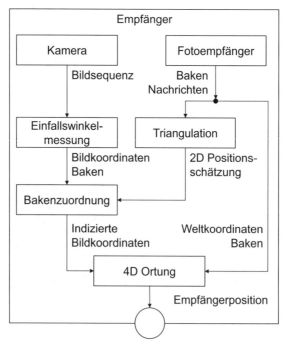

Abbildung 13: Logische Struktur des Empfängers

In einer industriellen Testumgebung wurden, ausgehend von den simulierten Ergebnissen, Versuche zur Bestimmung der Positionsgenauigkeit des Ortungssys-
tems durchgeführt. Zu diesem Zweck wurden zwei Baken am Hallendach in ca.
8 m Höhe angebracht. Abbildung 14 (links) zeigt einen Ausschnitt aus einer Bildsequenz. Im Bild sind beide Baken in der linken Bildhälfte zu sehen. Die Signalstärke ist in Abbildung 14 (rechts) gezeigt. Basierend auf dem niederfrequent
modulierten Signal lassen sich beide Baken leicht mittels Schwellwert erkennen.
Andere Lichtquellen können durch das Fehlen dieses Signals leicht ausgeblendet
werden. Diese Eigenschaft stellt gerade in Bereichen mit Fremdlichteinfluss einen
wesentlichen Vorteil gegenüber Positionsbestimmungssystemen dar, die mit pas-
siven Markern arbeiten.

 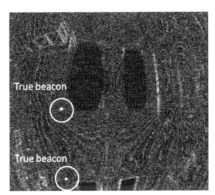

Abbildung 14: Baken in industrieller Umgebung im Videobild (links)
und Signalstärke (rechts)

Zur Bestimmung der Positionsgenauigkeit wurde der Empfänger in einem Raster
(14 x 5 m) an bekannten Positionen und Orientierungen auf dem Boden positioniert. In jeder Lage wurde der euklidische Abstand zwischen echter und ge-
messener Position als Fehlermaß bestimmt. Aus diesen Positionsfehlern wurde ein
Mittelwert als Gütemaß gebildet. Abbildung 15 zeigt den mittleren Positionsfehler
für eine PAL-Kamera. Insgesamt wurden 63521 einzelne Messungen in 288 Lagen
berücksichtigt. Mittels der PAL-Kamera kann im Stand ein mittlerer Fehler von
40 cm erreicht werden [HEI13]. Vorversuche mit der HD-Kamera zeigen, dass
aufgrund der höheren Auflösung (effektiv 1080x1080 Pixel) im Stand ein mittlerer
Fehler von 10 cm zu erreichen ist.

30. DEUTSCHER
LOGISTIK-KONGRESS
23.-25. Oktober 2013

BVL

Bundesvereinigung
Logistik

Mittlerer Positionsfehler (PAL Kamera)

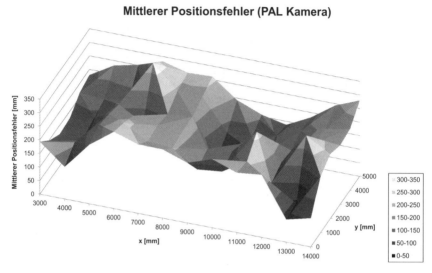

Abbildung 15: Mittlerer Positionsfehler (PAL-Kamera)

5.   Dezentrales Vernetzungsmodul

Nach dem Transport der Palette durch einen Unstetigförderer wird die Palette in dem skizzierten Szenario an einen Roboter übergeben. Dieser Roboter depalletiert diese und übergibt die einzelnen Halbzeuge an ein Stetigförderersystem. Bei diesem Übergabeprozess findet derzeit keine direkte Kommunikation zwischen Gabelstapler und Roboter statt. Daher wird nur das das physische Gut übergeben, eine Übergabe der digitalen Informationen erfolgt nicht.

Durch diesen Mangel an direkter Kommunikation ist an jeder Schnittstelle eines Produktionssystems, sowohl innerbetrieblich als auch unternehmensübergreifend, eine erneute Identifizierung des Gutes erforderlich. Dieser Identifizierungsvorgang führt zu einer Verlängerung der Prozesszeit und zu Kosten für Identifikations-Systeme und Barcodes/Transponder an den Produktionsgütern [MEL07]. Zudem stellen derartige Systeme keinen kontinuierlichen Informationsfluss in Echtzeit sicher. Informationen stehen nur punktuell an definierten Auto-ID Positionen zur Verfügung. Dies führt zu einer Trennung zwischen Material- und Informationsfluss und einer geringen Transparenz eines Intralogistiksystems.

Durch die Entwicklung eines nachrüstbaren Vernetzungsmoduls kann zukünftig eine systemübergreifende Vernetzung bestehender Elemente eines Produktions- und Intralogistiksystems realisiert werden. Hierdurch wird ein paralleler Transport von Material und Informationen ermöglicht (vgl. Abbildung 16), sodass die Transparenz und Rückverfolgbarkeit erhöht werden kann. Der Aufwand für Auto-ID-Vorgänge und das Speichern von Prozessinformationen in zentrale Datenbanksysteme kann hierdurch verringert werden.

reiner Materialtransport   paralleler Material- und Informationstransport

Abbildung 16: Material- und Informationsfluss

Der praktische Einsatz eines derartigen Vernetzungsmoduls wird im Folgenden anhand des zuvor beschriebenen Anwendungsszenarios dargestellt. Zunächst fährt der Stapler zum Regalsystem und entnimmt eine Palette mit dem angeforderten Material. Bei diesem Auslagerungsprozess werden die auf dem Ladungsträger gespeicherten Informationen des entnommenen Materials einmalig über ein Auto-ID System eingelesen und mit einem Auftrag verknüpft. Diese Daten, wie beispielsweise der Name des Lieferanten, Anlieferdatum, Chargennummer, Auftragsnummer, materialspezifische Parameter und Bearbeitungsreihenfolge werden im Vernetzungsmodul, das sich am Stapler befindet, zwischengespeichert. Gleichzeitig werden diese Informationen durch eine Schnittstelle an ein vorhandenes Lagerverwaltungssystem oder Manufacturing-Execution-System weitergegeben.

Der Stapler transportiert das Material anschließend zum Robotersystem. Bei der Übergabe des Materials an das Robotersystem wird parallel auch die Auftragsinformation vom Vernetzungsmodul des Staplers an das Vernetzungsmodul des Robotersystems weitergegeben. Das Robotersystem entnimmt das Material an-

schließend von der Palette und legt es auf einen Gurtförderer. Hierbei werden die Auftragsinformationen vom Robotersystem an den Gurtförderer übergeben. Da die Palette n gleiche Bauteile enthält und jedes Bauteil auf dem dezentralen Vernetzungsmodul des Gurtförderers eine eigene Kopie der Information zugeordnet bekommt, entsteht ein Informationsfluss aus n Informationsblöcken. Dieses ist notwendig, da jedes Bauteil im Produktions-, bzw. Intralogistiksystem individuell identifizierbar sein muss, um korrekt verarbeitet zu werden. Eine erneute Identifizierung der Bauteile, beispielsweise durch Barcodescanner, ist somit im Folgenden nicht erforderlich. Während des nachfolgenden Transports der Bauteile auf Gurtförderern wird die Konvergenz von Material- und Informationsfluss durch eine Anbindung der Vernetzungsmodule an die Stetigförderer sichergestellt. Durch Auswertung von Sensorinformationen, z. B. Lichtschrankensignalen, und Daten aus der Steuerung der Stetigförderer, z. B. die Fördergeschwindigkeit, durch das Vernetzungsmodul kann ein paralleler Material- und Informationsfluss realisiert werden.

Ein Vernetzungsmodul für Produktions- und Intralogistiksysteme muss daher zwei wesentlichen Aufgabenstellungen gerecht werden. Aufgabenstellung 1 beinhaltet die Umsetzung einer direkten Kommunikation zwischen zwei Elementen eines Produktions-, bzw. Intralogistiksystems zur Sicherstellung eines parallelen Material- und Informationsflusses. Hierbei muss gewährleistet werden, dass die übermittelten Daten nur an den gewünschten Empfänger gesendet werden, da anderenfalls eine Divergenz zwischen Material- und Informationsfluss auftreten kann. Für diesen Anwendungsfall wird eine Datenübertragung per optischer Kommunikation konzipiert. Diese Form der Datenübertragung hat den Vorteil, dass die Kommunikation nur zwischen Elementen möglich ist, die direkten Sichtkontakt haben. Bei funkbasierten Lösungen wäre immer eine Identifizierung, beispielsweise mittels IP-Adresse, notwendig. Bei der Übergabe eines Produktes an eine Maschine müsste daher immer auch die IP-Adresse des Empfängers bekannt sein, so dass Zentralsysteme zur Verwaltung der IP-Adressen notwendig wären. Darüber hinaus lässt sich durch Nutzung von LEDs leichter ein schmaler Abstrahlwinkel zur direkten Kommunikation sicherstellen als beim Einsatz von Funktechnologien.

Ein dezentrales Vernetzungsmodul könnte aus einer Schnittstelle zum Datenaustausch, einem lokalen Rechensystem (Mikrokontroller inkl. Speicher), einer Modulationseinheit (digitaler Signalprozessor: DSP), einer Infrarot-LED sowie mehreren Photodioden bestehen. Empfangene Daten von anderen Vernetzungsmodulen oder Daten aus der Schnittstelle des Vernetzungsmoduls lassen sich durch das Rechensystem zwischenspeichern und verarbeiten. Der DSP wandelt die Informationen in ein kontinuierliches Signal um und ermöglicht im Zusammenspiel mit einer Infrarot-LED als elektro-optischen (E/O) Wandler deren Übertragung als optisches Signal. Für die Modulation des Signals lassen sich Verfahren der Intensitätsmodulation nutzen.

Die zweite wesentliche Aufgabenstellung des Vernetzungsmoduls ist die Bereitstellung des aktuellen Systemzustands aller Elemente eines Produktions-, bzw. Intralogistiksystems. Neben der Nachverfolgbarkeit aller Prozessschritte wird auf diese Weise eine erhöhte Transparenz der Materialflüsse ermöglicht. Die Realisierung dieser Anforderung setzt eine hohe Reichweite der drahtlosen Datenübertragung voraus. Hierfür soll eine funkbasierte Datenübertragung genutzt werden. Durch eine Kombination von zwei Technologien zur Datenübertragung kann zudem die Störungsanfälligkeit im industriellen Umfeld reduziert werden. Um auch eine Vernetzung bestehender Produktions- und Logistiksysteme zu ermöglichen, muss bei der Entwicklung eines Vernetzungsmoduls insbesondere auf eine Nachrüstbarkeit geachtet werden. Neben der Hardwareentwicklung ist zudem die Entwicklung einer formalen, systemübergreifend verständlichen Sprache erforderlich. Auf diese Weise werden Elemente eines kognitiven Produktionssystems befähigt, Daten von jedem beliebigen Element zu empfangen und auf Basis der gemeinsamen Sprache zu verarbeiten.

Insgesamt werden durch die Entwicklung eines Vernetzungsmoduls und der Anwendung optischer Technologien die technischen Vorrausetzungen für einen parallelen Material- und Informationsfluss gelegt. Dies bildet die Grundlage für eine Umsetzung aktueller Zukunftsprojekte, die unter dem Stichwort Industrie 4.0 zusammengefasst werden. Unter dem Zukunftsprojekt Industrie 4.0 der Bundesrepublik Deutschland wird das Zusammenwachsen klassischer industrieller Prozesse mit moderner Technologien der Informationstechnik zu cyberphysischen Systemen verstanden. Maschinen, Anlagen und Logistiksysteme sollen befähigt werden ihr Verhalten durch Selbstoptimierung an sich ändernde Betriebsbedingungen anzupassen. Die Kenntnis des aktuellen Systemzustands ist hierfür wesentliche Voraussetzung. Optische Technologien können somit einen entscheidenden Beitrag zur Umsetzung der Industrie 4.0 in die Praxis leisten.

6. Optisch vernetzte kleinskalige Transportmodule

Im beschriebenen Szenario werden die vereinzelten Halbzeuge mittels eines Stetigförderers den Bearbeitungs- und Verpackungsstationen zugeführt. Diese Transportaufgabe wird durch die technischen Mittel des Materialflusssystems über-

 30. Deutscher
Logistik-Kongress
23.-25. Oktober 2013

 BVL
Bundesvereinigung
Logistik

nommen. Aktuelle Materialflusssysteme sind charakterisiert durch eine zentrale Steuerung, einer mechanisch definierten Ausprägung sowie einem bekannten Spektrum an Transportgütern. Im Einzelnen sind die elementaren, logistischen Funktionalitäten, wie beispielsweise das Transportieren, Ausschleusen, Verteilen und Sortieren im Materialflusssystem örtlich gebunden. Die Leistungsfähigkeit des Gesamtsystems ist auf das größte zu befördernde Transportgut ausgelegt, so dass bei kleineren Transporteinheiten Leistungsverlust im Hinblick auf die Gesamtenergiebilanz auftritt. In Folge der steigenden Variantenvielfalten und verkürzten Innovationszyklen werden die Anforderungen an heutige Materialflusssysteme zunehmend komplexer [DEL09]. Das dabei zu transportierende Spektrum an Transporteinheiten reicht von kleinsten, unverpackten Teilen bis hin zu Kartons und Behältern. Als Folge daraus sind beispielsweise Veränderungen am Materialflusslayout erforderlich, welche heute nur mit hohem Aufwand möglich sind. Damit verbundene Aspekte wie die Neuverkabelung und die Programmierung der zentralen Steuerung führen zu Systemausfällen und steigenden Kosten.

Das intralogistische Konzept auf Basis gleichartiger, kleinskaliger Module stellt einen neuartigen Ansatz für ein rekonfigurierbares und skalierbares Materialflusssystem dar [OVE07, OVE10]. Einzelne Module, welche kleiner als das zu befördernde Transportgut sind, werden bei diesem Ansatz unter Verwendung optischer Technologien miteinander verbunden. Damit können im Verbund komplexe, logistische Aufgaben an jedem beliebigen Ort im Materialfluss durchgeführt werden. Aufgrund der Gleichartigkeit und der kompakten Gestaltung der Module lassen sich zeitnah und aufwandsarm Veränderungen am Materialflusslayout durchführen. Dadurch steigt die Flexibilität des Gesamtsystems, wodurch sich Kosten- und

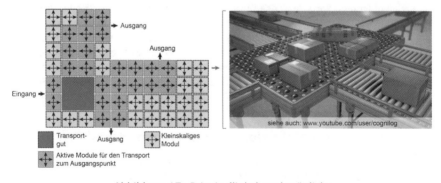

Abbildung 17: Prinzip (links) und mögliche
Ausprägung (rechts) des Materialflusssystems

Produktionsvorteile erzielen lassen. Abbildung 17 zeigt das Prinzip der kleinskaligen Module sowie eine mögliche Ausprägung des daraus hervogehenden Cognitive Conveyors (CoCo) in der Draufsicht.

Im gezeigten Beispiel wird das Transportgut durch einzelne omnidirektionale Module orientiert und entlang einer bestimmten Route befördert. Der Zusammenschluss der einzelnen Module zu einer Matrix führt zur Funktionsemergenz. Abhängig von der Zielbestimmung wird die Transporteinheit über die jeweiligen grau eingefärbten Module zum Ausgang befördert. Während des Transports können an jedem Ort auf der Matrix verschiedenste elementare, logistische Funktionalitäten durchgeführt werden. Drohende Kollisionen durch mehrere Transporteinheiten lassen sich durch die in Echtzeit berechnete Routenführung vermeiden. Gegenüber konventionellen Materialflusssystemen erlaubt die Kleinskaligkeit der Module einen größeren Gestaltungsspielraum in der Abbildung verschiedener Topologien und Funktionalitäten bei der Planung und Gestaltung intralogistischer Anlagen.

In vorherigen Forschungsaktivitäten wurde ein modularer Förderer auf Basis von drehbaren, angetriebenen Rollen vorgestellt [OVE10, OVE13]. Als alternatives Antriebskonzept dazu erfolgt die Entwicklung eines prototypischen Förderers mit einer zur Förderebene schrägstehenden, rotierenden Scheibe, über welche die Transporteinheit bewegt wird [VEN12, RAD12]. Abbildung 18 (links) zeigt den Aufbau eines einzelnen Schwenkscheibenmoduls. Mittels der beiden koaxial angeordneten Schwenk- und Schrägscheibenantriebe kann die oben auf dem Modul verbaute Schrägscheibe sowohl geschwenkt als auch angetrieben werden. Über die Kombination der beiden Antriebe lässt sich mit weiteren Einzelmodulen im Verbund eine darauf befindliche Transporteinheit in eine beliebige Richtung transportieren.

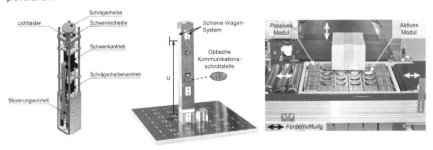

Abbildung 18: Aufbau eines einzelnen Schwenkscheibenmoduls (links, mitte) und Zusammenbau zu einer Matrix (rechts)

30. Deutscher
Logistik-Kongress
23.-25. Oktober 2013

BVL
Bundesvereinigung
Logistik

Jedes Modul ist im oberen Bereich mit einem Lichttaster zur Identifizierung von Transporteinheiten ausgestattet. Dadurch kann sichergestellt werden, dass nur die zum Transport benötigten Module angetrieben werden. Nicht belegte Module befinden sich in Bereitschaft und tragen damit zur Stromersparnis bei. Weitere Vorteile sind die Möglichkeit, über die belegten Lichttaster, automatisiert geometrische Maße von Transporteinheiten zu ermitteln sowie diese Informationen für die Routenplanung bereitzustellen.

Die im unteren Teil des Moduls verbaute Steuerungseinheit verbindet die beiden Motorsteuerungen, die Kommunikationsschnittstelle, den Lichttaster sowie einen Mikrokontroller, in welchem die Planung und Durchführung von Transportoperationen stattfindet. Über die in Abbildung 18 (mitte) dargestellte Kommunikationsschnittstelle, die aus einer Foto- und Leuchtdiode besteht, erfolgt die Informationsweitergabe an benachbarte Module. Zu diesem Zweck hat ein Modul an allen vier Seitenflächen eine optische Kommunikationsschnittstelle. Mittels eines Schiene-Wagen-Systems an den Außenwänden der Module erfolgt die formschlüssige Verbindung zu weiteren Modulen. Die Energieversorgung wird über die Basismodule und die Gehäuseaußenwand sichergestellt. Abbildung 18 (rechts) zeigt den prototypischen Zusammenbau als funktionale Matrix, welche als eigenständiger Förderer oder in Kombination mit konventionellen Materialflusssystemen genutzt werden kann. Im Hinblick auf eine kostenoptimale Ausführung des Förderers werden zusätzlich nicht angetriebene, passive Module verwendet, welche im Inneren ein leeres Gehäuse aufweisen und oben mit Kugelrollen ausgestattet sind. [OVE12b]

Sobald der im Szenario beschriebene Roboter die Halbzeuge auf den Gurtförderer legt, werden die einzelnen Transporteinheiten zu den als Matrix vernetzten Transportmodulen befördert, welche als hochfunktionaler Intralogistikknoten dienen. Anschließend können die komplexen Sortier- und Verteilaufgaben in diesen Knoten autonom gelöst werden, wodurch Speziallösungen, wie bei konventionellen Materialflusssystemen, entfallen. Zwischen den Knoten wird im betrachteten Szenario konventionelle Fördertechnik in Form von Gurtförderern eingesetzt. Mit diesem Aufbau können komplexe logistische Funktionalitäten an Orten umgesetzt werden, wo sie benötigt werden. Mit dem Eintreffen der Zielinformation sowie dem Belegt-Signal der Lichttaster auf den Einzelmodulen, erfolgt über die jeweiligen Steuerungseinheiten ein Kommunikationsaustausch sowie die Planung und Bestimmung der benötigten logistischen Funktionalität. Nach Festlegung dieser und unter Berücksichtigung möglicher Kollisionen erfolgt der Transport der Halbzeuge durch gezielte, synchrone Befehlsweitergabe an die Motorsteuerung über die Steuerungseinheit der jeweiligen Module [KRU12]. Die dezentrale Intelligenz in Form einer eigenen Steuerung und Sensorik der einzelnen Module trägt zur Erreichung einer hohen Flexibilität und Adaptivität bei. Die beschriebenen Intralogistikknoten sind charakterisiert durch die Fähigkeit, Entscheidungen selbstständig in Abhängigkeit des Systemzustands zu treffen. Ist beispielsweise eine Bearbeitungsstation aufgrund einer Störung nicht verfügbar und kann das auf den Transportmodulen befindliche Halbzeug von einer anderen Bearbeitungsstation verarbeitet werden, erfolgt die unmittelbare Umplanung. In Abhängigkeit von Aspekten wie der Auslastung und der Anzahl an Transporteinheiten im System, wird der günstigste Weg zur geeigneten Bearbeitungsmaschine selbstständig gewählt.

7. Ausblick: FTF out-of-the-box – Interaktive Fahrerlose Transportfahrzeuge

Im vorigen Abschnitt wurde die flexible Einbindung eines mit optischen Technologien ausgestatteten Stetigförderers in komplexe logistische Prozesse gezeigt. Für Unstetigförderer wie fahrerlose Transportsysteme (FTS) soll in einem aktuell beantragten Forschungsvorhaben eine vergleichbare Flexibilisierung erforscht werden. Betrachtungsgegenstand sind dabei fahrerlose Transportfahrzeuge (FTF), die nach erfolgter Anlieferung am Einsatzort autonom ihre Einsatzbereitschaft herstellen, ihre Arbeitsumgebung erfassen und speichern sowie ihnen zugewiesene Transportaufträge eigenständig ausführen (Betrieb „out-of-the-box"). Bei Bedarf sollen die Fahrzeuge auch manuell durch einen Menschen bedient werden können. Die autonomen Funktionen sollen den Staplerfahrer dann als intelligenter Assistent unterstützen (z. B. während des Ein-/Auslagerungsvorgangs). Zur Realisierung der Vision eines interaktiven FTS mit minimalem Inbetriebnahmeaufwand soll für das FTF eine dezentrale Fahrzeugsteuerung entwickelt werden. Diese versetzt das FTF in die Lage, sein Verhalten selbstständig durch Anpassung an sich wandelnde Produktionsumgebungen und Anforderungen zu optimieren.

Der selbstständige Betrieb des FTF out-of-the-box wird durch optische Technologien ermöglicht. Diese ermöglichen, bspw. im Gegensatz zu konventioneller Sensor- und Sicherheitstechnik, eine dynamische Umgebungserfassung in industriellen Umgebungen. Durch Bilderkennungs-, Ortungs- und Navigationsverfahren auf Basis von 3D-Kameratechnologie wird das FTF in die Lage versetzt, die Umgebung eigenständig zu kartographieren und Fahraufträge autonom durchzuführen. Weiterhin ermöglicht die Kameratechnik, Ladehilfsmittel und Lagerplätze beim Ein-/ Auslagerungsvorgang und Hindernisse während der Fahrt zu erkennen und situ-

30. Deutscher
Logistik-Kongress
23.-25. Oktober 2013

BVL
Bundesvereinigung
Logistik

ationsadäquate Aktionen einzuleiten. Darüber hinaus sind intuitive Interaktions-konzepte zur Steuerung und Beauftragung des FTF notwendig. Diese Interaktions-konzepte erlauben dem FTF, Aufgaben kontextabhängig über für den Menschen natürliche Eingabemöglichkeiten anzunehmen. Zum Einsatz kommen hier intelligente Schnittstellen zur Mensch-Maschine-Interaktion (MMI) auf Basis natürlicher Informationskanäle wie Sprache, Gestik oder Berührung, welche eine Interaktion (z. B. bei der Auftragsvergabe) in Echtzeit ermöglichen. Ebenfalls basierend auf optischen Technologien kann eine kontextsensitive Sicherheitstechnik ausgeführt werden, um eine gemeinsame Nutzung der sich ändernden Produktionsumgebung durch Personen und FTF zu ermöglichen. Basierend auf der Auswertung von per Bilderkennung gewonnenen Umgebungsdaten passt das FTF den Fahrweg situativ an und berücksichtigt dabei mögliche zukünftige Positionen dynamischer Hinder-nisse.

8. Förderhinweis

Teile dieses Beitrags wurden im Rahmen des Forschungsprojekts „Intelligente Schnittstellen in Wandlungsfähigen Lieferketten (ISI-WALK)" erarbeitet. Dieses Forschungs- und Entwicklungsprojekt wird mit Mitteln des Bundesministeriums für Bildung und Forschung (BMBF) innerhalb des Rahmenkonzeptes „Forschung für die Produktion von morgen" (Förderkennzeichen 02PR2000, 02PR2002) ge-fördert und vom Projektträger Forschungszentrum Karlsruhe, Bereich Produktion und Fertigungstechnologien (PTKA-PFT), betreut. Weiterhin wurde ein Teil dieses Beitrags im Rahmen des Projektes „Kognitive Logistiknetzwerke (CogniLog)" mit Mitteln des Ministeriums für Wirtschaft und Kultur des Landes Niedersachsen und der Europäischen Union (EFRE) gefördert. Weitere Teile des Beitrags wurden im Rahmen des Forschungsprojekts „Auto-ID mit sichtbarem Licht in der Intralogistik (IdentOverLight)" erarbeitet. Das IGF-Vorhaben der Forschungsgemeinschaft In-tralogistik/Fördertechnik und Logistiksysteme (IFL) e. V. wurde über die Arbeits-gemeinschaft industrieller Forschungsvereinigungen „Otto von Guericke" (AiF) e. V. im Rahmen des Programms zur Förderung der industriellen Gemeinschaftsfor-schung und -entwicklung (IGF) vom Bundesministerium für Wirtschaft und Tech-nologie aufgrund eines Beschlusses des Deutschen Bundestages gefördert.

9. Literatur

[DEL09]   Delfmann, W.: „Entschleunigt, einfach, dezentral – ein Paradigmenwechsel in der Logistik." In: Wimmer, T.; Wöhner, H.: 26. Deutscher Logistik-Kongress, Kongressband 2009. Hamburg: Deutscher Verkehrsverlag, 2009. S. 535–554.

[GUN06]   Günthner, W.; Furmans, K.; Wehking,K.-H.; Rahn,K.-P.; Ten Hompel, M.: Intralogistik im Dialog mit Forschung und Lehre, ISBN: 978-3-540-29657-7, Springer Verlag, Berlin u. a. 2006

[HEI12]   Heißmeyer, S.; Overmeyer, L.; Müller, A.: Indoor Positioning of Vehicles using an Active Optical Infrastructure. In: 3rd International Conference on Indoor Positioning and Indoor Navigation (IPIN), Sydney (Australien), 13.-15. November 2012. doi: 10.1109/IPIN.2012.6418914

[HEI13]   Heißmeyer, S. Overmeyer, L.; Müller, A.: Optical Indoor Positioning of Vehicles. In: Logistics Journal, eingereicht 2013.

[IML12]   IML: http://www.iml.fraunhofer.de/de/themengebiete/automation_ eingebettete_systeme/ Produkte/ IntelligenterBehaelter.html, Abrufdatum: 28.11.12

[KLA09]   Klasing, K.; Althoff, D.; Wollherr, D. und Buss, M.: "Comparison of Surface Normal Estimation Methods for Range Sensing Applications", Proceedings of the 2009 IEEE International Conference on Robotics and Automation (ICRA), Kobe, Japan, 2009

[KLE12]   Kleinert, S.; Overmeyer, L.: "Using 3D camera technology on forklift trucks for detecting pallets", Proceedings of the Distributed Intelligent Systems and Technologies Workshop (DIST), 2012, S. 55-62. St. Petersburg, Russland: Distributed Intelligent Systems Department, St. Petersburg State Polytechnical University

[KRU12]   Krühn, T.; Radosavac, M.; Overmeyer, L: „Decentralized and Dynamic Routing for a Cognitive Conveyor", 1st Joint Symposium on System-Integrated Intelligence: New Challenges for Product and Production Engineering (SysInt), Garbsen, 2012. S. 85-87.

[MAR11]   Mertin, H.: „Unstetigförderer", Vieweg+Teuber Verlag, Wiesbaden, 2011, S.214-293, ISBN 978-3-8348-8106-9

[MEL07]   Melzer-Ridinger, R.: „Supply Chain Management: Prozess- und unternehmensübergreifendes Management von Qualität, Kosten und Liefertreue", Oldenburg Verlag, Oldenburg 2007

[OVE07]   Overmeyer, L.; Falkenberg, S.; Heiserich, G.; Jungk, A.: „Innovative Gestaltung von Intralogistik durch Kopplung kleinskaliger Systeme", 16. Deutscher Materialfluss-Kongress; VDI-Berichte 1978, Düsseldorf: VDI Verlag, 2007. S. 171-179.

[OVE10]   Overmeyer, L.; Ventz, K.; Falkenberg, S.; Krühn, T.: „Interfaced multidirectional small-scaled modules for intralogistics operations." Logistics Research Volume 2. Berlin: Springer 2010. S. 123–133.

[OVE12a]   Overmeyer, L.; Kleinert, S.: „Das Lasthandling verbessern", f+h. Mainz: Vereinigte Fachverlage GmbH (2012), Nr. 2, S. 20-22 – ISSN 0341-2636

[OVE12b]   Overmeyer, Ludger; Krühn, Tobias; Heiserich, Gerd; Ventz, Kai (2012): Fördervorrichtung zum Transport und/oder Sortieren von Gegenständen, Gebrauchsmuster Aktenzeichen DE: 20 2012 001 229.0

[OVE13]   Overmeyer L.; Kleinert S.; Radosavac M.; Krühn T.; Heißmeyer S.; Bentlage A.: „Kognitive Transportsysteme durch optische Technologien", Wt-online. Düsseldorf: Springer-VDI-Verlag 2013, Nr. 2. S. 139- 145.

[PAR09]   Passives RF-Identifikationssystem mit flexiblem, bistabilem Display – PARIFLEX, http://www.mstonline.de/foerderung/projektliste/printable_pdf?vb_nr=V3LOG035, Abrufdatum 28.11.12

[RAD12]   Radosavac, M.; Krühn, T.; Overmeyer, L.: „Scalable Cognitive Conveyor for Material Handling", 20th International Conference on Material Handling, Constructions and Logistics, Belgrade: Faculty of Mechanical Engineering, University of Belgrade, 2012, S. 215-220.

[VEN12]   Ventz, K.; Hachicha, M. B.; Radosavac, M.; Krühn, T.; Overmeyer, L.: „Aufbau hochfunktionaler Intralogistik-Knoten mittels kleinskaliger Module als Cognitive Conveyor", 8. Fachkolloquium der Wissenschaftlichen Gesellschaft für Technische Logistik e.V. (WGTL), Otto-von-Guericke-Universität Magdeburg, 2012. S. 19 – 36.

E2

Fokus Pharma und Healthcare

30. Deutscher
Logistik-Kongress
23.-25. Oktober 2013

BVL

Bundesvereinigung
Logistik

Szenariogestützte Identifikation von
externen Bedrohungspotenzialen in der
Medikamentenversorgungskette

Szenariogestützte Identifikation von externen Bedrohungspotenzialen in der Medikamentenversorgungskette

Andreas Aschenbrücker, IPRI gGmbH

Michael Löscher, Universität Stuttgart

PD Dr. Mischa Seiter, IPRI gGmbH

1. Die Medikamentenversorgungskette und das Projekt „SafeMed"[1]

Die Sicherung einer bestmöglichen Versorgung der Bevölkerung mit Arzneimitteln ist nicht nur aus individueller medizinischer Sicht, sondern auch aus volksgesundheitlicher Perspektive von hoher Priorität. Bereits um die Jahrtausendwende hat das Robert-Koch Institut in einer deutschlandweiten Befragung festgestellt, dass über 70% der Bevölkerung einmal in der Woche eine Arzneimittelanwendung gebrauchen.[2]

Für die „Sicherstellung einer ordnungsgemäßen Arzneimittelversorgung der Bevölkerung" haben die Apotheken einen gesetzlichen Auftrag.[3] Hierbei werden diese von den Akteuren der Medikamentenversorgungskette (MVK), den Herstellern von Wirkstoffen und Arzneimitteln, dem Großhandel und den Transportdienstleistern unterstützt. Ihre Aufgabe ist die Produktion und Distribution von Arzneimitteln in großen und vor allem ausreichenden Mengen.[4] Kaapke, Preißner & Heckmann unterteilen diesen Auftrag in drei Bereiche:[5]

- **Arzneimittelsicherheit** – Sicherheit im Verkehr mit Arzneimitteln, insb. Sicherstellung der Qualität, Wirksamkeit und Unbedenklichkeit von Arzneimitteln,

---

1   Förderhinweis: Das diesem Beitrag zugrundeliegende Vorhaben wurde mit Mitteln des Bundesministeriums für Bildung und Forschung unter dem Förderkennzeichen 13N11195 gefördert. Die Verantwortung für den Inhalt dieser Veröffentlichung liegt bei den Autoren.
2   Vgl. Knopf & Melchert 2003, S. 14.
3   vgl. ApoG § 1 Abs. 1
4   vgl. Savage, Roberts & Wang 2006, S. 2.
5   Kaapke, Preißner & Heckmann 2007, S. 3.

┌─┐ 30. DEUTSCHER
└─┘ LOGISTIK-KONGRESS
23.-25. Oktober 2013

BVL ⌐
Bundesvereinigung
Logistik

- **Sicherstellung der Versorgungsqualität** – Sicherstellung der Qualität der Arzneimittelverwendung,
- **Versorgungsfunktion** – Sicherstellung der Verfügbarkeit eines benötigten Arzneimittels.

Die Sicherstellung der Versorgungsqualität wird maßgeblich bestimmt durch den verschreibenden Arzt, den ausgebenden Apotheker und nicht zuletzt den Patienten und dessen Einnahmeverhalten. Die Arzneimittelsicherheit steht im Fokus der Pharmakovigilanz und vielfältiger Vorschriften und gesetzlicher Auflagen (z.B. Zulassungsprozess für Arzneimittel und „Good Manufacturing Practices").[6] Auch die Verabschiedung der EU-Richtlinie 2011/62/EU vom 8. Juni 2011 zur Verhinderung des Eindringens gefälschter Arzneimittel in die MVK hat die Verbesserung der Arzneimittelsicherheit zum Ziel.[7]

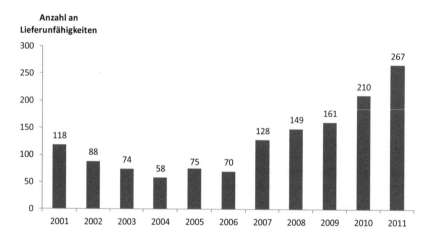

Abbildung 1: Anzahl an Lieferunfähigkeiten pro Jahr berichtet von der „American Society of Health-System Pharmacists" (ASHP)

---

6   Pharmakovigilanz bezeichnet die fortlaufende und systematische Sammlung und Auswertung von Erfahrungen bei der Anwendung von Arzneimitteln über die Zulassung eines Medikamentes hinaus (Rascher et al. 2007).

7   vgl. Europäische Union 2011.

Die zentrale Funktion der MVK, die Versorgung der Bevölkerung mit Arzneimitteln, wird indes zunehmend zum Problem (vgl. Abbildung 1). Aktuelle Studien zu „drug shortages" in den USA zeigen, dass über 10% der zugelassenen Wirkstoffe nicht oder nicht ausreichend zur Verfügung stehen.[8] Dass dies auch in Deutschland akut werden kann, zeigen Beispiele wie das des Betablockers Metoprololsuccinat oder die Lieferengpässe bei Antibiotika im Sommer 2012.[9]

Abbildung 2: Akteure der Medikamentenversorgungskette

Eine adäquate bzw. wünschenswerte Versorgung der Bevölkerung mit Arzneimitteln ist Bedrohungen auf allen Stufen der MVK ausgesetzt (siehe Abbildung 2). Einige Beispiele sollen diese Bedrohungspotentiale verdeutlichen:

– Die Gewinnung von Rohstoffen für Medikamente gegen Influenza erfolgt vor allem in Südchina und Vietnam. Eine Verknappung von Rohstoffen kann durch politische Verwerfungen der Import- und Exportländer, im Rahmen wirtschaftspolitischer Strategien der Exportländer, durch Naturkatastrophen oder Fehlernten gewollt oder ungewollt hervorgerufen werden.

– Die Herstellungsmenge bestimmter Präparate kann vor allem durch unterschiedliche Probleme in der pharmazeutischen Industrie, die zu einem qualitätsbedingten Ausfall kompletter Chargen führen, ungewollt aber signifikant reduziert werden.[10]

– Unerwartete Bedarfssteigerungen, z. B. durch Epidemien, können in Kombination mit einer unzureichenden, oft auch irritierenden Berichterstattung der Medien zu einem unerwünschten Verbraucherverhalten (Hamsterkäufen) führen. Die Hortung von Arzneimitteln in privaten Haushalten kann für die Versorgung der Bevölkerung mit Grippemedikamenten zu einem nicht zu vernachlässigenden Problem werden.[11]

8   vgl. Le et al. 2011
9   vgl. Schweim & Schweim 2011, Apotheke adhoc 2012.
10 Siehe Centres for Disease Control and Prevention (2008).
11 Vgl. Uhnoo (2006).

- Außergewöhnliche Umwelteinflüsse und Katastrophen oder fahrlässiges bzw. mutwilliges Fehlverhalten Dritter können dazu führen, dass der Großhandel eine nachteilige Beeinflussung der Beschaffenheit der Arzneimittel bei Lagerung und Transport nicht verhindern kann. Damit einher geht, dass Patienten (über Apotheken) nicht in kürzester Zeit und in ausreichender Menge mit den richtigen Arzneimitteln versorgt werden können.

- Ein besonderes Problem im Einzelhandel über das Internet ist der Handel mit falsifizierten Arzneimitteln. Insgesamt ist davon auszugehen, dass ca. 15% aller auf der Welt verbrauchten Medikamente Fälschungen sind. In Afrika und Asien wird angenommen, dass Fälschungen bis zu 50% der im Umlauf befindlichen Arzneimittel ausmachen.[12] Auch in europäischen Märkten stellt die Fälschung von Arzneimitteln ein erhebliches volksgesundheitliches Risiko dar.[13] Besonders problematisch ist die Fälschung von Arzneimitteln bei Medikamenten, die bei Notfällen oder akuten Erkrankungen eingesetzt werden und von denen eine unmittelbare Wirkung erwartet wird, z.B. bei Anti-Infektiva.[14] Aber auch im Bereich der sog. Lifestyle Präparate kann es zu Fälschungen kommen, die insbesondere aus dem Internet-Handel gemeldet werden. Diese Medikamente sind in der Regel höherpreisig und für Fälscher von besonderem Interesse.

Das interdisziplinäre Forschungsprojekt *„SafeMed – Systemgestaltung zur wirtschaftlichen Sicherung der Medikamentenversorgung"* (SafeMed) konzentriert sich insbesondere auf die Sicherung der quantitativen Versorgung der Bevölkerung mit benötigten Arzneimitteln. Das Vorhaben ist eingebettet in das Forschungsprogramm des *Bundesministeriums für Bildung und Forschung „Forschung für die zivile Sicherheit"* und Teil der vom *VDI Technologiezentrum* GmbH betreuten Bekanntmachung „Sicherung von Warenketten". Der Untersuchungsfokus von Safe-Med liegt dabei auf externen Bedrohungen, welche die Versorgungsfunktion der MVK gefährden können und deren Ursache nicht in den Standardprozessen der MVK liegen, sondern „von außen" auf das System der Medikamentenversorgung einwirken.

Das Ziel von SafeMed ist die Entwicklung von geeigneten systemgestalterischen und technischen Sicherungskonzepten, welche die Widerstandsfähigkeit der MVK

---

12 Vgl. Bygbjerg (2009).
13 Vgl. Tajanko et al. (2007).
14 Vgl. Kelesidis et al. (2007), Caudron et al. (2008).

gegenüber solchen externen Bedrohungen stärken. Es soll gewährleistet werden, dass auch bei unerwarteten Ereignissen, wie z.b. bei schwerwiegenden Wetter- oder Naturereignissen und damit einhergehenden Produktions- oder Distributionsproblemen, bei einem Personalausfall aufgrund von Epidemien oder bei einem unerwarteten signifikanten Nachfrageanstieg, eine adäquate Versorgung der Bevölkerung mit Arzneimitteln erfolgt.

Die Vorgehensweise des Projektes ist dabei angelehnt an die typischen Phasen des Risikomanagements: Risikoidentifikation – Risikobeurteilung – Risikosteuerung.[15] Im Besonderen werden folgende Forschungsfragen adressiert:

1. Welche Kombination von Einflussfaktoren führt zu Gegebenheiten (Bedrohungsszenarien), die eine Störung der Versorgungsfunktion der MVK herbeiführen können?

2. Welche operativen, institutionellen und systemgestalterischen Maßnahmen können ergriffen werden, um eine Störung oder Beeinträchtigung der Versorgungsfunktion der MVK zu verhindern?

3. Wie können die potenziellen Risiken und die diesen entgegenstehenden Maßnahmen aus betriebswirtschaftlicher und volkswirtschaftlicher Perspektive bewertet werden?

Zur Beantwortung der Forschungsfragen wurde ein interdisziplinäres Projektkonsortium gebildet, das sich im Kern aus drei Forschungsinstituten zusammensetzt. Diese kommen aus den Fachgebieten Betriebswirtschaftlehre mit dem Fokus auf Controlling und Performance Measurement, Volkswirtschaftlehre, insb. Gesundheitsökonomie, und einem Forschungsschwerpunkt zur Risiko- und Innovationsforschung.

Als Praxispartner konnten Vertreter aller relevanten Stufen der Medikamentenversorgungskette sowie zwei Beratungsunternehmen der Pharmabranche gewonnen werden. Unterstützt wird das Konsortium durch zahlreiche Verbände der Branche.[16]

Bevor geeignete Sicherungsmaßnahmen zur Vermeidung der genannten Ereignisse erarbeitet werden können, ist die Identifikation und Bewertung möglicher

---

15   Vgl. Diederichs 2012.
16   Für weitere Informationen sei verwiesen auf die Projekthomepage www.sichere-pharmakette.de.

 30. Deutscher
Logistik-Kongress
23.-25. Oktober 2013

 BVL
Bundesvereinigung
Logistik

Bedrohungsszenarien und die damit verbundenen Beeinträchtigung der Versorgungsfunktion der MVK eine notwendige Voraussetzung.

Ziel des vorliegenden Beitrags ist die Beschreibung der im Projekt SafeMed verwendeten Methodik zur Risikoidentifikation und der Ergebnisse in Form prototypischer externer Bedrohungsszenarien zur Beeinträchtigung der Versorgungsfunktion der MVK.

Zu Beginn werden einige allgemeine Vorüberlegungen zum Supply Chain Risikomanagement und den für das Projekt relevanten Besonderheiten und Entwicklungen der Pharmaindustrie vorgestellt. Anschließend wird die Methodik zur Identifikation potenzieller Risiken skizziert. Die Ergebnisdarstellung umfasst die im Projekt entwickelten Bedrohungsszenarien. Den Abschluss bildet ein Ausblick auf die weitere Vorgehensweise und die Projektziele.

2. Supply Chain Risikomanagement der Pharma Supply Chain

In allen Industriezweigen und in der Pharmabranche im Speziellen haben steigende Kundenanforderungen hinsichtlich Preisen, Qualität und Verfügbarkeit der Produkte, verstärkt durch einen zunehmenden Wettbewerbsdruck, zu verschlankten und hochgradig komplexen Supply Chains geführt. Diese sind gekennzeichnet durch optimierte Waren-, Finanz- und Informationsflüsse, hohe Kapazitätsauslastungen und minimierte Durchlaufzeiten.[17] Als wesentlichen Antriebsfaktor dieser Entwicklung identifizierte *Jüttner:* die Globalisierung der Supply Chain, die Reduktion von Lieferanten, das Ziel einer Minimierung von Beständen, die Verringerung der Wertschöpfungstiefe einzelner Unternehmen sowie Zentralisierungen von Vertrieb und Produktion global agierender Unternehmen an einzelnen oder wenigen Standorten.[18]

Negative Folge der Fokussierung auf die Steigerung der Supply Chain-Produktivität ist eine erhöhte Vulnerabilität der Supply Chain. Dies umfasst zwei Komponenten: das Auftreten einer Störung („disturbance") und die negativen Konsequenzen

---

17 Vgl. für die Pharmabranche Ewers et al. 2002, S. 12; Ewers und Mohr 2010 und für andere Industriezweige z.B. Blackhurst et al. 2005, Christopher und Peck 2004, Kersten et al. 2006, Pfohl et al. 2008 oder Ziegenbein 2007.
18 Jüttner 2005, S. 134.

dieser. Je höher die Vulnerabilität einer Supply Chain, desto wahrscheinlicher sind Störungen bzw. desto größer sind die negativen Konsequenzen dieser. Im Kontext von Supply Chains sind Störungen Abweichungen im erwarteten oder angestrebten Warenzufluss oder Warenabfluss eines Unternehmens. Negative Konsequenzen können unter anderem eine verminderte Zielerreichung in Form erhöhter Kosten, verlängerter Lieferzeiten, Qualitätseinbußen oder Produktionsstillstände sein.[19]

Besondere Relevanz erlangt Vulnerabilität im Kontext von Supply Chains aufgrund der uni- und bidirektionalen zeitlichen und funktionalen Abhängigkeiten der Supply Chain Akteure untereinander.[20] Das Risiko einer Störung ist originär problematisch für das davon betroffene Unternehmen. Aufgrund der funktionalen und zeitlichen Abhängigkeit der Supply Chain Akteure untereinander, führt der Eintritt einer Störung allerdings, eine entsprechende Vulnerabilität vorausgesetzt, zu einer Beeinträchtigung im betrieblichen Ablauf der vor- und nachgelagerten Unternehmen. Auch können Ereignisse, welche ein Unternehmen selbst nicht als Störung ansieht, Beeinträchtigungen für Unternehmen im „downstream" der Supply-Chain bedeuten. Die mit einer zunehmenden Optimierung steigende Vulnerabilität der Supply Chain hat zur Folge, dass Risiken eines Unternehmens zu Risiken für die gesamte Supply Chain und deren Akteure werden.[21]

Die pharmazeutische Industrie muss der Prozessindustrie zugeordnet werden, deren übliches Produktionsverfahren die Chargenfertigung ist.[22] Charakteristisch hierfür sind lange Prozesszeiten von mehreren Monaten mit mehrmaliger Wiederholung der Prozessschritte. Produziert wird üblicherweise auf Mehrproduktanlagen zur besseren Kapitalkostennutzung. Dies macht aufwendige Reinigungsprozesse zur Verhinderung von Kreuzkontaminationen mit zum Teil vierwöchigen Produktionsstillständen notwendig. Eine gängige Praxis zur Lösung des entstehenden Trade-Offs von Rüstkosten und Produktion verschiedener Produkte ist die Wirkstoff- und Arzneimittelproduktion in Jahreskampagne.[23] Treten hierbei Produktionsprobleme auf und müssen ganze Chargen z.B. aufgrund von Qualitätsmängeln vernichtet werden, ist eine kurzfristige Herstellung einer Ersatzcharge aufgrund dieser langen Produktionszyklen nicht möglich. Negative Konsequenz dessen sind schwerwiegende Lieferverzögerungen. Dies führt, gegeben eine optimier-

---

19   Vgl. Svensson 2002, 112.
20   Vgl. ebda. S, 115
21   Vgl. Kersten & Horath 2007, S. 47
22   Vgl. Bauer et al. 2002, S. 5.
23   Vgl. Shah 2004, S. 931. Jahreskampagne bedeutet Herstellung der gesamten Jahresproduktions-
      menge in einer oder mehrerer direkt aufeinander folgender Chargen. Diese müssen den Bedarf bis
      zur nächsten Produktion im kommenden Jahr decken.

te, schlanke Supply-Chain, zu fehlmengenbedingten Produktionsstillständen der nachgelagerten Unternehmen.

Die in der Arzneimittelindustrie üblichen hohen gesetzlichen Anforderungen an Qualitätsstandards und Herstellungsprozesse verursachen einen hohen Koordinationsbedarf zwischen den Akteuren der MVK. Der Arzneimittelhersteller, welcher das Medikament zugelassen hat und auf den Markt bringt, ist für dessen Qualität verantwortlich. Dies macht eine kontinuierliche Überprüfung der Herstellungs- und Prüfverfahren von Zulieferern und möglichen Lohnherstellern notwendig. Der Arzneimittelhersteller muss sicher stellen, dass in allen Phasen der Produktion die Richtlinien der „Good Manufacturing Practices" (GMP, Regeln ordnungsgemäßer Produktion) eingehalten werden.[24]

Lange Produktionszyklen, regulative Einflüsse und extrem hohe Qualitätsanforderungen führen zu starken funktionalen Abhängigkeiten zwischen den Akteuren der Pharma Supply-Chain. In Kombination mit einer globalisierten und schlanken Gestaltung der Warenkette führt dies zu einer hohen Verwundbarkeit.

Üblicherweise haben Bestände auf allen Stufen der MVK die Funktion, Lieferausfälle zu kompensieren. Apotheken sind gesetzlich dazu verpflichtet, die Arzneimittel „die zur Sicherstellung einer ordnungsgemäßen Arzneimittelversorgung der Bevölkerung notwendig sind, in einer Menge vorrätig zu halten, die mindestens dem durchschnittlichen Bedarf für eine Woche entspricht." Wie in Abbildung 3 dargestellt, steigt die Kompensationsfähigkeit der Supply Chain Akteure „upstream" der Supply Chain an. Es muss allerdings davon ausgegangen werden, dass selbst die Hersteller von Arzneimitteln bei Produktionsausfällen von über einem halben Jahr, diese nicht mit der bestehenden Lagerhaltung kompensieren können.

Der erste Projektabschnitt des Forschungsprojektes „SafeMed" hat zum Ziel, externe Bedrohungen der MVK zu identifizieren, die über die jeweilige Kompensationsfähigkeit der einzelnen Supply Chain Stufen hinausgehen. Hierbei wird der Ansatz eines gemeinsamen unternehmensübergreifenden Supply Chain Risikomanagements nach Pfohl gewählt.[25] Wie in Abbildung 4 ersichtlich dient die Risikoidentifikation dem Abgleich der unternehmensinternen Risiken und der Identifikation kooperativer Risiken, welche mehrere Supply Chain Akteure betreffen und gemeinsame Managementprozesse erfordern.

---

24   Vgl. Fischer und Breitenbach 2010, S. 161, 170-171.
25   Pfohl 2008.

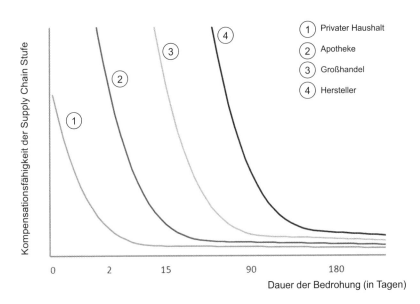

*Abbildung 3: Kompensationsfähigkeit der einzelnen Stufen
der Medikamentenversorgungskette*

Auch die weiteren Projektschritte orientieren sich am Ansatz des unternehmensübergreifenden Supply Chain Risikomanagement.

Nach diesen einführenden Überlegungen soll im folgenden Kapitel die methodische Vorgehensweise zur Risikoidentifikation thematisiert werden.

 30. Deutscher
Logistik-Kongress
23.-25. Oktober 2013

 BVL
Bundesvereinigung
Logistik

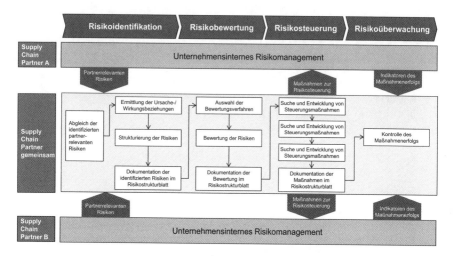

Abbildung 4: Umsetzung eines kooperativen Supply Chain Risikomanagement[26]

3. Methodik

3.1. Überblick

Zur Identifikation und Bewertung von Bedrohungsszenarien der MVK werden vier methodische Schritte kombiniert (siehe Abbildung 5):

1. Eine Aufnahme der Ist-Situation der Prozesse innerhalb der Unternehmen und zwischen den Akteuren der MVK zur Ableitung der wesentlichen Einflussfaktoren (sog. Deskriptoren) der Versorgungsfunktion.

2. Eine Cross-Impact Bilanzanalyse (CIB) zur Erstellung konsistenter Szenarien.

3. Die Identifikation grundlegender Trends, welche die MVK, die pharmazeutische Industrie und die Gesundheitsversorgung im Ganzen beeinflussen.

4. Ein Gruppen-Delphi zur Abschätzung der Bewertung der externen Bedrohungen hinsichtlich Eintrittswahrscheinlichkeiten und Schadensausmaß.

---

26 In Anlehnung an Pfohl 2008, S. 33.

Die Ergebnisse der vier methodischen Schritte werden anschließend zu einer detaillierten Beschreibung möglicher Bedrohungsszenarien genutzt. Den Abschluss bildet eine Überprüfung der Plausibilität der Bedrohungsszenarien durch das Projektkonsortium.

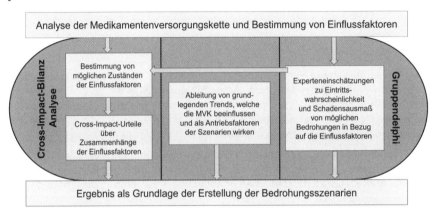

Abbildung 5: Methodische Schritte zur Identifikation von Bedrohungsszenarien der Medikamentenversorgungskette

3.2.   Identifikation von Einflussfaktoren der Versorgungsfunktion

Zentraler Inhalt des ersten methodischen Schritts war eine morphologische Analyse des gesamten Systems MVK.[27] Ziel dessen war es, die Komplexität und Besonderheit der MVK abzubilden. Hierzu wurde das Instrument der Wertstromanalyse genutzt, welches die Aufnahme paralleler Ströme wie dem Informations- und Warenfluss ermöglicht.[28] Im Rahmen einer Wertstromanalyse wird der Produktionsweg eines Produktes in umgekehrter Reihenfolge vom Warenausgang zum Wareneingang eines Unternehmens betrachtet und erfasst, welche Prozesse, wie lange ausgeführt, und welche Informationen zur Prozessdurchführung benötigt werden.

Das Instrument wurde an die Bedürfnisse einer Prozessuntersuchung unter sicherheitsrelevanten Aspekten angepasst. Im Vordergrund der Prozessaufnahme stand weniger die Frage der klassischen Wertstromanalyse, wie der Waren- und Infor-

---

27   Vgl. Zwicky 1969.
28   Vgl. Rother & Shook 2004.

mationsstrom eines Unternehmens am effizientesten organisiert werden kann. Vielmehr sollte identifiziert werden:

- welche Prozessschritte besonders relevant für die Versorgung der Bevölkerung mit Arzneimitteln in ausreichender Menge zur benötigen Zeit sind und
- was die sachgemäße und pünktliche Durchführung der Prozessschritte beeinflusst?

Die Prozessaufnahme wurde in allen Unternehmen, der am Projekt SafeMed beteiligten Akteuren der MVK vom Arzneimittelhersteller bis zu den Apotheken durchgeführt. Ergebnis dessen sind mit ARIS-Express grafisch aufbereitete ereignisgesteuerte Prozessketten, welche den Warenfluss innerhalb der MVK und die notwendigen Prozessschritte dokumentieren.

Aufbauend auf der Ist-Aufnahme der Prozesse wurden in mehreren Expertenkreis-Sitzungen die wesentlichen Einflussfaktoren (Deskriptoren) der Versorgungsfunktion der MVK identifiziert. Diese sind in Abbildung 6 aufgeführt. Die Einflussfaktoren untergliedern sich in drei Gruppen:

- Interne Einflussfaktoren der Produktion und Distribution von Arzneimitteln,
- Externe Einflussfaktoren, die den (z.B. politischen oder ökonomischen) Rahmen festlegen, in welchem die Akteure der MVK handeln und
- Kontextuelle Einflussfaktoren, welche nicht unmittelbar auf die Versorgungsfunktion wirken, deren Einfluss aber erheblich sein kann.

Außerdem wurde ein sogenannter Kerndeskriptor hinzugefügt, der sich auf die (Beeinträchtigung der) Versorgungsfunktion der MVK selbst bezieht. Dieser ermöglicht das Filtern der Szenarien derart, dass nur solche betrachtet werden, die zu einer Störung der Versorgungsfunktion führen.

Die Einflussfaktoren sind ein notwendiger Input zur Entwicklung von konsistenten Bedrohungsszenarien mittels Cross-Impact Bilanzanalyse (CIB).

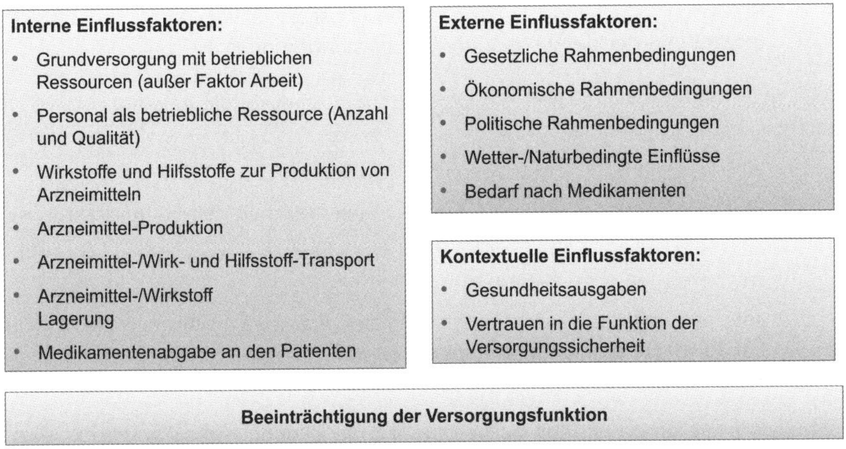

Interne Einflussfaktoren:	Externe Einflussfaktoren:
• Grundversorgung mit betrieblichen Ressourcen (außer Faktor Arbeit)	• Gesetzliche Rahmenbedingungen
• Personal als betriebliche Ressource (Anzahl und Qualität)	• Ökonomische Rahmenbedingungen
• Wirkstoffe und Hilfsstoffe zur Produktion von Arzneimitteln	• Politische Rahmenbedingungen
	• Wetter-/Naturbedingte Einflüsse
	• Bedarf nach Medikamenten
• Arzneimittel-Produktion	
• Arzneimittel-/Wirk- und Hilfsstoff-Transport	**Kontextuelle Einflussfaktoren:**
• Arzneimittel-/Wirkstoff Lagerung	• Gesundheitsausgaben
• Medikamentenabgabe an den Patienten	• Vertrauen in die Funktion der Versorgungssicherheit

Beeinträchtigung der Versorgungsfunktion

Abbildung 6: Einflussfaktoren der Versorgungsfunktion der MVK

3.3. Entwicklung von Bedrohungsszenarien mittels Cross-Impact Bilanzanalyse

Cross-Impact-Analysen (CIA) untersuchen strukturiert die Interdependenzen der wichtigsten Einflussfaktoren eines Systems mit Hilfe qualitativer Expertenschätzungen.[29] Hierdurch entsteht ein kybernetisches Modell zur Untersuchung der Auswirkung von Veränderungen einzelner Einflussgrößen auf das gesamte System.[30] Die Methodenfamilie wird vor allem eingesetzt, wenn aufgrund einer unzureichenden Datenverfügbarkeit eine Szenarioentwicklung mit ökonometrischen oder technologischen Verfahren nicht möglich ist. Ergebnis einer CIA können daher keine quantitativen oder monetär bewertbaren Entscheidungshilfen sein. Der Erkenntnisgewinn besteht aus folgenden Aspekten:[31]

- Identifikation robuster Beziehungswirkungen und Einschätzung ihrer Relevanz
- Integration nicht-quantifizierbarer Einflussgrößen in die Analyse
- Ableitung konsistenter Szenarien

---

29   Vgl. Götze 2006, S. 145f.
30   Vgl. Vester 2007, S. 213.
31   Vgl. Jessen & Weimer-Jehle 2010, S. 4.

 30. Deutscher
Logistik-Kongress
23.-25. Oktober 2013

 BVL
Bundesvereinigung
Logistik

- Bewertung von Eingriffs- bzw. Steuerungsmöglichkeiten für die Einflussgrößen und der daraus resultierenden Auswirkungen

Die CIB ist eine spezielle Form der Cross-Impact-Analyse, die gekennzeichnet ist durch:[32]

- eine transparente, diskursgerechte Analyselogik,

- Experteneinschätzungen der Beziehungen zwischen den Einflussfaktoren,

- eine hohe Flexibilität, welche die Anwendung in unterschiedlichsten Einsatzbereichen ermöglicht und

- eine systemtheoretische Fundierung des Analysealgorithmus, die Willkür bei der Szenariobildung verhindert.

Voraussetzung zur Durchführung der CIB ist die Bildung eines Expertenkreises. Die CIB beschreibt, wie dieser Expertenkreis die Wirklichkeit sieht und nicht, wie sie tatsächlich ist. Daher ist die Güte der Ergebnisse abhängig von der Eignung der ausgewählten Personen als Experten.[33] Eine CIB besteht aus vier methodischen Schritten:[34]

1. Definition der relevanten Einflussfaktoren des Systems

2. Festlegung qualitativer Zustände der Einflussfaktoren

3. Fällen von Cross-Impact-Urteilen

4. Berechnung und Auswertung konsistenter Szenarien

Die relevanten Einflussfaktoren (auch „Deskriptoren") sind die Knotenpunkte des zu analysierenden Systems. Die Gesamtheit aller Deskriptoren muss dieses ausreichend beschreiben. Deren Ermittlung kann durch logisch nachvollziehbare Prozesse, Literaturanalyse, analytische Systembetrachtungen oder kreative Verfahren wie Mind-Mapping erfolgen.[35] Im Rahmen des Forschungsvorhabens SafeMed

---

32 Vgl. Weimer-Jehle, 2006, S. 359.
33 Vgl. Jessen & Weimer-Jehle 2010, S. 4.
34 vgl. Weimer-Jehle 2010, S. 3.
35 Vgl. Fink & Siebe 2011, S. 218f.

wurde, wie oben beschrieben, eine Prozess-Aufnahme mittels Wertstromanalyse zur Identifikation der relevanten Einflussfaktoren des Systems MVK eingesetzt. Für jeden Einflussfaktor müssen in einem zweiten Schritt mögliche Zustände definiert werden, die dieser einnehmen kann. Der Einflussfaktor „Wirtschaftsleistung" zur Beschreibung eines volkswirtschaftlichen Systems könnte zum Beispiel die Zustände (1) sinkend, (2) stagnierend oder (3) wachsend einnehmen. Die Zustände müssen derart gewählt werden, dass jeder Einflussfaktor sich immer in genau einem Zustand befindet. Dies setzt voraus, dass sich die Zustände untereinander ausschließen. Beispiele für die Zustände zweier Einflussfaktoren der MVK: „Bedarf nach Medikamenten" und „Verfügbarkeit von qualitativ hochwertigen Medikamenten und Hilfsstoffen", sind in Tabelle 1 dargestellt.

Bedarf nach Medikamenten		Verfügbarkeit von qualitativ hochwertigen Wirkstoffen und Hilfsstoffen	
E1	Bedarf unverändert	H1	Ausreichend vorhanden
E2	Bedarf nach (auch noch nicht vorhandenen) Antiinfektiva oder Impfstoffen steigt sprunghaft	H2	Mangel / Knappheit / Preissteigerung von Wirk- und Hilfsstoffen guter Qualität bei exklusivem Anbieter
E3	Bedarf nach (auch noch nicht vorhandenen) Antiinfektiva oder Impfstoffen sinkt sprunghaft	H3	Mangel / Knappheit / Preissteigerung von Wirk- und Hilfsstoffen guter Qualität bei vielfältigen Anbietern
E4	Bedarf nach (auch noch nicht vorhandenen) sonstigen Medikamenten steigt sprunghaft	H4	Wirk- und Hilfsstoffe haben nicht gewünschte/erwartete Qualität bzw. eine gesundheitsgefährdende Wirkung
E5	Bedarf nach (auch noch nicht vorhandenen) sonstigen Medikamenten sinkt sprunghaft	H5	Fehlende Wirk- und Hilfsstoffe eines exklusiven Anbieters
		H6	Fehlende Wirk- und Hilfsstoffe bei vielfältigen Anbietern

Tabelle 1: Zustände zweier beispielhafter Einflussfaktoren der MVK

Die möglichen Zustände aller Einflussfaktoren werden anschließend in einen Ursache-Wirkungszusammenhang zueinander gesetzt (sog. Cross-Impact-Urteile). Die Stärke und die Richtung jedes Cross-Impacts werden durch den Expertenkreis mit Hilfe einer Wirkungsskala, z.B. von -3 (stark hemmender Einfluss) über 0 (kein Einfluss) bis +3 (stark fördernder Einfluss), beurteilt.[36]

Die Urteile drücken aus, welchen Einfluss auf den Zustand y von Faktor Y ausgeübt wird, wenn sich Faktor X in Zustand x befindet. Rekursive Schlüsse sind dabei nicht zulässig. Auch darf das Urteil nur den direkten Einfluss abbilden, die indirek-

---

36   Vgl. Honton et al. 1984, S. 9.

ten Einflüsse werden in der Konsistenzberechnung berücksichtigt. Ein potenzielles Szenario besteht immer aus einer Kombination möglicher Einflussfaktoren. Konsistente Szenarien sind Kombinationen aus Zuständen der Einflussfaktoren, die frei von Widersprüchen sind.

Ein computergestützter Algorithmus, den z.b. die Software „SzenarioWizard" bereit stellt, überprüft für alle möglichen Szenarien, ob das Konsistenzprinzip erfüllt ist und ermittelt die widerspruchsfreien Rohszenarien.[37] In vielen Fällen werden sich diese nur in wenigen Einflussfaktoren unterscheiden. Deshalb ist abschließend eine intensive inhaltliche Analyse notwendig, die durch Verdichtung zu wenigen relevanten Realszenarien führt.

Aus den Experteneinschätzungen des Projektkonsortiums konnten insgesamt 17 mathematisch konsistente Szenarien einer Bedrohung der Versorgungsfunktion der MVK abgeleitet werden. Eine weitergehende Analyse ergab Redundanzen zwischen den Szenarien, so dass abschließend neun verdichtete Szenarien identifiziert wurden. Diese beschreiben jeweils Kombinationen aus Zuständen, die zu einer Unterversorgung der Bevölkerung mit Arzneimitteln führen können.

3.4. Trends als Antriebsfaktoren der Bedrohungsszenarien

Szenarien beschreiben systematisch eine mögliche Form einer zukünftigen Entwicklung, die aus heutiger Sicht plausibel anzunehmen ist.[38] Auf die Entwicklung hin zu dem im Szenario angenommenen Zustand, wirken innere und äußere Antriebsfaktoren. Im Rahmen der Szenarioentwicklung im Forschungsvorhaben SafeMed sind dies Einflussfaktoren, wie etwa unerwartete Wetterereignisse oder Naturkatastrophen, die den Warentransport innerhalb der MVK stören.

Diese Antriebsfaktoren basieren wiederum auf erkennbaren Trends, z.B. dem Trend zur Häufung dramatischer Wetterereignisse. Die identifizierten Trends in Tabelle 2 sind neben den Rohszenarien der CIB und den Risikobewertungen des Delphi-Workshops die dritte Grundlage der Erstellung von Bedrohungsszenarien der MVK im Forschungsvorhaben SafeMed. Dabei handelt es sich auf der einen Seite um Trends, die allgemeiner Art sind und nicht spezifisch für die Arzneimittelindustrie, und andererseits um typische Aspekte, die auf die Pharmabranche einwirken. Die Trends sind das Ergebnis der Arbeit eines interdisziplinären Expertenkreises

---

37 Die Software „Szenario Wizard" kann von der Universität Stuttgart kostenfrei bezogen werden
    unter: http://www.cross-impact.de/deutsch/CIB_d_ScW.htm
38 Vgl. Geschka & Hammer 2006.

des Projektkonsortiums, aus den Bereichen Risikoforschung, Natur- und Technik-wissenschaften, Wirtschaftswissenschaften und Medizin. Neben Experteneinschät-zungen wurde eine umfassende Literaturrecherche durchgeführt, um eine valide Einschätzung der relevanten Trends zu erhalten.

Nr.	Trends
T1	Globalisierung der Supply Chain - exponiert gegenüber internationalen politisch-ökonomischen Risiken.
T2	Zunahme chronischer (dauerhafter) Arzneimitteltherapien – exponiert größere Patientengruppen gegenüber Ausfallrisiken bei patentgeschützten Medikamenten von Exklusivanbietern.
T3	Produktion spezieller Medikamente (v.a. für seltenere Indikationen) in diskontinuierlichen Zyklen – führen schon bei kurzem Produktionsausfall zu Versorgungsengpässe.
T4	Objektive Zunahme schwerer Wetterereignisse – gefährdet regionale/nationale Teile der Infrastruktur (z.B. Verkehrswege).
T5	Rasche Ausbreitung von Infektionsepidemien, u.a. durch intensive internationale und regionale Mobilität der Bevölkerung.
T6	Rasche und systematische Beeinflussung der öffentlichen Meinung durch Medienberichte.
T7	Budgetkrisen der öffentlichen Haushalte können unerwartet zu staatlichen Eingriffen in die Geschäftsabläufe der MVK führen.
T8	Zunehmendes Risiko in den Fokus internationaler terroristischer Aktivitäten zu gelangen.
T9	Verflechtung der internationalen Finanzen - exponiert gegenüber politisch-ökonomischen Risiken.
T10	Zunehmende Staatsverschuldung in europäischen Ländern mit Zahlungsausfällen – Kann ausbleibende Medikamentenlieferungen seitens der Hersteller bedingen.
T11	Überalterung der Bevölkerung mit steigenden Gesundheitskosten bei sinkenden Einnahmen.
T12	Regulatorische Anforderungen nehmen zu und verteuern das Risiko für die forschende Arzneimittelindustrie bei immer kürzeren Restlaufzeiten der Patente

Tabelle 2: In SafeMed identifizierte Trends

3.5. Gruppen-Delphi zur Risikobewertung der Bedrohungsszenarien

Die durch die CIB entwickelten siebzehn Rohszenarien geben nur an, welche Zustände der Einflussfaktoren gemeinsam eintreten müssen, damit es zu einer Beeinträchtigung der Versorgungsfunktion der MVK kommt. Aussagen über die Wahrscheinlichkeit, dass diese Zustände eintreten oder welches Schadensausmaß dadurch entsteht, ist hierdurch nicht möglich. Da das Ziel des Projektes Safe-Med die Erarbeitung potenzieller Bedrohungen ist, liegen auch keine statistischen Daten zur Abschätzung von Eintrittswahrscheinlichkeit und Schadensausmaß vor. Daher wurde zur Risikobewertung der Szenarien auf die Methode des Gruppen-Delphi zurück gegriffen.

 30. Deutscher
Logistik-Kongress
23.-25. Oktober 2013

 BVL
Bundesvereinigung
Logistik

Das Gruppen-Delphi ist eine diskursive Methode, welche originär zur Festsetzung von Regelwerken und Vorschriften entwickelt wurde.[39] Der Ansatz überwindet das Problem der klassischen Delphi-Methode, die Begründung von divergierenden Einschätzungen, durch einen Diskussionsprozess der Teilnehmer im Rahmen von Workshops.[40] Ein Gruppen-Delphi ist ein iterativer Prozess, in dessen Verlauf die Teilnehmer in Kleingruppen gemeinsam eine Reihe von Fragen beantworten. Im Anschluss werden die Antworten im Rahmen einer Plenumssitzung solange diskutiert, bis alle Gruppen sich auf einen Konsens einigen bzw. sich darauf verständigen, dass es zu einer Frage einen Dissens gibt. Durch die Plenumsdiskussionen werden unterschiedliche Annahmen, welche zu unterschiedlichen Einschätzungen führen mögen, offen gelegt.[41] Der Prozess wird anschließend mit anderer Zusammensetzung der Kleingruppen wiederholt.

Kritisch ist, dass im Gruppen-Delphi auch die Anonymität der klassischen Delphi-Methode aufgegeben wird. Aus diesem Grund müssen Status und Innergruppen-Beziehungen während der Diskussionen berücksichtigt werden. Dies erfordert die Einführung eines Moderators, welcher versuchen muss, den Einfluss sozialer Beziehungen innerhalb des Expertenkreises auf das Ergebnis zu minimieren.

Der Expertenkreis des Gruppen-Delphi im Rahmen des Projektes SafeMed bestand aus Vertretern aller Akteure der MVK. Ergebnis war eine konsens-basierte Abschätzung der Eintrittswahrscheinlichkeit und des Schadensausmaßes eines jeden Einflussfaktors im Hinblick auf eine Störung der Versorgungsfunktion der MVK. Zur Veranschaulichung sind in Abbildung 7 die Risikoprofile einer beispielhaften Gruppe von Einflussfaktoren, der Externen, abgebildet.

Die Position der Ellipsen zeigt an, wie kritisch ein jeweiliger Einflussfaktor ist. Je höher diese liegt, desto wahrscheinlicher kommt es zu einer Störung aufgrund des Einflussfaktors. Je weiter rechts, desto höher ist der potenzielle Schaden, der im Falle einer Störung verursacht wird. Einflussfaktoren, die weiter rechts oben positioniert sind, wurden demnach am kritischsten für die Versorgungsfunktion der MVK eingestuft.

Die Größe der einzelnen Ellipsen sagt hierbei nichts aus über Relevanz oder Bedeutung, sondern ist Ausdruck der Uneinigkeit, welche im Expertenkreis zu dieser Frage herrschte. War es im Rahmen der Plenumsdiskussion nicht möglich, sich auf einen konkreten Wert zu einigen, wurde eine Spannweite festgelegt.

---

39   Vgl. Schulz & Renn 2009.
40   Vgl. Dalkey & Helmer 1963.
41   Vgl. Renn & Webler 1998.

Risikoprofile externe Faktoren

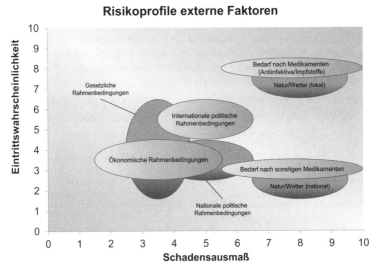

Abbildung 7: Risikoprofile der externen Einflussfaktoren

4.   Bedrohungsszenarien der Medikamentenversorgungskette

Ergebnis der methodischen Schritte sind neun Bedrohungsszenarien, die eine Gefahr für die Aufrechterhaltung der Versorgungsfunktion der Medikamentenversorgungskette darstellen. Diese sind in Tabelle 3 überblickartig aufgeführt.

Das erste Szenario betrifft Ausfälle bei der Produktion von Medikamenten verursacht durch kurzfristige Änderungen der rechtlichen und regulatorischen Rahmenbedingungen. Die Änderungen betreffen nicht die Arzneimittelproduktion direkt, sondern die Herstellung von hierzu benötigten Wirkstoffen. Bis die Wirkstoffhersteller sich auf diese neuen Richtlinien eingestellt haben, kommt es zu einer Lieferunfähigkeit. Diese wird kritisch, wenn vorhandene Wirkstoffe des Arzneimittelherstellers aufgrund von Lagerproblemen, z.B. verursacht durch einen Ausfall betrieblicher Ressourcen, nicht weiter verwendet werden können. Entstehende Produktionsausfälle führen zu fehlender medizinischer Behandlung von Patienten oder erfordern die Verschreibung alternativer Medikamente. Problematischer wird es, wenn dies Wirkstoffe eines exklusiven Herstellers oder aus einer bestimmten geographischen Region betrifft.

 30. DEUTSCHER
LOGISTIK-KONGRESS
23.-25. Oktober 2013

 BVL
Bundesvereinigung
Logistik

Produktionsausfälle patentierter Medikamente oder von Medikamenten eines exklusiven Herstellers aufgrund von Naturkatastrophen oder schweren Wetterereignissen sind Gegenstand des zweiten Szenarios. Diese lokalen destruktiven Ereignisse können sowohl die Produktion als auch den Transport der Medikamente betreffen und zu Lieferunfähigkeiten führen. Die Auswirkungen für die Medikamentenversorgung sind denen des ersten Szenarios identisch.

Nr.	Titel
1	Produktionsausfälle von Medikamente durch Fehlen/Knappheit exklusiver Wirkstoffe
2	Drastische Einschränkung der Produktion von Medikamenten durch schwerwiegende Naturereignisse
3	Zusammenbruch der MVK durch eine unerwartete Epidemie und schwere Wetterereignisse
4	Unterproduktion durch Verknappung eines speziellen Naturrohstoffs auf Grund geopolitischer Verwerfungen
5	Unterproduktion durch Verknappung eines Wirkstoffs infolge krankheitsbedingtem Personalausfalls
6	Versorgungsprobleme durch kurzfristige regionale Streiks der Apotheker in Verbindung mit wetterbedingten Transporteinschränkungen
7	Einschränkungen in der MVK auf Grund von Verunreinigungen eines Basisrohstoffs durch kriminellen Akt
8	Produktionsausfälle patentgeschützter sowie generischer Medikamente durch instabile makroökonomische Rahmenbedingungen
9	Angebotsrückgang patentgeschützter Medikamente durch fehlende Erstattungsfähigkeit

Tabelle 3: Externe Bedrohungsszenarien in SafeMed

Naturkatastrophen und schwere Wetterereignisse können selbstverständlich auch Hersteller von Wirkstoffen betreffen. Hierbei muss nicht einmal ein exklusiver Hersteller betroffen sein. In Kombination mit einer unerwarteten Epidemie und einem in diesem Zusammenhang enormen Nachfrageanstieg ist ein Versorgungsengpass auch für Medikamente und Impfstoffe denkbar, welche aus nicht exklusiven Wirkstoffen bestehen.

Schwere Epidemien können auch auf andere Weise die Versorgungsfunktion der MVK beeinträchtigen. Für die Herstellung von Wirkstoffen sind spezialisierte, eigens geschulte Mitarbeiter erforderlich. Aufgrund ihres Spezialisierungsgrades sind diese nicht durch andere Angestellte ersetzbar. Kommt es, zum Beispiel aufgrund einer besonders schweren Grippewelle, zu einem mehrere Wochen andauernden Ausfall eines Großteils dieser Mitarbeiter kann dies zu einem Produktionsausfall führen. Der durch die Epidemie verursachte Nachfrageanstieg kann daher nicht gänzlich gedeckt werden.

Weiteres Bedrohungspotenzial liegt in einer monopolistischen Anbieterstruktur von Wirk- und Rohstoffen, welche auf Basis besonderer, nur in exponierten Regionen vorkommender Naturrohstoffe hergestellt werden. Risiken bestehen in einer Einschränkung des Zugangs zu diesen Rohstoffen aufgrund von geopolitischen Verwerfungen oder bewaffneten Konflikten.

Auch die kriminell oder terroristisch motivierte Verunreinigung eines Basisrohstoffs der Medikamentenproduktion kann zu Versorgungsengpässen führen. Insbesondere wenn es sich hierbei um Rohstoffe handelt, die exklusiv bereitgestellt werden oder nur zu bestimmten Jahreszeiten bezogen werden können.

Neben den dargestellten Gefahren in der Produktion von Arzneimitteln ist deren Distribution nicht gänzlich frei von Risiken. Das siebte Szenario fokussiert Probleme der Arzneimittelabgabe an den Patienten aufgrund des Ausfalls von Apotheken. Mögliche Gründe können die Unzugänglichkeit einer Apotheke aufgrund eines Wasserrohrbruchs, ein krankheitsbedingter Ausfall des einzigen Apothekers oder auch ein Streik der Apotheker sein. Die Auswirkungen wären vor allem in ländlichen Regionen mit einer geringen Apothekendichte erheblich. Verschärft werden würde das Szenario durch schwere Wetterereignisse, welche den Weg zu entfernter liegenden Apotheken erschwert oder unmöglich macht.

Die obigen sieben Szenarien beschreiben Versorgungsengpässe aufgrund unerwünschter Ereignisse oder nicht intendierter Folgen einzelner Handlungen. Aber auch bewusste Geschäftsentscheidungen von Akteuren der MVK können zu einer Nichterfüllung der Versorgungsfunktion führen. Die aktuelle wirtschaftliche Krise des Euroraumes zeigt, dass ganze Länder in makroökonomische Turbulenzen bis hin zur Zahlungsunfähigkeit geraten können. Dies kann die wirtschaftliche Situation der Akteure der MVK gefährden und zu deren Rückzug aus den Märkten betroffener Staaten führen, was eine Produktionseinstellung für diesen Markt nach sich zieht.

Gleiches ist denkbar, wenn die Erstattungsfähigkeit der Produkte eines Unternehmens abnimmt. Steigende Kosten des Gesundheitswesen, welche die Finanzierbarkeit durch die öffentlichen Haushalte übersteigt, können Leistungskürzungen in der Gesundheitsversorgung notwendig machen. Führt eine zu geringe Erstattungsfähigkeit dazu, dass die Produktion und der Vertrieb von Arzneimitteln nicht mehr rentabel oder gar nicht kostendeckend sind, kann dies zur Marktrücknahme führen.

5. Zusammenfassung und Ausblick

Der vorliegende Beitrag hatte zum Ziel, eine Methodik zur Identifikation externer Risiken einer Beeinträchtigung der Versorgungsfunktion der MVK, sowie die Ergebnisse der Anwendung dieser, vorzustellen. Dies stellt den ersten Schritt eines umfassenden Supply Chain Risikomanagements dar.

Die entwickelte Methode der Szenario-basierten Entwicklung von Bedrohungspotenzialen in der MVK führt in ihrer konkreten Anwendung zu neun hypothetischen Szenarien einer Beeinträchtigung der Versorgungsfunktion der Medikamentenversorgungskette. Diese Szenarien sind in der präsentierten Form noch nicht eingetreten, werden aber vom Projektkonsortium als möglich eingestuft. Eine konsolidierende Analyse der Gesamtheit der Szenarien stellt die besondere Bedeutung von Störungen in der Herstellung von Wirkstoffen und Arzneimitteln heraus, die zu einem langen Produktionsausfall von sechs Monaten und länger führen könnten. Die entwickelten Szenarien machen zudem deutlich, dass die Distribution und Abgabe einwandfrei produzierter Medikamente nur in besonderen Ausnahmesituationen, wie extremen Wetterbedingungen, schweren Epidemien oder Unglücksituationen Einzelner, zu einem Problem für die Versorgung der Bevölkerung werden kann (vgl. Abbildung 8).

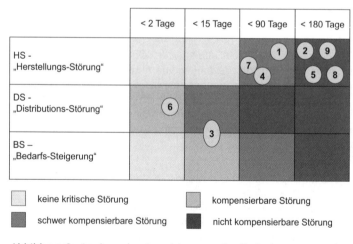

Abbildung 8: Analyse der Auswirkungen der Bedrohungsszenarien (in den Kreisen ist die Nummer des jeweiligen Szenarios angegeben)

Die Konstruktion der Szenarien auf Basis der vorgestellten methodischen Schritte zeigt, dass für eine nachhaltige Funktionsbeeinträchtigung der MVK ein Zusammenwirken mehrerer Störungen in unterschiedlichen Einflussfaktoren erforderlich ist. Die Relevanz der Szenarien besteht darin, dass die Akteure der MVK die Auswirkungen simultaner Beeinträchtigungen nicht kompensieren können. Hierbei diente die in Kapitel 2 angenommene Kompensationsfähigkeit der einzelnen Supply Chain Akteure als Entscheidungskriterium, ob eine ernsthafte Bedrohung der Versorgung der Bevölkerung mit Arzneimitteln eintritt.

Der wesentliche Mehrwert der vorgestellten Methodik ist die Entwicklung von Szenarien nach einer klar definierten Vorgehensweise. Dies hebt sich von anderen Methoden der Szenarioentwicklung dahingehend ab, dass die Subjektivität einzelner durch das Heranziehen eines Projektkonsortiums relativiert wird.

Die weiteren Projektschritte des Forschungsprojektes SafeMed sind analog zum Konzept des Supply Chain Risikomanagements, die Entwicklung von geeigneten Maßnahmen zur Verbesserung der Widerstandsfähigkeit und Resilienz der MVK gegenüber externen Bedrohungen. Die Vielfalt und Unterschiedlichkeit der möglichen Störungen erfordert eine Vielfalt an potenziellen Maßnahmen mit unterschiedlichsten Ansatzpunkten. Dies umfasst sowohl präventive als auch reaktive Maßnahmen und Maßnahmen, die ein einzelner MVK-Akteur, mehrere Akteure gemeinsam oder von institutioneller Ebene umgesetzt werden. Zudem soll ein Leitfaden erarbeitet werden, welcher es den Akteuren der MVK erlaubt, die wesentlichen Aspekte hinsichtlich der identifizierten Bedrohungen in ihrem eigenen Risikomanagement zu integrieren.

Ziel des Projektes ist die wirtschaftliche Sicherung der MVK. Dies erfordert einen Vergleich der quantifizierten Risiken mit den Kosten potenzieller Maßnahmen. Da der Projektfokus auf dem Schutz der Gesundheit der Bevölkerung liegt, darf dies nicht nur auf betriebswirtschaftlicher Perspektive der einzelnen Unternehmen geschehen. Eine volkswirtschaftliche Betrachtungsweise muss zusätzlich berücksichtigt werden.

6.　Literaturverzeichnis

Apog: Apothekengesetz in der Fassung der Bekanntmachung vom 15. Oktober 1980 (BGBl. I S. 1993), das zuletzt durch Artikel 16a des Gesetzes vom 28. Mai 2008 (BGBl. I S. 874) geändert worden ist.

Apotheke adhoc (2012): Apotheker beklagen Engpässe bei Antibiotika. Online verfügbar unter: http://www.apotheke-adhoc.de/nachrichten/politik/ apotheker-beklagen-engpaesse-bei-antibiotika, abgerufen am 29. Juni 2012.

Bauer, K. H., Frömming, K.-H., Führer, C., Lippold, B. C., Egermann, H. (2002): Lehrbuch der pharmazeutischen Technologie. Mit einer Einführung in die Biopharmazie, 7. Aufl., Stuttgart 2002.

Blackhurst, J. V., Craighead, C. W., Elkins, D., Handfield, R. B. (2005): An empirically derived agenda of critical research issues for managing supply-chain disruptions. In: International Journal of Production Research, 43 (2005) 19, S. 4067–4081.

Bygbjerg, I. C. (2009): Fake malaria drugs, in: Ugeskrift for Laeger, 171 (2009) 10, S. 815-817.

Caudron, J.M., Ford, N., Henkens, M., Macé, C., Kiddle-Monroe, R., Pinel, J. (2008): Substandard medicines in resource-poor settings: a problem that can no longer be ignored, in: Tropical Medicine & International Health, 13 (2008) 8, S. 1062-1072.

Centers for Disease Control and Prevention (2008): Continued shortage of Haemophilus influenzae Type b (Hib) conjugate vaccines and potential implications for Hib surveillance, in: Morbidity and Mortality Weekly Report, 57 (2008) 46, S. 1252-1255.

Christopher, M., Peck, H. (2004): Building the Resilient Supply Chain, in: The International Journal of Logistics Management, 15 (2004) 2, S. 1–14.

Dalkey, N., Helmer, O. (1963): An Experimental Application of the Delphi Method to the Use of Experts, in: Management Science, 9 (1963) 3, S. 458-467.

Diederichs, M. (2012): Risikomanagement und Risikocontrolling, Risikocontrolling – ein integrierter Bestandteil einer modernen Risikomanagement-Konzeption, Diss. an der Universität München, 3. Aufl., München 2012.

Europäische Union (2011): Richtlinie 2011/62/EU des europäischen Parlaments und des Rates vom 8. Juni 2011 zur Änderung der Richtlinie 2001/83/ EG zur Schaffung eines Gemeinschaftskodexes für Humanarzneimittel hinsichtlich der Verhinderung des Eindringens von gefälschten Arzneimitteln in die legale Lieferkette.

Ewers, C. L. J., Küppers, S., Weinmann, H. (2002): Pharma Supply Chain. Neue Wege zu einer effizienten Wertschöpfungskette, Aulendorf 2002.

Ewers, C. L. J., Mohr, J. (2010): Exzellente Pharma-supply-chain. Von der Vision zur Praxis, Aulendorf 2010.

Fink, A., Siebe, A. (2011): Handbuch Zukunftsmanagement. Werkzeuge der strategischen Planung und Früherkennung, 2. Aufl., Frankfurt, New York 2011.

Fischer, D., Breitenbach, J. (2010): Die Pharmaindustrie. Einblick – Durchblick – Perspektiven, 3. Aufl., Heidelberg 2010.

Geschka, H., Hammer, R. (2006): Die Szenario-Technik in der Unternehmensplanung, in: Hahn, D., Taylor, B. (Hrsg.): Strategische Unternehmensplanung – Strategische Unternehmensführung, 9. Aufl., Heidelberg 2006, S. 311–336.

Götze, U. (2006): Cross-Impact-Analyse zur Bildung und Auswertung von Szenarien, in: Wilms, F. E. P. (Hrsg.), Szenariotechnik. Vom Umgang mit der Zukunft, Bern u. a. 2006, S. 145-181.

Honton, E.J., Stacey, G.S., Millett, S.M. (1984): Future Scenarios: The BASICS Computational Method, in: Economics and Policy Analysis Occasional Paper (1984) 44.

Jessen, T., Weimer-Jehle, W. (2010): Arbeitsbericht: Integrierte und konsistente Szenarien mit Hilfe der Cross-Impact Bilanzanalyse. Universität Stuttgart, online verfügbar unter: http://www.uni-stuttgart.de/nachhaltigerkonsum/ de/Downloads/AP5_Cross-Impact Bilanzanalyse final.pdf, abgerufen am 26.03.2013.

Jüttner, U. (2005): Supply chain risk management: Understanding the business requirements from a practitioner perspective, in: The International Journal of Logistics Management, 16 (2005) 1, S. 120–141.

Kaapke, A., Preißner, M., Heckmann, S. (2007): Die öffentliche Apotheke – Ihre Funktion, ihre Bedeutung ; eine Studie des Instituts für Handelsforschung zur Arzneimittelversorgung in Deutschland, Stuttgart 2007.

Kelesidis, T., Kelesidis, I., Rafailidis, P.I., Falagas, M.E. (2007): Counterfeit or substandard antimicrobial drugs. A review of the scientific evidence, in: Journal of Antimicrobial Chemotherapy, 60 (2007) 2, S. 214-36.

Kersten, W., Böger, M., Hohrath, P., Späth, H. (2006): Supply Chain Risk Management. Development of a Theoretical and Empirical Frameword, in: Kersten, Becker (Hrsg.): Managing risks in supply chains. How to build reliable collaboration in logistics, Berlin 2006, S. 3–17.

Kersten, W., Hohrath, P. (2007): Supply Chain Risk Management als Element der Produktionsstrategie, in: Specht (Hrsg.): Strategische Bedeutung der Produktion, Wiesbaden 2007, S. 43–59.

Knopf, H., Melchert, H.-U. (2003): Bundes-Gesundheitssurvey: Arzneimittelgebrauch, Berlin 2003.

Le, P., Seoane-Vazquez, E., Rodriguez-Monguio, R., Fox, E. R., Szeinbach, S. L., Dunehew, A. R., Montagne, M. (2011): The prevalence of pharmaceutical shortages in the United States, in: Journal of Generic Medicines, 8 (2011) 4, S. 210–218.

Pfohl, H.-C., Gallus, P., Köhler, H. (2008): Konzeption des Supply Chain Risikomanagements, in: Pfohl (Hrsg.): Sicherheit und Risikomanagement in der Supply Chain. Gestaltungsansätze und praktische Umsetzung, Hamburg 2008, S. 7–94.

Rascher, W., Mentzer, D., Seyberth, H.W. (2007): Verbesserung der Arzneimittelsicherheit durch Pharmakovigilanz – Was ist zu tun?, in: Monatszeitschrift Kinderheilkunde 155 (2007) 8, S. 692-699.

Renn, O., Webler, Th. (1998): Der kooperative Diskurs – Theoretische Grundlagen, Anforderungen, Möglichkeiten, in: Renn, O., Kastenholz, H., Schild, P., Wilhelm, U. (Hrsg.): Abfallpolitik im kooperativen Diskurs. Bürgerbeteiligung bei der Standortsuche für eine Deponie im Kanton Aargau, Zürich 1998, S. 3-103.

Rother, M. & Shook , J. (2004): Sehen Lernen – Mit Wertstromdesign die Wertschöpfung erhöhen und Verschwendung beseitigen, Aachen 2004.

Savage, C. J., Roberts, K. J., Wang, X. Z. (2006): A holistic analysis of pharmaceutical manufacturing and distribution: Are conventional supply chain techniques appropriate?, in: Pharmaceutical Engineering, 26 (2006) 4, S. 1–8.

Schulz, M., Renn, O. (2009): Das Gruppendelphi: Konzept und Fragebogenkonstruktion, Wiesbaden 2009.

Schweim J. K., Schweim, H. G. (2011): Drug Shortage – Bald auch ein deutsches Problem?, in: Deutsche Apotheker Zeitung, 151 (2011) 13, S. 56 – 59.

Shah, N. (2004): Pharmaceutical supply chains: key issues and strategies for optimisation, in: Computers & Chemical Engineering, 28 (2004) 6-7, S. 929–941.

Svensson, G. (2002): A conceptual framework of vulnerability in firms' inbound and outbound logistics flows, in: International Journal of Physical Distribution & Logistics Management, 32 (2002) 2, S. 110–134.

Tajanko, E, Sein Anand, J., Roszkowska-Kranc, K., Kozłowska-Boszko, B., Chodorowski, Z., Korolkiewicz, R.P. (2007): Drug counterfeiting- the risk to the public health, in: Przeglad lekarski, 64 (2007) 4-5, S. 357-359.

Vester, F. (2007): Die Kunst vernetzt zu denken. Ideen und Werkzeuge für einen neuen Umgang mit Komplexität, 6. Aufl., München 2006.

Weimer-Jehle, W. (2006): Cross-impact balances: A system-theoretical approach to cross-impact analysis, in: Technological Forecasting & Social Change, 73 (2006), S. 334-361.

Weimer-Jehle, W. (2010): Einführung in die qualitative System- und Szenarioanalyse mit der Cross-Impact-Bilanzanalyse, Universität Stuttgart, letzte Änderung vom 28.04.2010.

Ziegenbein, A. (2007): Supply-chain-Risiken. Identifikation, Bewertung und Steuerung, Zürich 2007.

Zwicky, F. (1969): Discovery, Invention, Research – Through the Morphological Approach, Toronto 1969.

7. Die Autoren

Dipl.-Kfm. Dipl.-Sportwiss. Andreas Aschenbrücker

Andreas Aschenbrücker studierte Betriebswirtschaftlehre und Sportwissenschaft an der Johannes Gutenberg-Univeristät in Mainz und an der Karlstad unversitet in Schweden. Seit 2011 ist er am International Performance Research Institute (IPRI, www.ipri-institute.com) in Stuttgart unter der Leitung von Prof. Dr. Dr. h.c. mult. Péter Horváth und PD Dr. Mischa Seiter als wissenschaftlicher Mitarbeiter angestellt. Seine Forschungsschwerpunkte liegen im Supply Chain Risikomanagement und der Steuerung öffentlicher Einrichtungen.

Michael Löscher, M.A.

Michael Löscher studierte Soziologie und Politikwissenschaften an der Universität Stuttgart und ist seit 2008 Projektmanager und Bereichsleiter für „Risk Governance" am European Virtual Institute for Integrated Risk Management (EU-VRi, www.eu-vri.eu). Seit 2010 ist er außerdem an der Universität Stuttgart als wissenschaftlicher Mitarbeiter am Zentrum für interdisziplinäre Risiko- und Innovationsforschung (ZIRIUS, www.zirius.eu) unter der Leitung von Prof. Dr. Dr. h.c. Ortwin Renn beschäftigt. Im Rahmen seiner Tätigkeiten betreut er nationale und internationale Forschungsprojekte zum Thema Risiko und nachhaltige Innovationen inhaltlich und administrativ.

PD. Dr. Mischa Seiter

PD Dr. Mischa Seiter ist Geschäftsführer des International Performance Research Institute (IPRI, www.ipri-institute.com) in Stuttgart. Im Jahr 2006 wurde er mit seiner Dissertation zum Thema „Management kooperationsspezifischer Risiken in Unternehmensnetzwerken" mit Auszeichnung promoviert. Im Jahr 2010 habilitierte sich Dr. Seiter mit einer Arbeit zur Steuerung von Professional Service Firms. Dr. Seiter hat im Bereich des Controllings zahlreiche Beiträge veröffentlicht und Vorträge auf Konferenzen im In- und Ausland gehalten. Er leitete verschiedene nationale und internationale Forschungsprojekte u. a. für: das Bundesministerium für Bildung und Forschung (BMBF), die Stiftung Industrieforschung, die Arbeitsgemeinschaft industrieller Forschungsvereinigungen „Otto von Guericke" und den Stifterverband für die Deutsche Wissenschaft.

E3

Steuerung internationaler Netzwerke

Network Orchestration: A modern response
to international supply chain complexity

Network Orchestration: A modern response to international supply chain complexity

Prof. Dr. J. Rod Franklin, Adjunct Professor of Logistics,
The Kühne Logistics University

Prof. Dr. Jörn Meissner, Professor of Supply Chain Management,
The Kühne Logistics University

1.   Introduction

Large organizations in developed countries are faced with difficult decisions to-day. Demographics in local markets are changing, costs are rising, regulations are increasing and economies are slowing. To ensure their long term growth and profitability, these organizations are looking to non-traditional markets where demographics and economic conditions are favorable for continued growth into the future.

As these companies leave the comfort of known domestic markets in pursuit of global growth they are challenged by the many unknowns that operating in foreign lands entails. Establishing a presence in another country requires the organization to develop new supplier relationships, develop understanding of local business practices, government regulations, legal requirements and a myriad of other details that have been taken for granted in the home market. In addition, the organization must overcome cultural and language differences to ensure that its operations are accepted by its new host country.

The challenges a business faces when establishing global operations have been well documented. Universities today teach numerous courses in international management, logistics, finance, economics, strategy and much more. Unfortunately, while these courses are useful in establishing a basic feeling for what it means to operate on a global basis, they provide little actual guidance for the day-to-day management of truly global enterprises. It is one thing to learn that you must be flexible, culturally sensitive, responsive, open to new experiences, etc., but another to face an issue with a supplier that cannot obtain working capital to produce the goods that you have contracted for because of local political issues. Managing global networks of operations in practice is not quite like what the text books tell you.

30. Deutscher
Logistik-Kongress
23.-25. Oktober 2013

BVL
Bundesvereinigung
Logistik

Beyond having to deal with the many day-to-day issues that arise in an extended operation, global enterprises must cope with new risks due to exchange rate fluctuations, lengthy supply chains, political instabilities, fuel price variability, and, most importantly, the changing dynamics of internal markets in the countries in which the enterprise operates. For example, organizations that moved production offshore during the 1990s and early 2000s to take advantage of lower labor costs in emerging markets are now finding that the low labor cost advantage of these markets is disappearing as living standards have improved and employees have become wealthier. These organizations now face the prospect of either having to leave these countries to pursue other low labor cost production locations, or becoming more "local" themselves to produce goods for the now developing local market. International business operations are never in a state of stasis, they are always evolving and placing ever more demands on the global business operator.

This paper attempts to address one of the major issues in the management of global enterprises; how can organizations best manage their supply networks. We use the term "supply network" instead of supply chain to emphasize the fact that global sourcing, production, marketing and distribution involve complex webs of internal organizational entities, suppliers, and external stakeholders. The successful management of these networks, we will argue, requires a different approach than is usually taught (or applied) in managing the "simpler" supply chains employed in domestic operations. The management approach that is needed for the successful operation of global supply networks can best be likened to that of a conductor in a symphony where independent, but highly talented, musicians play together following a precise score to produce the beautiful music we associate with the symphony.

The paper is organized into the following sections. First, a background section introduces the global trends that companies face today in operating their businesses. Following this discussion, an overview of the actions that organizations have taken to respond to these changes is presented. A discussion of the problems companies have found in trying to operate using traditional response approaches follows. The concept of network orchestration is then introduced and discussed as an approach to address the problems that companies have uncovered. Two examples of companies who use network orchestration are presented to demonstrate how the approach can be employed to achieve the benefits of effective and efficient global operations. Finally, the paper concludes with a discussion of the implications of network orchestration on global management practices.

2.   Global Trends and Challenges

During the past thirty years the world in which businesses operate has been turned upside down. From a world dominated by two super powers where borders were rigid barriers across which neither information or goods moved freely, to one in which borders mean very little and information and goods diffuse rapidly to all corners, the business world has changed dramatically. Driving these changes have been several broad macro-environmental trends.

2.1.   Trade Liberalization

The first macro trend is the liberalization of trade brought about through the General Agreement Tariff and Trade (GATT) and the World Trade Organization (WTO). The GATT, and its successor the WTO, have reduced trade barriers through several rounds of international trade and tariff negotiations. Beginning in 1947 in Geneva with the signing of the first GATT agreement, the GATT process has proceeded to lower overall trade barriers. The eight rounds of trade and tariff negotiations conducted under GATT have progressively lowered tariff levels on most goods. Lower tariffs have allowed manufacturers to use comparative advantages to increase their exports and increase overall trade levels. Figure 1 overlays the GATT negotia-

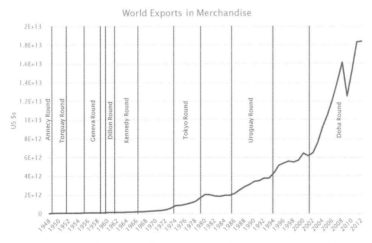

Figure 1: World Merchandise Exports and GATT Tariff Negotiations
Source: World Trade Organization

30. Deutscher
Logistik-Kongress
23.-25. Oktober 2013

BVL
Bundesvereinigung
Logistik

tion rounds on a chart of world export levels for the past sixty four years showing how the ever increasing liberalization of trade has assisted overall export growth during this period.

2.2. Technological Change

While the various GATT rounds of trade negotiations have resulted in the lowering of trade barriers and an accompanying increase in the level of trade, the exponential increase in international trade that has arisen in the last forty years has been driven by other factors besides trade liberalization. Without advances in transport and information technologies, the rapid growth in trade that has occurred since 1970 could not have occurred.

2.2.1. Containerization

Perhaps the most important technological advancement in international transport systems since the Second World War has been the development of the container. Prior to the development of the container and containerized ships, shipment of goods by sea was a difficult and labor intensive operation (Ignarski, 2006). With the development of the container efficiencies in packing, storing, handling and shipping of goods could be realized. These efficiencies have led to highly automated port facilities, specialized container ships, standardized road and rail container transport systems and shipment pricing policies based not on goods types, but container volume (Levinson, 2008). Research by Bernhofen et al. has closely linked the growth in containerization to the growth in trade volume indicating that without the development of this approach to shipments trade growth would have been considerably less than what has occurred (Bernhofen, El-Sahli and Keller, 2013).

2.2.2. Information Technology

Another area that has undergone significant change has been the management of information associated with shipments. Advances in computer systems have facilitated the development of advanced track and trace systems, sophisticated inventory planning systems, electronic freight management systems, warehouse management systems, port operations systems, electronic customs clearance systems and numerous other operational systems that have facilitated the dramatic growth in trade. Without the efficiencies realized through the use of these systems the cost effective and rapid growth in the trade volumes would have been difficult.

Tracking technologies, which are tightly coupled to computer system advances, have also facilitated trade growth. Bar codes have become ubiquitous and are now attached to all sorts of goods that move through the international trading process. These codes allow carriers to track shipments as they pass through the various stages of a shipment and report to tracing systems the location of the goods as they move across the globe. Emerging technologies such as auto identification technologies (e.g., Radio Frequency Identification) hold out the promise of further increasing the visibility of goods in transit and enabling more proactive management of shipping processes.

2.3.　Geo-political Change

For organizations to source products from different regions of the world they need to know that the sourcing location will provide them with stability through the rule of law. Without enforceable contracts and political stability companies cannot rely on trading partners to deliver the goods that they have requested. This simple fact restricted trade with the former Soviet Bloc countries for most of the post war period. It also inhibited trade with Maoist China for most of the same period. With the collapse of the old Soviet Bloc and the market liberalization that the post-Mao Chinese leadership implemented rapid expansion of trade between companies in the West and Eastern suppliers became possible. Low cost labor in these countries attracted Western manufacturers who were experiencing rising production costs in their home countries. In addition, equipment and infrastructure companies were attracted to these countries as they sought to rapidly upgrade their production facilities and technical infrastructures. Coupled with the easing of trade barriers, these factors have led to an unprecedented growth in the economies of these regions.

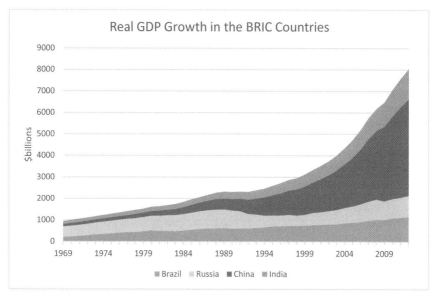

Figure 2: BRIC country real GDP growth
Source: World Bank and International Monetary Fund

Political stability, however, is not guaranteed in the future. The growth in purchasing power of the middle class in the BRIC countries will place pressure on their governments for broader freedom for individuals. In addition, just as this growth in living standards is increasing in these countries, other factors such as demographics and environmental issues (see below) will cause tensions that could spill over into political unrest (U.S. National Intelligence Council, 2012). It will remain to be seen whether the relative political stability that the world has enjoyed over the past twenty years will allow the current growth trajectories of these countries to continue into the future.

2.4. Demographics

While borders have become easier to cross, geo-political environments have become relatively stable, and technologies have improved to facilitate advanced planning and tracking of goods shipments, the makeup of societies has also changed. While aging populations in the developed world are restricting growth opportunities for consumer focused organizations and providing new opportunities for healthcare and leisure service providers, young and growing populations in the developing world are attracting the attention of consumer products companies.

Primary purchases for household goods and general consumer products occur when individuals begin their families, and when they purchase their homes (Kottler and Keller, 2011). Countries that have growing populations in the prime consumption ages of 20 to 45, therefore, are targets for investments by consumer goods companies. In the future the countries that will have the highest growth in these target age groups will be in the developing world (Figure 3). This fact has led consumer goods companies to look outside their traditional country and regional boundaries to emerging markets for future growth in their revenue and profitability (Gomes, Lim, Schaus, and Cooper, 2012).

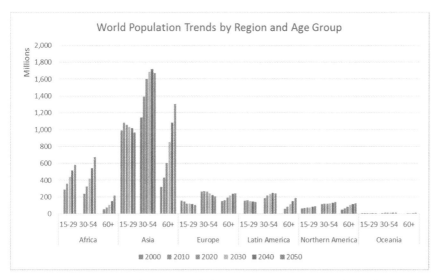

Figure 3: World population growth by region and age group through 2050
Source: United States Census Bureau – International Programs

 30. Deutscher
Logistik-Kongress
23.-25. Oktober 2013

 BVL
Bundesvereinigung
Logistik

Growth in these emerging markets is not distributed, but concentrated in cities. Numerous urban centers are projected to expand well beyond historical limits creating multiple "megacities." These megacities are urban areas with more than 10 million people. Today there are 23 megacities in the world. By 2025 it is projected that there will be an additional 14 urban areas classified as "megacities", with 9 of these new areas in the Far East.

Megacities pose both opportunities and challenges for companies. From an opportunity perspective the concentration of potential consumers in these urban areas makes identification of markets easier for organizations. Also, these areas provide critical mass for the consumer products companies to think about entering a market. However, this concentration of people, with differing income levels, education levels, health, and tastes creates considerable challenge to organizations when trying to determine the proper marketing programs to reach their target markets. In addition, logistics challenges in these markets are considerable as congestion, pollution, infrastructure, and retailing approaches all come into conflict with one another (Blanco and Frasoo, 2013).

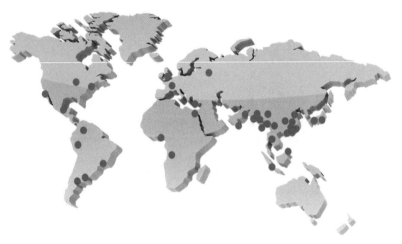

Figure 4: World megacities in 2025
Source: United Nations, Department of Economics and Social Affairs, 2012

2.5.   Environmental Change

While the world has been experiencing unprecedented growth in both income and population, the environment has become stressed. Human generated greenhouse gases have begun to raise global temperatures and change traditional weather patterns (Stern, 2007). Reliance on non-renewable resources (oil, rare earth minerals, copper, etc.) for much of industrial output has depleted the supply of these resources and increased their costs (Diederen, 2010). Poor crop management practices, competing uses for traditional crops, changing weather patterns, rising temperatures, and pesticide resistant pests are impacting food availability just as population demands are increasing (Stern, 2007).

Environmental issues are expected to cause problems in the future as countries attempt to maintain economic growth while addressing scarcity in food, water, mineral resources, and energy. Studies by various governmental and academic researchers indicate that the relative geo-political stability that the world has enjoyed over the past 20 years may be at risk as environmental stress increases in the future (RAND, 2012). Geo-political instability will be most intense in emerging and developing economies providing additional challenges to the international organizations that have located in these regions for reasons of growth.

3.   Organizational Responses to the Changing World

Organizations have had considerable time to evaluate the changing nature of the world around them. The topic of modern globalization has been on the corporate agenda since at least the early 1980s (e.g., Intriligator, 2003). In response to pressures at home to reduce costs while becoming more responsive to changing consumer demands, organizations followed the well-known path of sourcing production of their goods to low cost labor markets, primarily in the developing world. As has been mentioned before, the ability to outsource to low cost producing countries was facilitated by the dramatic increase in productivity of the transport sector and the attendant drop in costs for moving goods. However, sourcing decisions for companies followed traditional sourcing practices.

Prior to the late 1990s the function of supply chain management was an organizational novelty. That was shown in studies conducted by the Eli Broad Graduate School of Management at Michigan State University during this period. Early surveys conducted by the school showed that executives in 1990 felt that suppliers were only somewhat important to their businesses (Trent and Monczka, 1998).

30. Deutscher
Logistik-Kongress
23.-25. Oktober 2013

BVL
Bundesvereinigung
Logistik

Later surveys indicated that executives had evolved in their thinking predicting that by the year 2000 suppliers would be quite important to their organizations (Trent and Monczka, 1998).

Because suppliers were not seen as important, the concept of supply chain management, first formally discussed in an article by several Booz Allen & Hamilton consultants published in "Wirtschaftswoche" in 1982 (the consultants, Keith Oliver and Michael Webber, published a similar article in English the same year in the Booz Allen & Hamilton's journal "Outlook") (Christopher, 1992), did not gain traction until the late 1990s. In the late 1990s academics were still debating just what the term "supply chain management" meant (e.g., Cooper, Lambert and Pagh, 1997; Mentzer, et al., 2001).

Since supply chain management was neither well understood nor appreciated as being important, companies approached globalization using the tools and processes with which they were familiar. These traditional approaches view functions within an organization as semi-autonomous entities coordinated through management control systems to achieve common objectives (Kaplan, 1984). Suppliers under the traditional approach are assumed to be independent agents who become aligned with the purchasing organization's objectives through contractual agreements that include performance measures and service levels (Kraljic, 1983).

This traditional approach to supplier management through procurement organizations focuses on the key success criteria of global procurement "higher-quality products, cheaper products, access to worldwide technology, etc." (Quintens, Pauwels and Matthyssens, 2006). The relationship between purchasing and the supplier under this approach is one that is focused on operational goals such as efficiency and effectiveness, not on the more strategic goals of alignment, commitment, and collaboration (Mentzer, Min and Zacharia, 2000). Suppliers are looked at as necessary sources of materials, but not as strategic partners who can potentially enhance the value of end products for the ultimate customers in an organization's supply chain.

The traditional approach to supplier management provided companies with lower cost materials and components. The logic, therefore, of applying this approach when sourcing globally was straight forward. Since the initial impulse for looking at global suppliers was cost, using the existing purchasing approach in which supplier relationships were looked at as transactional relationships made good sense. Unfortunately, companies experienced numerous problems when employing this strategy.

3.1. Issues in Global Supply Chain Management

Problems with the traditional approach to supplier management were recognized early in the modern globalization era (Ellram and Cooper, 1990). Proposals for more collaborative relationships with suppliers (Ellram and Cooper, 1990; Lambert, Emmelhainz and Gardner, 1996) and for better supply chain management approaches (Kraljic, 1983) became common place in the literature. Unfortunately, as late as the middle of the past decade articles were being written lamenting the lack of proper design and management tools to effectively manage global supply chains (Meixell and Gargeya, 2005). However, there appeared to be some bright spots where specific firms were seen as having managed to overcome many of the impediments to effective management of suppliers (Christopher and Towill, 2001).

Typical issues that arise when looking at global supply chains through the lens of traditional buyer/seller relationships can be categorized as risk, complexity, and alignment management.

3.1.1. Risk Management

Risks can arise both from operational issues and from non-operational issues (Chopra and Sodhi, 2004; Manuj and Mentzer, 2008). Operationally, risks in global supply chains arise because of a mismatch between the capability of the players in the supply chain and the demands of the end consumer market (mismatch in flexibility, responsiveness, quality performance, reliability, etc.). Operational risks also arise due to disruptions in the flow of goods through the extended supply chain (disruptions due to natural disasters, weather, customs delays, equipment failures, etc.).

Non-operational risks are those risks associated with doing business in foreign lands under foreign governments, foreign legal systems, foreign regulatory regimes, foreign financial systems, and foreign cultural systems. These risks include conflicting business practices, foreign exchange fluctuations, non-compliant work practices, environmentally harmful production activities, language related communications problems, unfamiliar religious norms, etc.

Risks, while usually addressed in selecting suppliers and their host countries, are generally not considered in day-to-day operations unless a problem arises. This means that risk management operates on an episodic basis resulting in supply chain failures that disrupt business and result in serious revenue and profit loss (Jüttner, 2005).

 30. Deutscher
Logistik-Kongress
23.-25. Oktober 2013

BVL
Bundesvereinigung
Logistik

3.1.2. Management Complexity

Complexity arises due to the need to manage suppliers in multiple non-local coun-tries while meeting demands in local markets (Perona and Meragliotta, 2004; Blecker, Kersten and Meyer, 2005). Since most traditional approaches of selecting suppliers have relied on one-to-one or episodic selection criteria, global supply chains have grown more organically than by design (Kauffman, Crimi and Stading, 2006). In addition, because effective design approaches to global supply chains have slow to develop, those companies that have attempted to strategically design their supply chains have been less than totally successful (Meixel and Gargeya, 2005). Because the extended global supply chain for many organizations has grown in this organic manner, managing the supply chain in an effective and effi-cient manner is difficult. Disruptions and performance issues arise frequently forc-ing supply chain operators to act as "fire fighters" running about fixing problems that arise without clear causal understanding (Blecker, Kersten and Meyer, 2005).

3.1.3. Supply Chain Alignment

Supply chains need to be aligned with current business requirements to ensure that goods are delivered to customers when and where customers require them, and at a cost that customers are willing to pay (Fisher, 1997). Because customer demand changes at a frequency that outpaces the ability of supply chains to be redesigned, the initial design of a supply chain is critical to meeting these objec-tives (Christopher and Towill, 2002). Unfortunately, global supply chains that have grown organically have seldom the ability to serve the rapidly changing demand of an organization's market. This leads to cost and performance penalties for the or-ganization as it attempts to force unruly and poorly aligned supply chain processes to meet these rapidly changing customer requirements.

4.   Network Orchestration

Numerous authors have noted that modern global businesses no longer compete as individual entities, but as networks of organizations (Friedman, 2005; Sirkin, Hemerling, Bhattacharya, 2008; Kleindorfer, 2009). Early discussions of the com-plexities of modern competition indicated that for companies to be successful in the rapidly globalizing world their supply chains would need to be structured to be more competitive (Christopher, 1992). This thinking led to the concept of com-petition as a battle between supply chains rather than individual firms (Rice and

Hoppe, 2001). However, there appeared to be problems with the competition of supply chain versus supply chain due to the different supply chain approaches taken by companies competing in similar markets (e.g., Zara's highly integrated supply chain versus The Limited's completely outsourced supply chain).

Companies that seemed to have figured out how to successfully manage global supply chains appeared to have developed distinctly different approaches to designing and managing their networks of suppliers. Christopher and Towill identified these organizations as being able to simultaneously operate with lean and agile supply chains that were based on collaborative relationships and common goals (Christopher and Towill, 2001). Sturgeon called such networks "modular production networks" (Sturgeon, 2002) while the Fung brothers, managers of Li & Fung, the Hong Kong based global supply chain management company, coined the term "network orchestrators" for the companies that manage their supply chains in this manner (Fung, Fung and Wind, 2007).

Network orchestration approaches to global supply chain management make fundamentally different assumptions about supply chain designs and management. The assumptions that underlie an orchestration approach to supply networks assume that an organization cannot anticipate what customers will want tomorrow, where the next natural disaster will occur, or where geo-political problems will arise. As such, network orchestration requires that supply chains be as flexible as possible with no single points of failure (Christopher and Peck, 2004).

The selection of the term "network orchestration" by the Fung brothers was done based on the similarity they felt exists between how the conductor of a symphony orchestra operates and how a network orchestrator performs. A conductor oversees the integrated performance of a group of highly competent musicians who, by playing independently, but guided by a complex score and the real time direction of the conductor, create beautiful music. In a similar manner, a network orchestrator oversees multiple independent producing entities that have been selected based on their competence and guides them in the production of goods by providing them forecasts and then managing them through real time end-to-end systems.

The benefits of networks constructed and managed in this manner are that they are highly flexible and reconfigurable. Like a symphony that plays many different kinds of music by adding, rearranging or eliminating musicians and instruments, an orchestrated network can add, redeploy, resource, drop, rearrange itself quickly to handle changing customer requirements (Wind, Fung and Fung, 2009).

30. Deutscher
Logistik-Kongress
23.-25. Oktober 2013

BVL
Bundesvereinigung
Logistik

Management of supply networks has been made possible through the effects of globalization and the ability of modern information technologies to link organizations together at relatively low cost. By leveraging these factors network of suppliers can be coordinated to achieve uniform goals. Using the flow of information, funds, and physical goods made possible by today's modern technologies, and integrating these flows through management coordination processes, transaction costs associated with managing multiple partners can be reduced and these complex webs of partners can be leveraged to deliver value (Fung, Fung and Wind, 2007).

Orchestrated networks of suppliers are conceptually not a new phenomenon. Historically, manufacturing of complex equipment was performed by a group of independent suppliers operating under a single roof and coordinated by operations personnel who scheduled production, and then managed the suppliers to ensure that they were producing to plan by walking around the facility (Hamilton, 1791). This approach to production worked well while manufactures were produced by craftsman building separate elements of the product and assembling each product as a unique item. When mass production began to be used to manufacture many products of uniform design, the need for independent craftsman disappeared and a different model of production arose (Ford, 1922). The need to place everyone under a single roof and tightly manage the production process through vertical control of the supply chain was a hall mark of mass production for many years. It was in more recent times when cost and competitive pressures, complexity and new information technologies were available did companies in the West begin to outsource parts of their supply chain once more (Prahalad and Hamel, 1990).

Examining supply webs from a conceptual level one can see that they are no different from the earlier craftsman networks used to build the unique products that existed prior to the mass production era. What is different, however, is the ability to manage highly skilled organizations dispersed around the globe in a manner which leads to mass produced goods that can be delivered to a specific market in a timely manner at an acceptable cost. This difference is a step function change in production enabled by modern information and transport technologies and facilitated by liberalized trading regimes between nations (Fung, Fung and Wind, 2007).

While modern technologies have facilitated the ability of organizations to establish complex supply networks, technology alone is not sufficient to ensure that network orchestration can occur. For efficient and effective network orchestration to occur the orchestrator must be able to rely on the network of suppliers who produce the goods that flow through the network. Supplier capabilities must be understood in detail so that the orchestrator does not assign them tasks that they cannot accomplish. Supplier/orchestrator relationships must be based on mutual trust and collaboration since the orchestrator must trust the supplier to do what they have committed to do and the supplier must trust the orchestrator to operate in a fair manner. In addition, both parties need to trust one another so that the network continually improves its performance and develops new skills and capabilities to ensure that it can stay ahead of its competition.

Wind, Fung and Fung (2009) define three roles for the network orchestrator (Wind, Fung, and Fung, 2009). First, the network orchestrator must actively design and manage the network. The orchestrator must select suppliers who have both the capabilities and the desire to work within a highly flexible, trust based production network. Second, the network orchestrator needs to empower the network to operate based on trust. Beyond employing information technologies to control activities, the network requires suppliers that have been qualified based on their capabilities and local orchestration managers who, in conjunction with their suppliers, act in an entrepreneurial manner to continuously push the boundaries of

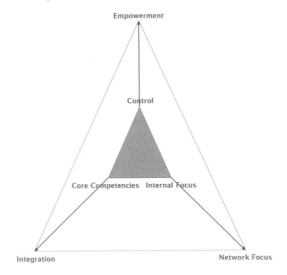

Figure 5: Focus of traditional supply chain management versus network orchestration
Source: Adapted from Wind, Fung and Fung, 2009

30. Deutscher
Logistik-Kongress
23.-25. Oktober 2013

BVL
Bundesvereinigung
Logistik

what the network is capable of doing. Finally, network orchestrators need to be integrators. Value in the networked organization is created through the integration of the core competencies that reside in the supply base. The orchestrator must be able to integrate this value in an efficient manner as possible, if they are to realize the full benefits of network.

4.1. Network Orchestrators – Two companies that do it right

4.1.1. Li & Fung Ltd.

Li & Fung Ltd. is a $16 billion, 100+ year old Hong Kong based international supply chain management company focusing on the retail market. The company operates out of 240 offices in 40 different countries managing a supplier base of over 15,000 companies (www.lifung.com). The company's services cover the entire product lifecycle for retail products from product design through product disposal. The company is organized around three business units: trading, logistics, and distribution.

The trading organization at Li & Fung is the core element of its business. This organization manages the 15,000 supplier network on behalf of 2,000 customers. Li & Fung acts as a network orchestrator selecting, certifying, and managing the supplier base on behalf of its customers. Li & Fung is an asset light organization owning none of the production capacity in the network. What Li & Fung provides its customers is the ability to leverage its management systems and supplier base to obtain the most flexible, cost effective supply of goods possible. Even though the recent downturn in the global economy has hurt their business, Li & Fung's strategy has enabled it to grow at a compound annual rate of over 20% for the past 20 years.

The approach that Li & Fung takes to orchestrating its network of suppliers on behalf of its customers is to separate each step in the production process and outsource that step to the supplier(s) best suited to perform the step based on the customer's requirements (Fung, Fung and Wind, 2007). To manage this highly disaggregated production network, Li & Fung uses a combination of sophisticated information systems and local managers who have developed deep knowledge about the capabilities of the suppliers they manage. Local managers are empowered to operate in an entrepreneurial manner to ensure that their suppliers meet customer demands while continually improving their capabilities. This empowerment includes the suppliers themselves who are encouraged to make recommendations for process improvements and new services (Fung, Fung and Wind, 2007).

The Li & Fung approach to network orchestration is based on the concept of "loose/tight" management. Each field manager in the Li & Fung organization is provided with objectives to achieve over a three year time horizon. These objectives are fixed, as is the three year strategic plan. This fixing of objectives provides the field managers with a longer term planning horizon so that they can focus on "doing the right things" as well as "doing things right" without pressures to achieve short term performance goals (Fung, Fung and Wind, 2007).

4.1.2. Zara

Zara is the flagship unit of Groupo Inditex, a €16 billion Spanish based retailer. Zara follows a distinctly different strategy in orchestrating its supply network than most retailers. Over 80% of Zara's products are sourced in Europe rather than in the Far East as is common for retailers. Zara focuses on maintaining a "zero inventory" policy using highly flexible supplier relations, state-of-the-art production and distribution systems, and responsive designers connected directly to stores to run small batches of production in a high frequency manner (D'Andrea and Arnold, 2003).

Zara's highly integrated process of managing its supply network mirrors that of Li & Fung. The only difference being that while Li & Fung is a third party, asset light entity that managed supply networks on behalf of its customers, Zara has chosen to perform this function in-house using a significant amount of its own production and distribution assets. The approach, however, employed by Zara follows the triangular network orchestration approach discussed previously. Zara focuses on its network of supply and empowers this network to operate in a highly flexible manner to respond to rapidly changing customer demands (a process called "design on demand"). In addition, Zara creates value for its customers by tightly integrating real time customer demand data to production plans and its distribution processes. This allows Zara to limit overall inventory in its supply chain while producing product at a rate that allows it to replenish and refresh its stores twice a week rather than the industry norm of 4 to 6 weeks (D'Andrea and Arnold, 2003).

While Zara's and Li & Fung's business models differ, they both utilize an approach to network orchestration that is quite similar. Both organizations focus on empowering their supplier management teams and suppliers to ensure that things are done correctly and that the right things are done. They both take a long term view and focus on continuously improving their operations. They both partner with their suppliers and take a long term collaborative approach to managing them.

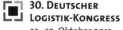

And they both utilize sophisticated information systems to control their operations. The success of the network orchestration model in such different organizations demonstrates a robustness in the concept and a broad applicability.

5. Conclusion

Modern supply chains have become more complex as globalization has encouraged companies to outsource operations to non-traditional and remote locations. Major trends in demographics, the environment, technology, geo-politics, and trade policies are both acting to further encourage companies to expand their global footprints, and to create uncertainties in how such expansion will pay off. Managing supply networks that stretch across the globe using traditional supplier/ buyer relationships creates highly complex, uncoordinated, inflexible, fragile, and inefficient supply management processes. These complex supply networks require a more flexible "loose/tight" approach to management in which suppliers become collaborative partners that are skilled in the execution of their parts of the supply process and supply chain managers act as network orchestrators conducting a coordinated symphony in which these highly skilled supplier organizations deliver their services based on a well understood score and timed to the direction of the network's conductor. This approach to supply network management, or orchestration, is applicable to a wide range of organizations pursuing different business strategies. It applies generally to any organization with a highly distributed network that requires tight coordination while remaining flexible and responsive to customer demands.

About the Authors

Prof. Dr. J. Rod Franklin, is Adjunct Professor and Managing Director of Executive Education at the Kühne Logistics University (KLU). In his role at the KLU Prof. Franklin teaches classes in innovation, operations, decision analysis, game theory and critical thinking to graduate students and logistics professionals. His research focuses on supply chain efficiency, sustainable operations and the application of Future Internet technologies to supply chain management. Prior to joining the KLU Prof. Franklin worked in industry where he focused on corporate strategy, operations management, supply chain management, information technology and consulting. Prof. Franklin holds a Bachelor of Science degree in Mechanical Engineering from Purdue University, a Master of Science degree in Mechanical Engineering from Stanford University, a Master in Business Administration degree from Harvard University and a Doctorate in Management degree from the Case Western Reserve University.

Prof. Dr. Joern Meissner is Full Professor of Supply Chain Management & Pricing Strategy at Kühne Logistics University (KLU). Professor Meissner holds a PhD and a Master's Degree in Management Science from the Graduate School of Business at Columbia University (Columbia Business School) in New York City and a Diploma in Business from the University of Hamburg. His research spans a wide field of study, including the areas of Supply Chain Management (SCM), Logistics, Pricing Strategy and Revenue Management. The aim of his research is to develop and implement robust and efficient techniques to business problems in those domains. A common theme within his research is the use of quantitative optimization techniques to guide managers to make better business decisions. At KLU he is teaching courses on IT-Systems in Logistics; at his previous position at Lancaster University Management School, he taught the MBA Core course in Operations Management and originated three new MBA Electives: Advanced Decision Models, Supply Chain Management, and Revenue Management.

References

Bernhofen, D.M., El-Salhi, Z., and Kneller, R. (2013) *Estimating the effects of the container revolution on world trade*. No. 4136. CESifo Working Paper: Trade Policy.

Blanco, E.E., and Fransoo, J.C. (2013) *Reaching 50 million nanostores: retail distribution in emerging megacities*. TUE Working Paper – 404.

Blecker, T., Kersten, W., and Meyer, C.M. (2005) Development of an approach for analyzing supply chain complexity. In: *Mass customization. concepts–tools–realization. Proceedings of the international mass customization meeting.* Berlin: Gito Verlag, pp. 47-59.

Christopher, M. (ed.) (1992) *Logistics.* London: Chapman & Hall.

Christopher, M., and Towill, D. (2001) An integrated model for the design of agile supply chains. *International Journal of Physical Distribution & Logistics Management*, 31 (4), pp. 235-246.

Christopher, M., and Towill, D. (2002) Developing market specific supply chain strategies. *International Journal of Logistics Management*, 13 (1), pp. 1-14.

30. Deutscher
Logistik-Kongress
23.-25. Oktober 2013

BVL
Bundesvereinigung
Logistik

Christopher, M., and Peck, H. (2004) Building the resilient supply chain. *International Journal of Logistics Management,* 15 (2), pp. 1-14.

Chopra, S., and Sodhi, M.S. (2004) Managing risk to avoid supply-chain breakdown. *MIT Sloan Management Review.* Fall 2004, pp. 53-61.

Cooper, M.C., Lambert, D.M., and Pagh, J.D. (1997) Supply chain management: more than a new name for logistics. *International Journal of Logistics Management.* 8 (1), pp. 1-14.

D'Andrea, G., and Arnold, D. (2003) *Zara.* Case No. 9-503-050. Boston: Harvard Business School Publishing.

Diederen, A. (2010) *Global resource depletion: managed austerity and the elements of hope.* The Netherlands: Eburon Uitgeverij BV.

Ellram, L.M., and Cooper, M.C. (1990) Supply chain management, partnership, and the shipper-third party relationship. *International Journal of Logistics Management, The.* 1 (2), pp. 1-10.

Fisher, M.L. (1997) What is the right supply chain for your product?. *Harvard Business Review.* 75, pp. 105-117.

Ford, H., and Crowther, S. (1922) *My Life and Work: An autobiography of Henry Ford.* Garden City, NY: Garden City Publishing Co.

Friedman, T. (2005) *The world is flat.* New York: Farrar, Straus and Giroux.

Fung, V.K., Fung, W.K., and Wind, Y.J.R. (2007) *Competing in a flat world: building enterprises for a borderless world.* Upper Saddle River, NJ: Pearson Prentice Hall.

Global Trends 2030: Alternative worlds. United States National Intelligence Council. No. NIC-2012-01. Available from: www.dni.gov/nic/globaltrends [Accessed 4 August 2013].

Gomes, W., Lim, L., Schaus, R., and Cooper, D. (2012) Getting ready to profit from the "next billion" consumers. *Bain Consumer Products Brief.* Boston: Bain & Company.

Hamilton, A. (1791) Report on Manufactures. *Annals of the United States Congress.* Presented to Congress December 5, 1791, pp. 971-1034.

Ignarski, S. (ed.) (2005) *The Box: An Anthology Celebrating 50 Years of Containerization and the TT Club 2nd ed.* London: EMAP Communications.

Intriligator, M.D. (2003) Globalization of the world economy: potential benefits and costs and a net assessment. *Milken Institute Policy Brief,* No. 33.

Jüttner, U. (2005) Supply chain risk management: understanding the business requirements from a practitioner perspective. *International Journal of Logistics Management, The.* 16 (1), pp. 120-141.

Kaplan, R.S. (1984) The evolution of management accounting. *Accounting Review.* pp. 390-418.

Kauffman, R.G., Crimi, T.A., and Stading, G.L. (2006) A best-practice approach for developing global supply chains. In: *Proceedings of the 91st annual international supply chain management conference.* Available from: http://www.ism.ws/pubs/Proceedings/confproceedingsdetail.cfm?navItem Number=23078&ItemNumber=13677 [Accessed 4 August 2013].

Kleindorfer, P.R., and Wind, Y.J.R. (ed.s) (2009) *The network challenge: strategy, profit, and risk in an interlinked world.* Upper Saddle River, NJ: Pearson Prentice Hall.

Kottler, P., and Keller, K.L. (2011) *Marketing Management* 14th ed. Upper Saddle River, NJ: Prentice Hall.

Kraljic, P. (1983) Purchasing must become supply management. *Harvard Business Review.* 61 (5), pp. 109-117.

Lambert, D.M., Emmelhainz, M.A., and Gardner, J.T. (1996) Developing and implementing supply chain partnerships. *International Journal of Logistics Management.* 7 (2), pp. 1-18.

Levinson, M. (2008) *The Box: How the Shipping Container Made the World Smaller and the World Economy Bigger.* Princeton: Princeton University Press.

Libicki, M.C., Schatz, H.J., and Taylor, J.E. (2011) *Global Demographic Change and its Implications for Military Power.* Santa Monica, CA: RAND Corporation.

Manuj, I., and Mentzer, J.T. (2008) Global supply chain risk management strategies. International *Journal of Physical Distribution & Logistics Management.* 38 (3), pp. 198-223.

Meixell, M.J., and Gargaya, V.B. (2005) Global supply chain design: A literature review and critique. *Transportation Research Part E: Logistics and Transportation Review.* 41 (6), pp. 531-550.

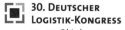

Mentzer, J.T., Min, S., and Zacharia, Z.G. (2000) The nature of interfirm partnering in supply chain management. *Journal of Retailing.* 76 (4), pp. 549-568.

Mentzer, J.T., DeWitt, W., Keebler, J.S., Min, S., Nix, N.W., Smith, C.D., and Zacharia, Z.G. (2001) Defining supply chain management. *Journal of Business Logistics.* 22 (2), pp. 1-25.

Perona, M., and Meragliotta, G. (2004) Complexity management and supply chain performance assessment. A field study and a conceptual framework. *International Journal of Production Economics.* 90 (1), pp. 103-115.

Prahalad, C.K., and Hamel, G. (1990) The core competence of the corporation. *Harvard Business Review.* May/June, pp. 2-14.

Quintens, L., Pauwels, P., and Matthyssens, P. (2006) Global purchasing: state of the art and research directions. *Journal of Purchasing and Supply Management.* 12 (4), pp. 170-181.

Rice, J.B., and Hoppe, R.M. (2001) Supply chain vs. supply chain: the hype and the reality. *Supply Chain Management Review.* 5 (5), Sept/Oct, pp. 46-54.

Sirkin, H.L., Hemerling, J.W., and Bhattacharya, A.K. (2008) Globality: Challenger companies are radically redefining the competitive landscape. *Strategy & Leadership.* 36 (6), pp. 36-41.

Stern, N.N.H. (ed.) (2007) *The economics of climate change: the Stern review.* London: Cambridge University Press.

Sturgeon, T.J. (2002) Modular production networks: a new American model of industrial organization. *Industrial and corporate change.* 11 (3), pp. 451-496.

Trent, R.J., and Monczka, R.M. (1998) Purchasing and supply management: trends and changes through the 1990s. *Journal of Supply Chain Management.* 34 (4), pp. 2-11.

Wind, Y.J.R., Fung, V.K., and Fung, W.K. (2009) Network orchestration: creating and managing global supply chains without owning them. In: Kleindorfer, P.R., and Wind, Y.J.R. (ed.s) *The Network Challenge: Strategy, Profit, and Risk in an Interlinked World.* Upper Saddle River, NJ: Pearson Prentice Hall, pp. 299-315.

E4

Erfolgsfaktor Humanitäre Logistik

Erfolgsfaktor Humanitäre Logistik –
Status Quo und zukünftige Entwicklungen

1. Die Bedeutung der Logistik in humanitären Einsätzen

2. Unterschiede und Schnittstellen zwischen dem humanitären
und dem kommerziellen Sektor

3. Akteure in der humanitären Logistik
Hilfsempfänger
Hilfsorganisationen
Spender
Zulieferer
Logistikdienstleister
Koordinierende Stellen
Militär
Professionelle Vereinigungen und Stiftungen
Hochschulen und sonstige Anbieter im Bildungsbereich

4. Initiativen der kommerziellen Logistik
Disaster Response Teams
Logistics Emergency Teams
Get Airports Ready for Disaster
Get Seaports Ready for Disaster

5. Aktuelle Herausforderungen in der Humanitären Logistik
Die Plattform HumLog@BVL

6. Forschungsarbeiten

7. Fazit

8. Literatur

Erfolgsfaktor Humanitäre Logistik – Status Quo und zukünftige Entwicklungen

Prof. Dr.-Ing. Bernd Hellingrath, Inhaber des Lehrstuhls für Wirtschaftsinformatik und Logistik, Institut für Wirtschaftsinformatik, Westfälische Wilhelms-Universität Münster

Dipl.-Logist. Daniel Link, Wissenschaftlicher Mitarbeiter am Lehrstuhl für Wirtschaftsinformatik und Logistik, Institut für Wirtschaftsinformatik, Westfälische Wilhelms-Universität, Münster

Adam Widera, M.A., Wissenschaftlicher Mitarbeiter am Lehrstuhl für Wirtschaftsinformatik und Logistik, Institut für Wirtschaftsinformatik, Westfälische Wilhelms-Universität Münster

1.   Die Bedeutung der Logistik in humanitären Einsätzen

Wie aktuelle Untersuchungen der Swiss Re (2013) zeigen, hat sich die Anzahl an Naturkatastrophen und durch Menschen verursachter Krisen von 1970 bis heute mehr als verdreifacht (siehe Abbildung 1). Experten gehen sogar von einer Verfünffachung der Katastrophen in den nächsten 50 Jahren aus. Sowohl die Ursachen als auch die Auswirkungen von Naturkatastrophen nehmen immer mehr an Komplexität zu, wie das Erdbeben in Japan im März 2011 zeigt, das einen Tsunami und eine nukleare Katastrophe zur Folge hatte.

Logistik ist als der zentrale Faktor in der Katastrophenhilfe einzustufen. So sorgt die Logistik dafür, dass die betroffenen Personen schnellstmöglich mit Nahrung, Medizin und Unterkünften versorgt werden. Gleichzeitig sind die lokalen Infrastrukturen meist teilweise oder vollständig zerstört und müssen wieder aufgebaut werden, wofür die Lieferung des richtigen Materials erforderlich ist. Die Logistik stellt den größten Kostenfaktor in der Katastrophenhilfe dar. So beläuft sich der Anteil Logistik-bezogener Ausgaben in der Nothilfe auf 40-60 % und kann einschließlich der Beschaffungskosten sogar bis zu 80 % betragen (Long und Wood 1995, van Wassenhove 2006, Blecken 2010).

Humanitäre Logistiker bei Hilfsorganisationen und kommerziellen Logistikdienstleistern arbeiten jeden Tag an vielen Stellen zusammen, um bedarfsgerecht Hilfsgüter mit einer möglichst hohen Reaktionsgeschwindigkeit in die betroffenen Krisenregionen zu befördern und entsprechende Hilfsdienste bereitzustellen. Damit

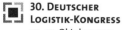

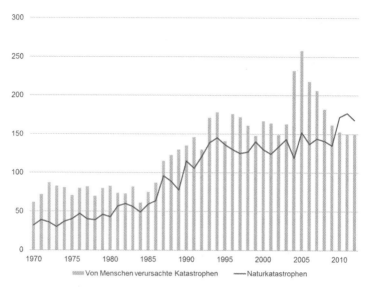

Abbildung 1: Anzahl der Katastrophen zwischen 1970 und 2012 (Swiss Re 2013)

die Zusammenarbeit reibungslos funktioniert, ist es wichtig, dass beide Seiten die Zielsetzungen und Vorgehensweisen der jeweils anderen Seite kennen und berücksichtigen. Als wesentlicher Unterschied ist zu sehen, dass der humanitäre Sektor vornehmlich die Rettung von Leben und die Linderung von Leid zum Ziel hat, wohingegen der kommerzielle Sektor hauptsächlich gewinnorientiert arbeitet und in stärkerem Maß auf Effizienz bedacht ist. Auf diese Unterschiede wird in der Folge noch ausführlicher eingegangen.

Im Kontext der humanitären Hilfe existiert eine komplexe Landschaft von Akteuren, deren Beschreibung über die grundlegende Unterscheidung zwischen humanitärem und kommerziellem Sektor hinausgeht. So spielen Hilfsorganisationen und Logistikdienstleister zwar hervorgehobene Rollen, jedoch sind auch Akteure wie das Militär oder koordinierende Stellen wie die Vereinten Nationen (UN) zu berücksichtigen. Die wenige Zeit zwischen den Einsätzen nutzen die Akteure zur Weiterentwicklung und Qualifikation ihrer Mitarbeiter. Hierbei unterstützen sie verschiedene professionelle Vereinigungen, Stiftungen, Hochschulen und Institute in den Bereichen Aus- und Weiterbildung sowie Zertifizierungsleistungen.

Dass der kommerzielle Sektor hauptsächlich gewinnorientiert arbeitet, steht nicht im Widerspruch zum gesellschaftlichen Engagement vieler Unternehmen, mit dem sie ihrer gesellschaftlichen Verantwortung nachkommen. So liegt es nahe, dass gleich mehrere Initiativen in der humanitären Logistik aus dem kommerziellen Sektor gewachsen sind, in deren Rahmen Unternehmen ihre Kapazitäten pro bono zur Verfügung stellen. Dazu gehören u. a. die „Disaster Response Teams" und die „Logistics Emergency Teams" im Bereich der Nothilfe sowie die Programme „Get Airports Ready for Disaster" und „Get Seaports Ready for Disaster" im Bereich der Katastrophenvorsorge. Kleine und mittlere Unternehmen (KMU) haben i. d. R. nicht die Kapazitäten, um solche Initiativen in Eigenregie durchzuführen, allerdings besteht für sie die Möglichkeit der Freistellung von Mitarbeitern für Hilfseinsätze.

Damit die Effektivität der Hilfseinsätze sichergestellt werden kann, ist es notwendig, die bestehenden Herausforderungen zu kennen und ihnen mit gezielten Verbesserungen zu begegnen. Im Rahmen des Arbeitskreises „Humanitäre Logistik" der BVL wurde eine Analyse der Herausforderungen in der humanitären Logistik durchgeführt, die erstmals die Perspektiven der unterschiedlichen Akteure berücksichtigt. Das Ergebnis dieser Analyse sind Einschätzungen zu aktuellen Herausforderungen in vier Themenfeldern: „Information und Technologie", „Prozesse, Organisation, Koordination", „Infrastruktur" und „Politik und Behörden". Darauf aufbauend wurde vom Arbeitskreis die Plattform HumLog@BVL konzipiert, die die Netzwerkbildung, den Wissensaustausch und die Vermittlung von Kompetenzen in der humanitären Logistik unterstützen soll. Auf die Herausforderungen in den vier Themenfeldern und die Plattform HumLog@BVL wird unten noch detailliert eingegangen. Zur Reduktion der großen Komplexität und zur Schaffung von Reaktionsfähigkeit hinsichtlich der sich rasant verändernden Bedingungen von Hilfseinsätzen leistet die Forschung einen wichtigen Beitrag. Auch auf diese Arbeiten wird in diesem Beitrag kurz eingegangen.

2.   Unterschiede und Schnittstellen zwischen dem humanitären und dem kommerziellen Sektor

Die humanitäre Logistik hat einige Gemeinsamkeiten mit der kommerziellen Logistik, allerdings bestehen auch zahlreiche grundlegende Unterschiede. Ein wesentlicher Punkt ist, dass Hilfsorganisationen in der Regel im sogenannten „humanitären Raum" arbeiten, der den Rahmen für humanitäre Einsätze festlegt und die Zusammenarbeit mit anderen Organisationen prägt (Tomasini und Van Wassenhove 2009). Im humanitären Raum gelten die Prinzipien der Menschlichkeit,

30. Deutscher
Logistik-Kongress
23.-25. Oktober 2013

BVL
Bundesvereinigung
Logistik

Neutralität, Unparteilichkeit und Unabhängigkeit (Vereinte Nationen 2004). Die Menschlichkeit verlangt, dass Menschenleben gerettet, menschliches Leid gelindert und der Respekt vor Menschenleben gewahrt werden sollen. Dies entspricht der Kernaufgabe der Hilfsorganisationen, wohingegen Unternehmen in der Regel gewinnorientiert arbeiten. Die Neutralität hingegen fordert, sich der Teilnahme an politischen, religiösen oder ideologischen Auseinandersetzungen zu enthalten und in einem Konflikt für keine der verfeindeten Seiten Partei zu ergreifen. Dies kann ggf. die Zusammenarbeit mit dem Militär oder mit Organisationen, die mit Konfliktparteien assoziiert werden, ausschließen. Die Unparteilichkeit legt fest, dass Hilfe ohne jegliche Art von Diskriminierung zu leisten ist, d. h. unabhängig von der ethnischen Herkunft, der Nationalität und der religiösen oder politischen Überzeugung einer Person. Außerdem sind bei der Hilfestellung solche Fälle zu priorisieren, welche die größte Not aufweisen, ungeachtet der anfallenden Kosten. Die Unabhängigkeit erhebt schließlich den Anspruch, dass humanitäre Einsätze losgelöst von politischen, wirtschaftlichen, militärischen oder sonstigen Zielen in Bezug auf die Gebiete, in denen die humanitären Maßnahmen stattfinden, durchzuführen sind.

Ein wesentlicher Unterschied zwischen der humanitären und kommerziellen Logistik ist die schwierigere Vorhersagbarkeit des Bedarfs bzw. der Nachfrage im humanitären Bereich. Hilfsorganisationen sehen sich gegenüber kommerziellen Akteuren einer sehr viel höheren Unsicherheit bezüglich der Informationen über Eintrittszeitpunkt und -ort, Schadensart und -höhe sowie verfügbarer lokaler Ressourcen und Kapazitäten. So ist es meist gar nicht möglich, die Art und den Umfang der zukünftigen Bedarfe genau vorherzusagen, da diese von der Größe und dem Typ der Katastrophe abhängen. Dennoch ist es sinnvoll, weltweit an strategisch günstigen Stellen zentrale Bestände vorzuhalten, wie es bspw. die United Nations Humanitarian Response Depots (UNHRD) in Panama, Ghana, Spanien, Italien, den Vereinigten Arabischen Emiraten und Malaysia tun, deren Kapazitäten dem humanitären Sektor freistehen. Zudem ist die Entwicklung der Methoden zur Bedarfsprognose in den letzten Jahren deutlich fortgeschritten, sodass es mittlerweile besser möglich ist, Bedarfe von größeren Regionen aggregiert vorherzusagen (Everywhere, Jahre und Navangul 2011).

Eine Übersicht über weitere Unterscheidungsmerkmale zwischen der kommerziellen und der humanitären Logistik liefert Tabelle 1. Die aufgeführten Unterschiede sind stellenweise etwas zugespitzt und sowohl in der kommerziellen als auch der humanitären Logistik je nach Branche, Unternehmens- bzw. Organisationsgröße oder konkreten Geschäftsfeldern und Katastropheneinsätzen unterschiedlich stark ausgeprägt.

	Kommerzielle Logistik	Humanitäre Logistik
Strategisches Ziel	Hochwertige Produkte/Dienstleistungen zu niedrigen Kosten, Profitmaximierung	Rettung von Menschenleben, Linderung von Leid
Akteure	Bekannt, Interessensgleichheit	Viele unbekannt, unterschiedliche Interessen
Kunde	Endbenutzer ist Käufer	Spender ist „Käufer", Hilfeempfänger ist Nutznießer (daraus folgt u. a. der CNN-Effekt)
Zulieferer	In der Regel bekannte Zulieferer	Zulieferer und/oder Spender unbekannt und vielfältig
Lebenszyklus	Einige Jahre mit sinkender Tendenz	Einige Wochen bis Monate, abhängig vom Katastrophentyp
Nachfrage	Relativ stabile, prognostizierbare Nachfragemuster (niedrige Bestände)	Geringe Prognostizierbarkeit, ereignisgetrieben (sehr hohe Bestände)
Umwelt	Zunehmend unbeständig, relativ sicher	Sehr unbeständig, instabil, unsicher, kritische Infrastrukturen
Durchlaufzeit	Abhängig von Material-, Informations- und Finanzflüssen sämtlicher SC-Akteure	Geht gegen null, vorwiegend abhängig vom Materialfluss
Leistungsmessung	Fokus auf Ressourcenallokation (bspw. Kostenminimierung)	Fokus auf Output-Kennzahlen (bspw. Lieferzeiten)
Informationssysteme	Fortschrittliche, vordefinierte Technologien	Teilweise rudimentär und inadäquat genutzt, unzuverlässige Informationen

Tabelle 1: Unterschiede zwischen der kommerziellen und der humanitären Logistik (Quelle: eigene Zusammenstellung, angelehnt an Charles et al. 2009 und Beamon 2004)

3. Akteure in der humanitären Logistik

Bei einem Überblick über die Akteure in der humanitären Logistik, wie in Abbildung 2 dargestellt, sind an erster Stelle die Hilfsempfänger in den betroffenen Gebieten zu nennen. Für die Lieferung der Hilfsgüter an die Betroffenen sind Hilfsorganisationen hauptverantwortlich. Die Hilfsorganisationen sammeln ihre finanziellen Mittel von Spendern, beschaffen Hilfsgüter von Zulieferern und organisieren die Verteilung an Hilfsempfänger. Hilfsorganisationen beauftragen Logistikdienstleister, um u. a. die nötigen Transporte durchzuführen. Sonderrollen nehmen das Welternährungsprogramm bzw. World Food Programme (WFP) und das Amt für die Koordinierung humanitärer Angelegenheiten bzw. Office for the Coordination of Humanitarian Affairs (OCHA) der Vereinten Nationen (UN) ein, die u. a. für

30. Deutscher
Logistik-Kongress
23.-25. Oktober 2013

BVL
Bundesvereinigung
Logistik

die Optimierung der Zusammenarbeit zwischen Hilfsorganisationen als koordinierende Stellen tätig sind. Außerdem bringen viele Regierungen bei Katastrophen ihr Militär zum Einsatz, womit verschiedene Berührungspunkte zur humanitären Logistik bestehen.

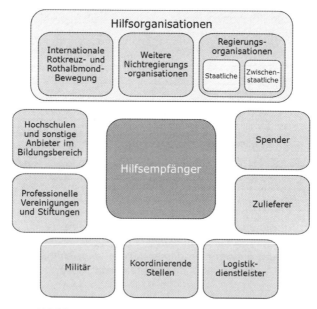

Abbildung 2: Akteure in der humanitären Logistik
(in Anlehnung an Global Humanitarian Assistance 2013)

Die humanitäre Hilfe umfasst zusätzlich zur Nothilfe, die im direkten Anschluss an eine Katastrophe geleistet wird, auch Aktivitäten zur Vermeidung von Katastrophen, zur Katastrophenvorsorge und zum langfristigen Wiederaufbau. Die genannten Akteure, wie koordinierende Stellen, sind üblicherweise in mehrere, wenn nicht alle dieser Aktivitäten eingebunden. In der Zeit zwischen Katastrophen liegt auch das Hauptbetätigungsfeld von professionellen Vereinigungen und Stiftungen, die im Kontext der humanitären Logistik arbeiten. Hochschulen und Forschungseinrichtungen zeigen sich schließlich für einen maßgeblichen Teil der Aus- und Weiterbildung und der Forschungsaktivitäten in der humanitären Logistik verantwortlich. Um all diese Akteure mit ihren Interessen und Anforderungen besser verstehen zu können, sind sie im Folgenden ausführlich beschrieben.[1]

Hilfsempfänger

Die Hilfsempfänger sind die Adressaten von humanitären Lieferketten. Sämtliche Planungsziele sind an den konkreten Bedarfen dieser Zielgruppe ausgerichtet, von der Beschaffung von Hilfsgütern im Heimatland einer Hilfsorganisation bis hin zur Auslieferung von Hilfsgütern auf der letzten Meile im Katastrophengebiet. Entsprechend spielen bei der Gestaltung und dem Betrieb humanitärer Lieferketten die Art, der Umfang und die Qualität der benötigten Hilfsleistungen vor Ort eine zentrale Rolle. Damit eine effektive Hilfe gewährleistet werden kann, müssen Hilfsorganisationen unterschiedliche Ansätze für eine schnelle und genaue Lage- und Bedarfseinschätzung bemühen.

Die erste Informationsquelle spielt dabei Erfahrungswissen, das die Akteure aus früheren Einsätzen gewonnen haben. Um dieses Wissen für die komplette humanitäre Hilfe verfügbar zu machen, identifizieren viele Initiativen Best Practices in der humanitären Hilfe und überführen das Wissen einzelner Akteure in allgemeine Standards. Neben den unterschiedlichen organisationsspezifischen Handbüchern, die zu einem großen Teil öffentlich verfügbar sind, ist an dieser Stelle insbesondere das international etablierte und inter-organisationale Sphere-Handbuch zu nennen. Dieses ist das Ergebnis einer Verständigung verschiedener Hilfsorganisationen auf Mindeststandards in der humanitären Hilfe (The Sphere Project 2011). Hier finden sich Richtlinien, wie die Hilfsleistungen in den einzelnen Bereichen – Wasser-, Sanitärversorgung und Hygieneaufklärung; Nahrungsmittelsicherheit und Ernährung; Notunterkünfte, Ansiedlung und Non-Food-Items; Gesundheitsmaßnahmen – effektiv umgesetzt werden können und in welchem Umfang dies erfolgen muss. So kann bspw. aus der Angabe, dass für die Wasserversorgung einer einzelnen Person mindestens 7,5 Liter pro Tag benötigt werden, bei einer betroffenen Stadt mit 10.000 Einwohnern der Wasserbedarf mit 75.000 Litern pro Tag abgeschätzt und hierfür leistungsfähige Wasseraufbereitungsanlagen allokiert werden. Auf Grundlage solcher Informationen können Hilfsorganisationen den Bedarf im Katastrophengebiet abschätzen und entsprechende Ressourcen mobilisieren.

---

[1]   Die Darstellung der Akteure in diesem Artikel basiert in Teilen auf (Samii 2008, Kovács und Spens 2009, Global Humanitarian Assistance 2013). Ein interaktiver Überblick über die Akteure in der humanitären Hilfe ist online abrufbar unter (Global Humanitarian Assistance 2013).

Eine gezielte Hilfsoperation erfordert über die erste, allgemeine Bedarfsabschätzung hinaus eine Erhebung der konkreten Bedarfe, da jede Katastrophe in vielerlei Hinsicht einzigartig ist. Klassischerweise machen sich hierfür Mitarbeiter von Hilfsorganisationen im Katastrophengebiet selbst ein Bild, indem sie bspw. mit der Bevölkerung sprechen. Es kommen jedoch auch weitere Verfahren zum Einsatz, so wie satellitengestützte Schadensabschätzungen oder allgemeine Hochrechnungen.[2] Ein aktuelles Thema in diesem Zusammenhang ist, wie Hilfsbedürftige ihre konkreten Bedürfnisse und konkrete Bedarfe selbst proaktiv äußern können. Immer häufiger dienen dafür Mobiltelefone und SMS-Kurznachrichten als Werkzeuge, die mittlerweile in vielen Entwicklungsländern weit verbreitet sind. Nach Schätzungen des Amtes für die Koordinierung humanitärer Angelegenheiten (OCHA) kommen bspw. in Afghanistan mehr als 50 Mobiltelefone auf 100 Einwohner, und in den Philippinen gibt es bereits mehr Handys als Menschen (OCHA 2012).

Hilfsorganisationen

Hilfsorganisationen lassen sich in Nichtregierungsorganisationen (Nongovernmental Organizations/NGOs) und Regierungsorganisationen (Governmental Organizations/GOs) einteilen. Regierungsorganisationen können wiederum in staatliche (Governmental Organization/GOs) und zwischenstaatliche Organisationen (International Governmental Organization/IGOs) unterschieden werden. Die Anzahl an Hilfsorganisationen sowie die Anzahl von deren Mitarbeitern ist schwierig zu überschauen, wenn auch Schätzungen existieren (ALNAP 2010). Demnach sind weltweit ca. 250 größere NGOs in der internationalen Katastrophenhilfe tätig, und allein in Deutschland geben über 300 Hilfsorganisationen eine Betätigung im Ausland an.[3]

---

2   Zum Beispiel veröffentlicht das Global Disaster Alert and Coordination System (GDACS, www.gdacs.org) i. d. R. innerhalb weniger Stunden Meldungen über aktuelle Katastrophen auf der ganzen Welt. Die Meldungen beinhalten unter anderem Angaben über die Art der Katastrophe, die Größe des betroffenen Gebiets und die Menge betroffener Menschen sowie eine Einschätzung des angerichteten Schadens.

3   Das Portal www.Hilfsorganisationen.de listet ca. 350 Hilfsorganisationen mit Betätigung im Ausland. Allerdings ist die Validität dieser Daten nicht gesichert. Ein weiterer Indikator für die Anzahl an Hilfsorganisationen in Deutschland ist das Spenden-Siegel des Deutschen Zentralinstituts für soziale Fragen (DZI), das rund 250 Organisationen tragen, womit 90 % der Spenden sammelnden Großorganisationen erfasst sind. Eine weitere Auswahl relevanter Hilfsorganisationen stellt der Koordinierungsausschuss Humanitäre Hilfe des Auswärtigen Amtes dar, dem rund 20 Hilfsorganisationen angehören.

Die Internationale Rotkreuz- und Rothalbmond-Bewegung nimmt nicht nur wegen ihrer Größe eine besondere Position in der humanitären Hilfe ein. Mit über 100 Millionen Mitgliedern, Freiwilligen und Unterstützern ist die Bewegung das weltweit größte humanitäre Netzwerk (IFRC 2013). Sie umfasst drei Bestandteile: das Internationale Komitee des Roten Kreuzes (IKRK), die Internationale Föderation der Rotkreuz- und Rothalbmond-Gesellschaften (IFRC) sowie derzeit 187 nationale Mitgliedsorganisationen, wie das Deutsche Rote Kreuz (DRK). Das Komitee konzentriert sich auf die Hilfe in bewaffneten Konflikten. Die Föderation hat die Katastrophenhilfe im Allgemeinen im Fokus und koordiniert hierfür die nationalen Mitgliedsorganisationen. Die nationalen Mitgliedsorganisationen arbeiten eigenständig, im Einklang mit den Prinzipien der Bewegung und abhängig von ihren jeweiligen Umständen und Kapazitäten. Dabei können sie zusätzliche Aufgaben übernehmen und sind, so wie auch in Deutschland, häufig in die Gesundheitssysteme ihrer Heimatländer eingebunden.

Die Aufgaben von Nichtregierungsorganisationen fallen in ein weites Spektrum und variieren je nach Schwerpunkt der jeweiligen Organisation. Teilweise gehen sie Tätigkeiten aus dem medizinischen Bereich nach, d. h., sie arrangieren und versenden Medikamente oder übernehmen die medizinische Erstversorgung von Betroffenen im Katastrophengebiet (z. B. humedica 2013). Andere Organisationen beschäftigen sich währenddessen überwiegend mit der Verteilung von Nahrung, Wasser und ähnlichen Hilfsgütern oder dem Aufbau von sanitären Einrichtungen (z. B. World Vision Deutschland 2013). Die Größe von NGOs kann stark variieren, von einer großen, international aktiven Organisation bis hin zu kleinen Ein-Mann-Organisationen, die nur lokal tätig sind. Große Hilfsorganisationen haben den Vorteil, dass sie umfangreichere Kapazitäten besitzen und weitläufigeres Expertenwissen in Bezug auf die Logistik in ihren Institutionen vereinen. So verfügt z. B. die Hilfsorganisation World Vision Deutschland (www.worldvision.de) über ein Lager mit Hilfsgütern für ca. 50.000 Hilfsbedürftige, das der zweitgrößte Standort im weltweiten „Global Pre-Positioning Resource Network" von World Vision ist. Kleine Hilfsorganisationen sind aufgrund kürzerer Entscheidungswege und einer größeren Spezialisierung hingegen eher in der Lage, innerhalb kürzester Zeit in den Hilfseinsatz zu gehen. Die Hilfsorganisation arche noVa (www.arche-nova.org) ist durch ihre Spezialisierung auf Wasser- und Hygieneaktivitäten bspw. in der Lage, innerhalb weniger Stunden leistungsfähige Anlagen zur Trinkwasseraufbereitung zu versenden. Mit ihren platzsparend ausgelegten Wasseraufbereitungsanlagen kann arche noVa flexibel und schnell reagieren. Die Logistikkompetenz vieler kleiner bis mittlerer Hilfsorganisationen ist allerdings begrenzt. Dies liegt einerseits

30. Deutscher
Logistik-Kongress
23.-25. Oktober 2013

BVL
Bundesvereinigung
Logistik

daran, dass den Organisationen der große Beitrag der Logistik zum Erfolg ihrer Projekte häufig nicht bewusst ist. Andererseits haben es gerade kleine bis mittlere Hilfsorganisationen aufgrund geringerer Skaleneffekte schwerer, im Interesse ihrer Spender die Verwaltungskosten niedrig zu halten. Daraus resultiert, dass für die Logistik häufig nur ein einzelner Mitarbeiter zuständig ist, der neben der Logistik auch noch andere Funktionsbereiche mit zu verantworten hat.

Ein Beispiel für eine staatliche Hilfsorganisation ist die deutsche Bundesanstalt Technisches Hilfswerk (THW, www.thw.de), die dem Bundesministerium des Innern unterstellt ist und seit 1950 im In- und Ausland Zivil- und Katastrophenschutz betreibt. Dabei arbeitet mit 99 % der größte Teil der Mitarbeiter ehrenamtlich für das THW. Das Einsatzspektrum des THW ist breit gefächert und umfasst sechs Bereiche: „Technische Hilfe im Bereich der Infrastruktur", „Technische Gefahrenabwehr", „Führung/ Kommunikation, Logistik", „Technische Hilfe im Umweltschutz", „Versorgung der Bevölkerung" und „Weitere technische Hilfeleistungen". In den Bereich „Führung/ Kommunikation, Logistik" fallen unter anderem die Einrichtung und der Betrieb von Logistikstützpunkten sowie der Verbrauchsgütertransport für Einsatzbedarfe.

Als eine für die humanitäre Logistik wichtige zwischenstaatliche Organisation kann das Welternährungsprogramm der Vereinten Nationen (WFP) genannt werden (www.wfp.org). WFP hat mit ca. 12.000 Mitarbeitern die Bekämpfung von Hunger zum Ziel und arbeitet daran, rund 90 Millionen Menschen in über 70 Ländern mit Nahrung zu versorgen. Außerdem nimmt WFP wegen seiner herausragenden Kapazitäten im Bereich der Logistik die führende Rolle im Global Logistics Cluster ein, auf den später im Abschnitt zu den koordinierenden Stellen noch detaillierter eingegangen wird.

Spender

So wie in kommerziellen Lieferketten sämtliche Aktivitäten durch einen Kundenauftrag initiiert werden, braucht es bei humanitären Einsätzen Spender, damit Hilfsorganisationen aktiv werden können. Spender können in Form von Staaten und Staatenbündnissen, Unternehmen und Stiftungen oder Privatpersonen sowie Spendenvereinen auftreten. Hilfsorganisationen haben dabei unterschiedliche Aufgaben zu bewältigen, um geeignete Spender anzusprechen, zu informieren und zu mobilisieren. Auch wenn Spender nicht die direkten Nutznießer von Hilfsleistungen sind, geht von ihnen als Geldgeber ein nicht zu unterschätzender Einfluss auf die Hilfsleistungen aus.

In der Regel ist das Interesse der Spender, die Bedürfnisse der Hilfsempfänger zu stillen, wozu sie die Hilfsorganisationen unterstützen. Gleichzeitig kennen die Spender jedoch die konkreten Bedürfnisse der Hilfsempfänger oftmals nicht. Dieser Umstand hat unterschiedliche Folgen auf die Funktionsfähigkeit und Wirksamkeit humanitärer Lieferketten. So werden Katastrophenereignisse mit geringem medialen Interesse vernachlässigt: Dem Roten Kreuz nach bleiben über 90 % der Katastrophen weltweit unbeachtet (DRK 2013). Auch führt die Art der Spenden, bspw. Bindung von Spendenströmen an konkrete Einsätze und Einsatzzeiten (oft analog zur Dauer der Berichterstattung in den Medien) oder Sachspenden, zu einer besonderen logistischen Herausforderung: der Fehlallokation von Ressourcen. Es kommt auch immer wieder vor, dass Sachspenden eingehen, die mit gutem Willen, aber ohne Kenntnis der Bedürfnisse von Hilfsempfängern gegeben werden. Ein Beispiel ist die mittlerweile im Web verbreitete Abkürzung SWEDOW. Diese steht für „stuff we don't want" und wird verwendet, um auf besonders unnütze Hilfslieferungen aufmerksam zu machen, wie Schweinefleisch-Lieferungen in muslimisch geprägten Länder oder Winterkleidung in Sub-Sahara-Regionen. Solche nicht benötigten Sachspenden verursachen einen derart hohen logistischen Aufwand, dass viele Hilfsorganisationen mittlerweile dazu übergegangen sind, keine Sachspenden mehr anzunehmen.

Im Vergleich zu kommerziellen Lieferketten sind es die Hilfsorganisationen, die den Informationsfluss zwischen den Hilfsempfängern und Spendern ermöglichen müssen, um die Einheit zwischen Nutznießer und Käufer herzustellen. Durch Bestrebungen anderer Akteure aus Medien und Politik, aber auch den Wettbewerb um die Spendengelder selbst, wird diese Asymmetrie zu einem spezifischen Charakteristikum des humanitären Sektors, dem nur mit kontinuierlichen Evaluationen und innovativen Lösungsansätzen begegnet werden kann.

Zulieferer

Zulieferer, die Hilfsorganisation mit Gütern versorgen – von Nahrungsmitteln über Fahrzeuge bis hin zu Baumaschinen – sind vornehmlich kommerzielle Lieferanten. Zulieferer können aber auch selbst Hilfsorganisationen sein, wie das Medikamentenhilfswerk action medeor (www.medeor.de).

Ein besonderer Fall sind die von der Europäischen Union anerkannten, sogenannten Humanitarian Procurement Center (HPC; vgl. EU 2013), wie die Beschaffungsgesellschaft für kirchliche, caritative und soziale Einrichtungen mit beschränkter Haftung (BEGECA; vgl. BEGECA 2013). Die HPCs unterstützen Nichtregierungs-

organisationen als unabhängige Fachorganisationen für Aufgaben der Beschaffung und Logistik. Die HPCs arbeiten nicht gewinnorientiert und sind an die in der Humanitarian Procurement Center's Charter der EU festgelegten Prinzipien und Regeln gebunden. Dazu gehört bspw., Verträge nur mit den Anbietern zu schließen, die das beste Preis-Leistungs-Verhältnis aufweisen. Über die HPCs können die NGOs von einer vereinfachten Vergabe von Aufträgen und der direkten Abrechenbarkeit profitieren, um sich auf ihre Kernkompetenz zu konzentrieren. Dabei übernehmen die HPCs alle Risiken in Verbindung mit Ausschreibungsverfahren und Lieferverträgen.

Für Zulieferer von Hilfsorganisationen haben Kriterien wie Lieferfähigkeit und -zeit eine hohe Bedeutung. Die Belieferung einer Hilfsorganisation unterscheidet sich kaum von der Belieferung eines Unternehmens. Hilfsorganisationen sind jedoch nicht nur wegen ihrer Nachfrage, die an jedem Wochentag und zu jeder Tag- und Nachtzeit ad hoc auftreten kann, spezielle Kunden. Auch ihre Anforderungen an Produkte sind andere als die gewöhnlicher Käufer. Solche Anforderungen sind in der „Humanitarian Charter and Minimum Standards in Humanitarian Response" des Sphere-Projekts kodifiziert (siehe Abschnitt „Hilfsempfänger"). So ist bei der Lieferung von Kochgeräten bspw. darauf zu achten, dass diese auch von Kindern, alten Menschen und Menschen mit Behinderungen verwendet werden können. Des Weiteren existieren im humanitären Sektor Bestrebungen, Hilfsgüter zu standardisieren. Ein Beispiel ist der Emergency Items Catalogue des IFRC. Derartige Spezifikationen erleichtern sowohl die Herstellung als auch den Einkauf einzelner Komponenten und kompletter Module (z. B. Hygiene-Sets mit Seife, Zahnpasta und Shampoo etc.).

Logistikdienstleister

Das Gros der Transporte in der humanitären Logistik führen kommerzielle Logistikdienstleister durch. Dies zeigt auch das Transportvolumen des WFP, das intensiv mit kommerziellen Logistikdienstleistern zusammenarbeitet. Im Jahr 2010/2011 hat das WFP rund 4,8 Mio. Tonnen auf dem Seeweg transportiert und chartert zur Abwicklung eines derartigen Volumens ungefähr 250 Schiffe pro Jahr. Auch dass große Logistikdienstleister, wie die Deutsche Post DHL, DB Schenker und Kühne + Nagel über eigene Bereiche für die Abwicklung von Transporten für Hilfsorganisationen und öffentliche Auftraggeber verfügen, macht deutlich, dass die Kooperation zwischen dem kommerziellen und dem humanitären Sektor in der humanitären Logistik zum Alltag gehört. Neben der Verankerung der humanitären Logistik als ein normaler Geschäftsbereich im Unternehmen ist auch die Durchführung von Initiativen im Rahmen des gesellschaftlichen Engagements (Corporate Social Responsibility) üblich, worauf in einem späteren Abschnitt separat eingegangen wird. Sofern die humanitäre Logistik als ein regulärer Geschäftsbereich in das Unternehmen integriert ist, verfolgt das Unternehmen bei der humanitären Logistik Gewinnziele. Das heißt, es macht Hilfsorganisationen bspw. Angebote zu speziellen Transportleistungen für Hilfsgüter. Hierbei ist es aus Sicht der Hilfsorganisationen wichtig, dass die Margen transparent gestaltet und ggf. beschränkt sind. So wird eine für Hilfsorganisationen belastende Preisbildung vermieden, bei der der Katastrophenfall als Anlass dazu dient, die Preise für Standardlogistikleistungen um ein Vielfaches stärker anzuheben als die Kosten zur Erbringung der Logistikleistung steigen.

Logistikdienstleister können nicht nur von der Zusammenarbeit mit Hilfsorganisationen profitieren, indem sie im Kontext von Hilfseinsätzen Umsatz generieren oder sich mit positiver Wirkung auf ihren Ruf gesellschaftlich engagieren. Ein weiterer Vorteil liegt im Zugriff auf die weit verzweigten Netzwerke von Hilfsorganisationen, die bis in entlegene, schlecht erschlossene Regionen hinein reichen. Diese Netzwerke können einem Unternehmen u. a. im Rahmen der Erschließung eines neuen Marktes relevante Informationen über die dortige Infrastruktur liefern oder die Anbahnung von Partnerschaften mit ortsansässigen Transporteuren unterstützen.

Koordinierende Stellen

Um die zahlreichen Logistikaktivitäten während einer Katastrophe zu koordinieren, sind insbesondere der Global Logistics Cluster und das Amt für die Koordinierung humanitärer Angelegenheiten (OCHA) zuständig, auf die im Folgenden näher eingegangen wird.

Der Nothilfekoordinator der Vereinten Nationen leitete im September 2005 eine groß angelegte Reform ein. Die Reform bestand u. a. aus der Entwicklung von Clustern auf globaler und nationaler Ebene, wozu von Beginn an der Global Logistics Cluster gehört, den das Welternährungsprogramm der Vereinten Nationen (WFP) leitet (vgl. hierzu und im Folgenden: Logcluster 2013a). Zu den Aufgaben des Logistics Cluster zählen Koordination, Informationsmanagement und, wo nötig, die Bereitstellung logistischer Dienstleistungen. Hierzu gehört auch, mithilfe der Kapazitäten des WFP als leitender Organisation die existierenden logistischen Versorgungslücken zu schließen. Auf globaler Ebene unterstützt den Logistics

Cluster in seinen Aufgaben die Global Logistics Cluster Support Cell (GLCSC), die beim WFP angesiedelt ist. Die GLCSC bündelt Expertenwissen und entsendet Personal, um laufende Logistikoperationen zu unterstützen. Sie arbeitet zudem im Bereich Informationsmanagement als Bindeglied zwischen laufenden Operationen und dem humanitären Sektor, indem sie qualitativ hochwertige, aktuelle und korrekte Informationen, wie Berichte über aktuelle logistische Engpässe, über die Webseiten des Logistics Cluster auf globaler und auf nationaler Ebene verteilt. Die GLCSC verbindet außerdem verschiedene humanitäre Akteure im Bereich der Logistik, u. a., indem sie an mehreren Arbeitsgruppen mit dedizierten Arbeitsaufträgen zur Bewältigung aktueller Herausforderungen teilnimmt, die auch laufende Operationen zu aktuellen Katastrophen betreffen können. Außerdem organisiert und veranstaltet die GLCSC mehrere Trainings pro Jahr, z. B. das Logistics Response Team (LRT) Training, das humanitären Logistikern im Rahmen einer siebentägigen Übung umfassendes Wissen über Katastrophenmanagement vermitteln soll. Schließlich hat die GLCSC auch zur Aufgabe, Instrumente zu entwickeln, welche die Kapazität, Effizienz und Effektivität der humanitären Logistik steigern. Dazu gehören bspw. Fragebögen, mit deren Hilfe sich im Rahmen der Katastrophenvorsorge die logistischen Kapazitäten eines Landes erfassen lassen.[4] Die Entwicklungen stehen dem gesamten humanitären Sektor über die Webseite des Logistics Cluster zur Verfügung. Die Strategie des Global Logistics Cluster für die Jahre 2013 bis 2015 (vgl. Logcluster 2013b) sieht als eine Maßnahme vor, die Einbindung von Partnern aus dem kommerziellen Sektor (z. B. Logistics Emergency Teams) zu verbessern.

Das Amt für die Koordinierung humanitärer Angelegenheiten (OCHA) verbindet Akteure in der humanitären Hilfe, um durch eine effektive Koordination der humanitären Hilfe die bestehenden Synergien zu nutzen und Konflikte zu vermeiden. Hierfür arbeitet OCHA u. a. mit der Deutschen Post DHL intensiv zusammen, indem OCHA deren Kapazitäten in Form von Disaster Response Teams abruft, auf die unten noch ausführlich eingegangen wird. Während die Hauptaufgabe des WFP die Versorgung der betroffenen Bevölkerung mit Nahrungsmitteln ist, konzentriert sich OCHA in Zusammenarbeit mit Regierungen auf den Transport der restlichen Güter. Diese liegen in weltweit strategisch positionierten Lägern der UNHRD bereit. OCHA tritt darüber hinaus gemeinsam mit anderen Organisationen, wie der Weltzollorganisation und dem Roten Kreuz, gegenüber den von Katastrophen betroffenen Ländern für ein vereinfachtes Zollverfahren im Katastrophenfall ein. Ent-

---

4   Bestehende Auswertungen über die logistischen Kapazitäten von Ländern lassen sich als sogenannte Logistics Capacity Assessments (LCA) online unter http://dlca.logcluster.org/ abrufen.

sprechende Vereinbarungen haben sich hieraus mit mehreren Ländern ergeben, darunter die Dominikanische Republik und Liberia, die im Katastrophenfall die Zollabwicklung von Hilfsgütern beschleunigen. Eine weitere Aufgabe von OCHA ist in Zusammenarbeit mit dem Logistics Cluster die Überwachung der Kapazitäten und Ressourcen humanitärer Akteure, die diese weltweit vorhalten.

Militär

Das Militär verfügt über große Logistikkompetenzen und Kapazitäten. Diese bringen Regierungen in internationalen Katastropheneinsätzen immer wieder zur Anwendung, wobei insbesondere die hohe Reaktionsgeschwindigkeit des Militärs und dessen weitgehende Unabhängigkeit von Infrastrukturen von Vorteil sind. Die Aufgaben des Militärs erweitern sich in diesem Kontext zunehmend in Richtung der Erfüllung humanitärer Ziele. Das Commander's Emergency Response Program (CERP) der US-Regierung stellt bspw. Gelder bereit, die Offiziere zum Zweck des Wiederaufbaus in Irak und Afghanistan abrufen können.

Es ist Hilfsorganisationen grundsätzlich möglich, mit dem Militär zusammenzuarbeiten und dessen Logistikkapazitäten zu nutzen, wenn dadurch der Grundsatz der Neutralität der Hilfsorganisationen nicht gefährdet wird. Die Zusammenarbeit mit dem Militär als Logistikdienstleister ist vielfach sogar unumgänglich, wenn es wichtige Infrastrukturen und logistische Ressourcen kontrolliert. Nach dem Erdbeben auf Haiti im Jahr 2010 bspw. hat das US-Militär die Kontrolle über den internationalen Flughafen in Port-au-Prince aufgrund dessen Überlastung übernommen. Das Militär kann darüber hinaus Informationen bereitstellen, z. B. in Form von aktuellen Straßenkarten über jüngst zerstörte und noch nicht wieder kommerziell kartographierte Gebiete, die für die humanitäre Logistik von hoher Bedeutung sind. Letztlich kann das Militär in besonderen Gefahrenlagen auch für die Sicherheit humanitärer Operationen sorgen, wenn die Hilfsorganisationen durch die Begleitung des Militärs nicht erst selbst zum Angriffsziel werden.

Professionelle Vereinigungen und Stiftungen

Obwohl professionelle Vereinigungen und Stiftungen i. d. R. keine direkte Katastrophenhilfe leisten, sind sie dennoch wichtige Akteure in der humanitären Logistik. Denn professionelle Vereinigungen können u. a. zur Netzwerkbildung und zur Diskussion langfristiger Fragestellungen einen wertvollen Beitrag leisten. Stiftungen hingegen sind nicht nur als Spender tätig, sondern bringen ihre Kapazitäten bspw. durch die Beratung von Hilfsorganisationen ein.

Die größte professionelle Vereinigung in der humanitären Logistik ist die Humanitarian Logistics Association (HLA, www.humanitarianlogistics.org). Die HLA hat zum Ziel, die Effektivität der humanitären Logistik zu erhöhen und den Austausch zwischen humanitären Logistikern und den Partnern der HLA zu fördern. Getragen wird die HLA teilweise vom Chartered Institute of Logistics and Transport (CILT), einer Vereinigung kommerzieller Logistiker mit mehr als 30.000 Mitgliedern in über 30 Ländern mit Sitz in Großbritannien. Gemeinsam mit dem CILT und der HLA hat der BVL-Arbeitskreis „Humanitäre Logistik" Wege zur verbesserten Kooperation zwischen den Hilfsorganisationen und den industriellen Logistikunternehmen diskutiert, die in die Konzeption der im weiteren Verlauf des Beitrags vorgestellten Plattform HumLog@BVL eingeflossen sind.

Von den Stiftungen, die in der humanitären Logistik aktiv sind, ist insbesondere das Fritz Institut (www.fritzinstitute.org) zu nennen. Das Fritz Institut richtet u. a. seit 2004 die jährliche Humanitarian Logistics Conference in Genf (Schweiz) aus und bietet Zertifizierungsprogramme für humanitäre Logistiker an. Des Weiteren hat das Fritz Institut mit dem Softwarepaket HELIOS eine IT-Lösung für das Supply Chain Management entwickelt, die auf die spezifischen Bedürfnisse von Hilfsorganisationen zugeschnitten ist und sich in mehreren Pilotprojekten mit führenden Hilfsorganisation bewährt hat. Mittlerweile wird HELIOS von einer eigenen Stiftung gepflegt (www.helios-foundation.org). Als eine weitere Stiftung, die in der humanitären Logistik aktiv ist, ist die Kühne-Stiftung zu nennen (www.kuehne-stiftung.org; vgl. hier und im Folgenden außerdem Willhaus und Stumpf 2011). Deren Initiative „Humanitarian and Emergency Logistics Projects" (H.E.L.P.), die seit 2010 besteht, soll die humanitäre Logistik professionalisieren sowie die Effizienz, Effektivität und Transparenz in den betreffenden Prozessen erhöhen. Hierfür bietet die Stiftung Beratungs- und Trainingsleistungen an, beteiligt sich aber bspw. auch am Technologietransfer im Kontext der Logistik nach Afrika (Keßler und Schwarz 2011).

Hochschulen und sonstige Anbieter im Bildungsbereich

Die Untersuchungen des Arbeitskreises „Humanitäre Logistik" der BVL bestätigen den hohen Bedarf nach Aus- und Weiterbildung in der humanitären Logistik und zeigen Maßnahmen auf, wie dieser abgedeckt werden kann (Bölsche 2011). Demnach ist es notwendig, die Zielgruppen strategisches Management und operative Einsatzkräfte differenziert zu betrachten. Dies ist häufig mit einer Unterscheidung nach Regionen verbunden, da die Arbeit von humanitären Logistikern in Industrienationen eher darauf gerichtet ist, die Hilfeleistung zu organisieren, während in Schwellen- und Entwicklungsländern, wo die meisten Katastrophen stattfinden, die Tätigkeiten stärker operativer Art sind. Den bestehenden Bedarf nach Aus- und Weiterbildung decken zu einem großen Teil Hochschulen und sonstige Anbieter im Bildungsbereich in Form von speziell ausgerichteten, eigenen Studiengängen und der Integration themenspezifischer Module in bestehende Studiengänge.

Ein Beispiel für ein verstärkt strategisch ausgerichtetes Angebot ist der Master of Advanced Studies in Humanitarian Logistics and Management (MASHLM, www. mashlm.usi.ch) der Universität Lugano (Università della Svizzera italiana, USI). Dieser Teilzeitstudiengang richtet sich vornehmlich an Praktiker aus der humanitären Logistik. Ein anderes Beispiel ist das Humanitarian Logistics Certification Program des zuvor erwähnten amerikanischen Fritz Institutes (www.fritzinstitute. org), das sich mit zielgruppenspezifischen Lehrangeboten sowohl an Hilfskräfte ohne Logistikerfahrung, an Fachkräfte aus der Logistik als auch an erfahrene humanitäre Logistiker richtet. Der Erfolg des Programms zeigt sich unter anderem darin, dass im Jahr 2011 insgesamt bereits über 1.000 Personen aus knapp 200 Organisationen am Programm teilgenommen haben. Um finanziell schwachen Interessenten, z. B. aus Schwellen- und Entwicklungsländern, die Teilnahme am Zertifizierungsprogramm zu ermöglichen, vergibt das Fritz Institut Stipendien. Auf regionale Aus- und Weiterbildungsangebote wurde mit der Beschreibung der H.E.L.P.-Initiative der Kühne-Stiftung im vorherigen Abschnitt bereits eingegangen.

Auf aktuelle Forschungsarbeiten in der humanitären Logistik, mit denen Hochschulen und Institute das Expertenwissen in der humanitären Logistik vergrößern, wird später noch eingegangen.

4.   Initiativen der kommerziellen Logistik

Viele Unternehmen verfügen mittlerweile über Corporate Social Responsibility-Abteilungen und Strategien, um ihrer gesellschaftlichen Verantwortung nachzukommen. Im kommerziellen Logistiksektor sind hieraus verschiedene Initiativen gewachsen, von denen im Folgenden jeweils zwei im Bereich der Nothilfe und im Bereich der Katastrophenvorsorge vorgestellt werden.

Disaster Response Teams

Die Disaster Response Teams (DRT) sind ein Teil des Corporate Social Responsibility-Programms GoHelp der Deutschen Post DHL (vgl. hier und im Folgenden Deutsche Post DHL 2013a und Meier 2011). Die Teams kommen seit 2005 weltweit nach Naturkatastrophen an Flughäfen zum Einsatz und übernehmen dort auf Anforderung des Amtes für die Koordinierung humanitärer Angelegenheiten (OCHA) die Logistik. Dies umfasst die Unterstützung bei der Entladung von Flugzeugen, das Umladen von Flugzeug- auf Holzpaletten, die Einrichtung und den Betrieb eines Lagers am Flughafen (inklusive Sortierung und Inventarisierung der Güter), die Bearbeitung von Anfragen nach Hilfsgütern und die Beladung von Fahrzeugen für den Weitertransport.

Weltweit stehen drei Disaster Response Teams an strategisch wichtigen Orten (Panama, Dubai, Singapur) bereit, um nach Abruf innerhalb von 72 Stunden im Einsatz zu sein. Von diesen Standorten aus decken die Teams rund 80 % der potenziell von Naturkatastrophen betroffenen Gebiete der Welt ab. Zu jedem Standort gehören ca. 80 Mitarbeiter aus verschiedenen Unternehmensbereichen der Deutschen Post DHL, die sich in den Teams ehrenamtlich engagieren. Ein Einsatz dauert in der Regel insgesamt drei Wochen, worin sich Teams von fünf bis zehn Mitarbeitern wochenweise abwechseln. Wenn nach drei Wochen das Gros der Hilfsgüterlieferungen erfolgt ist, übergeben die Teams ihre Aufgaben abschließend an lokale Helfer.

Auf ihre Einsätze müssen die Disaster Response Teams gut vorbereitet sein. Deshalb führt die Deutsche Post DHL ein- bis zweimal jährlich Trainings durch, in denen sich die Teilnehmer auf die besonderen Anforderungen im Katastropheneinsatz vorbereiten. Die Trainingsinhalte umfassen die Bereiche Sozialkompetenz, Konstitution und logistische Praxis. So sollen die Teilnehmer im Bereich Konstitution einen Eindruck von den körperlich belastenden Umständen im Katastropheneinsatz erhalten, was bspw. durch praktische Übungen in der arabischen Wüste erreicht wird. Das Training der logistischen Praxis berücksichtigt die besonderen Gegebenheiten eines Hilfseinsatzes, wie z. B. den Aufbau eines geeigneten Lagermanagements mit minimaler technischer Unterstützung, die Sortierung der Vielzahl unterschiedlichster Hilfsgüter oder die Beachtung spezifischer Sicherheitsvorschriften. Besondere Beachtung findet das Thema Flexibilität, da im Katastropheneinsatz zahlreiche, plötzlich auftretende Schwierigkeiten ad hoc gemeistert werden müssen.

Logistics Emergency Teams

Nach dem Tsunami im Indischen Ozean im Jahr 2004 erklärten drei führende Logistikdienstleister – Agility, TNT und UPS – ihre Absicht, zu untersuchen, wie eine industrieweite, koordinierte Unterstützung des humanitären Sektors durch den kommerziellen Logistiksektor aussehen könnte. Unter der Schirmherrschaft des World Economic Forum begannen sie damit, untereinander Best Practices in Bezug auf ihre Kooperationen mit Hilfsorganisationen auszutauschen sowie die nötigen Strukturen und Prozesse zu entwickeln, um gemeinsam an Hilfseinsätzen teilnehmen zu können. Hieraus sind die Logistics Emergency Teams (LET) gewachsen, zu denen nun auch AP Möller-Maersk beiträgt (vgl. Logistics Emergency Teams 2013). So entstand die erste unternehmensübergreifende Pro-Bono-Initiative führender Logistikdienstleister zur Unterstützung des humanitären Sektors.

Die LETs nehmen seit 2008 weltweit auf Anfrage des Global Logistics Cluster an Hilfseinsätzen teil. So haben sie bspw. zur Bekämpfung einer Hungerkatastrophe in Ostafrika im Jahr 2011 beigetragen und waren anlässlich eines tropischen Sturms auf den Philippinen im Jahr 2012 aktiv. Weitere Einsatzgebiete lagen in Mosambik, Myanmar, Indonesien, Haiti, Pakistan und Chile.

In ihren Einsätzen stellen die LETs umfassende Kapazitäten zur Verfügung:

- Experten (z. B. Flughafen- und Lagermanager)

- Immobilien und Betriebsmittel (z. B. Läger, Lastwagen, Gabelstapler)

- Dienstleistungen (z. B. Luft- und Straßentransport, Zollabwicklung)

Derzeit stehen weltweit ungefähr 150 ausgebildete Freiwillige bereit, die sich für jeweils zwei Jahre verpflichten, nach der Anforderung durch den Global Logistics Cluster binnen 48 Stunden an Hilfseinsätzen teilzunehmen. Um auf den Ernstfall richtig vorbereitet zu sein, wird einmal jährlich ein Training mit dem Global Logistics Cluster durchgeführt. Die erfolgreiche Integration der LETs in die humanitäre Logistik wird durch die Anerkennung des ehemaligen Logistikdirektors des Welternährungsprogramms deutlich. „Die LETs sind ein wichtiger Bestandteil unserer gesamten Nothilfestrategie, und ihr großzügiger Beitrag von Logistikkapazitäten hat sowohl die Geschwindigkeit als auch die Effektivität unserer Hilfseinsätze signifikant gesteigert" (WFP 2010).

Get Airports Ready for Disaster

Bei akuten Katastrophen treffen die ersten Helfer und Hilfsgüter i. d. R. an Flughäfen ein, wodurch diese zusätzlich belastet, manchmal auch völlig überlastet werden. Damit ein Flughafen die katastrophenbedingten logistischen Zusatzanforderungen effektiv abwickeln kann, ist es ratsam, frühzeitig in die Katastrophenvorsorge zu investieren. Hier setzt das Programm „Get Airports Ready for Disaster" (GARD) an, das die Deutsche Post DHL im Jahr 2009 zusammen mit dem Entwicklungsprogramm der Vereinten Nationen (UNDP) entwickelt hat (vgl. hier und im Folgenden Deutsche Post DHL 2013b und Meier 2011). GARD wurde noch im gleichen Jahr an den Flughäfen Makassar und Palu auf der indonesischen Insel Sulawesi erprobt, die der ständigen Gefahr von Erdbeben ausgesetzt sind. Seither wurde GARD an vielen weiteren Flughäfen durchgeführt, bspw. in Nepal, Bangladesh, Türkei, Libanon, El Salvador und den Philippinen. Die Erkenntnisse aus diesen Einsätzen haben dazu geführt, das Programm ständig zu verbessern und weiter zu entwickeln.

GARD unterstützt die Selbsthilfe der Menschen am Flughafen mithilfe eines mehrtägigen Programms. Dazu gehören unter anderem Workshops, die Luftfahrtexperten der Deutschen Post DHL durchführen. An den Workshops nehmen relevante Interessengruppen wie Flughafenmanager und Mitarbeiter von Katastrophenvorsorgeorganisationen teil. Zusätzlich lernen die Teilnehmer, eine Risikoanalyse der vorhandenen Infrastruktur durchzuführen und einen Aktionsplan zur Steigerung der Spitzenkapazität des Flughafens zu erstellen. Am Ende des Programms steht nicht nur der Aktionsplan für die folgende Zeit, sondern vor allem können die Teilnehmer zukünftig selbst die Risikoanalyse und die Erstellung des Aktionsplans wiederholen und fortlaufend aktualisieren. So leistet GARD einen nachhaltigen Beitrag zur Katastrophenvorsorge am Flughafen.

Get Seaports Ready for Disaster

Das Programm „Get Seaports Ready for Disaster" wurde vom Arbeitskreis „Humanitäre Logistik" der Bundesvereinigung Logistik konzipiert. Es dient in erster Linie der Katastrophenvorsorge an Seehäfen, um im Katastrophenfall eintreffende Hilfsgüter schneller abfertigen und an die notleidende Bevölkerung weiterleiten zu können. Durch die Leistungssteigerung wird auch zur internationalen Zusammenarbeit und zur wirtschaftlichen Entwicklung beigetragen, von dem humanitäre wie kommerzielle Anbieter nachhaltig profitieren. Die Hafenbetreiber erfahren eine Produktivitätssteigerung, womit ein Wettbewerbsvorteil und somit eine Verbesserung der wirtschaftlichen Lage des Landes einhergeht. Für die beteiligten Logis-tikunternehmen und Hilfsorganisationen bedeutet eine verringerte Durchlaufzeit sowohl geringere Kosten als auch eine steigende Qualität.

Im Programm werden – ausgehend von gemeinsam erarbeiteten Zielen – Potenzi-ale zur Prozessverbesserung am Hafen identifiziert und entsprechende Schulungs-maßnahmen durchgeführt. Der Programmerfolg wird im Anschluss an die Schu-lungen gemeinsam nachverfolgt, um dauerhafte Verbesserungen sicherzustellen.

In das Programm flossen das Know-How drei großer deutscher Hafenbetreiber (BLG Logistics Group, Duisburger Hafen AG und Hamburger Hafen und Logistik AG) ein. Neben zahlreichen weiteren erfahrenen Logistikdienstleistern und Hilfs-organisationen brachte die Deutsche Post DHL ihr Wissen aus dem erfolgreichen Vorbildprogramm „Get Airports Ready for Disaster" in die Entwicklung von „Get Seaports Ready for Disaster" ein. Des Weiteren konnte die Expertise des Welter-nährungsprogramms der Vereinten Nationen genutzt werden.

Nach der grundlegenden Konzeption des Programms „Get Seaports Ready for Di-saster" ist ein nächster Schritt die Einleitung der Pilotphase, die es den beteiligten Partnern ermöglicht, die Praxistauglichkeit des konzipierten Programms unter Be-weis zu stellen und potenziell interessierte Häfen vom Nutzen des Programms zu überzeugen.

5.   Aktuelle Herausforderungen in der Humanitären Logistik

Im Rahmen des Arbeitskreises „Humanitäre Logistik" der BVL konnte erstmals eine Analyse der aktuellen Herausforderungen in der Humanitären Logistik durch-geführt werden, die die Perspektiven unterschiedlicher Akteure beinhaltet. Neben staatlichen Hilfsorganisationen und NGOs wurden auch kommerzielle Akteure wie Logistikdienstleister und IT-Anbieter sowie Hochschulen und Stiftungen in die Er-hebung einbezogen. Die Analyse wurde mit dem Ziel durchgeführt, Einschätzun-gen zu aktuellen Herausforderungen in der humanitären Logistik innerhalb von vier Themenfeldern einzuholen. Hiervon sind die Aktivitäten des Arbeitskreises „Humanitäre Logistik" der BVL ausgegangen.

– **Themenfeld „Information und Technologie"**: Es wurden nur wenige Infor-mationssysteme identifiziert, die speziell auf die humanitäre Logistik ausgerich-tet sind, wobei diese nur eine geringe Kompatibilität untereinander aufweisen. Die Entwicklung und Etablierung eines gemeinsamen inter-organisationalen In-formationssystems scheint jedoch an fehlenden Anreizen, aber vor allem an

einem Mangeln an Ressourcen zu scheitern. Es wurde zudem festgestellt, dass mit den heutigen Informationssystemen die Logistikkosten sowie die Logistikleistung, insbesondere bei akuten Hilfseinsätzen, nur bedingt erfasst werden können. Zusammen mit Ergebnissen aus dem Bereich „Prozesse, Organisation, Koordination" wird deutlich, dass verstärkt Systeme entwickelt werden müssen, mit denen die Erfassung der Performanz der Logistik wie Lieferzeit oder Erfüllungsgrad ermöglicht wird. Außerdem wurde die unzureichende Informationslage über Lieferquellen und Distributionswege als Herausforderung identifiziert. Weitere Herausforderungen fanden sich in der Finanzierung von Kommunikationssystemen (sowohl Anschaffung als auch Tarife), der Unterstützung der Dokumentation einzelner Prozesse durch Informationssysteme (wie Einsatztagebücher) sowie der unzureichenden informatorischen Bündelung von Know-How und Ressourcen von Logistikdienstleistern (insbesondere bei koordinierenden Stellen wie dem Logistics Cluster und OCHA).

- **Themenfeld „Prozesse, Organisation, Koordination"**: In diesem Bereich wurden bei der Prozessausführung insbesondere die Anlieferung auf der letzten Meile und die Übertragbarkeit klassischer Lagerungskonzepte auf die humanitäre Logistik als Herausforderungen genannt. Des Weiteren wurde die Einbindung neuer Akteure in inter-organisationale Netzwerke als ein wichtiger Punkt eingestuft. Für die Leistungsmessung der humanitären Logistik wurden die systematische Erfassung und Analyse erbrachter Leistungen und aufgewendeter Mittel sowie das Fehlen individueller Kennzahlen für die humanitäre Logistik als Herausforderung identifiziert. Ein Handlungsbedarf besteht weiterhin bzgl. des Einsatzes von Methoden der Logistik und des Supply Chain Managements (bspw. Konzepte des Efficient Consumer Response wie Cross Docking), der ganzheitlichen Betrachtung von Logistikprozessen und der Positionierung von Logistikdienstleistern in Krisengebieten.

- **Themenfeld „Infrastruktur"**: In diesem Bereich wird die Einbindung lokaler Autoritäten sowie das Fehlen geeigneter Verfahren zur Transportplanung im Kontext der Nutzung beschädigter Verkehrsinfrastrukturen als besonders problematisch gesehen. Auch die Schaffung einer zentralen Datenbank über verfügbare Verkehrsinfrastrukturen erscheint als notwendig. Darüber hinaus wurden u. a. insbesondere die Beschaffung von Informationen über den Zustand von Verkehrsinfrastrukturen, der Einsatz flexibler Planungsverfahren und die Aufrechterhaltung der Kühlkette festgehalten.

- **Themenfeld „Politik und Behörden"**: In diesem Bereich wird das Fehlen zentraler Anlaufstellen zu rechtlichen Fragen, Koordination und relevanten Informationen (über Bedarfe, Lagermöglichkeiten oder infrastrukturelle Gegebenheiten vor Ort) sowie die Informationsbeschaffung über staatliche Zuständigkeiten als problematisch angesehen. Zudem wurde die Qualität der Zusammenarbeit mit staatlichen Vertretern bemängelt sowie übereinstimmend das Fehlen von Ansprechpartnern zu zollrechtlichen Fragen festgestellt. Als zusätzliche Herausforderungen konnten folgende Themen identifiziert werden: Korruption, Zusammenarbeit von Ländern in der dritten Welt, politisch motivierte Verwendung von Förderungen, Fehlen langfristiger Infrastrukturprogramme, Umgang mit temporären Zollregelungen.

Die Plattform HumLog@BVL

Auf Grundlage der Kenntnis der aktuellen Herausforderungen hat der Arbeitskreis Humanitäre Logistik der BVL die Plattform HumLog@BVL konzipiert. HumLog@ BVL soll mittels Präsenzveranstaltungen und einem Web-Portal eine Vielzahl von Hilfsorganisationen, Logistikdienstleistern und Hochschulen vereinen, um die Netzwerkbildung voranzubringen, den Wissensaustausch zu intensivieren und die Vermittlung von Kompetenzen zu unterstützen. Bei der Konzeption wurden insb. die Unterscheidung zwischen der akuten und permanenten Katastrophenhilfe, die Internationalität im Kontext der Hilfseinsätze sowie die Unterschiede der beteiligten Akteure berücksichtigt. Das Konzept der Plattform steht auf drei Säulen.

Die erste Säule, „Know-Who", bildet das Fundament des Netzwerks interessierter Akteure. Diese Akteure stellen zum einen die BVL-Mitglieder dar, die Kompetenzen und Lösungen aus der kommerziellen Logistik in die Plattform einbringen. Zum anderen sollen sich Hilfsorganisationen in die Plattform integrieren, um ihre Bedarfe und Fragestellungen zur Logistik zu äußern, aber auch ihre Lösungen in der humanitären Logistik vorzustellen. Des Weiteren adressiert die Plattform Hochschulen und Forschungseinrichtungen, die Aus- und Weiterbildung im Bereich der humanitären Logistik leisten und mit ihrer Forschung innovative Lösungen für aktuelle Herausforderungen erarbeiten. Dies geschieht einerseits dadurch, dass humanitäre Logistiker ihren konkreten Bedarf nach Aus- und Weiterbildung kommunizieren, aber auch in der umfassenden Darstellung der verfügbaren Aus- und Weiterbildungsangebote auf der Plattform. Darüber hinaus sind Forschungseinrichtungen eingebunden, indem sie zum einen ihre bestehenden Forschungsergebnisse im Bereich der humanitären Logistik darstellen. Zum anderen ist vorgesehen, dass die Forschungseinrichtungen gemeinsam mit humanitären Logistikern eine Agenda für die anwendungsnahe Forschung pflegen. Zur Bildung

des Netzwerks sind unterschiedliche regelmäßige Formen des Austauschs sinnvoll, wie Workshops oder Tagungen zur humanitären Logistik. Zur Unterstützung der fortlaufenden Kommunikation ist angedacht, auf einer Webseite, ähnlich einem Online-Business-Netzwerk, standardisierte Profile der Mitglieder abzulegen. Auf diese Weise können sich die Mitglieder über ihre Profile kennenlernen, sich über ihre Aktivitäten laufend informieren und über unterschiedliche Kanäle miteinander in Kontakt treten.

Die zweite Säule „Know-How" fokussiert relevante Informationen im Bereich der humanitären Logistik, die über unterschiedliche Kanäle, wie die Plattform, Netzwerktreffen oder Workshops, distribuiert werden. Im Vordergrund steht hier neben dem Zugriff auf Ergebnisse des Arbeitskreises eine detaillierte Übersicht bestehender Aus- und Weiterbildungsangebote sowie die Präsentation und Diskussion von Best Practices und Forschungsergebnissen.

Die dritte Säule, „Know-What", unterstützt die Vermittlung von Kompetenzen. Dies betrifft insb. Kompetenzen in den Bereichen Technologien, Dienstleistungen und Beratung. Die Webseite von HumLog@BVL gibt zur Strukturierung der Kompetenzen in den jeweiligen Bereichen ein Kategoriensystem vor, das den „Bereichen der Logistik" auf den Mitgliederprofilen in der Säule „Know-Who" entspricht. Die Kategorien und Unterkategorien sind dabei nach üblichen Themen der Beschaffungs-, Lager- und Transportlogistik ausgerichtet. Die Teilnehmer entscheiden hierbei selbst, welche konkreten Kompetenzen sie nachfragen oder anbieten und in welcher Umgebung dies geschieht, bspw. öffentlich auf einem Kongress oder in bilateralen Gesprächen. Aus den Erfahrungen und Ergebnissen, die aus der Vermittlung von Kompetenzen resultieren, ergeben sich wiederum Berichte über Best Practices, die in die Säule „Know-How" einfließen.

6. Forschungsarbeiten

Das Thema der humanitären Logistik wird seit mehreren Jahren auch in der Forschung intensiv behandelt. Obwohl in der Literatur gerne von einem „bisher unerforschten" Feld gesprochen wird, kann zwischenzeitlich auf eine Vielzahl von Forschungsbeiträgen aus allen Teilen der Welt zurückgegriffen werden. Vor allem der Tsunami in Asien im Jahr 2004, der oft als ein logistischer Alptraum beschrieben wurde, lenkte die Aufmerksamkeit unterschiedlicher Disziplinen auf das Thema der humanitären Logistik.

Im Jahre 2010 konnte noch postuliert werden, dass sich die Arbeiten im Wesentlichen auf die Themenbereiche Herausforderungen in der humanitären Logistik, logistische Modelle in der Katastrophenhilfe, Bestandsmanagement sowie Messung der Leistungsfähigkeit von humanitären Supply Chains konzentrieren (Chandraprakaikul 2010). Im Journal of Humanitarian Logistics and Supply Chain Management (JHLSCM), dessen erste Ausgabe im Jahr 2011 veröffentlicht wurde, erschien vor Kurzem ein Überblick über den Stand der Forschung im Bereich der humanitären Logistik (Kunz und Reiner 2012). Die Autoren stellten die Ergebnisse einer quantitativen und qualitativen Inhaltsanalyse der wichtigsten Veröffentlichungskanäle vor, da aufgrund der stark steigenden Anzahl der Beiträge eine rein argumentative Kategorisierung der Forschungsthemen nicht mehr möglich sei. Hierbei wurden die wichtigsten Journal-Publikationen innerhalb der Dimensionen Einsatzkontext, Geschwindigkeit, Katastrophenart, Phase des Katastrophenmanagements, Forschungsmethode und Situationsfaktoren einer Inhaltsanalyse unterzogen. Demnach konzentrieren sich bisherige Arbeiten auf die erste Nothilfe-Phase bei akuten Katastrophen mit einer Vernachlässigung der Unterscheidung von Katastrophenarten. Methodisch liegt der Fokus bisheriger Arbeiten auf der Anwendung von Modellierung und Simulation.

Im Bereich der Modellierung wurden unterschiedliche Ansätze vorgelegt, um die spezifischen Eigenschaften humanitärer Logistik zu verstehen und zu visualisieren. Hervorzuheben sind dabei Arbeiten zu Referenzmodellen, die die besonderen Aufgaben und Prozesse humanitärer Logistik hervorheben. Tufingki (2006) legte bspw. eine Arbeit zur phasenübergreifenden Systematisierung der Abläufe und Aufgaben in der internationalen Katastrophenhilfe vor. Blecken (2010) erarbeitete mit über 30 Hilfsorganisationen ein Referenzmodell für humanitäre Logistik, mit dem eine organisationsspezifische Visualisierung der logistischen Aufgaben entsprechend der Funktionen und der zeitlichen Horizonte ermöglicht wurde. Während diese beiden Arbeiten als ein nötiges Fundament der wissenschaftlichen Auseinandersetzung betrachtet werden können, liegen zwischenzeitlich auch Arbeiten vor, die operationalisierbar sind und zur Analyse humanitärer Lieferketten herangezogen werden können. Charles et al. (2011) haben bspw. einen sehr interessanten Ansatz aus der Unternehmensmodellierung vorgestellt, der zur Lösung von Koordinationsproblemen in humanitären Lieferketten verwendet werden kann. Im Kontext der Modellierung wird der Fokus darüber hinaus auf die Untersuchung von inter-organisationalen Prozessen und Strukturen gelegt. Hintergrund ist, dass der Grad der Zusammenarbeit unterschiedlicher Akteure besonders hoch und daher sehr relevant ist. Aktuelle Arbeiten in diesem Kontext identifizieren

bspw. Erfolgsfaktoren für Partnerschaften im Kontext organisationsübergreifender Planungs- und Abstimmungsprozesse (Stapleton, Stadtler und van Wassenhove 2012). Ein weiterer Trend ist darin zu sehen, dass die Nachhaltigkeit humanitärer Lieferketten in den Vordergrund rückt. Hierbei spielt bspw. deren phasenübergreifende Betrachtung eine Rolle. Ein gutes Beispiel ist die Arbeit von Kovács, Matopoulos und Hayes (2012), die vorschlägt Hilfsempfänger am Wiederaufbau zu beteiligen, indem sie Gutscheine in der Höhe des erlittenen Schadens erhalten und hiermit beeinflussen können, welche Materialien für den Wiederaufbau die Lieferkette durchlaufen.

Die hohe Komplexität humanitärer Lieferketten und die große Unsicherheit der Katastropheneinsätze führte in der Forschung zur Untersuchung der Einsatzmöglichkeiten von Methoden des Operations Research, wobei insb. die Methode der Simulation häufig Verwendung findet. Besonders hervorzuheben sind an dieser Stelle die Arbeiten von Benita Beamon, bspw. zur Bestandsoptimierung in komplexen Katastrophenszenarien (Beamon, Kotleba 2006) oder der Standortplanung (Balcik, Beamon 2008). Neben dem starken Fokus auf Bestandsmanagement und Standortplanung decken vorliegende Arbeiten auch andere Funktionsbereiche humanitärer Lieferketten ab, angefangen bei bspw. auktionsbasierten Ansätzen zur Beschaffungslogistik (bspw. Ertem und Buyurgan 2013) bis hin zu dem Einsatz von Multiagentensystemen bei der Tourenplanung (Xanthopoulos, Koulouriotis 2013). Wie zahlreiche Autoren jedoch zeigen, besteht bei der Anwendung von Methoden des Operations Research eine besondere Schwierigkeit darin, den spezifischen Anwendungskontext humanitärer Logistik hinreichend zu berücksichtigen und die Umsetzbarkeit der erarbeiteten Lösungen sicherzustellen (Kovács 2011; Mays, Racadio und Gugerty 2012). Neben der Anwendungsnähe von Operations Research-Ansätzen im Bereich der humanitären Logistik ist der technologische Fortschritt als ein weiterer Ansatzpunkt für künftige Arbeiten zu klassifizieren. Kovács (2011) sieht mit steigendem technologischen Fortschritt die Möglichkeit einer besseren Datengrundlage gegeben, die wiederrum Ausgangspunkt für eine größere Anwendungsnähe von Operations Research Ansätzen ist. Damit werden zugleich auch Lösungsansätze bspw. im Bereich der Leistungsmessung und des Performance Managements möglich, die bis dato oft als schwer bis nicht umsetzbar galten. In Summe lässt sich festhalten, dass die aktuellen Trends zwar den von Kunz und Reiner (2012) identifizierten Forschungsbedarfen entsprechen, gleichzeitig aber noch unterschiedliche Herausforderungen bewältigt werden müssen.

7. Fazit

In der humanitären Logistik arbeiten humanitäre, staatliche und kommerzielle Akteure eng zusammen, um die Effektivität humanitärer Einsätze sicherzustellen. Einen wichtigen Hebel für die schnelle Versorgung der betroffenen Regionen mit Nahrung, Medizin und Unterkünften bildet eine gute Kommunikation und Zusammenarbeit sämtlicher beteiligten Akteure in humanitären Lieferketten. Was in jeder guten Supply Chain gilt, das ist daher gerade in humanitären Lieferketten von entscheidender Bedeutung: Die Akteure müssen am gegenseitigen Verständnis, ihrer Kommunikation und den Schnittstellen kontinuierlich arbeiten. Der Austausch erfolgt bereits über unterschiedliche Wege, wie Arbeitskreise, die Diskussion in professionellen Vereinigungen oder etwa Aus- und Weiterbildungsangebote innerhalb, aber auch außerhalb der eigenen Branche.

Neue Initiativen in der humanitären Logistik, wie die Logistics Emergency Teams von Agility, A. P. Moller-Maersk, TNT und UPS oder auch das Programm „Get Airports Ready for Disaster" der Deutschen Post DHL, zeigen, dass auch der kommerzielle Sektor eine verantwortungsvolle und tragende Rolle bei Hilfseinsätzen spielt. Trotz dieses Engagements existieren in der humanitären Logistik jedoch nach wie vor viele Herausforderungen. Um die existierenden Anforderungen zu bewältigen, wird die Umsetzung der vom BVL-Arbeitskreis „Humanitäre Logistik" konzipierten Plattform HumLog@BVL einen wertvollen Beitrag leisten, indem sie die Netzwerkbildung, den Wissensaustausch und die Vermittlung von Kompetenzen zwischen den beteiligten Sektoren unterstützt. Hierbei muss auch der akademische Sektor eingebunden werden, damit die Relevanz der Forschungsschwerpunkte und Anwendbarkeit der Forschungsergebnisse sichergestellt werden können. Trotz des relativ jungen Forschungsfeldes kann bereits heute auf einige besonders gute Ergebnisse zurückgegriffen werden, die Hilfsorganisationen bspw. dabei unterstützen, ihre Netzwerkstrukturen zu verstehen, ihre Logistikprozesse zu dokumentieren oder ihre Lagerbestände zu optimieren.

Wie der Arbeitskreis „Humanitäre Logistik" der BVL gezeigt hat, bestehen für Hilfsorganisationen noch zahlreiche Potenziale, ihre Logistikprozesse im taktischen und strategischen Bereich weiter zu optimieren. Der kommerzielle Sektor kann hingegen davon profitieren, seinen Kunden „Hilfsorganisation" noch besser zu verstehen. Damit Aus- und Weiterbildungsmaßnahmen und Forschungsaktivitäten einen Beitrag zum Erfolg der humanitären Logistik leisten können, ist ein kontinuierlicher Dialog über die tatsächlichen Bedarfe zwischen den Akteuren in der humanitären Logistik und den Forschungseinrichtungen notwendig. Dieser Di-

30. Deutscher
Logistik-Kongress
23.-25. Oktober 2013

BVL

Bundesvereinigung
Logistik

alog muss international geführt werden, da sich nur so redundante Entwicklungen bestmöglich verhindern lassen, existierendes Wissen aufgegriffen werden kann und – last but not least – die potenziellen Hilfsempfänger und ihre Bedarfe in den Vordergrund rücken.

8. Literatur

ALNAP (2010): State of the Humanitarian System report.

BEGECA (2013): Humanitarian Procurement Centre. http://www.begeca.de/de/partner/humanitarian-procurement-centre-hpc/ (Abgerufen am 05.07.13)

Beamon, B., Kotleba, S. (2006): Inventory Management Support Systems for Emergency Humanitarian Relief Operations in South Sudan. In: The International Journal of Logistics Management, Vol. 17, Nr. 2, S. 187-212.

Balcik, B., Beamon, B. (2008): Facility Location in Humanitarian Relief. In: International Journal of Logistics: Research and Applications, Vol. 11, Nr. 2, S. 101-121.

Blecken, A. (2010): Humanitarian Logistics – Modelling Supply Chain Processes of Humanitarian Organisations.

Blecken, A., Hellingrath, B. (2008): Supply Chain Management Software for Humanitarian Operations- Review and Assessment of current Tools. In: Proceedings of the 5th International Conference on Information Systems for Crisis Response and Management ISCRAM2008. S. 342-351.

Bölsche, D. (2009): Internationales Katastrophenmanagement – Logistik und Supply Chain Management.

Bölsche, D. (2011): Der Faktor Mensch in der humanitären Logistik – Bericht der AG „Aus- und Weiterbildung". In: Humanitäre Logistik – Herausforderungen und Potenziale der Logistik in der humanitären Hilfe. Hrsg.: Baumgarten, H., Schwarz, J., Keßler, M. S. 16-33.

Chandraprakaikul, W. (2010): Humanitarian Supply Chain Management – Literature Review and Future Research.

Charles, A., Lauras, M., Tomasini, R. (2011): An enterprise modelling approach for better optimisation modelling: application to the humanitarian relief chain coordination problem. In: OR Spectrum, Vol. 33, Nr. 3, S. 815-841.

Deutsche Post DHL (2013a): Disaster Response Teams leisten Katastrophenhilfe.
http://www.dp-dhl.com/de/verantwortung/katastrophenmanagement/
katastrophenhilfe_drt.html
(Abgerufen am 05.07.13)

Deutsche Post DHL (2013b): Prävention durch „Get Airports Ready for Disaster
(GARD)".
http://www.dp-dhl.com/en/responsibility/disaster-management/disaster_
preparedness_gard.html
(Abgerufen am 05.07.13)

Deutsches Rotes Kreuz (2013): Stille Katastrophen.
http://www.drk.de/aktuelles/fokusthemen/stille-katastrophen.html
(Abgerufen am 05.07.13)

Doerner, K. F., Gutjahr, W. J. van Wassenhove, L. (2011): Special issue on
optimization in disaster relief. In: OR Spectrum, Vol. 33, Nr. 3, S. 721-
749.

Ertem, M. , Buyurgan, N. (2013): A Procurement Auctions-Based Framework for
Coordinating Platforms in Humanitarian Logistics. In: Humanitarian and
Relief Logistics, Operations Research/Computer Science Interfaces Series,
Vol. 54, S. 111-127.

Heigh, I., Jahre, M. und Navangul, K. A. (2011): Predicting the Unpredictable
– Demand Forecasting in International Humanitarian Response. In:
Proceedings of the 23rd Annual NOFOMA Conference.

EU (2013): Humanitarian Aid Procurement & Centres (HPCs).
http://ec.europa.eu/echo/partners/humanitarian_aid/procurement_
en.htm
(Abgerufen am 05.07.13)

Global Humanitarian Assistance (2013): Who's who in humanitarian response?
http://www.globalhumanitarianassistance.org/data-guides/humanitarian-
aid-network
(Abgerufen am 10.07.13)

Hellingrath, B. und Widera, A. (2011a): Prozessgestaltung in der humanitären
Logistik – Bericht der AG „Prozesse". In: Humanitäre Logistik –
Herausforderungen und Potenziale der Logistik in der humanitären Hilfe.
Hrsg.: Baumgarten, H., Schwarz, J., Keßler, M. S. 34-45.

 30. Deutscher
Logistik-Kongress
23.-25. Oktober 2013

 BVL
Bundesvereinigung
Logistik

Hellingrath, B. und Widera, A. (2011b): Survey on Major Challenges in Humanitarian Logistics. In: Proceedings of the 8th International ISCRAM Conference.

Hellingrath, B.; Link, D. und Widera, A. (2011): Anforderungen an Informationssysteme. In: Humanitäre Logistik – Herausforderungen und Potenziale der Logistik in der humanitären Hilfe. Hrsg.: Baumgarten, H., Schwarz, J., Keßler, M. S. 46-56.

Holguín-Veras, J., Jaller, M., Van Wassenhove, L. N., Pérez, N., Wachtendorf, T. (2012): On the unique features of post-disaster humanitarian logistics. In: Journal of Operations Management, Vol. 30, Nr. 7–8, S. 494-506.

humedica (2013): Medizinische Teams.
http://www.humedica.org/humedica/medizinische-teams/
(Abgerufen am 09.07.13)

IFRC (2013): The International Red Cross and Red Crescent Movement.
http://ifrc.org/en/who-we-are/the-movement/
(Abgerufen am 09.07.13)

IFRC und ICRC (1994): Code of Conduct for the International Red Cross and Red Crescent Movement and Non-Governmental Organizations (NGOs) in Disaster Relief.
http://www.icrc.org/eng/resources/documents/publication/p1067.htm
(Abgerufen am 13.07.13)

Keßler, M. und Schwarz, J. (2011): Wissens- und Technologietransfer humanitärer Logistik in Hungerregionen Afrikas. In: Humanitäre Logistik – Herausforderungen und Potenziale der Logistik in der humanitären Hilfe. Hrsg.: Baumgarten, H., Schwarz, J., Keßler, M. S. 235-249.

Kovács, G. (2011): So where next? Developments in humanitarian logistics. In: Humanitarian Logistics – Meeting the challenge of preparing for and responding to disasters. Hrsg: Christopher, M., Tatham, P.

Kovács, G., Matopoulos, A. und Hayes, O. (2012): Designing Post-Disaster Supply Chains: Learning from Housing Reconstruction Projects. In: Relief Supply Chain Management for Disasters: Humanitarian Aid and Emergency Logistics. Hrsg.: Kovács, G. und Spens, K.

Kovács, G. und Spens, K. (2009): Identifying challenges in humanitarian logistics. In: International Journal of Physical Distribution & Logistics Management, Vol. 39, Nr. 6, S. 506-528.

Kovács, G., Tatham, P. und Larson, P. D. (2012): What Skills Are Needed to be a Humanitarian Logistician? In: Journal of Business Logistics, Vol. 33, Nr. 3, S. 245-258.

Kunz, N.; Reiner, G. (2012): A meta-analysis of humanitarian logistics research. In: Journal of Humanitarian Logistics and Supply Chain Management, Vol., 2 Nr. 2.

Logcluster (2013a): About the Logistics Cluster.
http://www.logcluster.org/about/logistics-cluster
(Abgerufen am 04.07.13)

Logcluster (2013b): About the Logistics Cluster.
http://www.logcluster.org/about/logistics-cluster-three-year-strategy/
global-logistics-cluster-3-year-strategy-2012-2015/Logistics%20Cluster_
GLCSC_Strategic%20Plan%202012-2015.pdf
(Abgerufen am 04.07.13)

Logistics Emergency Teams (2013): About the Logistics Emergency Teams.
http://www.logisticsemergency.org/
(Abgerufen am 05.07.13)

Long, D. C.,Wood, D. F. (1995): The Logistics of Famine Relief. In: Journal of Business Logistics, Vol. 16, Nr. 1, S. 213-229.

Mays, R.E., Racadio, R. und Gugerty, M.K. (2012): Competing Constraints: The Operational Mismatch between Business Logistics and Humanitarian Effectiveness. In: Global Humanitarian Technology Conference (GHTC), 2012 IEEE.

Meier, S. (2011): Logistik sichert effektive Hilfe im Katastrophenfall. In: Humanitäre Logistik – Herausforderungen und Potenziale der Logistik in der humanitären Hilfe. Hrsg.: Baumgarten, H., Schwarz, J., Keßler, M. S. 57-68.

Möllers, T. (2011): Freistellung von Mitarbeitern für humanitäre Logistikeinsätze. In: Humanitäre Logistik – Herausforderungen und Potenziale der Logistik in der humanitären Hilfe. Hrsg.: Baumgarten, H., Schwarz, J., Keßler, M. S. 136-143.

OCHA (2012): Humanitarianism in the Network Age (Including World Humanitarian Data and Trends 2012).

Samii, R. (2008): Leveraging Logistics Partnerships – Lessons Learned from Humanitarian Organizations.

Stadtler, L. (2012): The Logistics Emergency Teams – Pioneering a New Partnership Model.
http://www.logisticsemergency.org/images/inseadletcase.pdf
(Abgerufen am 05.07.13)

Stapleton, O., Stadtler, L. und Van Wassenhove, L. N. (2012): Private-Humanitarian Supply Chain Partnerships on the Silk Road. In: Managing Supply Chains on the Silk Road: Strategy, Performance, and Risk. Hrsg.: Haksöz, C., Seshadri, S., Iyer. A. V.

The Sphere Project (2011): Humanitäre Charta und Mindeststandards in der humanitären Hilfe.

Thomas, A.,Kopczak, L. (2005): From Logistics to Supply Chain Management – The path forward to the humanitarian sector. Hrsg.: Fritz Institute.

Tufinkgi, P. (2006): Logistik im Kontext internationaler Katastrophenhilfe – Entwicklung eines logistischen Referenzmodells für Katastrophenfälle.

Van der Laan, E. A., de Brito, M. P., Vergunst, D. A. (2009): Performance measurement in Humanitarian Supply Chains. In: International Journal Risk Assessment and Management, Vol. 13, Nr. 1, S. 22-45.

Van Wassenhove, L. N. (2006): Humanitarian Aid Logistics – Supply Chain Management in High Gear. In: Journal of the Operational Research Society, Vol. 57, S. 475-589.

Van Wassenhove, L. N. und Pedraza Martinez, A. J. (2012): Using OR to adapt supply chain management best practices to humanitarian logistics. In: International Transactions in Operational Research, Vol. 19, S. 307–322.

Vereinte Nationen (2004): Strengthening of the coordination of emergency humanitarian assistance of the United Nations. Resolution adopted by the General Assembly 58/114.

WFP (2010): Joining Forces in an Emergency – Logistics Emergency Teams (LET). http://www.wfp.org/logistics/blog/joining-efforts-emergency-logistics-emergency-teams-let
(Abgerufen am 05.07.13)

Widera, A.; Hellingrath, B. (2011): Performance Measurement Systems for Humanitarian Logistics. In: Proceedings of the 23rd Annual NOFOMA Conference. S. 1327-1342.

Widera, A., Dietrich, H.-A., Hellingrath, B., Becker, J. (2013): Understanding Humanitarian Supply Chains – Developing an Integrated Process Analysis Toolkit. In: Proceedings of the International Conference on Information Systems for Crisis Response and Management (ISCRAM) 2013.

Willhaus, M. und Stumpf, J. (2011): Gemeinsam helfen – Die HELP-Initiative der Kühne Stiftung. In: Humanitäre Logistik – Herausforderungen und Potenziale der Logistik in der humanitären Hilfe. Hrsg.: Baumgarten, H., Schwarz, J., Keßler, M. S. 123-130.

World Vision Deutschland (2013): World Vision – Wofür wir uns einsetzen. http://www.worldvision.de/unsere-arbeit-wofuer-wir-uns-einsetzen.php (Abgerufen am 09.07.13)

Xanthopoulos, A., Koulouriotis, D. (2013): A Multi-agent Based Framework for Vehicle Routing in Relief Delivery Systems. In: Humanitarian and Relief Logistics, Operations Research/Computer Science Interfaces Series. Vol. 54, S. 167-182.

30. Deutscher
Logistik-Kongress
23.-25. Oktober 2013

Bundesvereinigung
Logistik

F1

Verkehrssysteme zukunftsfähig gestalten

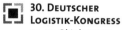

Verkehrslogistik mittels neuer IT-Technologien zukunftsorientiert gestalten

Verkehrslogistik mittels neuer IT-Technologien zukunftsorientiert gestalten

Prof. Dr. Alex Vastag, Leiter Verkehrslogistik, Fraunhofer Institut für Materialfluss und Logistik (IML)

Dipl.-Logist. Achim Klukas, Abteilung Verkehrslogistik, Fraunhofer-Institut für Materialfluss und Logistik (IML)

Alexander Wiedenbruch, M.Sc., Dipl.-Wirt.-Ing. (FH), Dipl.-Inform. (FH), Abteilung Verkehrslogistik, Fraunhofer-Institut für Materialfluss und Logistik (IML)

1.   Einleitung

1.1.   EffizienzCluster LogistikRuhr

Die Logistik von morgen soll gleichermaßen die Umwelt schonen und die Versorgung sichern. Anspruch und Ziel des EffizienzClusters LogistikRuhr ist es, die Individualität von morgen – im Sinne individueller Warenversorgung, Mobilität und Produktion – mit 75 Prozent der Ressourcen von heute zu ermöglichen. Im Fokus steht die Effizienz von Prozessen und Produkten. Die Logistik übernimmt hierbei Verantwortung für die Herausforderungen der Zukunft: Wissenschaft und Wirtschaft entwickeln Produkte, Ansätze und Innovationen, um die Gesellschaft auf sich wandelnde Rahmenbedingungen vorzubereiten und sie gleichzeitig zu befähigen, ihre Lebensstile beizubehalten.

Im EffizienzCluster LogistikRuhr werden Lösungen und Verfahren logistischer Effizienzsteigerungen erprobt, mit denen die Marktteilnehmer nicht zuletzt auch Wettbewerbsvorteile erzielen.

Insbesondere das Leitthema Güterverkehrsmanagement setzt daher auf ein intelligentes Güterverkehrsmanagement mit innovativen Transportkonzepten. Es geht darum, die bestehenden Infrastrukturen effizienter zu nutzen – ob Verkehrswege oder logistische Anlagen. Im Fokus steht dabei die Entwicklung von unterstützenden Softwaresystemen.

 30. Deutscher
Logistik-Kongress
23.-25. Oktober 2013

 BVL
Bundesvereinigung
Logistik

1.2. Leitthema Güterverkehrsmanagement

Die Nachfrage nach Güterverkehren steigt seit Jahren, die Transporte überlasten die heutigen Verkehrsinfrastrukturen. Mit einem intelligenten Güterverkehrsmanagement kann die Logistik jedoch einen entscheidenden Beitrag für eine nachhaltige Verbesserung der verkehrlichen Gesamtsituation leisten. In dem Leitthema Güterverkehrsmanagement des „EffizienzCluster LogistikRuhr" werden die Weichen für ein intelligentes Güterverkehrsmanagement gestellt. Die Möglichkeiten der herkömmlichen Transportoptimierung durch den Einsatz immer größerer Lkw, die Minimierung von Fahrzeiten oder die Optimierung von Standzeiten sind inzwischen weitgehend ausgeschöpft, die Kapazitäten bei Umschlag und Lagerung endlich. Die Zuverlässigkeit von Transportketten nimmt ab, die Störanfälligkeit von Logistiksystemen steigt. Dies führt bereits heute immer öfter zu Versorgungsengpässen und Ausfällen in der industriellen Produktion.

Die im Leitthema erarbeiteten Lösungen und Produkte sollen letztlich die Logistiker – die Menschen in der Logistik – in die Lage versetzen, in der Praxis die richtigen Entscheidungen zugunsten eines sinnvollen Ressourceneinsatzes treffen zu können.

Zu den wesentlichen Forschungsfeldern gehören:

- Sichere Transportketten durch die Einbindung multimodaler Netze, Erhöhung der Ausfallsicherheit von Beschaffungs- und Distributionsnetzen

- Mehr Durchsatz und Qualität in logistischen Anlagen, effiziente Planung und Betrieb logistischer Anlagen

- Stärken der Verkehrsträger, Komplexitätsreduzierung und Erhöhung der Flexibilität im multimodalen Verkehr

- Bessere Verknüpfung von Informationen durch IT zur Herstellung von Transparenz bei Angeboten und Verbesserung der Kommunikation im Hinblick auf Aktualität und Dynamik

Die Logistik ordnet sich heute vielfach noch den Vorgaben der produzierenden Unternehmen unter: Produktion (z. B. Reduzierung von Herstellungskosten) und Marketing (z. B. Ausweitung der Sortimente) gehen vor Logistik. Noch unterschätzen die Unternehmen die Möglichkeiten der Logistik, durch eine integrierte Betrachtung unternehmensweit für mehr Effizienz zu sorgen. Eine intelligente Transportoptimierung fokussiert dabei nicht etwa Kostensenkungen durch günstigere Transporte oder Einsparungen von Personal, vielmehr werden bestehende Systeme besser genutzt und ausgelastet.

Gleichzeitig geht es im Güterverkehrsmanagement auch und gerade um einen schonenden Umgang mit den Ressourcen sowie um verantwortungsvolle Lieferketten. Dies impliziert durchaus ein Umdenken sowohl bei den Produzenten als auch bei den Konsumenten, die sich für ökologische Fragestellungen öffnen müssen.

1.3. IT-Systeme in der Verkehrslogistik

Die Transportleistungen der Verkehrsträger Straße, Schiene, Flugzeug und Schiff werden in den nächsten Jahren in enormem Maße steigen. Unter der Annahme, dass sich die Weltwirtschaft weiterhin positiv entwickeln sowie die Arbeitsteiligkeit im In- und Ausland zunehmen wird, rechnet man mit einer Verdoppelung der Güterverkehrsleistung weltweit. Durch die zentrale Lage in Europa wird Deutschland als Transitland an Bedeutung gewinnen. Die Logistikintensität wird flächendeckend wachsen und mittelfristig wird sich Deutschland als Zusammenschluss zu einer großen Logistikregion entwickeln. In Deutschland werden weiterhin europäische Distributionszentren entstehen, die eine wichtige Rolle für die Distributionslogistik in Europa spielen werden. Insbesondere die Seehafenhinterlandverkehre in Europa, also die Transporte zu und von den Seehäfen, werden an Bedeutung gewinnen.

Die zunehmende Globalisierung erfordert neue Logistikkonzepte mit hoher Ressourceneffizienz und flexiblem Management. Technische Anforderungen an Straße und Schiene werden immer stärker, z. B. Senkung der Lärmemission. Weiterhin ist zu berücksichtigen, dass ein zunehmendes Wachstum der Städte und der urbanen Agglomerationen neue und vor allem individuelle Logistikkonzepte erfordert. Das heißt, durch eine Kooperation von Unternehmen soll eine effiziente Bündelung innerstädtischer Lieferverkehre in urbanen Verteilzentren entstehen. Schließlich wird die Ressourcenknappheit, die Nutzung erneuerbarer Energien und die Unabhängigkeit vom Ressourcenmarkt forciert.

Insgesamt wird das Thema der lokalen Distribution und Produktion an Bedeutung zunehmen, d.h. die Distribution der kurzen Wege bzw. der letzten Meile wird in Europa eine entscheidende Bedeutung erhalten. Reichte es in der Vergangenheit aus, ein Zentrallager in Europa zu besitzen, so wird eine zunehmende Tendenz erkennbar, dass mehrere Zentrallagerstandorte in Europa von Bedeutung sind. Es ist deutlich zu erkennen, dass das Thema Service und Qualität in der Distribution eine höhere Bedeutung erhält. Insbesondere für die Branchen Elektronik, Reifen und Automobil wird zunehmend eine Produktion vor Ort erforderlich.

Die weltweite Vernetzung erfordert eine Echtzeitüberwachung und Steuerung von Transportgütern. Hierbei werden intelligente Ladungsträger zeitnah mit trans-

portbegleitenden Informationen verfolgt. Wir werden in Zukunft selbststeuernde, flexible Transportketten durch zeitnahe Informationsbereitstellung sowie eine autonome Steuerung der Ladungsträger durch das Transportnetzwerk realisieren. Durch die Digitalisierung der Transportmengensteuerung eröffnen sich neue Planungsmöglichkeiten für die Integration von multimodalen Transporten. Hieraus resultiert die Gestaltung von individuellen und attraktiven multimodalen Transportangeboten, eine verbesserte Schnittstellenoptimierung an Umschlagspunkten und eine Verbesserung der Kapazitätsauslastung.

Weitere Erfordernisse der Zukunft sind die Steigerung der Sicherheit und Robustheit von Supply Chains. Liefertermintreue wird zunehmend zum Verkaufsargument und gewinnt neben der Produktqualität immer mehr an Bedeutung. Die Versorgung und Wirtschaftlichkeit sind entscheidend von funktionierenden Transportketten abhängig. Zunehmende Extremwetterereignisse wie Vulkanausbrüche oder Terroranschläge haben einen immer stärkeren Einfluss auf die Supply Chains. Lieferketten und Logistiknetzwerke sind daher gefordert, sich effektiv zu schützen und gleichzeitig aber Effizienz und Nachhaltigkeit zu gewährleisten.

Diese bessere Logistik setzt nicht primär auf Kostensenkungen durch günstigere Transporte, schnellere Umschlagtechnik oder auf Kürzungen beim Personal, die bessere Logistik nutzt die bestehenden Infrastrukturen effizienter, indem sie dem Forschungsansatz der „Autonomisierung logistischer Systeme" folgt.

Diese Forschungslinie der „Autonomisierung logistischer Systeme" versucht den Widerspruch von Individualisierung und Effizienz aufzulösen und arbeitet an der Vernetzung von logistischen Systemen durch das Internet. Motiviert wird dieses durch die stetig wechselnden Anforderungen an die logistischen Systeme, die über eine hohe Reaktionsfähigkeit, Flexibilität und Adaptivität verfügen müssen, um der logistischen Evolution gerecht zu werden. Ansätze sind beispielsweise, dass jede Transporteinheit mit anderen Einheiten kommunizieren oder ein Transportfahrzeug mit anderen Transportfahrzeugen um Transportaufträge verhandeln kann.

Diese Ansätze beinhalten die konsequente Weiterentwicklung der Dezentralisierung hin zur Etablierung möglicherweise vollständiger autonomer logistischer (Teil-)Systeme. Zur Umsetzung dieser Konzepte liegt im Leitthema „Güterverkehrsmanagement" ein besonderer Fokus auf der Entwicklung multimodaler Transportketten und der Gestaltung von IT-Plattformen. Insbesondere geht es darum, die Stärken der Verkehrsträger zu erhöhen sowie die Komplexität im multimodalen

Verkehr durch IT-Vernetzung zu reduzieren und somit die Flexibilität des Systems zu erhöhen.[1]

Im Rahmen des Verbundprojekts „Multimodal Promotion" wird daher eine internetgestützte Anwendung für ein Door-to-Door-Routing entwickelt, das Lkw, Bahn und Binnenschiff miteinander verknüpft und damit die Bedeutung der alternativen Verkehrsträger Schienenverkehr und Binnenschifffahrt ausdrücklich stärkt. Dieses Tool wird die Planung und Durchführung Kombinierter Verkehre für Unternehmen erheblich vereinfachen.[2]

Inwiefern multimodale Transportketten die Versorgungssicherheit erhöhen, wird in einem zweiten Verbundprojekt „Safe Networks for Logistics" am Beispiel der Stahl-Transportkette erarbeitet. Heutige, meist starre Distributionsstrukturen sollen dabei durch flexible multimodale Transportketten ersetzt werden. Im Mittelpunkt stehen die Informationsvernetzung aller Beteiligten und eine dezentrale Sammlung von Informationen über die Disposition und Durchführung von Transporten. Ziel ist es, proaktiv die Betroffenen über Störungen der logistischen Prozesse zu informieren. Dazu findet im Sinne des „Internet der Dinge" eine Abbildung aller beteiligten Ressourcen (z. B. Transportfahrzeuge), Güter und Prozesse in einem Multi-Agenten-System ab. Das System ist damit ein erster Schritt in die autonome Durchführung multimodaler Transporte.[3]

Die moderne Informationstechnologie spielt bei der Optimierung von Netzwerken somit eine wesentliche Rolle: Sämtliche Verbundprojekte des Leitthemas zielen daher auf die Entwicklung von Softwaresystemen ab – ob die Cloud-Plattform von „Multimodal Promotion" oder eine IT-Plattform für Unternehmen aus der Stahlindustrie im Rahmen von „Safe Networks for Logistics". Die IT sorgt durch eine bessere Verknüpfung von Informationen für mehr Transparenz bei den Angeboten und verbessert die Kommunikation im Hinblick auf Aktualität und Dynamik. Sie gewährleistet schnellere Entscheidungen in den Knoten und verknüpft Kanten und Knoten besser miteinander.

Nachfolgend stehen diese beiden Projekte im Fokus der Betrachtung.

---

1   Vgl. Vastag 2013 a
2   Vastag 2011
3   Vastag 2013

2. Vernetzung der Verkehrsträger durch Multimodal Promotion

2.1. Bedeutung des Kombinierten Verkehrs

Die Trends Globalisierung und Glokalisierung führen zu weiteren Steigerungen des Welthandelswachstums um durchschnittlich rund 7% pro Jahr. Daraus resultiert für Deutschland ebenfalls ein kontinuierliches Wachstum, vor allem des Seehafenhinterlandverkehrs. Insgesamt wird für den gesamten Güterverkehr ein Wachstum in Höhe von rund 3% pro Jahr des Transportaufkommens und der Transportleistung gesehen.[4] Insgesamt soll der Güterverkehr in Deutschland um 41% bis 2025 zunehmen.[5]

Der kombinierte Verkehr hat eine große Bedeutung für den Güterverkehr und weist seit vielen Jahren eine steigende Tendenz auf. Im Jahr 2011 wurden in Deutschland im kombinierten Verkehr rund 955 Mio. Tonnen befördert. Dies entspricht einem Anteil von knapp 30% am gesamten Güterverkehr. Die größten Zuwächse im kombinierten Verkehr wurden auf dem Verkehrsträger Schiene erzielt. Das Güteraufkommen ist in den Jahren zwischen 2005 und 2011 um fast 50% gestiegen. 2011 wurden somit auf der Schiene ca. 5,9 Mio. TEU transportiert. Das Wachstum bei den Binnenschifftransporten fiel mit 14% deutlich geringer aus. Hier wurden 2011 rund 691 Tsd. TEU befördert. Neben dem Potential durch Wachstum existiert das Potential durch Verkehrsverlagerung von dem Verkehrsträger Straße auf die Schiene oder die Wasserstraße. Dieses betrug im Jahr 2011 rund 7,7 Mio. Tonnen bzw. 971 Tsd. TEU in Deutschland und 1,3 Mio. TEU bei grenzüberschreitenden Transporten (Deutschland/Ausland). Außerdem bietet der stetig steigende Containerisierungsgrad je Gutart weiteres Potential für den Kombinierten Verkehr.

Vor allem die Seehäfen gehen von einem starken Wachstum aus. In Hamburg wird von einem Wachstum auf 25 Mio. TEU im Jahr 2025 sowie einer Verdopplung der täglichen Zugabfahrten von 200 auf 400 Züge ausgegangen.[6] Zum Vergleich: Der Hamburger Hafen hat in 2010 rund 7,9 Mio. TEU umgeschlagen.[7] Auch die Westhäfen gehen von einem starken Wachstum aus. Für 2030 wird z. B. in Rotterdam mit einer Verdopplung der Umschlagsmengen von rund 11,15 Mio. TEU in 2010[8] gerechnet. Außerdem sollen Binnenschiffs- und Bahntransporte rund 65% der

4   Intraplan 2013
5   ProgTrans AG 2012
6   Verkehrsrundschau 2011 a
7   Hafen Hamburg 2012
8   Hafen Rotterdam 2010

Hinterlandtransporte abdecken[9] und die Verkehrsträger Schiene und Wasserstraße an Bedeutung gewinnen. Dies würde einen Rückgang des Lkw am Modal Split von 56% in 2010[10] auf 35% in 2035 bedeuten.

Diese Zahlen verdeutlichen, dass es vor allem auf der Straße und auch auf der Schiene verstärkt zu Verkehrsengpässen kommen wird. Die Straße hat mit hohen Auslastungen der Verkehrsachsen und mit zunehmendem Fahrermangel zu kämpfen. Alleine im Ruhrgebiet haben die Autobahnen bereits ihre Kapazitätsgrenzen erreicht. Beispielsweise wurde die Leistungsfähigkeit von vierspurigen Autobahnen von 68.000 Kfz/24h sowie von sechsspurigen Autobahnen von 105.000 Kfz/24h[11] im Raum Dortmund bereits erreicht oder überschritten.[12]

Die Schiene besitzt aktuell eine hohe Auslastung der Schieneninfrastruktur vor allem auf den wichtigsten Verkehrsrelationen. Bei einer Streckenauslastung der Schieneninfrastruktur von über 80% steigt die Wartezeit bereits progressiv an, bei einer Auslastung von über 95% erhöht sich die Transportdauer um mehr als 20%.[13] Zukünftig ist vor allem entlang der Rheinschiene und im Seehafenhinterland von Hamburg mit Engpässen zu rechnen.[14]

Durch die fehlenden Ausbaumöglichkeiten der Infrastruktur kann der Verkehrsinfarkt nur durch eine bessere Verteilung und Organisation auf die einzelnen Verkehrsträger sowie eine zunehmende unternehmensübergreifende Bündelung erreicht werden. Der Kombinierte Verkehr (KV) bietet hier eine Chance und wird noch stärker in den Fokus rücken, u. a. wegen der zunehmenden Standardisierung, dem zunehmenden Fahrermangel und ökologischen Forderungen. Obwohl der KV stetig wächst, wird er bei weitem noch nicht im vollen Umfang genutzt.

Neben den fehlenden Ausbaumöglichkeiten der Infrastruktur haben die Hinterlandoperateure auch mit anderen Hemmnissen zu kämpfen. Die Analyse von bereits getätigten Studien und durchgeführten Interviews ergaben, dass der Kombinierte Verkehr in den Augen der Befragten zu unflexibel, zu teuer und unpünktlich ist. Mangelnde Kenntnis über die Angebote im KV ist zumeist auch ein Argument gegen den KV, die Vielzahl an Lösungsmöglichkeiten und ganzheitlichen Konzepten sind bei Verladern noch nicht bekannt. Abbildung 1 listet die Probleme und Lösungsansätze auf.

9   Verkehrsrundschau 2011 b
10   PLANCO 2013
11   FGSV 2008
12   IHK 2011
13   PLANCO 2007
14   Rail Business 2011

30. Deutscher
Logistik-Kongress
23.-25. Oktober 2013

BVL
Bundesvereinigung
Logistik

Barriere	Lösungsansatz
Geringe Pünktlichkeit	Verbreitung von Leistungskennzahlen
Unflexibilität	Bahn ist zwar unflexibel aber planbarer!
Teuer im Vergleich zum Lkw	Kundenindividuelle Transportlösung führt zu Preisoptimierung
Geringe Netzdichte / Kein Gleisanschluss	Angebot des Kombiverkehrs statt exkl. Schiene
Kurze Transportstrecke	Durch Bündelung von Mengen können selbst auf kurze Strecken Vorteile erzielt werden. Die Bahn ist massengutfähig.
Keine Einbindung ins Logistikkonzept	Kundenindividuelle Transportlösung ermöglicht die Integration von Transportketten in die Supply Chain
Angebote nicht bekannt / Dienstleister bietet keine Alternativen zum Lkw an.	Öffentliche Darstellung von Transportalternativen, Vergleich der Verkehrsträger

Abbildung 1: Hemmnisse im Kombinierten Verkehr[15]

Das Potential für eine Verkehrsverlagerung ist wie oben beschrieben vorhanden. Speziell im Ruhrgebiet sitzen rund 157.000 der insgesamt 723.000 in NRW ansässigen klein- und mittelständischen Unternehmen (kmU). Dies zeigt, dass vor allem hier das Verlagerungspotential sehr groß ist. Die meisten Langstreckenverkehre erfolgen hier immer noch mit dem Lkw. Das Ruhrgebiet bietet mit dem dichtesten Verkehrsnetz in Deutschland vor allem im Bereich Schiene und Wasserstraße sehr viele Alternativen, um die Verkehrsverlagerung umzusetzen. Durch eine Vielzahl an Transportrelationen ermöglichen zudem 15 KV Terminals im Ruhrgebiet den Transport in fast alle Regionen Europas.

---

15   IML 2012

2.2. Lösungskonzept und Herausforderungen

Zukünftig werden drei Problemstellen für die Verlader und Logistikdienstleister zunehmend wichtiger:

- Verlagerungspotentiale identifizieren und multimodale Transportketten bilden

- unternehmensübergreifende Bündelung von kleinen zu großen Transportströmen

- unternehmensübergreifende Transportnetze organisieren und koordinieren

Eine zukünftige Möglichkeit zur Lösung der Problemstellung ist die Plattform Multimodal Promotion, welche im Rahmen des EffizienzClusters Logistik Ruhr entwickelt wird. Das Konsortium bestehend aus dem Duisburger Hafen, dem Dortmunder Hafen, der VCE GmbH und dem Fraunhofer IML hat sich zum Ziel gesetzt, vor allem kmU die Möglichkeit für einen schnellen Überblick über kostengünstige und umweltfreundliche Transportalternativen zu geben.

Das cloudfähige Tool „Multimodal Promotion" ermöglicht die Darstellung von Transportalternativen im KV zum Lkw. Die Gestaltung eines direkten Door-to-Door-Routings unter Berücksichtigung von Fahrplänen ermöglicht die Suche nach passenden Relationen. Die Transportketten werden unter Berücksichtigung von Zeit, Kosten und CO_2-Ausstoß bewertet.

Außerdem ermöglicht das Tool eine unternehmensübergreifende Analyse der Bündelungspotentiale für den Nahverkehr und Fernverkehr, um u. a. neue Relationen für den Kombinierten Verkehr zu identifizieren und Less-Truck-Load-Container zu Full-Truck-Load-Containern zu bündeln.

Für die Bedienung und Analyse sind ausschließlich unternehmenseigene Daten notwendig.

Abbildung 2 zeigt die Eingabe- und Ergebnismaske des so genannten Fahrplanchecks.

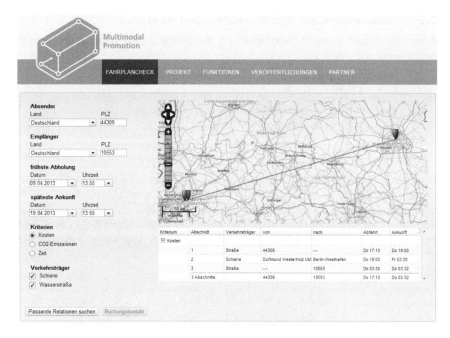

Abbildung 2: Fahrplancheck

2.3. Funktionen

Das Tool bietet zwei Hauptfunktionen. Direkte Verlagerungspotentiale können beim so genannten Fahrplancheck analysiert werden. Hierbei müssen nur bekannte Daten, Restriktionen und Anforderungen eingegeben werden:

1. Absender und Empfänger (Land und Postleitzahl) eintragen

2. früheste Abholung und späteste Ankunft eintragen

3. Bewertungskriterium benennen

4. Verkehrsträger auswählen

Basierend auf den Eingabedaten der Nutzer kalkuliert das Tool multimodale Transportalternativen zum Lkw. Des Weiteren ermöglicht eine standortübergreifende Tourenplanung zusätzlich die Optimierung der Regionalverkehre. Neue Relationen können durch die standort- und unternehmensübergreifende Fahrplanneubildung identifiziert werden. Als Basis werden die Eingabedaten des Fahrplanchecks aller Unternehmen bzw. Standorte konsolidiert und analysiert. Bündelungspotentiale werden anonymisiert und unternehmensübergreifend analysiert. Sofern unternehmensübergreifende Potentiale zur Verkehrsverlagerung identifiziert worden sind, werden diese in bilateralen Gesprächen mit dem Nutzer diskutiert und bei Wunsch der Kontakt zu anderen Unternehmen durch den Betreiber der Plattform hergestellt. Auch hier wird ebenfalls eine standort- und unternehmensübergreifende Tourenplanung zur Ermittlung von Potentialen durchgeführt.

Um Verkehre bewerten zu können, wurde für den Fall, dass keine Marktpreise zu Verkehren vorliegen, eine Kostenfunktion hinterlegt, die alle Kostenpunkte berücksichtigt. So ist es möglich, obwohl kein Preis für eine Relation hinterlegt ist, zumindest eine Kostenindikation zu bekommen, die dem Nutzer das Potential aufzeigt.

Ein wichtiger Punkt ist außerdem der ökologische Vergleich der Transportkettenalternativen. Verschiedene Studien beschäftigen sich aktuell mit der Kalkulation von CO_2. Zur Bewertung für Multimodal Promotion wird die Methodik der Verkehrs-Rundschau herangezogen. In dieser Studie wurden auch Praxispartner involviert.

2.4. Nutzungsmöglichkeiten

Aus den Funktionen und dem Anforderungsprofil ergeben sich zwei mögliche Nutzungsszenarien. Das Tool kann zum einen durch einen neutralen Betreiber betrieben werden, um als Vermittlungsplattform für kmUs und Großunternehmen zu dienen. Hier werden Alternativen zum direkten Lkw-Transport identifiziert und dem Nutzer der richtige Ansprechpartner vorgeschlagen. Zum anderen findet Multimodal Promotion im zweiten Szenario den Einsatz in Unternehmensnetzwerken. Hier werden durch die Partner die Informationen bereitgestellt, damit die Partner schnell und ohne großen Aufwand über die Alternativen informiert werden. Außerdem kann eine übergreifende Analyse der Transportströme dazu genutzt werden, die Kapazitäten besser auszulasten und ggf. neue Relationen für den multimodalen Transport zu identifizieren.

2.4.1. Verlagerungsplattform

Um die Akzeptanz und die Möglichkeiten von multimodalen Transporten Verladern näher zu bringen, müssen die Ergebnisse einfach gestaltet werden. Ebenfalls sollte eine Analyse der Transportmöglichkeiten gelingen, ohne Vorkenntnisse über den KV zu besitzen bzw. Informationen explizit über verschiedene Kommunikationswege einholen zu müssen. Ziel des Projekts war es deshalb, dass nur im Unternehmen selbst bekannte Informationen vom Nutzer eingegeben werden müssen.

Eine risikolose Nutzung von Multimodal Promotion und somit die Darstellung der Verkehrsverlagerungsmöglichkeiten der eigenen Transportströme wird durch eine anonyme Datenauswertung ermöglicht. Durch die Eingabe der Transportmengen inklusive der entsprechenden Rahmenbedingungen, wie Transportzeiten sowie Start- und Zieladresse, kann der Algorithmus verschiedene Transportalternativen berechnen und darstellen. Die Transportmengen werden zu möglichen KV-Terminals in der Nähe der Start- und Zielorte geroutet und von dort weiter mit dem Binnenschiff oder auf der Schiene transportiert. Bei der Analyse der Daten werden sowohl aktuelle Fahrplaninformationen berücksichtigt als auch sinnvolle neue Verbindungen generiert. Durch diese Vorgehensweise ist kein Vorwissen über den Kombinierten Verkehr notwendig.

Des Weiteren werden die Eingaben der Nutzer konsolidiert und analysiert. So wird die Möglichkeit gegeben, dass Unternehmen, die allein keine ausreichende Transportmenge für den Aufbau einer neuen Verbindung haben, zusammen mit anderen Unternehmen die kritische Transportmenge für den Aufbau einer solchen Relation erreichen. Das Ergebnis wird den jeweiligen Nutzern der Plattform anonymisiert mitgeteilt und die Kontaktaufnahme angeboten.

Als Ergebnis bekommt der Nutzer von Multimodal Promotion verschiedene Verlagerungsmöglichkeiten für seine Transportmengen. Als Bewertungsoption werden die Transportdauer und -kosten sowie die Umweltfreundlichkeit des Transports ausgewiesen, auch im Vergleich mit dem direkten Lkw-Transport.

Die Stärke von Multimodal Promotion liegt zum einen in der einfachen Darstellung der Verlagerungspotentiale, zum anderen aber auch in der Kontaktherstellung bzw. der richtigen Auswahl an Logistikdienstleistern, die diese Relation bedienen. Der richtige Ansprechpartner für die Relation wird ausgegeben. Eine langwierige Suche nach dem richtigen Kontakt kann vermieden werden.

Die Verlader bekommen eine einfache und transparente Darstellung der Ergebnisse. Hierfür benötigen diese kein Vorwissen zum Kombinierten Verkehr und keine Einarbeitung in die Thematik. Logistikdienstleister können die Plattform zu Marketingzwecken verwenden und so Kundenkreise erschließen, die entweder nicht über eine signifikante Transportmenge verfügen oder noch nicht vom Kombinierten Verkehr überzeugt sind. Hinzu kommt die Möglichkeit, die eigenen Umschlagsstandorte und ihre Möglichkeiten darzustellen. Insgesamt wird Verladern und Logistikdienstleistern eine Darstellung der Bündelungs- und Verlagerungspotentiale ermöglicht.

2.4.2. Transportkettenmanagement zur Abstimmung der multimodalen Transportmöglichkeiten

Ein weiteres Anwendungsfeld ist die Anwendung von Multimodal Promotion in Transportnetzwerken. Zukünftig wird es vermehrt zu Zusammenschlüssen von Unternehmen zu Transportnetzwerken kommen. Begründet ist dies in der immer stärker werdenden Notwendigkeit der Kapazitätsauslastung bei immer umfangreicheren Transportnetzwerken mit kleinteiligeren Sendungen. Verkehrsströme können permanent hinsichtlich ihrer Bündelungspotentiale standortübergreifend überprüft werden. Zum anderen können auch unternehmensübergreifende Transportnetzwerke Transportmengen über eine neutrale Plattform konsolidieren.

Die notwendigen Fahrplandaten, Ansprechpartner und Transportpreise können einfach über Schnittstellen in das System integriert werden. Die Transportmengendaten können ebenfalls über eine Schnittstelle integriert werden. Hierdurch hält sich der manuelle Aufwand in Grenzen.

Nach erfolgter Analyse der Transportaufträge bekommt der Nutzer die bestmögliche Transportmöglichkeit und den direkten Kontakt für die Buchung angezeigt. Die Darstellung der multimodalen Alternativen im Unternehmensverbund gibt einen schnellen Überblick über die Möglichkeiten, beispielsweise die Transportalternativen für den multimodalen Transport oder den Überblick über die Transportmöglichkeiten bei einer Transportanfrage. Es werden nur die Informationen bereitgestellt, die notwendig sind, also Verkehrsrelationen und Preise. Diese Informationen stehen den Partnern im Regelfall bereits zur Verfügung. Durch die Plattform wird die Möglichkeit gegeben, direkte Ergebnisse zu erzielen, eine aufwendige Suche und Nachfrage nach Informationen ist nicht mehr notwendig.

Die Untersuchung der Bündelungspotentiale ermöglicht außerdem die weitere Optimierung der Kapazitätsauslastung.

2.5. Ergebnis

Das Tool leistet einen Beitrag zur Erstellung von individuellen Transportkonzepten für Kleinmengen und für eine zunehmende Urbanisierung. Außerdem ermöglicht die Analyse von großen Verkehrsströmen die Darstellung weiterer Bündelungspotentiale. Die Vernetzung der Verkehrsträger wird gestärkt und unterschiedliche Konzepte und Anforderungen der Verkehrsträger zusammengebracht. Außerdem wird die Kapazitätsauslastung erhöht und somit Umwelt und Ressourcen geschont. Die einfache und schnelle Planung ermöglicht zusätzlich die Automatisierung der Prozessabläufe bei der Planung von Transportketten.

3. Erhöhung der Versorgungssicherheit durch Safe Networks for Logistics

3.1. Bedeutung und Relevanz in der Stahlindustrie

Trotz der anhaltenden Krise in 2013, gehört die Stahlindustrie weiterhin zu den bedeutendsten Industrien in Deutschland. So arbeiteten im letzten Jahr insgesamt 88.000 Beschäftigte in der deutschen Stahlindustrie[16]. Nachdem in 2011 noch 44,2 Mio. Tonnen Rohstahl erzeugt wurden[17], ging die Produktion in 2012 auf 42,7 Mio. Tonnen zurück[18]. Der Umsatz sank entsprechend auf 46,3 Mrd. Euro[19]. Insgesamt wurden ca. 1000 Mrd. Euro Umsatz in der stahlintensiven Industrie realisiert[20].

Trotz der Größe der Stahlindustrie lässt sich jedoch feststellen, dass sich Unternehmen in dieser Branche kommunikationstechnisch noch nicht auf dem aktuellen Stand der Technik befinden. Durch fehlende moderne IT-Systeme und die dadurch hervorgerufene geringe Vernetzung der Beteiligten kommt es häufig zu Überbestellungen, hohen Lagerbeständen, Nichteinhaltung von Lieferterminen und teuren ad-hoc-Lösungen. Diese Probleme können durch eine Vernetzung der Beteiligten verringert werden. Insbesondere ist eine engere Einbindung der Logistikdienstleister in die Informationsflüsse notwendig. Eine so geschaffene, transparente Logistikkette erlaubt es flexibel, sicher und kosteneffizient auf die Bedürfnisse der Kunden eingehen zu können.[21]

16   Wirtschaftsvereinigung Stahl 13 a
17   Wirtschaftsvereinigung Stahl 13 c
18   Deutsche Mittelstands Nachrichten 2013
19   Wirtschaftsvereinigung Stahl 13 b
20   Brüninghaus 2012
21   Kümmerlein 2011 a

Eine Integration aller Beteiligten ist besonders dann notwendig, wenn es zu Störungen in dem geplanten Verlauf kommt. In einer Untersuchung wurde festgestellt, dass 85% der befragten Unternehmen mindestens eine Unterbrechung ihrer Lieferkette hinnehmen mussten. Die häufigsten Ursachen waren mit 51% widrige Witterungsverhältnisse. Besonders davon betroffen waren Unternehmen aus dem Transportsektor. IT- und Telekommunikationsausfälle waren mit 41% der zweithäufigste Auslöser von Störungen. Die Untersuchung zeigt zudem, dass Naturkatastrophen weitreichende Auswirkungen auf die Lieferzuverlässigkeit haben.

So gaben trotz der häufigen Störungen nur 8% der Unternehmen an, dass all ihre Schlüssellieferanten über Konzepte im Falle von Supply-Chain-Störungen verfügen, um den Fortbestand ihrer Prozesse zu gewährleisten.[22]

86% der befragten Unternehmen sehen in einer besseren Vernetzung der Lieferanten die meisten Potentiale für eine Verbesserung hinsichtlich der Lieferketten. Nicht nur die unternehmensübergreifende Vernetzung birgt große Potentiale sondern auch die Vernetzungen von Standorten und Werken untereinander. Somit ist das Supply Chain Management durch den vorherrschenden Netzwerkgedanken ein treibendes Prinzip. Weiterhin wurde in der Studie herausgefunden, dass es häufig erst gar keine Voraussetzungen für eine effiziente Steuerung der Supply Chain gibt.[23]

Um die Versorgungssicherheit in der Stahllogistik zu erhöhen sind also zunächst die Voraussetzungen dafür zu schaffen: eine unternehmensübergreifende Informationstransparenz. Reibungsverluste durch schlechte, fehlende oder zu spät übermittelte Informationsinhalte in der Supply Chain sollen vermieden werden. Ist dies erst einmal sichergestellt, lassen sich aus logistischer Sicht weitreichende Verbesserungen in der Stahlindustrie ableiten.

3.2.   Lösungskonzepte und Herausforderungen

Ziel des Forschungsprojekts „Safe Networks for logistics – Sichere Transportketten dank multimodaler Logistik" ist die Erhöhung der Versorgungssicherheit. Dieses Verbundprojekt wurde im Rahmen des EffizienzClusters LogistikRuhr durch die Abteilung Verkehrslogistik am Fraunhofer IML initiiert. Im Zuge dieses Projekts werden die Prozesse im Fokus der Stahlindustrie in NRW unter logistischen Aspekten untersucht und optimiert. Um eine ganzheitliche Betrachtung der Versorgungsket-

22   Kümmerlein 2011 b
23   Kümmerlein 2011 b

te zu gewährleisten, sind Vertreter aller Prozessschritte der Wertschöpfungskette am Projekt beteiligt.

Zur Steigerung der Versorgungssicherheit und Robustheit der Lieferkette wird sowohl der physische Transport der Güter, als auch der Informationsfluss innerhalb der Transportkette betrachtet. Es soll eine transparente Prozesskette entstehen, in welcher jeder Partner zu jeder Zeit alle relevanten Informationen erhält. Die Informationen werden einerseits genutzt, um den operativen Betrieb zu verbessern und andererseits, um mittel- und langfristige Optimierungspotentiale heben zu können.

Nachdem zunächst eine Analyse der Ist-Situation durchgeführt wurde, konnten verschiedene Verbesserungspotentiale, die durch einen intensiveren Informationsaustausch entstehen, identifiziert werden. Aus den verschiedenen Ideen zur Realisierung dieser Potentiale wurden drei besonders erfolgversprechende Teillösungen gebildet. Im Folgenden werden alle drei Teillösungen detaillierter beschrieben.

3.3. Darstellung des ganzheitlichen Ansatzes

Die hier vorgestellten Teillösungen werden alle als Multi-Agenten-Systeme (MAS) entwickelt, da sich diese Systeme für die Nutzung innerhalb von Supply Chains als vielversprechend herausgestellt haben.

Daher folgen die implementierten Systeme den Prinzipien gemäß der Spezifikationen der Foundation for Intelligent Physical Agents (FIPA). Diese Spezifikationen beschreiben u. a. die Architektur eines MAS und die Kommunikationsprotokolle, mit denen Agenten miteinander kommunizieren können.

Ein Software-Agent ist ein abgeschlossenes Computersystem, das in einer bestimmten Umgebung arbeitet. Es ist in der Lage, darin flexibel und autonom zu agieren. Charakteristisch für Software-Agenten ist, dass sie autonom, also unabhängig von Benutzerzugriffen arbeiten, Aktionen aus eigener Initiative ausführen und darüber hinaus in der Lage sind, mit anderen Agenten zu kommunizieren[24].

MAS bestehen aus mehreren Software-Agenten, die miteinander interagieren und in Zusammenarbeit ein Ziel erarbeiten, das nicht durch einen einzelnen Agenten

---

24   Wooldridge 2002

erreicht werden kann[25],[26]. Bisher hat sich keine eindeutige Definition von Agenten durchgesetzt. Eine weit verbreitete Definition findet sich bei Wooldridge[27]. Danach sind Agenten in der Lage autonom Entscheidungen zu treffen, um ihre individuellen Ziele zu erreichen. Zudem können Agenten ihre Umgebung, in der sie angesiedelt sind, wahrnehmen und auf dortige Veränderungen reagieren. Agenten können jedoch nicht nur auf Änderungen reagieren, sondern auch initiativ zielgerichtet handeln. Um ihre Ziele zu erreichen, können Agenten auch sozial mit anderen Agenten – im Rahmen eines MAS – interagieren.

3.3.1. Informationsplattform zur Abstimmung tatsächlicher Bedarfe

In dem Projekt zeigte sich während der Analyse der Ist-Situation, dass gerade durch den Bestellprozess, der typischerweise in der Stahlindustrie zu finden ist, es zu einer unnötigen Ressourcennutzung kommt. So wird seitens des Bestellers eine Bestellung ausgelöst, die einerseits die Mindestbestellmenge überschreiten muss, andererseits aber auch nicht in Gänze zu dem Versandbereitschaftstermin benötigt wird. Somit kommt es zu einer hohen Lagernutzung mit entsprechenden Kapitalbindungskosten und zu häufigen ad-hoc-Lösungen im Transport.

Über die in SafeNet neu entwickelte Informationsplattform soll es bis zu einem definierten Zeitpunkt möglich sein, Aufträge hinsichtlich Menge und Termin zu variieren. Somit können nicht nur Lieferanten und Abnehmer ihre Logistik optimieren, sondern auch einbezogene Logistikdienstleister bekommen eine Ankündigung über zu erwartende Mengen. Damit entfällt die zurzeit übliche Notwendigkeit, Gespräche mit Logistikdienstleistern über die anfallenden Mengen der kommenden Wochen zu führen.[28]

Derartige Informationslücken können durch die Entwicklung einer webbasierten Informationsplattform zukünftig vermieden werden. Über diese Informationsplattform sollen die für jeden Partner relevanten Informationen abrufbar sein. Zudem soll die Auftragsabwicklung vereinfacht werden. Die Informationsplattform soll zu den Schnittstellen der bestehenden EDV-Systeme des jeweiligen Partners kompatibel sein und somit die bisherigen Systeme ergänzen aber nicht ersetzen. Abbildung 3 zeigt den prinzipiellen Aufbau der Informationsplattform.

---

25 Wooldridge 2009
26 Jennings 2000
27 Wooldridge 1997
28 Cordes 2012

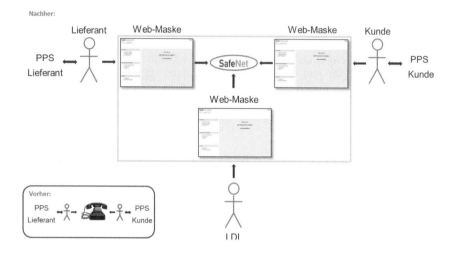

Abbildung 3: Informationsplattform

Wie auch bei den anderen Teillösungen wurde hier ein Lastenheft mit den benötigten Funktionalitäten aus Sicht der Praxis entwickelt. Das Lastenheft spezifiziert, welche Informationen bzgl. Mengen und Terminen ausgetauscht werden und wie diese Informationen aufbereitet werden sollen.

Für eine solche überbetriebliche Planung von Supply Chains haben sich in der Praxis die sogenannten Advanced Planning Systems (APS) durchgesetzt. Diese Systeme unterstützen eine zentrale Planung von Prozessen entlang der Supply Chain. Da alle Beteiligten ihre Produktionsdaten für diese zentrale Planung bereitstellen müssen, sind APS nur für eine hierarchische Koordination geeignet. Dies kann z. B. dann ausreichend sein, wenn ein führender, einflussreicher Partner innerhalb der Supply Chain existiert.

Sind in einer Supply Chain tendenziell gleichberechtigte Partner zu finden, die ihre Individualität behalten und nicht ihre Produktionsdaten veröffentlichen wollen, können APS nur teilweise eingesetzt werden. Hier eignen sich MAS, durch die oben beschriebenen Eigenschaften, besser zur Lösung dieses Problems.[29]

---

29   Stadtler 2005

In dieser Teillösung ist die Unterstützung der Abstimmung eines gemeinsamen Versandbereitschaftstermins (VSB-Termin) zwischen dem Lieferanten und dem Abnehmer eine wesentliche Funktionalität. Da das System als ein MAS implementiert wurde, kann diese Funktionalität leicht mit Hilfe eines Verhandlungsverfahrens implementiert werden, das es erlaubt, ohne Kenntnis gegenseitiger Produktionsdaten einen für beide Partner akzeptablen und möglichst optimalen Termin zu finden. Nur der Verhandlungsgegenstand, also der VSB-Termin wird veröffentlicht. So behalten die Partner ihre Individualität. Neben der Individualität wird auch eine Kontrolle des Systems sichergestellt. So können die Schritte dieses Verhandlungsverfahrens nachvollzogen werden. Für die schrittweise Einführung eines solchen Systems ist es zudem möglich, das automatsche Verhandlungsverfahren zu deaktivieren und die Abstimmung auf klassischem Wege durchzuführen.

Dieses Ziel wird zudem durch eine Integration der Informationsplattform in die bestehende Prozesslandschaft erreicht, ohne dabei die bestehenden Prozesse adaptieren und ersetzen zu müssen.

3.3.2. Event-Management und Risiko-Management

Kommt es nun zu einem Transport der eingeplanten Mengen, übernimmt das Auftragsmonitoring die Überwachung der Durchführung. Der Status der Aufträge soll zu jeder Zeit ersichtlich sein, zudem soll es im Falle von Engpässen oder Terminüberschreitungen zu proaktiven Meldungen kommen, wodurch das rasche Einleiten von Gegenmaßnahmen ermöglicht wird. Durch frühzeitigere Übermittlung und somit bessere Planbarkeit des Bedarfs sollen zu hohe Bestellvolumen und der Aufbau hoher Sicherheitsbestände reduziert werden.

Die große Herausforderung und gleichzeitig der innovative Aspekt dieses Systems liegen insbesondere in der Komplexität des betrachteten Informationsflusses, da alle vertikal Beteiligten der Wertschöpfungskette involviert sind: Verlader, Umschlagsbetriebe, Frachtführer, etc.

Es wird also nicht nur eine Verknüpfung zwischen Lieferant und Abnehmer geschaffen, sondern es wird eine umfassende Integration aller Akteure angestrebt. Eine Herausforderung sind dabei die Vorbehalte der Unternehmen bezüglich einer Weitergabe von Informationen zum Status der Auftragsabwicklung. Die Partner in der Wertschöpfungskette haben unterschiedliche Interessen, daher ist z. B. die Kommunikation von Störungen eine Herausforderung eines Event-Management-Systems. Die Bereitschaft, Informationen zu teilen ist in der Stahlbranche wenig ausgeprägt, daher wurde vergleichsweise wenig in die informatorische Verknüp-

 30. Deutscher
Logistik-Kongress
23.-25. Oktober 2013

 BVL
Bundesvereinigung
Logistik

fung investiert. Da jedoch die gemeinsame Nutzung von relevanten Informationen letztlich für alle beteiligten Partner Vorteile bringt, ist der Austausch von Informationen heute unabdingbar.

Das Event-Management-System ist modular aufgebaut, so dass auch Aufträge ohne dass sie vorher in der Informationsplattform abgestimmt wurden, überwacht werden können. Auch hier wurde ein Lastenheft entwickelt, das die klassischen Aufgaben eines Event-Management-Systems anhand der spezifischen Anforderungen der Stahlindustrie definiert.

Das System überwacht alle Prozesse, die entlang der Supply Chain auftreten, und benachrichtigt die Prozessverantwortlichen für den Fall, dass die Prozessausführung mit der Disposition nicht übereinstimmt. Kommt es zu einer Störung, unterstützt auch hier das System. So können die Prozesse schnell angepasst werden, um auch für den Störungsfall eine IT-Unterstützung zu behalten. Des Weiteren bietet das System eine Simulation von Störungsauswirkungen und deren Gegenmaßnamen und kann bei deren Umsetzung unterstützen. Auch Kennzahlen der Prozessausführung werden durch das System berechnet.[30]

Im Rahmen des Projektes wurde festgestellt, dass es bis jetzt kaum prozessorientierte Event-Management-Systeme gibt, obwohl eine weitergehende prozessorientierte Ausrichtung von Unternehmen stattfindet.

Das MAS unterstützt daher die prozessorientierte Modellierung von Supply Chains. Dies kann ohne Unterstützung von ITlern erfolgen. Ein direktes Monitoring ist mit dem System sofort möglich. Somit garantiert das Event-Management eine schnelle Adaption der Prozesse auf Störungen, gewährleistet insgesamt mehr Agilität und somit Wettbewerbsvorteile.

Es gibt viele Event-Management-Systeme in Theorie und Praxis, die auf den Prinzipien von MAS basieren. Jedoch werden in den bestehenden Ansätzen die Möglichkeiten von Agenten nicht hinreichend ausgeschöpft. Die Stärke von MAS liegt nicht nur in der realweltlichen Abbildung von Unternehmen, sondern auch in dem eigenständigen Handeln. Agenten können so gestaltet werden, dass sie ihr Handeln der Situation entsprechend anpassen und sogar aus vergleichbaren Situationen lernen können.[31] Dieses so genannte „Bestärkendes Lernen" aus der Künstlichen Intelligenz fehlt in heutigen MAS für das Event-Management.

---

30   Bretzke 2002
31   Sutton 1998

Für ein Event-Management-System gibt es jedoch vielfältige Einsatzmöglichkeiten für ein lernfähiges MAS. Beispielsweise ist es vorstellbar, dass Agenten über Verspätungen im Transport lernen. So kann das MAS Erfahrungswissen aufbauen, dass aus speziellen Situationen sich immer Verspätungen ergeben.

Hier kann ein lernendes MAS frühzeitige Benachrichtigungen über Störungen herausgeben. Zudem ist es möglich, dass ein MAS aus der Störungsbehebung lernt und automatisch Vorschläge zur Störungsbehebung macht; in ferner Zukunft vielleicht sogar automatisch umsetzt.

3.3.3. Stahl-Service-Center

Aufgrund der hohen Bestände, die sich durch eine schlechte Vernetzung der Beteiligten ergeben, ist die Nutzung von externen Lagern in der Stahlindustrie sehr häufig.

Es kommt jedoch häufig dazu, dass für die weitere Verwendung von Waren auf die ausgelagerten Mengen Anarbeitungen durchgeführt werden müssen. Typische Anarbeitungen sind z. B. Strahlen und Grundieren, Kanten oder Ummanteln. Häufig werden diese Anarbeitungen fremdvergeben, um eigene Produktionsanlagen nicht zu blockieren, und damit diese Arbeiten schneller und mit weniger Kosten durch Dienstleister ausgeführt werden können.

Oft sind jedoch nicht alle Anarbeitungen an einem Standort anzutreffen. Die Waren müssen also zwischen mehreren Standorten aufwendig einmal zu den Dienstleistern und dann wieder in das externe Lager transportiert werden. Die Verbesserung dieses Sachverhalts wird in dieser Teillösung untersucht.

Eine Lösung mit dem Ziel der Reduktion von Anarbeitungstransporten ist die Nutzung von Stahl-Service-Centern. Stahl-Service-Center verbinden Lagerfunktionalitäten mit Anarbeitungen.

Aus Sicht eines Anbieters stellt sich die Frage, welche Standorte von Stahl-Service-Centern optimal sind und welche Anarbeitungen können dort rentabel angeboten werden können. Da die Investitionen in Anarbeitungsanlagen sehr hoch sind, wird zudem untersucht, wie eine möglichst hohe Auslastung der Anlagen sichergestellt werden kann, um eine Amortisation sicherzustellen.

Aus Sicht eines Nutzers von Stahl-Service-Centern stellt sich zudem natürlich auch die Frage, welcher Standort eines Stahl-Service-Centers am besten für die Einlagerung von Waren genutzt werden kann. Die Auswahl schließt die Lagerfä-

higkeiten und die Anarbeitungen mit ein. Zudem können auch transportlogistische Fragestellungen beantwortet werden. Ein Beispiel: Welcher Standort liegt möglichst nah zu meinen Kunden? Hierzu bietet die Teillösung eine Web-Anwendung zur Suche nach Standorten, wie in Abbildung 4 zu sehen ist.

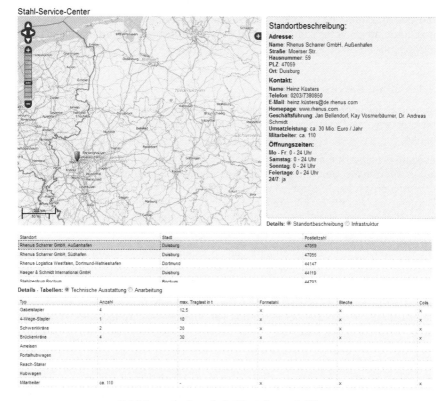

Abbildung 4: Angebot-/Nachfrageplattform

3.3.4. Realisierung von Verbesserungspotentialen durch Integration der Teillösungen

Dadurch, dass alle Aspekte einer Transportkette, also die Planung und Disposition sowie die Durchführung von Transporten und die Nutzung von Lagern, in diesem Projekt berücksichtigt werden, ist eine ganzheitliche Optimierung der Supply Chains in der Stahlindustrie möglich. Dies wird besonders dadurch verstärkt, dass die Teillösungen miteinander integriert sind und ineinander übergehen.

Damit sollen für die beteiligten Unternehmen in der Stahlindustrie insbesondere folgende Effekte erreicht werden:

- Erhöhung der Belieferungssicherheit der Beteiligten

- Reduzierung der Bestände in der gesamten Transportkette

- Transparenzerhöhung in der Transportkette

- Optimierung der Ressourcenauslastung (Transport und Produktion)

- Senkung der Prozesskosten

- Erhöhung des Kundenservicegrades

4.   Fazit

In den beiden hier dargestellten Verbundprojekten des Leitthemas „Güterverkehrsmanagement" entstehen somit zahlreiche Innovationen, die bei Anwendung in der logistischen Wertschöpfungskette zur Effizienzsteigerung führen. D.h. Teilergebnisse werden durch Anwendung und Verwertung zu Innovationen, im Falle von Produktinnovationen (Physische Dinge oder Dienstleistungen) werden diese durch Kommerzialisierung zu Produkten. Jede Innovation trägt in unterschiedlicher Weise zum Konzept der „Autonomisierung logistischer Systeme" bei. Im Falle von Innovationen, die z. B. als Dienstleistung verwertet werden können (Internet-Service „Fahrplancheck" aus dem Verbundprojekt „Multimodal Promotion" oder „Event-Management-System" aus dem Verbundprojekt „Safe Networks for Logistics") wirken diese in Form von Elementen der Selbststeuerung von logistischen Systemen und erreichen somit einen höheren Grad der Autonomisierung. Beispielsweise im Falle der Einbindung von Sensorik in das Güterverkehrsmanagement trägt diese zur autonomen und lokalen Steuerung komplexer Systeme bei.

Güterverkehrsmanagement ist heutzutage vorwiegend IT-gestütztes Netzwerkmanagement: Wie jedes Netzwerk besteht auch das logistische Netz aus Kanten

30. Deutscher
Logistik-Kongress
23.-25. Oktober 2013

BVL
Bundesvereinigung
Logistik

(Transportwege) und Knoten (Umschlagterminal, Bahnhof, ...). Zur Optimierung des gesamten Güter- bzw. Warenflusses mittels des Forschungsansatzes „Autonomisierung logistischer Systeme" stehen somit viele neue Möglichkeiten zur Effizienzsteigerung von Kanten als auch von Knoten zur Verfügung.

Zusammengefasst lässt sich sagen, dass die Wirtschaft und Wissenschaft gemeinsam Konzepte entwickeln müssen, die effizientere, sicherere und nachhaltige Logistik gewährleisten. Gute Konzepte werden Maßnahmen aus technischen, informationstechnischen und organisatorischen Bereichen beinhalten und an den Nutzerinteressen ausgerichtet sein. Insgesamt stellen diese beiden vorgestellten Konzepte und die damit verbundenen Planungsverfahren eine gute methodische Basis dar, die zum einen die aktuelle Planungssicherheit für Unternehmen bei Vorliegen verkehrslogistischer Probleme erhöht und ihnen zum anderen verhilft, zukünftig den Anforderungen eines dynamischen Weltmarktes unter wirtschaftlichen und auch umweltorientierten Aspekten gestärkt entgegensehen zu können.

5. Über die Autoren

Prof. Dr. Alex Vastag

Leiter der Verkehrslogistik des Fraunhofer Instituts für Materialfluss und Logistik (IML) in Dortmund. 1980-1987 Studium der Wirtschaftswissenschaften und Logistik, Promotion zum Dr. rer. pol. mit einem Thema zur Planung von europaweiten multimodalen Verkehrssystemen. Seit 1999 Professor an der International School of Management für das Lehrfach Internationale Verkehrslogistik. Arbeitsschwerpunkte: Logistikstrategieplanung, Europäische Verkehrssysteme, Informations- und Kommunikationstechniken in der Logistik.

Dipl.-Logist. Achim Klukas

Studium der Logistik an der Universität Dortmund mit den Schwerpunkten Verkehrslogistik und Planung logistischer Systeme. Seit 2007 Mitarbeiter am Fraunhofer Institut für Materialfluss und Logistik (IML) in Dortmund mit den Arbeitsgebieten: Organisations- und Betriebskonzepte im Schienengüterverkehr und Binnenschifffahrt, Durchführung von Marktstudien, Planung von Transportnetzen für Seehafenhinterlandverkehre, IT-Einsatz im Güterverkehr.

M.Sc., Dipl.-Wirt.-Ing. (FH), Dipl.-Inform. (FH) Alexander Wiedenbruch

Seit 2010 wissenschaftlicher Mitarbeiter in der Abteilung Verkehrslogistik des Fraunhofer Instituts für Materialfluss und Logistik (IML). Studium der Informatik, des Wirtschaftsingenieurwesens und der Wirtschaftsinformatik. Der Schwerpunkt der Tätigkeit liegt vor allem in der Spezifikation, Konzeption und Entwicklung von logistischer Unternehmenssoftware im Umfeld von Cloud Computing und Multi-Agenten-Systemen.

6. Literatur

Bretzke 2002
         Bretzke, W. R., Stölzle, W., Karrer, M., Ploenes, P.: Vom Tracking & Tracing zum Supply Chain Event Management – aktueller Stand und Trends. KPMG Consulting AG, 2002

Brüninghaus 2012
         Brüninghaus, B.: Medieninformation vom 18.01.2012. Wirtschaftsvereinigung Stahl, 2012

Cordes 2012
         Cordes, M.: Ein schwieriger Spagat. VerkehrsRundschau, 21/2012

Deutsche Mittelstands Nachrichten 2013
         Deutsche Mittelstands Nachrichten: Stahl-Krise: Deutsche Unternehmen nicht ausgelastet. URL: http://www.deutsche-mittelstands-nachrichten. de/2013/03/50668/, [Stand: 10.07.2013]

FGSV 2008
         Forschungsgesellschaft für Straßen- und Verkehrswesen e.V.. Richtlinie für die Anlage von Autobahnen (RAA). Köln, 2008

Hafen Hamburg 2012
         Hafen Hamburg: Daten & Fakten, 2012. URL: http://www.hafen-hamburg. de/figures/facts, [Stand: 10.07.2013]

Hafen Rotterdam 2010
         Hafen Rotterdam: Port Statistics. 2010, URL: http://www. portofrotterdam.com/en/Port/port-statistics/Documents/ portstatistics_2010_en.pdf, [Stand: 10.07.2013]

 30. Deutscher
Logistik-Kongress
23.-25. Oktober 2013

 BVL
Bundesvereinigung
Logistik

Intraplan 2013
   Intraplan Consult GmbH: Gleitende Mittelfristprognose für den Güter- und
   Personenverkehr. Mittelfristprognose Winter 2012/13. München/Köln,
   2013

IHK 2011
   IHK zu Dortmund: Verkehrsatlas, 2011, Seite 68

IML 2012
   Fraunhofer Institut für Materialfluss und Logistik: Forschungsprojekt
   Multimodal Promotion. Bericht Arbeitspaket 1. Markt- und Kundenanlyse,
   2012

Jennings 2000
   Jennings, N.R.: On agent-based software engineering, Artificial
   Intelligence 117, 277–296, 2000

Kümmerlein 2011 a
   Kümmerlein, R.: Heraus aus dem Stahlnetz. Forschungsagenda Logistik,
   vol. 1, pp. 34—38, 2011

Kümmerlein 2011 b
   Kümmerlein, R.: Lieferketten 2011 häufig gestört. DVZ 148, 5, 2011

PLANCO 2013
   PLANCO Consulting GmbH: Gutachten zur Erhöhung der
   Wettbewerbsfähigkeit der Binnenhäfen. Essen, 2013, S. 72

PLANCO 2007
   PLANCO Consulting GmbH: Verkehrswirtschaftlicher und ökologischer
   Vergleich der Verkehrsträger Straße, Bahn und Wasserstraße. Essen, 2007

ProgTrans 2012
   ProgTrans AG: World Transport Reports Edition 2012/2013, 2012, S. 94

Rail Business 2011
   Rail Business: Ausgabe 32/2011, Seite 2

Stadtler 2005
   Stadtler, H.: Supply chain management and advanced planning – basics,
   overview and challenges. European Journal of Operational Research 163,
   575–588, 2005

Sutton 1998
Sutton, R. S., Barto A. G.: Reinforcement Learning: An Introduction.
MIT Press, Cambridge, 1998

Vastag 2013 a
Vastag, A.: Potenziale der Verkehrsträger mittels neuer IT-Technologien
besser nutzen, in: LogReal.direkt, Ausgabe 1/2013, S. 59–60

Vastag 2013 b
Vastag, A./ Wiedenbruch, A.: Entwicklung eines Konzeptes für sichere
und robuste Transportketten zur Gewährleistung der Versorgung in der
Stahlindustrie, in: Jahrbuch der Logistik 2013, hrsg. von Wolf-Kluthausen,
H., Korschenbroich 2013, S. 38-41

Vastag 2011
Vastag, A./ Klukas, A.: Einsatz von neuen Technolgien zur Optimierung
von multimodalen Transportketten, in: Jahrbuch der Logistik 2011, hrsg.
von Wolf-Kluthausen, H., Korschenbroich 2011, S. 117-121

Verkehrsrundschau 2011 a
Verkehrsrundschau: Auf Durchsatz getrimmt, Jahrgang 2011, Nr. 30,
Seite 18f

Verkehrsrundschau 2011 b
Verkehrsrundschau: Grenzenloses Wachstum, Jahrgang 2011, Nr. 29,
Seite 23ff

Wirtschaftsvereinigung Stahl 13 a
Wirtschaftsvereinigung Stahl: Erzeugung, Beschäftigung und Produktivität
der Stahlindustrie in Deutschland. URL: http://www.stahl-online.de/
Deutsch/Linke_Navigation/Stahl_in_Zahlen/_Dokumente/Produktion_
und_Beschaeftigung_in_Deutschland_2012.pdf, [Stand: 10.07.2013]

Wirtschaftsvereinigung Stahl 13 b
Wirtschaftsvereinigung Stahl: Umsatzerlöse der Stahlindustrie in
Deutschland. URL: http://www.stahl-online.de/Deutsch/Linke_Navigation/
Stahl_in_Zahlen/_Dokumente/Umsatzerloese_der_Stahlindustrie_in_
Deutschland_06062013.pdf, [Stand: 10.07.2013]

 30. Deutscher
Logistik-Kongress
23.-25. Oktober 2013

 BVL
Bundesvereinigung
Logistik

Wirtschaftsvereinigung Stahl 13 c
Wirtschaftsvereinigung Stahl: Stahlerzeugung in Deutschland. URL:
http://www.stahl-online.de/Deutsch/Linke_Navigation/Stahl_in_Zahlen/_
Dokumente/Stahlerzeugung_in_Deutschland_2_05022013.pdf, [Stand:
10.07.2013]

Wooldridge 2009
Wooldridge, M.: An Introduction to MultiAgent Systems. Wiley, Chichester,
2009

Wooldridge 2002
Wooldridge, M.: Intelligent Agents: The Key Concepts. In: Marík, V.,
Štepánková, O., Krautwurmová, H., Luck, M. (eds.) Multi-Agent Systems
and Applications II. LNCS, vol. 2322, pp. 151–190. Springer, Heidelberg,
2002

Wooldridge 1997
Wooldridge, M.: Agent-Based Software Engineering. IEEE Proc. Software
Eng. 144, 26–37, 1997

F2

Fokus Handel

Retail operations:
Why and how retailers benefit from an integrative
supply chain management perspective

6. An integrative perspective for comprehensive logistics planning

6.1. Demand and supply chain planning framework for
bricks-and-mortar grocery retailing

6.2. Development of a multichannel-tailored framework

7. Conclusions

References

Retail operations:
Why and how retailers benefit from an integrative supply chain management perspective

Prof. Dr. Alexander H. Hübner, Associate Professor for Operations Management, Catholic University of Eichstaett-Ingolstadt, Germany

Prof. Dr. Heinrich Kuhn, Full Professor for Supply Chain Management and Operations, Catholic University of Eichstaett-Ingolstadt, Germany, Guest Professor at the Free University of Bozen, Italy and the University of Vienna, Austria

Michael G. Sternbeck, Research Associate in Logistics and Supply Chain Management, Catholic University of Eichstaett-Ingolstadt, Germany

Abstract

Retailers are constantly being confronted with new challenges in logistics, such as network changes, expanding activities, new channels and changing consumer expectations. Operations management issues have therefore become a core competency and competitive factor for retailers. The distinctive share of retail logistics as a proportion of German logistics expenditure overall – 30% – reflects this situation. After highlighting relevant structures and developments in several sectors of retailing, we focus on grocery retailing, which is by far the largest segment in this market in Germany. We use cost-driver analyses to demonstrate that considerable savings opportunities exist. German grocery retailers can save up to EUR 3 billion per annum. When grocery retail supply networks and performance levers are analysed, instore logistics operations turn out to be a major cost-driver with significant potential. We demonstrate that improvement approaches in instore logistics begin far upstream at the supplier or distribution centre level. Integrating store processes into retail logistics planning is therefore considered a vital task to achieve overall logistics efficiency. We develop a comprehensive retail demand and supply chain planning framework that can be used by retailers to identify and properly integrate logistics interdependencies.

1. Introduction to retail operations in Germany

1.1. Significance of retail operations

Well-stocked shelves in bricks-and-mortar stores as well as the quickest possible, flexible deliveries in the online and mail order business along with low transportation, inventory holding, and processing costs are the prime objectives in retail operations. In addition to increasing shopper demand for higher service levels, the European retail environment is faced with increasing competition and market consolidation. Such a competitive market context requires ever greater customer orientation and operational efficiency (Hübner et al. 2013). These circumstances are increasing the pressure on logistics and operations management, which need to be a core competence of retail companies nowadays.

Recent empirical studies in the German grocery retail industry (Kuhn, Sternbeck 2013; Glatzel et al. 2012) show that logistics activities – from the consumer goods industry's loading dock through to the shelves in retail outlets – account for approximately EUR 18 billion per annum. This figure corresponds to a share of approx. 15% of total German grocery retailing sales. These studies indicate that an optimised logistics and distributions structure combined with additional process improvements could save up to EUR 3 billion per annum (Glatzel et al. 2012). This corresponds to more than 2.5% higher margins in German grocery retailing. Assuming that equivalent cost savings are achievable in the entire German retail market, the cost minimising potential accounts for more than EUR 10 billion per annum.

In Germany, gross retail sales are forecast to be between EUR 430 and 445 billion in 2013 (Handelsverband Deutschland e.V. (HDE) 31.01.2013, p. 4; GfK GeoMarketing GmbH August 2012). Retail companies thus contribute approx. 10% of the German economy's value creation (Koch 2012). Additionally, the retail logistics share of the entire logistics market in Germany appears even more impressive: approx. EUR 70 billion – 30% of the entire logistics market of EUR 223 billion – belongs to this logistics segment (Kille 2012; DVV Media Group GmbH 28.09.2012). These figures reveal a significant disparity between the share of the entire economy and the share of the logistics market. When one also factors in the tough national and international competition and the changing market conditions in retailing, such as the growing online market, it stands to reason that logistics activities are gaining increasing attention in all retail segments in order to fulfil consumer requirements in a multichannel environment and achieve competitive advantages.

Retailers are responding to these challenges in very varying ways. Some are expanding their own logistics activities as much as possible. Others are trying to

outsource activities to third-party logistics providers (3PLs) as far as possible, e.g., to fulfil their online logistics.

1.2. Recent challenges in retail operations

The business models of retail companies have seen some major disruptions in the past. In the grocery retail trade, for instance, companies started to invest in their own distribution centres (DCs) in the seventies or eighties. Before that, manufacturers were by and large responsible for all the distribution tasks. Today, grocery retailers (as one example) have largely built up their own DC networks, and now predominantly channel their product flow through their warehouses. After such radical transformation in the logistics business models of retailers, many companies are currently in the process of better adjusting their logistics systems to their specific requirements (Fernie et al. 2010; Kuhn, Sternbeck 2011). Ever more sophisticated planning problems need to be resolved for better coordination and integration between different logistics subsystems.

Multimedia devices (smart phones, tablets, etc.) are available and used by all age groups everywhere, anytime, especially to order consumer goods via the Internet. In Germany, online sales are forecast to be roughly EUR 33 billion in 2013 (Handelsverband Deutschland e.V. (HDE) 31.01.2013, p. 8), and this figure is still rising sharply. New concepts and approaches are therefore required in retail operations to fulfil customer requirements while maintaining reasonable delivery costs. In the US and in Great Britain, for example, usage rates for the Internet and smart phones are higher than in Germany. As a result, retailers in these markets invested early in online business and developed quick and reliable fulfilment and delivery processes. British grocery retailers, e.g., Sainsbury's and Waitrose, report ongoing sharp growth in online sales in the food sector. These companies have therefore noticeably increased their investments in this specialised online distribution channel.

The prime objective of B2C retail operations is doubtless the on-time fulfilment of customer requirements. From a logistics perspective, designing and operating the "last mile" (up to a customer's front door) is therefore of outstanding importance. Retailers need to establish and manage well-integrated multichannel logistics that deal with issues such as integrated networks, delivery mode, inventories, picking processes, capacity and returns management for store and consumer shipments.

Several additional challenges exist in the field of retail operations, such as automation of DCs, advanced cross-docking (CD) approaches, city logistics, piece-related radio frequency identification (RFID) tags, and – last but not least – environmental sustainability. To take up all these challenges requires a holistic view and integral analysis that considers the entire retail supply chain. This includes procurement logistics, inventory handling, transportation, operating DCs, and instore logistics.

1.3. Course of the further survey

The following section first provides a broad overview of retailing in Germany and retail logistics operations. We briefly provide an overview of sales volumes, relevant companies and current logistics trends for the grocery, consumer electronics, do-it-yourself (DIY) and fashion sectors. Logistics service providers operating in the consumer goods sector are considered as well.

Since the grocery retail sector (food, health and body care) accounts for nearly 50% of the total German retail market, we will mainly focus on this sector, using cost-driver analyses to demonstrate that there are remarkable cost savings opportunities, and providing an integrated supply chain planning concept for this area. Most of these findings may likewise be applicable in other retail sectors.

We elaborate on the status quo of the grocery logistics network architectures and processes to supply the stores. Based on the results of a preceding empirical study, we quantify delivery modes applied and classify retail network structures. We build on this to describe the corresponding product allocation decisions that retailers face when operating several distribution stages, and illustrate current supply chain segmentation. We quantify logistics cost components along the internal supply network with the aid of deep cost-driver analysis and benchmarking, deriving cost savings potential of roughly EUR 3 billion per annum. The last 50 yards represent the logistics subsystem in bricks-and-mortar retailing with the highest cost potential. That is the reason why we explicitly focus on instore logistics. However, our analyses show that optimising instore logistics processes starts far upstream from the store. Consequently, we elaborate on problems that require an integrative perspective upstream from the shelves to the suppliers. The planning problems described in detail are concerned with the order packaging quantity, store delivery patterns, store replenishment lead times and store delivery arrival times. All these decisions affect processes along the entire internal supply chain and serve as best examples for the need for an integrative planning perspective on the entire retail supply network. On a generic level we therefore present a comprehensive demand and supply chain planning framework for grocery retailers in which planning tasks are structured along the flow of goods and the time horizons

 30. Deutscher
Logistik-Kongress
23.-25. Oktober 2013

 BVL
Bundesvereinigung
Logistik

of the decisions. Such a framework helps retail planners consider the interrelations and contexts of specific planning tasks.

Since the present article is based on experiences of the authors gathered from the retail industry over the last few years, it contains elements of their previous publications, i.e., Glatzel et al. 2012; Sternbeck, Kuhn 2010; Kuhn, Sternbeck 2011; Kuhn, Sternbeck 2013; Hübner et al. 2013.

2. Overview of the German retail industry

GfK GeoMarketing GmbH (August 2012) estimates the total retail market in Germany in 2012 at EUR 442.5 billion. This figure includes the bricks-and-mortar, online, and mail order businesses. It does not however include the automobile and fuel trade as well as petrol sales at car filling stations (GfK GeoMarketing GmbH August 2012). The B2C retail market can be segmented into six sectors in general. These sectors and the sales volume of each sector are illustrated in Figure 1.

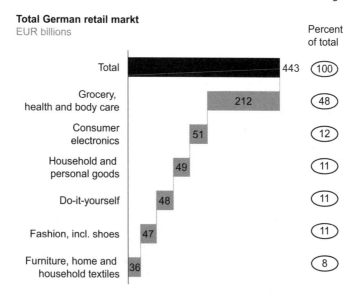

*Figure 1: Sales volume of the different sectors in the German retail market
Data Source: GfK GeoMarketing GmbH (August 2012)*

The grocery retail sector (food, health and body care) covers nearly 50% of the total retail market in Germany. The share in the German retail market of each of the four sectors consumer electronics, household goods and personal goods, do-it-yourself (DIY) and fashion is more or less equal, at approx. 11%. The share of the furniture, home and household textiles segment (approx. 8%) is somewhat lower.

A recent study published by Deloitte Touche Tohmatsu (2013) classifies five German retail companies as belonging to the top 20 worldwide retail companies. Three companies – Metro Group, Schwarz Group, and Aldi Group – are among the top 10 retailers in the world. The top 5 German retail companies are listed in Table 1, including their German and worldwide sales volumes. The five largest retail companies in Germany account for roughly 39% of the total German retail market.

Rank	Company	Sales in Germany 2012, € bn	Sales worldwide 2012, € bn
1	Edeka Group	49.3	49.3
2	Rewe Group	36.8	49.7
3	Metro Group	30.4	66.7
4	Schwarz Group	29.7	69.0
5	Aldi Group	25.5	62.2
Σ		171.7	296.9

Table 1: Top 5 German retail companies
Source: Deloitte Touche Tohmatsu (2013); Planet Retail (February 2013),
from the Lebensmittel-Zeitung (2013)

2.1. Market volume and logistics trends in certain retail sectors

Activities in retail logistics cover planning, operating and controlling all goods flows and the related information flows between a retail company and its suppliers, inside the retail company, and between the retailer and its customers. These include all activities related to inventory management and product picking, packing, and handling.

The following sections provide a general perspective on the market with respect to these logistics activities, and survey the main logistics trends in the sectors food and body care (grocery retailing), consumer electronics, DIY, and fashion. How-

 30. Deutscher
Logistik-Kongress
23.-25. Oktober 2013

 BVL
Bundesvereinigung
Logistik

ever, the focus of the analysis is on logistics activities that are emerging within retail companies, central and regional DCs, logistics activities between DCs and outlets, and inside the stores.

2.1.1. Groceries

In Germany the 30 largest grocery retail companies achieved sales of roughly EUR 168.6 billion in 2012 (grocery sales only) (Lebensmittel-Zeitung 2013). All of the largest retail companies in Germany operate in this sector, without any exceptions. Table 2 shows the grocery-related sales of these companies.

Rank	Company	Sales in grocery 2012, EUR bn	Market share of Top 30 2012, %	Grocery sales related to total sales 2012, %
1	Edeka Group	44.6	24.4	90.5
2	Rewe Group	26.2	15.6	71.3
3	Schwarz Group	24.1	14.3	81.1
4	Aldi Group	20.9	12.4	82.0
5	Metro Group	11.3	6.7	37.3
Σ		127.1	73.4	

Table 2: The Top 5 German grocery retail companies
Source: Trade Dimensions (March 2013), from the Lebensmittel-Zeitung (2013)

The Metro Group, for example, achieves less than 40% of its total revenues of EUR 30 billion within the grocery sector. In contrast, the Edeka Group makes more than 90% of its revenues from grocery sales. All in all, the market is very concentrated, as the five largest grocery retail companies in Germany achieved revenues of EUR 127.12 billion in 2012, corresponding to a share of over 75% of the sales of the 30 largest grocery retailers (Lebensmittel-Zeitung 2013).

Large grocery retailers operate in multi-stage networks, meaning they distribute goods from central distribution centres (DCs) and regional DCs, partially use cross-docking (CD) and also direct-to-store delivery (DSD). The different product categories, i.e., frozen, chilled and ambient assortment, mostly require dedicated storage, retrieval and transportation facilities. The (ultra)fresh products in particular also require regional DCs or transhipment points close to the stores. Discounters mainly achieve lower logistics costs via lower assortment sizes resulting in lower warehouse space requirements, less picking and instore handling costs as well as more efficient transportation modes and containers, e.g., more pallets than role cages. We analyse the grocery logistics networks and associated costs in depth in Sections 3 and 4.

2.1.2. Consumer electronics

For years the German consumer electronics retail market has been characterised by the radical shift from bricks-and-mortar to online business, and by very strong price competition. German consumer electronics retailers realise sales of approx. EUR 51 billion (GfK GeoMarketing GmbH August 2012). The five largest German retailers account for nearly 45% of this figure (see Table 3).

Rank	Company	Format	Sales 2012, EUR bn	Market share 2012, %
1	Metro Group	Media Markt, Saturn	10.6	20.9
2	Expert	Expert	4.5	8.8
3	Euronics	Euronics	3.7	7.3
4	Electronic Partner	Medi Max	3.5	6.8
5	Rewe Group	Pro Markt	0.6	1.2
Σ			22.9	45.0

Table 3: The Top 5 German consumer electronics retailers,
without pure online players
Source: Planet Retail (April 2013), from Lebensmittel-Zeitung (2013)

In the consumer electronics market, ongoing price battles are putting heavy pressure on logistics costs. Margins are continuing to decrease. Further cost reductions are therefore required if a retailer wants to participate in the market. In addition, the bricks-and-mortar retailers have to compete with very powerful online retailers, such as Amazon. It is surprising that only two of the top five consumer electronics retailers, i.e., MediaSaturn and ProMarkt, operate a significant online business alongside their traditional business. Most of the others would like to enlarge their online business, but to do that they still need to establish the requisite logistics structures.

The DCs of consumer electronics retailers are mainly organised centrally rather than regionally. Electronic goods are usually not perishable. This means regional DCs are not as necessary as in grocery retailing. In general, a few central warehouses and some transhipment points (CDs) are sufficient to distribute the products to the outlets. 3PLs assume the stock keeping and transportation activities in most cases.

2.1.3. Do-it-yourself (DIY)

GfK GeoMarketing GmbH (August 2012) estimated the sales volume of the do-it-yourself (DIY) retail market at roughly EUR 49.5 billion in 2012. This figure is nearly the same as the figure of EUR 44.7 billion approximated by IFH retail consultants for 2012 (IFH retail consultants 2012). The total DIY retail market can be separated into (1) classical DIY superstores and (2) several specialised hardware/building stores and retailers of building materials. The latter segment accounts for approx. EUR 22.2 billion (IFH retail consultants 2012). The core market of DIY superstores therefore amounts to approx. EUR 22.5 billion (IFH retail consultants 2012). The Top 5 in the core DIY market account for EUR 13.95 billion. These top five companies thus represent a sales share of 62% in this market (see Table 4).

Rank	Company	Sales 2012, EUR bn	Market share 2012, %
1	Obi (Tengelmann)	3.8	16.7
2	Bauhaus	2.7	12.1
3	Praktiker/Max Bahr	2.6	11.6
4	Toom (Rewe)	2.4	10.8
5	Hagebaumarkt (Zeus)	2.4	10.8
Σ		13.9	62.0

Table 4: Top 5 German DIY retailers
Source: Lebensmittel-Zeitung (2013) and publications of the companies

The ranking list is headed by Obi, followed by Bauhaus, Praktiker, Toom and Hagebaumarkt in 2012. However, Praktiker and Max Bahr had to declare itself insolvent in July 2013, which possibly will result in a market adjustment.

Retailers specialising in building equipment and electrical equipment largely operate centrally rather than regionally organised DCs. They assign most of their procurement logistics activities to 3PLs. However, these activities offer DIY superstore retailers a wide scope for cost reduction. Efforts are currently being made to enlarge the supply flow via CD points so that inventory and handling costs can be reduced. All of the top five market players operate their own or 3PL CD points. All market players have launched and provide a large variety of private label products in order to differentiate their online business from the online offering of dominant competitors, such as Amazon.

2.1.4. Fashion

The sales volume of the German fashion market was estimated at EUR 48.2 billion in 2011 (GfK GeoMarketing GmbH August 2012). The German Association of the Textile Retail Trade cites an equivalent figure, i.e., EUR 48.32 billion, for 2011 (Bundesverband des deutschen Textileinzelhandels 2013). The top five fashion retailers in Germany accounted for EUR 14.7 billion in 2011 (Textilwirtschaft 2012). These five companies thus represent 30.4% of the total fashion market (see Table 5).

Rank	Company	Sales 2011, EUR bn	Market share 2011, %
1	Otto Group	4.1	8.5
2	H&M	3.3	6.8
3	C&A	3.1	6.4
4	Metro Group	2.3	4.7
5	Karstadt	1.9	3.9
Σ		14,7	30.4

Table 5: Top 5 fashion retailers in Germany
Source: Textilwirtschaft (2012)

The Otto Group leads the ranking offering a great variety of different sales formats via catalogue and online offers as well as in the stores. The second and third retailers on the list are H&M and C&A. The suppliers in this market are frequently located in the Far East, such as China, India, or Bangladesh. This means the fashion retailers are faced with thoroughly challenging logistics issues compared to other

retailers, such as demand planning for seasonal products, sourcing and planning allocation to outlets.

The distribution structure of fashion retailers is characterised by a limited number of central DCs. The operational logistics issues are mostly conducted by 3PLs. However, the retailers try to keep the administration firmly under control. RFID technology is still gaining ground in this sector. There is a trend to attach an RFID tag on each piece of cloth, providing the opportunity to support logistics activities and increase the degree of automation and customer orientation in this sector. This makes it possible to (for example) gather exact figures on the inventory level in real time.

The online business is very important to all market players. Recently some retailers have begun to offer their online customers the possibility of picking up orders at outlets. This approach saves expenses since delivery tours to the outlets are cheaper than B2C shipments. In addition, aspects of environmental sustainability are becoming ever more important and popular in this retail sector. Several companies promote themselves as active on environmental issues, such as increasing rail in contrast to road freight, and sourcing sustainably in the Far East.

2.2. Logistics service providers

The German logistics market created goods and services worth EUR 223 billion in 2011 (DVV Media Group GmbH 28.09.2012). A significant share of this amount, i.e., EUR 24.8 billion or 11%, is achieved from logistics activities in the consumer goods and retail industry (Kille, Schwemmer 2012). The logistics service providers hold a share of 35% in this market, representing EUR 8.7 billion (Kille, Schwemmer 2012). The relatively low outsourcing share of 35% is due to the fact that the consumer goods and retail industry operate and supervise the majority of the requisite logistics activities themselves. They own warehouses, DCs, CDs, and transportation fleets. This situation specifically applies to the grocery retailing industry.

Table 6 shows the top 10 logistics service providers in the consumer goods sector (Kille, Schwemmer 2012). They represent a share of roughly 70% in this market. The 3PLs offer services from warehousing, order fulfilment and deliveries through to instore replenishment.

Rank	Company	Value of products and services 2011, EUR millions
1	Deutsche Post DHL	1,400
2	Arvato Logistics Services GmbH	845
3	Kraftverkehr Nagel GmbH & Co. KG	830
4	MGL Metro Group Logistics GmbH	598
5	Dachser GmbH & Co. KG	586
6	Rhenus AG & Co. KG	490
7	Fiege Holding Stiftung & Co. KG	470
8	Kühne & Nagel (AG & Co.) KG	330
9	BLG Logistics Group AG & Co. KG	309
10	Hermes Europe GmbH	264
Σ		6,122

Table 6: Top 10 German logistics service providers
in the consumer goods industry
Source: Kille, Schwemmer (2012), p. 85

3. Current logistics network architectures of grocery retail companies

From this point onwards we focus on grocery retailing. This section describes the current designs of grocery logistics networks.

Retail companies are increasingly assuming responsibility for distribution and procurement logistics (Zentes 2008). In the past, retailers were characterised as the "passive recipients of products" (Fernie, Sparks 2009, p. 9). Today, they actively manage their own logistics networks from production to the POS as "channel captains" (Fernie, Sparks 2009, p. 9). Logistics processes have therefore emerged as core competencies for retail companies, crucial for successful businesses (Gudehus, Brandes 1997). Food retailers are pioneers in the vertical integration of logistics processes.

In an empirical study, we investigated current grocery logistics networks by interviewing operations managers of 28 European retailers. Semi-structured face-to-face interviews were conducted, accompanied by a short questionnaire, to gather information about the logistics network designs and operations planning. In the

**30. Deutscher
Logistik-Kongress**
23.-25. Oktober 2013

BVL
Bundesvereinigung
Logistik

following we examine the delivery modes applied by European grocery retailers that are relevant for exploring network architectures. The corresponding logistics network designs are then described. The results of the study are described in detail in Kuhn, Sternbeck (2011) and Kuhn, Sternbeck (2013). The results build the foundation of our approach in this paper.

3.1. Delivery modes

Grocery retail companies normally apply more than one delivery mode to supply their stores. We distinguish between direct-to-store delivery (DSD), delivery via CD, and delivery via DC. The proportions of the delivery modes applied are shown in Figure 2.

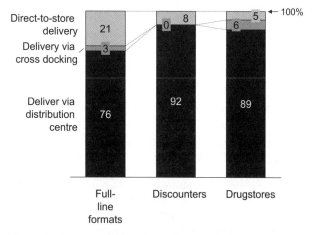

*Figure 2: Average proportions of delivery modes applied
in grocery retailing per retail format
Source: Kuhn, Sternbeck (2013), p. 7*

The predominant method of supplying grocery stores is via *DCs*. In contrast to CD deliveries, stock is kept in warehouses, where store order picking also takes place. In our sample of 28 retailers interviewed, 82% of the quantities delivered are channelled via retail DCs. However, at 92%, discounters use their DCs for a higher proportion of the store delivery volume. 60% of the operations managers interviewed explained that they plan to enlarge their shares. The advantages retailers mention are extensive, ranging from delivery terms and conditions to instore operations. The following advantages were particularly mentioned compared to DSD: higher packaging density for inbound consignments, consolidation of products from suppliers, smaller drop sizes, less ramp dockings and no incoming goods inspections at the stores (Kuhn, Sternbeck 2013).

Cross-docking operations are characterised by synchronising inbound and outbound flows at the CD points. The shipment volume to the CD point at a given point in time corresponds exactly to the cumulative store orders. Basically, there are two types of CD. In one-stage CD the supplier prepares the loading carriers for the specific outlets. Applying double-stage CD means that suppliers ship single-item pallets to the CD point, where store order picking takes place, until the volume of the incoming pallets is completely recombined on store-specific loading carriers (i.e., "pick-to-zero"). Only 12 of the 28 companies interviewed during our studies practice CD. Six retailers want to push the concept in future, while one company is currently building up new storage capacity to reduce existing CD operations and decouple product flow at their own warehouse. The reasons lie in the direct consequences for the stores when supplier inbound deliveries are not on time or not in full, and lead times are longer (Kuhn, Sternbeck 2013).

Nearly all retailers use *direct-to-store delivery* for selected parts of the assortment. This also includes shipments distributed by courier, express and postal service providers. The proportion of direct-to-store delivery accounts for 15% of shipped quantities on average across all retail formats. However, discounters and drugstores, at 8% and 5% respectively, have significantly lower figures than full-line retailers, who average 21%. The trend towards reducing direct-to-store deliveries in grocery retailing is ongoing. Most companies plan to shift DSD volumes to other delivery modes (Kuhn, Sternbeck 2013).

3.2. Logistics network designs

As delivery via retail DCs is the dominant mode, we focus on this type in the following. In spite of numerous designs and company specifics, the network structures of the retailers interviewed can be categorised into four phenotypes (see Figure 3):

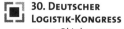 30. DEUTSCHER
LOGISTIK-KONGRESS
23.-25. Oktober 2013

 BVL
Bundesvereinigung
Logistik

Network type 1: One central distribution stage with one DC

Network type 2: One regional distribution stage with several DCs

Network type 3: Multiple distribution stages without internal consolidation

Network type 4: Multiple distribution stages with internal consolidation

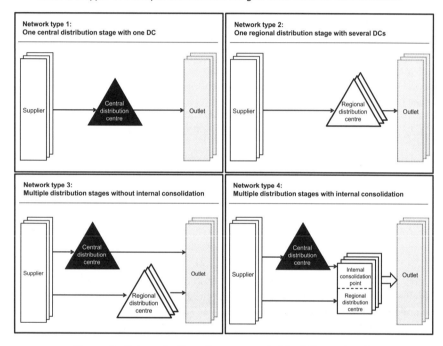

Figure 3: Categorisation of grocery retail logistics networks
Source: Kuhn, Sternbeck (2013), p. 7

– One central distribution stage

Some companies operate just one central DC that supplies all a company's stores. These are partially retailers operating in a limited geographical area. However, companies operating nationwide also use this type of internal network configuration. Store deliveries are always carried out direct from the DC, without transhipment operations (Kuhn, Sternbeck 2013).

– One regional distribution stage

European discount stores frequently operate several regional DCs, but often do not have a central warehouse for all stores. DCs carry the same core assortments, with only limited regional differences, and transport from there to the stores without any internal cross-docking operations (Kuhn, Sternbeck 2013).

– Multiple distribution stages without internal consolidation

Few companies have designed an internal network consisting of one central warehouse for all stores, (e.g., for non-food, promotional products or slow movers), and two or more regional DCs for an allocated subset of stores. All of the retailers interviewed exclusively list stock keeping units (SKUs) in one type of warehouse (central or regional). The companies do not generally supply the regional distribution stage from the central warehouse. Each stage is served directly by the industry. Downstream, the companies do not consolidate product flows between the different distribution stages. The stores are supplied direct by the various DCs. Typically, the companies applying this network type operate comparatively large outlets, e.g., hypermarkets that handle large volumes per shipment. This means the greater bundling potential from consolidating the shipments cannot compensate for the longer transportation distances via an internal consolidation point (Kuhn, Sternbeck 2013).

– Multiple distribution stages with internal consolidation

Most of the retailers interviewed operate a network consisting of central and regional DCs with internal product flow consolidation. Store orders are always picked store-specifically in every DC of each distribution stage. The loading carriers picked in the central DC are distributed via internal consolidation points. These CD points are used to bundle product flows between the central and regional DCs on the expensive last few miles between the consolidation point and the stores. In the vast majority of cases, the regional DCs are simultaneously used as internal consolidation points. Only very few retailers use separate internal CD points just for consolidation purposes, at which no stock is kept (Kuhn, Sternbeck 2013).

30. Deutscher
Logistik-Kongress
23.-25. Oktober 2013

BVL

Bundesvereinigung
Logistik

3.3. Allocation of SKUs to different distribution stages

Companies that operate a network of Type 3 or Type 4 have to decide on the allocation of SKUs along the different distribution stages (Shapiro, Wagner 2009; Hübner et al. 2013). We asked operations managers which factors they take into consideration when solving this assignment problem. The aspects mentioned can be summarised in five points: rate of SKU turnover, freshness requirements, value density of the SKU, error of SKU demand forecast, and sourcing conditions (Kuhn, Sternbeck 2013).

- Rate of SKU turnover

    The rate of SKU turnover is the aspect mentioned most frequently by retail logistics managers. Normally, higher rates of SKU turnover imply higher order quantities. This in turn means that it is comparatively less important to bundle product flow better by routing via the central DC. The reduction of distances and possibly delivery time when using regional DCs becomes more important as order sizes increase. In addition, there is the effect of packaging density. Higher packaging density of single-item pallets in DC-inbound transportation compared to DC-outbound distribution has a higher impact when routing via regional DCs (Kuhn, Sternbeck 2013).

- Freshness requirements

    Deliveries of fruit, vegetables, and other products with very short shelf lives require short lead times and therefore short distances. This is the reason why most grocery retailers select a regional distribution stage for fresh products (Kuhn, Sternbeck 2013).

- Value density of the SKU

    The criterion "value density of the SKU'" is partially used to allocate the products to different distribution stages. The value density corresponds to the ratio between product value and physical product volume. The higher the value of a product per cubic measure, the higher the compensation effects in inventory holding when the products are assigned to the central DC (e.g., tobacco, perfume). Moreover, the secondary transportation costs are less important (Kuhn, Sternbeck 2013).

– Error of SKU demand forecast

The error of SKU demand forecast is sometimes mentioned by operations managers as one decision criterion for product allocation. The reason lies in the need to increase safety stocks in tune with the growth in demand forecast errors. Generally, overall safety stock levels can be reduced in central DCs due to the risk pooling effect in one location compared to multiple inventories in regional DCs (see Agrawal, Smith 2009). Products exhibiting seasonality effects and promotional products are often mentioned by logistics experts. The process of phasing out an offer at the end of a promotion or season can be coordinated more precisely by the central DC by leveraging geographical postponement (Kuhn, Sternbeck 2013).

– Sourcing conditions

According to our interviews with grocery operations managers, the sourcing and delivery conditions that had been arranged with suppliers play an important role in the process of allocating SKUs. The monetary effects of bundled order calls via a central DC are compared with the fragmented calls when distributing the SKU via regional DCs (Kuhn, Sternbeck 2013).

3.4. Segmentation of the retail supply chain

In addition to the differences in the structure of the physical flow of products, there are further planning variables that have to be determined on a mid-term level in the decision processes to control the flow of goods. Primarily, these are store delivery patterns and replenishment lead times in grocery retailing.

Combining the physical flow of products via central or regional DCs and fixing these planning variables results in specific subsets of the assortment with an identical flow through the retail network. The companies make use of higher homogeneity aimed at better balancing of service requirements on the one hand and cost savings on the other. As a result of this approach, retail companies create several internal supply chain segments with differing specific characteristics (in this context, see Fisher 1997; Lovell et al. 2005; Aitken et al. 2005).

Grocery retailers normally apply several supply chain segments. One set of segments is highly reactive, with high store delivery frequencies and short store re-

 30. Deutscher
Logistik-Kongress
23.-25. Oktober 2013

 BVL
Bundesvereinigung
Logistik

plenishment lead times, e.g., for critical fresh goods. Others have longer lead times and lower frequencies to realise efficiency gains via bundling over time and quantity, e.g., slow-moving ambient products. According to this definition, there are as many supply chain segments as there are combinations of different physical flow types and different replenishment variables. Figure 4 exemplifies the retail supply chain segmentation of one retailer operating several hundred stores (Kuhn, Sternbeck 2013, p. 9).

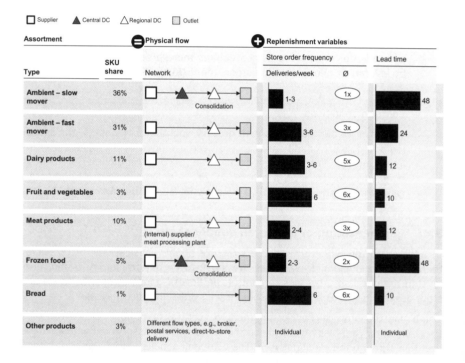

Figure 4: Retail supply chain segmentation: example of one grocery retailer
Source: Kuhn, Sternbeck (2013), p. 9

4. Cost-driver analysis to explore cost potential and highlight improvement areas

In this section we investigate operations costs along the different logistics subsystems of grocery retail supply chains described in Section 3. A detailed cost-driver analysis allows the quantification of relevant costs. Based on this, we apply a benchmarking approach to figure out the costs German grocery retailers would save if all retailers achieved best-in-class benchmarks within their peer group.

4.1. Cost analysis in Germany's grocery retail trade

Well-stocked shelves and low costs for transport, inventories, and processing – this is the picture of success in retail supply chain management. German grocery retailers still have quite a way to go to realise this ideal, however, as a recent study by Glatzel et al. (2012) shows. In 2011, Germany's grocery retail sector spent around EUR 18 billion or 14.8% of net revenues on supply chain activities – from the industry's DC to the shelf in the store. Instore logistics is identified as the single largest cost block of nearly EUR 5 billion, followed by warehouse logistics at

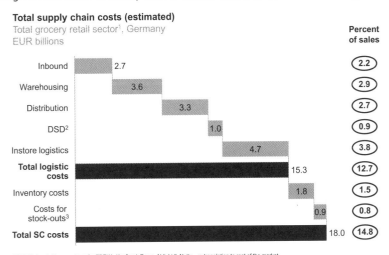

Total supply chain costs (estimated)
Total grocery retail sector[1], Germany
EUR billions

Percent
of sales

Inbound	2.7	2.2
Warehousing	3.6	2.9
Distribution	3.3	2.7
DSD[2]	1.0	0.9
Instore logistics	4.7	3.8
Total logistic costs	15.3	12.7
Inventory costs	1.8	1.5
Costs for stock-outs[3]	0.9	0.8
Total SC costs	18.0	14.8

1 Detailed cost-driver analyses for EDEKA, Kaufland, Rewe, Aldi, Lidl, Netto – extrapolation to rest of the market
2 Costs incurred for direct-to-store delivery, incl. instore order management and replenishment
3 Costs of gross margin losses due to stock-outs

Figure 5: Total grocery retail supply chain costs
Source: Glatzel et al. (2012)

┌─┐ 30. Deutscher
└─┘ Logistik-Kongress
23.-25. Oktober 2013

BVL⌐
Bundesvereinigung
Logistik

EUR 3.6 billion, and distribution to the stores at EUR 3.3 billion (see Figure 5). In addition, there are the costs for inbound goods transport, direct store delivery, and inventory as well as opportunity costs for sales losses due to stock-outs.

4.2. Cost-driver analysis: Method and approach

The cost-driver model developed by McKinsey (see Glatzel et al. 2012) maps the main cost structures in grocery retail with a reverse engineering approach. It simulates the supply chains and extrapolates the costs incurred – on the basis of retailer-specific indicators as well as operating performance and structural data on sales and logistics – taking into account retailer-specific logistics and sales structures. This furnishes the basis for deriving concrete improvement potential.

On the one hand, the model captures structural logistics data such as the number of central and regional DCs, the shares of slow- and fast-moving goods, and the number of stock keeping units as described above. It also compiles structural sales parameters such as the number of stores, number of A, B, and C suppliers, items

Inbound structure	Warehouse structure	Outbound structure	Instore structure
• Number of ABC suppliers and Ø deliveries per week per supplier • Number of warehouses • Average distance supplier – warehouse • DSD share • Transport tariffs	• Number of warehouses • Throughput: millions of parcels/year • Number of items in warehouses • Picks per order line • Stock turnover: days at regional DCs • Degree of automation • Picking technology • Share of pallet picks • Types of transportation container • Labour costs	• Number of stores served (by format) • Delivery frequency • Ø stops per tour • Ø containers per stop • Truck utilisation • Ø time for stop, loading and unloading • Ø distance DC – outlet • DSD share • Types of transportation container • Truck costs	• Share of A/B/C products • Number of different SKUs per container • Share of shelf-ready packaging • Share and costs of external merchandisers used • DSD share • Ordering and replenishment for DSD vs. DC orders • Stock turnover
Typical sources: • Simulations • Industry data • Expert estimates	*Typical sources:* • Annual reports • Press clippings • Expert estimates	*Typical sources:* • Annual reports • Simulations • Expert estimates	*Typical sources:* • Store visits • Clean sheet instore model

Figure 6: Input parameters for the cost-driver model
Source: Glatzel et al. (2012)

per format, delivery frequency, as well as lead time per store type and category. In addition, it covers efficiency indicators such as shipment sizes, DSD share, degree of warehouse automation, truck utilisation, number of stops per delivery route, processing times for order planning, and shelf replenishment in the store, and the number of cases per standardised transport unit.

The data have been collected via simulations of transportation flows, annual reports, publications from third parties, and store visits. For example, the structures of retail distribution networks have been updated based on recent information and company strategies, such as how EDEKA is currently rebuilding its network structure in the region Minden-Hannover (Kapell 01.03.2013). Figure 7 depicts (as an example) the DC-network structures for ambient goods of the major full-range players in Germany.

Figure 7: Example of structured parameters used in cost-driver analysis: Warehouses for the ambient assortment of full-range retailers

The model enables fair comparisons because it includes the retailers' various logistics and sales structures. For example, it takes into account that a company with higher merchandise variety or many different store types naturally has higher supply chain costs. The result of the cost-driver analysis is thus much more meaningful than a simplistic comparison of individual figures, such as supply chain costs as a percentage of sales revenue. Consistent with this, performance differences can

only be measured by mapping the individual supply chains and calculating their results (for selected indicators, see Glatzel et al. 2012).

McKinsey's proprietary cost-driver model distinguishes between the following cost blocks:

- Inbound costs for transport from the supplier's loading dock to the retailer's DC

- Warehousing costs for entering and issuing stock, storage, and picking

- Distribution costs for transport, loading at the DC, and unloading at the stores

- Instore costs for order planning, inbound goods receiving at stores, and shelf replenishment

- DSD costs for order planning, transport, and replenishing shelves with merchandise that suppliers deliver direct to stores

- Inventory costs for capital tied up in stock in DCs and stores

- Lost gross margins due to shelf stock-outs.

As an example, the calculation of distribution costs aggregates data for the number of stores, warehouses, and DCs, the weekly delivery frequencies, the average number of stops per delivery route, the number of pallets and roll cages per truck, the average loading and unloading times, and the annual revenue and total sales volume per category. Using route planning software, the lengths of the delivery routes can be calculated based on average distances between warehouses and stores. Most of the data can be compiled from simulations, annual reports, store visits and database searches. This information makes it possible to determine and compare the cost structures of individual competitors. This reveals supply chain potential where the gap to best practice is the largest.

4.3. Potential to save supply chain costs

The cost model makes the costs in the supply chain transparent and highlights opportunities for improvement. The German grocery retail sector can for example save nearly EUR 3 billion a year if it succeeds in optimising the structures underpinning logistics and sales and in increasing efficiency. Those savings are equivalent to more than 2.5% of the industry's net revenues (see Figure 8).

Logistics costs savings potential
Total grocery retail sector[1], Germany
EUR millions

**Percent
of sales**

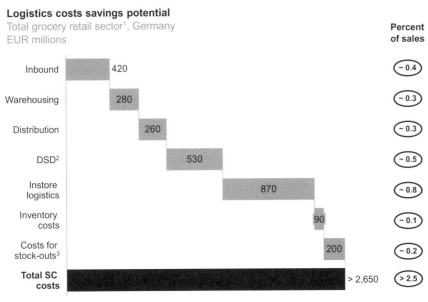

1 Detailed cost-driver analyses for EDEKA, Kaufland, Rewe, Aldi, Lidl, Netto – extrapolation to rest of the market
2 Costs incurred for direct store delivery, incl. instore order management and replenishment
3 Costs of gross margin losses due to stock-outs

Figure 8: Savings potential in retail grocery supply chain costs
Source: Glatzel et al. (2012)

Glatzel et al. (2012) have identified that these profit improvements can be at-
tained if each retailer achieves respective best-in-class structure and performance
levels. This would mean that all retailers achieve either an international benchmark (in network configuration or warehouse automation, for instance) or a national benchmark (such as in truck utilisation, DSD share). Retail-specific strategies in format policies, sales or assortment planning are also reflected to achieve
best-in-class structures and performance levels within a peer group. These are
used to define target levels for each player for each logistical performance indicator and each structural parameter. This enables retailers to compare their
performance with that of competitors and identify levers for efficiency gains and
structural improvements.

30. Deutscher
Logistik-Kongress
23.-25. Oktober 2013

BVL
Bundesvereinigung
Logistik

Profit improvements are possible along the entire grocery retail supply chain, as shown in Figure 8. Inbound costs will fall by 0.4% of net revenues, mainly by increasing volume bundling among suppliers and reducing delivery points by reducing the number of DCs. Fewer DCs will mean that retailers can lower the costs per unit (i.e., achieve reductions in their fixed costs), thereby increasing the affordability of more efficient automation. Warehouse costs will sink to a maximum of 0.3% of net revenues. The switching of slow movers from DSD to DC deliveries will save up to 0.5% of net sales because of economies of scale in warehousing and transportation, more efficient replenishment processes and increased on-shelf availability due to higher delivery frequency. The optimisation of inventory levels, ordering processes and planograms will reduce inventory and stock-out costs by approximately 0.3% of net sales. However, the largest savings potential resides in the last few yards of the retail supply chain. More efficient instore logistics can generate savings of 0.8% of net revenues. This requires pulling levers such as more shelf-ready packing, more efficient transport containers, more store-specific picking, optimised replenishment and lead times, and thus an end-to-end approach to supply chain management (see Glatzel et al. 2012).

5.   Instore logistics and its integration into supply chain planning as a lever for retail productivity

In the cost-driver analysis described in Section 4, instore logistics has the highest savings potential in grocery. In the following section we therefore elaborate on instore planning and execution processes and their dependency on upstream decisions. Firstly, we describe essential aspects of instore logistics management. Secondly, we shift our focus towards five interrelated retail planning tasks that have an impact not only on instore operations but also on upstream logistics subsystems (i.e., order packaging quantity, store delivery pattern, store replenishment lead time, and store delivery arrival times). Integrating instore logistics processes into retail operations planning provides a great opportunity for retail companies to leverage overall operations productivity.

5.1.   Instore logistics: The last 50 yards of the retail supply chain

From a customer perspective, the individual store is the flagship of the entire retail company. When shopping, the consumer experiences the performance of the retailer and the whole supply chain behind the operations. This is the *moment of truth* (Normann 1991) on which supply chain processes should converge.

A variety of logistics processes take place in the store itself, which is the last node of the retail supply network, and instore operations have great impact on customer satisfaction, e.g., via high on-shelf availability, clear aisles in the supermarket, or store employees who have time to answer the customer's questions due to streamlined operations processes (Sternbeck, Kuhn 2010). However, in spite of high costs incurred in the store itself and the relevance of instore logistics for consumer satisfaction, the literature base on this topic is only growing slowly. That is why Raman et al. (2001) see instore execution as "the missing link in retail operations", and Kotzab and Teller (2005) call instore logistics "a neuralgic business area".

From an operations perspective, the tasks involved in instore logistics are similar to those of a DC. Loaded carriers that arrive at the store have to undergo incoming goods inspection. This inspection is normally a very fast process: the store receives an electronic shipping notice from the retail DC in advance containing a Serial Shipping Container Code. The loading carrier is often only scanned by store employees in this case, and no further inspection has to be carried out. The process is usually different if no advance shipping notification is provided, or the transfer of risks between manufacturer and supplier takes place at the ramp of the outlet. In these cases, a detailed inspection of incoming goods is mostly carried out in the stores. After receiving the loaded carriers, the pallets or roll cages have to be transported either into the backroom of the store or onto the sales floor for shelf filling. Depending on the type of packaging (if any), the products have to be unpacked in the stores before the single consumer units or shelf-ready packaging units can be put onto the shelves. However, shelf capacity is often not sufficient to accommodate all the products delivered. If not all items of a SKU fit onto the shelf, some items have to be transported back to the backroom of the store and put on the shelves later when there is free shelf capacity (Hübner, Kuhn 2012). Retailers report that this process is very costly as individual consumer units often have to be handled twice or even more frequently. Moreover, backroom operations are very difficult and prone to error, with an impact on the quality of inventory record accuracy (DeHoratius, Raman 2008). From an instore perspective, one approach to optimising instore handling operations is therefore to reduce temporary storage of products in the backroom.

To advance instore logistics processes it is particularly important to base improvement approaches on the store-level inventory policy. In grocery retailing it is com-

mon that a delivery pattern is selected for each store and each product segment according to which a store is able to place orders. Automatic store ordering assist store employees in their task of deciding on order quantities. These systems are mainly based on periodic review inventory systems. A (dynamic) reorder level is calculated for each store and product based on forecast accuracy and the length of lead time and review period. An order is placed containing as many packaging units as necessary to raise the inventory position at least back to the reorder level only when the inventory position of an SKU is below the reorder level during a review.

Four interrelated planning tasks emerge related to the inventory policy described (also see Figure 9):

1. Decision on order packaging quantities per SKU (Section 5.2)

2. Decision on store delivery patterns (Section 5.3)

3. Decision on store replenishment lead times (Section 5.4)

4. Decision on store delivery arrival times and time windows (Section 5.5)

These retail decision problems impact instore logistics and the degree to which the backroom has to be used. These planning tasks also impact upstream retail processes such as DC operations and transportation, resulting in complex interrelated planning problems.

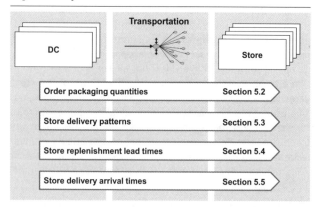

Figure 9: Interrelated planning issues considered in this paper
Source: Kuhn, Sternbeck (2011)

5.2. Decision on order packaging quantities per SKU

The order packaging quantity (OPQ) per SKU corresponds to the order and distribution unit that a retailer uses to supply the individual store. The OPQ is thus also equivalent to the smallest possible order quantity, and only integer multiples of the quantity selected can be ordered by the individual store.

The OPQ often corresponds to the case pack offered by the manufacturer. However, due to unpacking operations in DCs and in the increasing field of private label products, retail companies have the chance to design or modify the sizes and choose OPQs that best suit the retailer's need (Sternbeck 2013). For example, European home and personal care retailers unpack more than half of their assortment in their DCs (see Figure 10) (Kuhn, Sternbeck 2013).

Average share of SKUs unpacked
% of listed SKUs in DCs

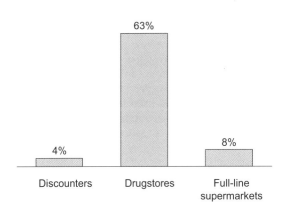

Figure 10: Average proportion of products unpacked
Source: Kuhn, Sternbeck (2013), p. 10

This decision impacts instore logistics as the OPQ impacts the expected overshoot of the inventory position above the reorder level. In other words, the maximum inventory level on hand instore is a function of the OPQ selected. That is why use of the backroom and therefore expensive instore handling efforts are dependent on

the packaging unit used for store delivery. The OPQ selected also highly influences DC operations. Of course, the smaller the OPQ, the more picks are necessary to achieve the same output. A medium-term planning system has to balance the conflicting requirements between store and warehouse (Sternbeck, Kuhn 2013). For long-term planning purposes, instore process analyses can be used when deciding about new picking technologies or DCs.

5.3. Decision on store delivery patterns

The decision on store delivery patterns comprises the number of deliveries and specific days of delivery for a given delivery cycle (whether one week, two weeks, or otherwise). Deriving the delivery patterns has a crucial impact on processes and operational efficiency in the store as well as on transportation and DC processes. When configuring delivery patterns, most of the grocery retail companies differentiate both between stores and product groups. This approach results in store- and product-group-specific delivery patterns.

From an instore handling perspective, the goal is to fill the shelves directly from DC containers without inconvenient temporary storage in the store's backroom. Simultaneously, shelf-filling frequency should be minimised to avoid fixed shelf-filling costs. The store delivery pattern impacts these processes as it determines the length of the review period, which in turn impacts the reorder level. A shorter risk period leads to a reduced reorder level, which in turn results in additional "free" shelf space that may be used for cycle inventory. In other words, higher delivery frequencies lead to more items that can be put directly onto the shelves. The selection of store delivery patterns also influences the efficiency of the transportation system. Generally, transportation processes are cost efficient when capacity utilisation of the vehicles is maximised and expensive ramp dockings are minimised. Both factors are of course affected by the delivery patterns selected to supply individual stores. The volume per shipment declines with higher delivery frequency. This results in more fragmented transportation lot sizes and simultaneously increases ramp dockings. Moreover, balancing transportation capacity is a further goal impacted by the store delivery patterns selected. From a transportation perspective, the delivery patterns should therefore be selected such that capacity utilisation is well balanced to maintain a basic workload and minimise expensive capacity extension. Further upstream, store delivery patterns also highly influence productivity and capacity usage of the DC. Low delivery frequency implies greater order sizes with a positive effect on DC picking due to the higher density of picking positions. In addition, the required picking capacity is determined by the store order patterns as the sum of the individual store order quantities corresponds to incoming picking orders. As delivery patterns have such a great influence on all retail logistics subsystems, it is a challenge for retailers to carefully plan store delivery patterns with a view to the interdependencies described (Kuhn, Sternbeck 2013).

5.4.   Decision on store replenishment lead times

Store replenishment lead time is another mid-term decision variable that needs to be set by grocery retailers, with differing implications along the internal supply chain. The lead times applied by retailers for the ambient assortment (i.e., products that do not need a chilled or frozen environment) vary significantly between European retailers. While some companies supply their stores after less than 24 hours after ordering and even intend to further reduce their lead time, others require 72 hours, and are considering possibly even extending this (see Figure 11).

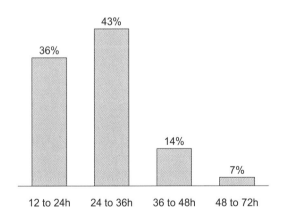

Standard store replenishment lead times
for an ambient assortment
% of retailers interviewed

Figure 11: Store replenishment lead times for the ambient assortment of companies interviewed
Source: Kuhn, Sternbeck (2013), p. 13

From an instore perspective, replenishment lead times have a direct influence on the length of the risk period and therefore impact the reorder level of the inventory system applied. The shorter the replenishment lead time, the lower the reorder level and the more shelf space may be used for cycle inventory, which impacts the need for backroom storage. Of course, the impact greatly depends on forecast accuracy: the lower the forecast accuracy, the greater the effect of shorter lead times on instore handling. The transportation system may also be affected by lead time decisions. Generally, the more time a transportation planner gets for fulfilment, the easier it is to coordinate transportation capacities and benefit from bundling effects. Moreover, companies operating a network with internal consolidation can realise higher bundling effects with increasing lead times. Similar effects can be observed in the warehousing area. When there is enough buffer space, increasing lead times provide the opportunity for load levelling, i.e., capacity smoothing. This is possible due to the time buffer and the resulting advantage that store orders can be picked earlier if there is picking capacity available. This has the positive effect that upcoming picking peaks can be reduced. Retailers should focus on these interrelated factors when deciding on store replenishment lead times (Kuhn, Sternbeck 2013).

5.5. Decisions on store delivery arrival times and time windows

Decisions on store delivery arrival times also reflect conflicting goals within the different logistics subsystems of an internal retail supply network. Most grocery retail companies have agreed on specific self-implied arrival time windows for their store deliveries as a coordination mechanism (see Figure 12 for the distribution of time window sizes) (Quak, de Koster 2007). The majority of retailers (70%) derive arrival times from transportation planning. The remaining 30% of companies interviewed during our studies allow their stores to set their favourite arrival times, sometimes with time-dependent transportation rates.

The arrival times of store deliveries and the possible size of a time window have an impact on instore operations. This is especially the case when storage space in the store is very limited and delivery and shelf-filling processes are tightly connected. In such a situation a broad time window complicates the scheduling of shelf-filling staff. Of course, uncertainty of arrival times has to be reflected in inventory planning. The broader the time window, the longer the potential lead time, with the effects described above. Again, contrary effects can be observed in transportation. Needless to say, broader time windows imply greater degrees of freedom in vehi-

**Size of standard store delivery time window
for an ambient assortment**
% of retailers interviewed

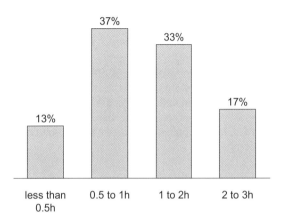

*Figure 12: Standard arrival time windows applied by companies interviewed
Source: Kuhn, Sternbeck (2013), p. 14*

cle routing. More bundling opportunities can therefore be used, resulting in lower transportation costs (Kuhn, Sternbeck 2013).

The planning tasks described above demonstrate that a decision cannot be made from the perspective of just one logistics subsystem. An integral planning perspective is inevitable to identify the scope and effects of decisions as well as to integrate the effects into interrelated modelling. In the following section we develop a framework that visualises retail planning interdependencies that can be used as groundwork for developing interrelated perspectives and solution approaches (Hübner et al. 2013).

6. An integrative perspective for comprehensive logistics planning

6.1. Demand and supply chain planning framework for bricks-and-mortar grocery retailing

The planning problems described in this article demonstrate the challenges of demand and supply chain planning. Large grocery retailers often deal with planning decisions for thousands of individual items and stores (Hübner et al. 2013). The goals of the logistics subsystems along the internal retail supply chain are often conflicting in nature, as demonstrated by the interrelated decision problems described above. Planning approaches have to balance these different interests – between stores and DCs, for example – to ensure that the solutions generated add value for the whole company.

A prerequisite for developing integrative planning approaches is knowledge of interdependencies along the supply chain. It is important for retailers to figure out which decisions affect which processes in which part of the supply chain, up- and downstream. Of course, if demand and supply plans are not aligned, retailers need to either solve logistics issues with expensive processes or mark down goods that are in oversupply. Comprehensive solutions are only possible if an integral perspective is applied.

One approach in the grocery and fast-moving consumer goods industry is the "efficient consumer response" (ECR) concept. The ECR initiative mainly aims for better coordination between strategic partners working together within a supply chain. The overall objective of the initiative is to improve consumer satisfaction through efficient replenishment, store assortments, promotions and product introductions, enabled by shared technologies (Delfmann 1999; ECR Europe 2003). The concept is based on the awareness that demand-side marketing-related decisions retain a direct relation to logistics tasks. However, the concept is aimed at building trustful relations and sharing data rather than providing planning systems to support decisions (Hübner et al. 2013). We therefore started structuring the demand and supply chain planning tasks from a consumer-backed grocery retail perspective, resulting in a holistic planning framework that we call demand and supply chain planning matrix (see Figure 13) (Hübner et al. 2013).

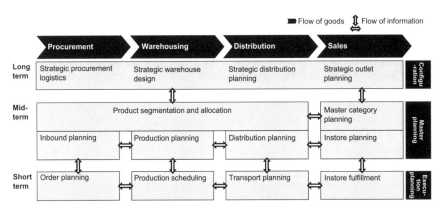

Figure 13: Retail demand and supply chain planning matrix
Source: Hübner et al. (2013)

Retail demand and supply chain planning is very complex and therefore requires a hierarchical concept. Supply chain planning has to be segmented into planning modules so that analytical models can capture and solve the problem. Moreover, the planning modules relate not only to different planning decisions and their planning horizon, but also strongly relate to organisational hierarchies and responsibilities (Fleischmann et al. 2010).

We distinguish the planning problems along the flow of goods through the retail network and along the time horizon of the planning task (Hübner et al. 2013). From a planning perspective, the strength of this decomposition lies in the opportunity of hierarchical decision making. Hierarchical planning is a compromise between integrated and sequential planning (Miller 2001; Schneeweiß 2003; Stadtler et al. 2005). While optimal and simultaneous planning of the entire retail supply chain is not possible, poor successive planning would completely abstract away from benefits of integration. Hierarchical planning, however, makes it possible to coordinate a solution and consider the interdependencies that can be handled. Of course, such a planning environment requires communication between the resulting planning modules. These need to be linked by vertical as well as horizontal information flows. Planning results that have been derived on an upper level are passed down to the subordinate modules as restrictions. The results of the lower modules are communicated back to higher planning levels as data input.

Along the flow of goods, we distinguish the following planning domains: procurement, warehousing, distribution and sales. According to the time horizon, planning tasks are classified into long-, mid-, and short-term. Long-term planning includes strategic configuration decisions of the entire chain, such as strategic network and outlet design. These planning approaches are closely related to strategic business development. These decisions set restrictions for mid-term master planning that coordinates and determines the ground rules of regular operations for the next 6 – 12 months. Seasonal demand patterns, which play an important role for retail operations, are also included in these planning modules. The short-term planning modules specify all operational activities for immediate execution and control within the next few days or weeks to react directly to actual requirements.

This framework demonstrates that retail planning extends from shopper to supplier according to the mission of every retail company. Consequently, the planning modules developed are embedded between consumer interaction downstream and supplier interaction upstream. Consumer interaction and the processes at the point of sales affect planning of the entire chain. That is why it is so important for retailers to integrate consumer trends and behaviour as well as instore logistics processes into overall operations planning.

The use of such a framework enables retail logistics planners to classify their actual decision tasks and realise the context of the decision that has to be made. The interdependencies become transparent and therefore the framework helps to overcome the complexity of various planning aspects of interrelated supply chain and category management. Moreover, the framework serves as a basis for holistically structuring individual processes and planning tasks. The creation of company-specific planning frameworks appears promising for considering individual planning tasks from an objective perspective, integrating the viewpoints of several logistics subsystems.

6.2. Development of a multichannel-tailored framework

The supply chain planning framework developed focuses largely on traditional grocery retailing. This section also describes and analyses supply chain planning issues arising in online and mail order retailing with a strong focus on highlighting raising multichannel requirements.

Retail sales in total have remained almost static during the past years, with only slight growth rates of 1 to 3%. E-commerce sales, however, have risen constantly, with annual growth rates of over 10%. Even though e-commerce as a share of total retail sales is currently only about 7%, 53% of the growth of total retail sales in 2012 and a predicted 86% in 2013 is based on the development of e-commerce business (Handelsverband Deutschland e.V. (HDE) 31.01.2013, pp. 4,8). This reveals the importance of the online channel for retailing and the opportunities it provides.

Bricks-and-mortar retailers recognise this development and are reacting. There has been an increase in the online sales of retailers that were previously bricks and mortar only of over 20% per annum in 2012 (Bundesverband des Deutschen Versandhandels 2013). This growth has two main sources: (1) an increase in the existing online channel and (2) new market entries in the online sector of traditional retailers. The market entries are often not the outcome of well-structured, long-range company planning, but are rapid reactions to the fundamental growth of the online sector and increasing competition by purely online players like Amazon and Zalando.

Many challenges will emerge for bricks-and-mortar retailers if they enter the online market. First of all, they are engaging in competition with pure online retailers and have to compete against prices offered by those players. Second, they may need to establish a unified pricing approach across all stores and the online business. This is one of the major challenges due to additional costs for the existing store network and DC network, which is designed for store deliveries rather than customer deliveries. Third, bricks-and-mortar retailers are not generally used to the specific shipment conditions offered by pure online retailers, such as free customer deliveries, next-day deliveries, and free return shipments. High-speed deliveries or next-day deliveries are becoming obligatory in online business, and require efficient picking, packing, and distribution systems. Return rates are not generally a relevant issue in traditional retailing, but this becomes a major topic when launching an online shop. Offering free return shipments requires efficient handling of returns.

Several further challenges arise in addition to the major challenges mentioned above. Online customers generally behave rather differently to regular bricks-and-mortar customers. For example, fashion retailers report that online customers are younger, more trendy and volatile, which further enforces the problem of returns but also the need to establish logistics processes that have a particular focus on speed. This is an issue that traditional mail order companies also have to respond to when entering the online market.

 30. Deutscher
Logistik-Kongress
23.-25. Oktober 2013

 BVL
Bundesvereinigung
Logistik

Further challenges emerge from linking the bricks-and-mortar and online channels. Bricks-and-mortar and online sales can cannibalise each other from a sales perspective. On the other hand, the store network of stationary retailers offers them a unique selling proposition. However, profitably linking online and offline channels is only possible if synergies can be achieved. A fundamental requirement is a corresponding IT structure that is normally based on one integrated enterprise resource planning system.

From a logistics perspective, a comprehensive planning concept and efficient logistics processes have to be established. While multichannel planning problems are often analysed from a marketing perspective, a comprehensive view on the consequences for logistics and the accompanying planning issues has not so far emerged. For this reason the authors of this article have set up an empirical study to investigate the operational challenges that arise from competing in online and offline environments, and to derive consequences for integrated logistics planning concepts.

The typical questions that arise are multifaceted. How can the two channels be linked? How can logistics contribute to the linkage? How should the logistics network be designed? Which are possible development paths? What are the interdependencies that have to be considered? Under what conditions is it favourable for a stationary retailer to outsource its online activities? How integrated are assortment and inventory management? What shipment possibilities exist, what are their advantages, and which should be offered to customers? How do warehouse processes differ for the online and offline channel, and what are the consequences for comprehensive logistics planning? What effects does capacity management have to deal with? How can returns be managed efficiently?

All these questions are aspects considered in the authors' empirical study, which will be published in late autumn 2013. More than 30 multichannel retailers and numerous logistics service providers were interviewed for this study between May 2013 and August 2013, mainly covering the major multichannel sectors fashion, consumer electronics and DIY.

7. Conclusions

This paper has attempted to provide a general overview of retail and retail logistics in Germany before going on to analyse retail logistics networks and related planning tasks with a focus on grocery. We explored current network structures and their operations, identifying supply chain costs at German grocery retailers – from supplier to shelf – of about EUR 18 billion, or around 15% of the sector's net sales. Leveraging a cost-driver approach, we focused on cost distribution along the retail supply chain and cost savings potential in the German grocery retail market of up to EUR 3 billion, amounting to 2.5% of net sales. A cost-driver model developed by McKinsey enables retailers to compare their performance with that of competitors and identify levers for efficiency gains and structural improvements.

Significant potential was identified, with the largest opportunities in the domain of instore logistics, amounting to 0.8% of net sales. That is why we deeply investigated these last yards of the retail supply chain. During our studies it became evident that efficient instore logistics starts far upstream in the supply chain. The process interdependencies reveal the need for interrelated operations planning, such as in the fields of order pack sizes, delivery patterns, lead times and time window planning. We provide a framework as a basis for retail operations planners to support the development of integrative decision support systems. The demand and supply chain planning matrix coherently structures the tasks along the supply chain and according to the time horizons, and could be adapted to specific companies. We have also provided a further research framework for multichannel logistics. An empirical study on multichannel logistics is already in progress, and will be published by the authors in late autumn 2013.

Our research demonstrates that great potential for retail companies lies in applying an integrative perspective to their logistics network, including instore processes. One important aspect for realising the potential identified is to overcome organisational barriers and identify the interrelations of processes and planning systems between the different domains of a retail company. A process-oriented view is inevitable. If integrated planning is implemented systematically, these changes can increase retailers' margins significantly. This article aims to support retail managers responsible for logistics planning in developing integrative solutions.

 30. Deutscher
Logistik-Kongress
23.-25. Oktober 2013

BVL
Bundesvereinigung
Logistik

References

Agrawal, Narendra; Smith, Stephen A. (2009): Multi-Location Inventory Models for Retail Supply Chain Management. In: Agrawal, Narendra; Smith, Stephen A. (Ed.): Retail Supply Chain Management. Quantitative Models and Empirical Studies. New York: Springer, pp. 207–235.

Aitken, James; Childerhouse, Paul; Christopher, Martin; Towill, Denis R. (2005): Designing and Managing Multiple Pipelines. In: Journal of Business Logistics, vol. 26, no. 2, pp. 73–95.

Bundesverband des Deutschen Textileinzelhandels (2013): Taschenbuch des Textileinzelhandels. Köln: ITE.

Bundesverband des Deutschen Versandhandels (2013): Interaktiver Handel in Deutschland 2012. Berlin.

DeHoratius, Nicole; Raman, Ananth (2008): Inventory Record Inaccuracy: An Empirical Analysis. In: Management Science, vol. 54, no. 4, pp. 627–641.

Delfmann, Werner (1999): ECR – Efficient Consumer Response. In: DBW, vol. 59, no. 4, pp. 565–568.

Deloitte Touche Tohmatsu (Ed.) (2013): Global Powers of Retailing 2013. Retail beyond. London. Online available at http://www.deloitte.com, checked on 15.07.2013.

DVV Media Group GmbH (2012): Handelslogistik wird stark von Trends beeinflusst. In: LOG.m@il, no. 39, 28.09.2012.

ECR Europe (2003): Handbook ECR Demand Side. Published by EHI Retail Institute GmbH. Cologne.

Fernie, John; Sparks, Leigh (2009): Retail logistics: changes and challenges. In: Fernie, John; Sparks, Leigh (Ed.): Logistics & retail management. Emerging issues and new challenges in the retail supply chain. 3. ed. London, Philadelphia: Kogan Page Ltd, pp. 3–37.

Fernie, John; Sparks, Leigh; McKinnon, Alan C. (2010): Retail logistics in the UK: past, present and future. In: International Journal of Retail & Distribution Management, vol. 38, no. 11/12, pp. 894–914.

Fisher, Marshall L. (1997): What is the right Supply Chain for your Product? A simple framework can help you figure out the answer. In: Harvard Business Review, vol. 75, no. 2, pp. 105–116.

Fleischmann, Bernhard; Meyr, Herbert; Wagner, Michael (2010): Advanced Planning. In: Stadtler, Hartmut; Kilger, Christoph; Meyr, Herbert (Ed.): Supply Chain Management und Advanced Planning. Konzepte, Modelle und Software. Heidelberg: Springer, pp. 89–122.

GfK GeoMarketing GmbH (August 2012): Einzelhandelsumsatz nach Warenbereichen. Hamburg, August 2012. Online available at http://www.handelsdaten.de, checked on 15.09.2013.

Glatzel, Christoph; Großpietsch, Jochen; Hübner, Alexander (2012): Höhere Margen durch effiziente Supply Chains. In: Akzente, no. 2, pp. 40–45.

Gudehus, Timm; Brandes, Thorsten (1997): Logistik: Kernkompetenz des Handels. In: Dynamik im Handel, vol. 41, no. 1, pp. 71–72.

Handelsverband Deutschland e.V. (HDE) (Ed.) (31.01.2013): Präsentation zur Jahrespressekonferenz 2013. Berlin. Online available at http://einzelhandel.de, checked on 15.07.2013.

Hübner, Alexander; Kuhn, Heinrich; Sternbeck, Michael G. (2013): Demand and Supply Chain Planning in Grocery Retail: An Operations Planning Framework. In: International Journal of Retail & Distribution Management, vol. 41, no. 7, pp. 512–530.

Hübner, Alexander H.; Kuhn, Heinrich (2012): Retail category management: State-of-the-art review of quantitative research and software applications in assortment and shelf space management. In: Omega, vol. 40, no. 2, pp. 199–209.

IFH retail consultants (2012): Branchenreport DIY. Selected results. Köln, September 2012. Online available at http://www.lebensmittelzeitung.net/studien/pdfs/472_.pdf, checked on 16.07.2013.

Kapell, Elisabeth (2013): Edeka Minden baut Logistik um. In: Lebensmittel-Zeitung, no. 9, 01.03.2013, p. 1.

Kille, Christian (2012): Die Handelslogistik in der Zange aktueller Entwicklungen. In: Wimmer, Thomas; Fontius, Jörn (Ed.): Exzellent vernetzt. Kongressband zum 29. Deutschen Logistik-Kongress. Hamburg: DVV Media Group Deutscher Verkehrs-Verlag, pp. 114–156.

Kille, Christian; Schwemmer, Martin (2012): Die Top 100 der Logistik. Marktgrößen, Marktsegmente und Marktführer in der Logistikdienstleistungswirtschaft. Hamburg: DVV Media Group.

30. Deutscher
Logistik-Kongress
23.-25. Oktober 2013

BVL

Bundesvereinigung
Logistik

Koch, Olaf (2012): Nicht ohne den Handel. In: Hauptverband des Deutschen Einzelhandels e.V. (Ed.): Factbook Einzelhandel 2013. Neuwied, pp. 9–15.

Kotzab, Herbert; Teller, Christoph (2005): Development and empirical test of a grocery retail instore logistics model. In: British Food Journal, vol. 107, no. 8, pp. 594–605.

Kuhn, Heinrich; Sternbeck, Michael (2011): Logistik im Lebensmittelhandel. Eine empirische Untersuchung zur Ausgestaltung handelsinterner Liefernetzwerke. Ingolstadt. (Forschungsbericht der Wirtschaftswissenschaftlichen Fakultät Ingolstadt).

Kuhn, Heinrich; Sternbeck, Michael (2013): Integrative Retail Logistics – An Exploratory Study. In: Operations Management Research, vol. 6, no. 1-2, pp. 2–18.

Lebensmittel-Zeitung (2013): Rankings. Frankfurt a. M. Online available at http://www.lebensmittelzeitung.net/business/daten-fakten/rankings, checked on 15.07.2013.

Lovell, Antony; Saw, Richard; Stimson, Jennifer (2005): Product value-density: managing diversity through supply chain segmentation. In: International Journal of Logistics Management, vol. 16, no. 1, pp. 142–158.

Miller, Tan (2001): Hierarchical operations and supply chain planning. Berlin: Springer.

Normann, Richard (1991): Service Management. Strategy and Leadership in Service Business. 2nd edition. Chichester: Wiley.

Quak, Hans J.; de Koster, René M. B. M. (2007): Exploring retailers' sensitivity to local sustainability policies. In: Journal of Operations Management, vol. 25, no. 6, pp. 1103–1122.

Raman, Ananth; DeHoratius, Nicole; Ton, Zeynep (2001): Execution: The missing link in retail operations. In: California Management Review, vol. 43, no. 3, pp. 136–152.

Schneeweiß, Christoph (2003): Distributed decision making. 2. ed. Berlin: Springer.

Shapiro, Jeremy F.; Wagner, Stephen N. (2009): Strategic inventory optimization. In: Journal of Business Logistics, vol. 30, no. 2, pp. 161–173.

Stadtler, Hartmut; Kilger, Christoph (Ed.) (2005): Supply Chain Management and Advanced Planning. Concepts, Models, Software and Case Studies. 3. ed. Berlin: Springer.

Sternbeck, Michael (2013): A store-oriented approach to determine order packaging quantities in grocery retailing. In: Working Paper Catholic University of Eichstaett-Ingolstadt.

Sternbeck, Michael; Kuhn, Heinrich (2010): Differenzierte Logistik durch ein segmentiertes Netzwerk im filialisierten Lebensmitteleinzelhandel. In: Schönberger, Robert; Elbert, Ralf (Ed.): Dimensionen der Logistik. Funktionen, Institutionen und Handlungsebenen. Wiesbaden: Gabler, pp. 1009–1038.

Sternbeck, Michael; Kuhn Heinrich (2013): Grocery retail operations and automotive logistics: A functional cross-industry comparison. In: Benchmarking: An International Journal, forthcoming.

Textilwirtschaft (2012): Die grössten Textileinzelhändler in Deutschland 2011, September 2012. Online available at http://www.textilwirtschaft.de/business/pdfs/515_org.pdf, checked on 15.07.2013.

Zentes, Joachim (2008): Innovative Logistiklösungen des Handels. Auf dem Weg zur Logistikführerschaft. In: Baumgarten, Helmut (Ed.): Das Beste der Logistik. Innovationen, Strategien, Umsetzungen. Berlin, Heidelberg: Springer, pp. 175–183.

F3

Ganzheitliches Beschaffungsmanagement

Ganzheitliches Beschaffungsmanagement
Total Cost of Ownership als Schlüssel

Ganzheitliches Beschaffungsmanagement
Total Cost of Ownership als Schlüssel

Felix Zesch, Researcher, 4flow AG, Berlin

Prof. Dr. Stefan Wolff, Vorsitzender des Vorstands, 4flow AG, Berlin

1.   Zum Begriff „Total Costs of Ownership" (TCO)

Traditionell stand bei der Auswahl und Bewertung von Lieferanten der Preis des einzelnen Artikels im Zentrum der Entscheidung. Andere Eigenschaften des Lieferanten wurden vor allem qualitativ bewertet.[1] „Total Cost of Ownership" (TCO) ist eine 1987 von der Gartner Group nach Auftrag von Microsoft geschaffene Kostenbetrachtung, bei der auf eine möglichst umfassende Weise alle durch einen Beschaffungsmaßnahme anfallenden Kosten erfasst werden. Die Anwendung dieser Idee bei Einkauf und Lieferantenauswahl reicht bis zum Beginn des 20. Jahrhunderts zurück.[2] Innerhalb dieses Rahmens haben sich verschiedene Interpretationen des ursprünglichen Ansatzes entwickelt, die sich in zwei Hauptströmungen unterscheiden lassen (siehe Abbildung 1, rechts).

*Abbildung 1: Die zwei Interpretationen des TCO-Ansatzes
und andere Ansätze zur Kostenberechnung*

Im Gegensatz zum Gesamtkostenansatz steht der herkömmliche Ansatz, bei Beschaffungsentscheidungen lediglich die Artikelpreise oder Herstellkosten zuzüglich

---

1   Ellram 1995
2   Ellram und Siferd 1993

30. Deutscher
Logistik-Kongress
23.-25. Oktober 2013

BVL

Bundesvereinigung
Logistik

einiger ausgewählter weiterer Kostenarten zu betrachten. Dabei machen viele Unternehmen den Fehler, lediglich die Kostenarten zu berücksichtigen, die bereits in der Buchhaltung vorhanden sind, ohne weitere, möglicherweise in Zukunft signifikante Kostenarten zu berücksichtigen.

TCO als Gesamtbeschaffungskosten (TLC)

Der Ansatz der Gesamtbeschaffungskosten, für den auch der englische Begriff „total landed cost" (TLC) gebraucht wird, summiert als TCO alle Kosten, die durch die Beschaffung vom Lieferanten bis zum Verbrauchsort entstehen. Diese Betrachtung ist vor allem für Teile und Verbrauchsmaterialien in produzierenden Betrieben sowie für Waren im Handel geeignet. Sie umfasst unter anderem den Teilepreis, Transport- und Lagerkosten.[3]

TCO als Gesamtbetriebskosten (LCC)

Die Interpretation als Gesamtbetriebskosten, für den auch der englische Begriff „life cycle cost" (LCC) gebraucht wird, summiert als TCO alle Kosten, die im Lebenszyklus eines Investitionsguts anfallen. Diese Betrachtung ist vor allem für langlebige Wirtschaftsgüter, wie Förderanlagen, Software und IT-Systeme geeignet. Sie umfasst neben dem Anschaffungspreis auch Transaktionskosten und die Kosten für Wartung, Systemanpassungen und Schulung von Mitarbeitern.

Gemeinsamkeiten und Unterschiede

Beide Interpretationen des TCO-Ansatzes sind im Bestreben nach einer Erfassung der Gesamtkosten dienlich. Welcher von beiden besser geeignet ist, hängt vom Anwendungsbereich ab. Für die mit Logistik verbundenen Planungs- und Beschaffungsaufgaben ist die Betrachtung der Gesamtbeschaffungskosten der geeignete Weg, da die Nutzungsdauer des beschafften Guts im Unternehmen gering ist. Wenn das beschaffte Gut vom Unternehmen selbst über einen längeren Zeitraum genutzt wird, werden die Gesamtbetriebskosten zur Entscheidungsgrundlage. Dieser Artikel beschäftigt sich mit den Gesamtbeschaffungskosten, die Gesamtbetriebskosten werden im Folgenden nicht weiter betrachtet. Die Betrachtung der Gesamtbeschaffungskosten kann jedoch auch ein Teil der Berechnung von Gesamtbetriebskosten sein.

---

3   Vertreter sind z. B. Handfield und Pannesi 1994, Moser 2011, Piontek 2009, Ellram und Siferd 1993

1.1. Nutzen des TCO-Ansatzes

Anwendungsbereiche von TCO-Betrachtungen

Eine Betrachtung der Gesamtbeschaffungskosten ist in der Logistik in einem breiten Spektrum von Fällen sinnvoll:

- Die Senkung von Kosten wird erst durch die Betrachtung ganzer Supply Chains unter Einbezug von Transporten, Behältern und Beständen ganzheitlich möglich.

- Bei neuen Projekten, Produkten und Produktionsstätten kann nur mit einem TCO-Ansatz bei der Planung von Beschaffungsprozessen das veranschlagte (Logistik-)Budget zuverlässig eingehalten werden.

- Bei Entscheidungen zu Beschaffung und Outsourcing[4] dient die Auswahl von Lieferanten anhand der Gesamtbeschaffungskosten der Vermeidung zukünftiger Kosten. In der letzten Zeit führt der verstärkte Fokus auf TCO zu einer neuen Welle von Rückverlagerung der Produktion in Hochlohnländer (auch bekannt als „Backshoring" oder „Reshoring").[5]

Vorteile einer TCO-Betrachtung

Die Vorteile der Betrachtung von Gesamtbeschaffungskosten wurden in zahlreichen Fallstudien gezeigt.[6] Dazu zählen unter anderem:

- Besser vergleichbare Bewertungen verschiedener Lieferanten im Zeitverlauf

- Höhere Transparenz zu den Erwartungen an die Lieferantenleistung beim beschaffenden und beim liefernden Unternehmen

- Bessere Priorisierung auf Bereiche, in denen eine besondere Entwicklung des Lieferanten nötig ist, im Sinne eines KVP

- Höhere Datenqualität für Verhandlungen

- Ganzheitliche und nachhaltige Optimierung von Supply Chains über den reinen Artikelpreis hinaus

---

4   Vgl. Ellram und Maltz 1995
5   Vgl. Moser 2011, sowie Gray et al. 2013, Ellram 2013, Ellram et al. 2013
6   Ellram 1994a

2. Optimierung der Gesamtbeschaffungskosten (TLC)

Die Netzwerkgestaltung (Supply Chain Design) birgt aufgrund ihrer strategischen Natur die größten Potenziale zur Kostenreduzierung. Auf Beschaffungsseite ist die Netzwerkgestaltung eng verbunden mit der Lieferantenauswahl. Nur ein ganzheitlicher Ansatz, der neben dem Teilepreis auch die Transport-, Umschlag- und Lagerkosten sowie weitere anfallende Kostenarten, die mit Risiko, Strategie und Umwelt verbunden sind, verursachungsgerecht berücksichtigt, sichert bei der (Über-) Planung eines Beschaffungsnetzwerks nachhaltigen Erfolg.

2.1. Optimierungsprozess

Im Optimierungsprozess (vgl. Abbildung 2) sollten zunächst Planungsgegenstand und Szenarien definiert werden. Dadurch werden die aufzubereitenden Daten bestimmt, die für die anschließende Analyse und Optimierung der Supply-Chain-Kosten nötig sind. Für die finale Umsetzung der Ergebnisse ist die Abstimmung aller betroffenen Fachabteilungen nötig. Ein paralleler Dialog mit den entsprechenden Lieferanten kann den gesamten Prozess beschleunigen.

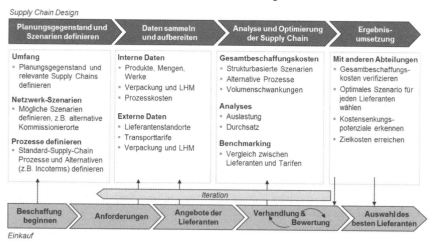

Abbildung 2: Prozess zur Optimierung der Gesamtbeschaffungskosten

Im Folgenden werden die einzelnen Schritte detailliert beschrieben.

2.2. Definition von Szenarien

Im ersten Schritt des Planungsprozesses müssen die zu planenden Teile und Artikel definiert und mögliche Netzwerkszenarien erarbeitet werden. Letzteres umfasst die Definition von Standard-Supply-Chains, die als Grundlage für die spätere systematische, Szenario-basierte Bewertung und Optimierung erforderlich sind.

Zur Reduktion von Komplexität und zur Beschleunigung der Planung ist es hilfreich, Standard-Supply-Chains zu definieren, die zum Beispiel auf generischen Supply-Chain-Typen wie „effizient" oder „agil" basieren können.[7] Die Standard-Supply-Chains sollten auch internationale Handelsklauseln (incoterms) und abteilungsbezogene Verantwortlichkeiten umfassen.

2.3. Datenaufbereitung

Der Umfang und die Qualität der Datengrundlage ist ein wesentlicher Erfolgsfaktor bei der Betrachtung der Gesamtbeschaffungskosten. Deswegen ist für die Datenerhebung ausreichend Zeit und Personal einzuplanen. Neben Stamm- und Bewegungsdaten liegt bei der Betrachtung von „Total *Cost* of Ownership" ein besonderes Augenmerk auf den zu erfassenden Kosten.

2.3.1. Definition des Kostenmodells

Ellram unterscheidet zwei Typen von Kostenmodellen: Das Standard-Modell, das auf verschiedene Beschaffungsprozesse angewendet wird, und das Sonder-Modell, das für einen bestimmten Artikel oder Beschaffungsprozess angewendet wird.[8]

Die Erstellung von Sondermodellen für bestimmte Artikel ist in der Praxis im Regelfall nicht nötig. Das Ziel des ganzheitlichen Beschaffungsmanagements sollte sein, alle relevanten zu beschaffenden Teile oder Artikel mit dem gleichen Modell und der gleichen Software zu planen. Nur so können die Vergleichbarkeit der Kosten zwischen Artikeln und Teilen gewährleistet und Verbesserungen an Kostenmodell und Software maximal ausgenutzt werden.

Für bestimmte Bereiche des Artikelspektrums kann eine TCO-Betrachtung jedoch unverhältnismäßig hohe Kosten verursachen, so dass Unternehmen nicht danach streben, ihren gesamten Einkauf anhand der Gesamtbeschaffungskosten zu bewerten.[9]

---

7   Siehe dazu z. B. Perez 2013
8   Ellram 1994b
9   Ellram 1995

Das Standard-Kostenmodell sollte fünf wesentliche Punkte umfassen, die sich wiederum in mehrere Unterpunkte gliedern lassen.[10] Die folgende Übersicht listet wesentliche Punkte auf.

A. Herstell- und Logistikkosten

- Artikel/Herstellpreis

- Verpackung

- Zoll

- Transport

- Versicherung

B. Weitere direkte Kosten

- Kapitalbindung im Transport

- Kapitalbindung im Lager

- Prototypkosten

- Obsoleszenzkosten

- Reisekosten

C. Risiko-induzierte Kosten

- Nacharbeit

- Qualität

- Haftung

- Geistiges Eigentum

- Opportunitätskosten

- Ruf der Marke

- Lieferanteninsolvenz

- Politische Stabilität

- Rezessionsrisiko

10   Moser 2011

D. Strategische Kosten

   – Innovationspotenzial[11]

   – Produktdifferenzierungspotenzial

E. Umweltkosten

   – Emissionen aus Transporten

   – Emissionen aus Lagern

   – Sauberkeit des verbrauchten Stroms

   – Direkter Schadstoffausstoß durch Produktion

   – Umweltverträglichkeit der Entsorgung

Nicht alle der hier aufgeführten Kriterien lassen sich in allen Unternehmen eindeutig monetär bewerten, auch wenn dies das Ziel der Betrachtung als Teil der Gesamtbeschaffungskosten ist. Selbst wenn ein Aspekt nicht monetär bewertet werden kann, sollte er Berücksichtigung finden. So können zum Beispiel manche Risiko-induzierten und strategischen Kosten durch eine Punkte-Skala gesondert im Supplier Footprint erfasst werden. Der für die Lieferantenauswahl entscheidende Supplier Footprint lässt sich entsprechend Abbildung 3 mehrstufig aufbauen. Die Gesamtbeschaffungskosten lassen sich dann anhand der einzelnen Preise aufaddieren und so Lieferanten und Outsourcing-Entscheidungen ganzheitlich bewerten.

▪ Material- u. Herstellkosten ▪ Logistikkosten	▪ Weitere direkte Kosten (z.B. Kapitalbindung)	▪ Risiko- induzierte Kosten (z.B. Nacharbeit)	▪ Strategische Kosten (z.B. Innovations- potenzial)	▪ Umweltkosten (z.B. Schadstoff- ausstoß)
A-Kosten	**B-Kosten**	**C-Kosten**	**D-Kosten**	**E-Kosten**

Gesamtbeschaffungskosten (TLC)

Abbildung 3: Mehrgliedriger Supplier Footprint
zur Berechnung der Total Landed Cost

---

11   Die Trennung von Produktion und Entwicklung durch Outsourcing senkt das Innovationspotenzial eines Unternehmens, vgl. Thompson 2011. Dabei spielt auch die räumliche Distanz eine Rolle, vgl. Porter 2000.

2.3.2. Datenquellen

Prozesskostenrechnung als Quelle der Kosten

Für den erfolgreichen Einsatz von TCO birgt eine Prozesskostenrechnung, welche die Gemeinkosten des Unternehmens beanspruchungsgerecht verrechnet, große Vorteile.[12] Eine innerbetriebliche Verrechnung von Leistungen über prozentuale Zuschlagsätze auf Kostenstellen und Kostenträger kann aufgrund der in der Praxis anzutreffenden, hohen Zuschläge zu Fehlentscheidungen führen.

In der Prozesskostenrechnung, einer Weiterentwicklung der Vollkostenrechnung, werden zunächst die in einem Unternehmen relevanten Prozesse ermittelt und diesen Prozessen Kosten zugeordnet. Hauptprozesse können dabei in Teilprozesse untergliedert werden. Für jeden Prozess wird ein Prozesseinzelkostensatz ermittelt, der angibt, wie viel die einmalige Durchführung des Teilprozesses kostet.

Der Vorteil der Prozesskostenrechnung liegt in der verursachungsgerechteren Aufteilung von Gesamtkosten, wie zum Beispiel Lagerkosten, für die bestimmte Kostentreiber, wie Gewicht oder Volumen als Kostentreiber ermittelt werden können.

Daten für die Netzwerkoptimierung

Neben den unternehmensintern verfügbaren und durch die Kosten- und Leistungsrechnung zum Beispiel in Form einer Prozesskostenrechnung bereit gestellten Daten sind für die unternehmensübergreifende TCO-Optimierung im Sinne des Supply Chain Management weitere Daten nötig, um Szenario-basierte Analysen durchzuführen. Abbildung 4 listet wesentliche Elemente auf. Der tatsächliche Datenbedarf ist in Abhängigkeit des Planungsgegenstands und der definierten Szenarien festzulegen.

---

12   Ellram und Maltz 1995

	Unternehmensinterne Daten			Daten von Lieferanten	
	Modellspezifische Daten			Sourcing-spezifische Daten	
	Tarife (LDL)	Anliefer- prozesse	Standorte	Stammdaten Sourcing	Logistik- kostenblatt
Datenkategorien	▪ Transporttarife ▪ Kostensätze Handling, Sequenzieren ▪ …	▪ Region ▪ Übersee/ Inland ▪ Incoterm ▪ Gefahren- übergang ▪ Sequenzierung	▪ Werke ▪ Lieferanten ▪ Umschlag- punkte ▪ Geodaten	▪ Teiledaten ▪ Bedarfe ▪ Liefer- beziehung ▪ Verpackung ▪ Zölle, Steuern	▪ Verpackung ▪ Kosten / Preise

Abbildung 4: Auszug der für die Netzwerkoptimierung nötigen Daten

2.3.3. Datenarten

Stammdaten

Für eine ganzheitliche Betrachtung der Gesamtbeschaffungskosten sind die Liefe-ranten in einem Netzwerk zu betrachten. Dafür müssen zunächst die Stammdaten aufbereitet werden. Dazu zählen neben den genauen Standorten der Lieferanten auch die für einzelne Artikel verwendeten Verpackungen und Ladehilfsmittel sowie die Transporttarife u.a.m.

Bewegungsdaten

Die im Logistiknetzwerk vorhandenen Mengenströme sind ein weiterer Bestandteil des Modells. Für die Modellbildung sind historische Sendungsdaten mehrerer Jahre zu verwenden, die zum Zwecke einer übersichtlicheren Planung auf Zeiteinheiten wie Wochen oder Monate aggregiert sind. Diese Vergangenheitsdaten dienen zum Aufbau des Netzwerks und zur Überprüfung früher getroffener Entscheidungen. Grundlage für zukunftsbezogene Entscheidungen ist jedoch immer eine Prognose über das künftige Einkaufsvolumen.

Restriktionen

Neben den Daten, die in einem positiven Sinne beschreiben, was modelliert werden kann, sollten auch Restriktionen der Planung aufgenommen werden, die in einem negativen Sinne beschreiben, was nicht modelliert werden soll. Dazu können zum Beispiel bestimmte Mindest- oder Höchstauslastungen von Transporten oder Lagern zählen.

2.4. Optimierung und Bewertung

Die leichter quantifizierbaren Herstell- und Logistikkosten und direkten Kosten können bei einem großen Artikelspektrum nur durch den Einsatz maßgeschneiderter Software zur Logistikplanung schnell, fehlerfrei und effizient berechnet und aggregiert werden. Abbildung 5 zeigt einige Anforderungen an solche Software.

Die Erfassung der weichen Faktoren in Planungssoftware ist ebenfalls möglich. Sollte es beispielsweise nicht gelungen sein, für Risiko-induzierte und Umweltkosten monetäre Bewertungen zu finden, können Risikolandkarten und spezielle Metriken helfen, die Risiko- und Umweltaspekte abzubilden, um den Entscheider in die Lage zu versetzen, diese in die Analyse mit einzubeziehen.

Anforderungen	Funktionen	
Modellierung	Netzwerkstruktur (Knoten, Kanten, Stufen)	Artikel und Behälter
Visualisierung	Geographische Sicht	Schemasicht
Planung und Optimierung	Routenoptimierung	Szenarien-basierte Optimierung
	Analysen (Kosten, Durchsatz, Zeiten)	Transporte (Tarife, Verkehrsträger)
Technologie	Mehrbenutzerbetrieb, Echtzeitfähigkeit	Schnittstellen

Abbildung 5: Anforderungen an Planungssoftware für TCO-Analysen (Auszug)

Anhand der definierten Standard-Supply-Chains wird das Logistikmodell inklusive der Kostentreiber aufgebaut. Dabei wird gleichzeitig der Betrachtungsumfang festgelegt, insbesondere die Zahl der im Netzwerk betrachteten Stufen.

Wichtig ist, die Wechselwirkungen zwischen verschiedenen Beschaffungsentscheidungen zu erfassen, die sich in der Logistik- und Netzwerkplanung niederschlagen. Durch den gezielten Einsatz von Lagern und Crossdocks lassen sich zum Beispiel oft die Logistikkosten spürbar senken.

Nach dem Aufbau des Basisszenarios können weitere Szenarien mit Hilfe von planerischen Vorgaben und computergestützter Optimierung erzeugt werden. Dazu zählen zum Beispiel das Verschieben von Lagerstandorten, die Veränderung der Stufigkeit des Netzwerks oder unterschiedliche Kommissionierorte. Abbildung 6 zeigt eine mögliche Auswertung.

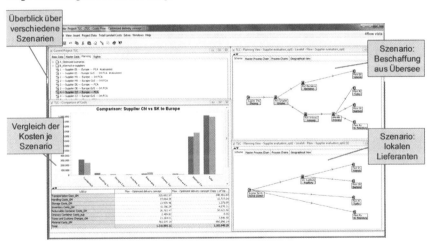

(Beispiel basiert auf 4flow vista ®)

Abbildung 6: Vergleich von Szenarien in einer Logistikplanungssoftware
(am Beispiel von 4flow vista)

In der Bewertung der Szenarien sollte neben einem Vergleich der Kosten auch berücksichtigt werden, ob es signifikante Unterschiede in der generierten Leistung gibt. So kann es durchaus vorkommen, dass Mehrkosten gerechtfertigt sind, um einen Wettbewerbsvorteil zu erreichen. Eine reine Kostenbetrachtung greift hier zu kurz.

30. Deutscher
Logistik-Kongress
23.-25. Oktober 2013

BVL
Bundesvereinigung
Logistik

2.5. Ergebnisumsetzung

Nach Bestimmung des optimalen Szenarios, muss gemeinsam mit anderen Abteilungen die Umsetzung der Ergebnisse vorangetrieben werden.

Der Einkauf ist traditionell für die Koordination des Beschaffungsprozesses verantwortlich und steht in Verhandlung mit den Lieferanten. Die Kommunikation der Planungsergebnisse erfolgt i.d.R. zentral über den Einkauf. Zur Nominierung eines Lieferanten müssen Verantwortliche aus Einkauf, Supply Chain Design, Produktentwicklung sowie Finance/Controlling und Qualitätsmanagement zustimmen.

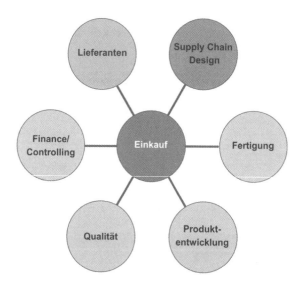

Abbildung 7: Am Beschaffungsprozess beteiligte Fachbereiche

Neben der Auswahl des richtigen Lieferanten ist auch die Umsetzung der zuvor definierten Standard-Supply-Chain-Prozesse ein entscheidender Erfolgsfaktor, um die angestrebten Gesamtbeschaffungskosten zu erreichen.

3.   Praxisbeispiele

3.1. Optimierung eines weltweiten Lieferantennetzwerks in der Automobilindustrie

Für die Einführung neuer, plattformbasierter Fahrzeuge eines Automobilherstellers sollten drei Jahre vor dem Start der Produktion Lieferanten ausgewählt und der Einkauf organisiert werden. Der Automobilhersteller verfügte dabei über ein weltweites Lieferantennetzwerk mit komplexen Lieferketten und zahlreichen verschiedenen Anlieferkonzepten. Die Beschaffungsentscheidung sollte anhand der Gesamtbeschaffungskosten getroffen werden.

Zu diesem Zweck wurden zunächst allgemeine Anliefer- und Transportkonzepte mit den zugehörigen Kostentreibern identifiziert. Die Datensammlung umfasste u. a. Transporttarife, Artikel- und Behälterstammdaten, Volumenströme und Zölle. Analyse und Bewertung wurden gemeinschaftlich von Einkauf und Logistik mit Lieferanten durchgeführt. Dies wurde durch den Einsatz einer Logistikplanungssoftware zur Analyse der Gesamtbeschaffungskosten erreicht, die im Laufe des Projekts als Standardprozess für Nord- und Südamerika, Europa und Asien etabliert wurde.

Im Ergebnis konnten signifikante Kosteneinsparungen erzielt und effiziente Lieferanten ausgewählt werden, um die Zielkosten für die neue Plattform zu erreichen. Gleichzeitig wurde damit eine Basis für künftige Produktneueinführungen geschaffen. Supply Chain Design und Total Landed Cost setzen ein dazugehöriges Kostenmodell, einen entsprechenden Prozess und IT-Unterstützung voraus. Die Konzeption war skalierbar und flexibel, so dass sich der Ansatz auf mehrere Fahrzeugmodelle übertragen ließ und eine individuelle Betrachtung von Systemen und Komponenten möglich war. Schnittstellen zwischen den beteiligten Abteilungen wie Einkauf, Behältermanagement, Logistik usw. mussten klar definiert sein, daneben wurden auch die Lieferanten mit einbezogen. Von großer Bedeutung war die Verfügbarkeit und Qualität der notwendigen internen und externen Daten. Die Implementierung des IT-Tools wurde von entsprechenden Schulungen begleitet. Ebenso wurden die organisatorischen Änderungen durch gezieltes Change Management unterstützt.

3.2. Optimierung der Belieferungsarten im Handel

Ein internationaler Handelskonzern stand vor der Aufgabe, seine Belieferungsarten zu optimieren und konnte durch den Einsatz einer Standardsoftware zur

 30. Deutscher
Logistik-Kongress
23.-25. Oktober 2013

 BVL
Bundesvereinigung
Logistik

Logistikplanung erfolgreich die Supply-Chain-Kosten der Warendistribution vom Lieferanten bis in die Filialen reduzieren. Eine speziell für die Bedürfnisse des Handels zugeschnittene Lieferwegsimulation schaffte Kostentransparenz entlang der gesamten Supply Chain und ermöglichte die Ermittlung der in Hinblick auf die Gesamtbeschaffungskosten optimalen Belieferungsstrategie. Verbunden mit der Einführung von einheitlichen Standardprozessen zur kooperativen Optimierung der Belieferungsstrategie zwischen Lieferanten und Filialen konnten in der gesamten Supply Chain Kostensenkungspotenziale von rund 15 Prozent ausgewiesen werden. Dies entsprach 4 Prozent des gesamten Einkaufsvolumens.

Ausschlaggebend für den Erfolg des Projekts waren nach Aussage des verantwortlichen leitenden Angestellten der Umfang und die Vergleichbarkeit der betrachteten Kosten. So konnte für das gesamte Artikelspektrum die optimale Belieferungsstrategie ermittelt werden. Die Lieferwegsimulation berücksichtigt Transport-, Handling-, Bestands- und Administrationskosten entlang der gesamten Supply Chain. Die Simulation der Standardbelieferungsformen Cross Docking, Direkt- und Zentrallagerbelieferung sowie variierender Anlieferfrequenzen ermöglicht nach anschließender Bewertung die Ableitung einer optimalen Lösung unter Berücksichtigung vorgegebener Warenverfügbarkeit am Point of Sale.

4.   Zusammenfassung und Ausblick

Die Gesamtbeschaffungskosten (Total Cost of Ownership) sollten neben den Herstell- und Logistikkosten auch Kosten umfassen, die aus Risiken, strategischen Entscheidungen und Umweltverschmutzung resultieren. TCO-Analysen finden immer mehr Verbreitung und tragen teilweise auch zur Rückverlagerung von Produktion und Lieferanten in Hochlohnländer bei. Voraussetzung für eine umfassende Gesamtkostenbetrachtung ist eine unternehmensinterne Prozesskostenrechnung sowie Transparenz über unternehmensexterne Kosten wie Artikelpreise und Transporttarife. Das Kostenmodell sollte neben den direkten Kosten aus Produktion und Logistik auch die Folgen von Risiken, Strategie und Umweltschäden berücksichtigen, wobei deren monetäre Bewertung oft eine Ermessensfrage ist. Für die Optimierung der Gesamtbeschaffungskosten hat sich ein Prozess bewährt, der auf Standard-Supply-Chains basiert und Szenario-basiert sowie softwaregestützt in einem iterativen Prozess für einen möglichst großen Teil des Artikelspektrums Lösungen findet.

Eine weitere Verbesserung des Prozesses kann durch die Betrachtung möglicher Synergien und induzierter Kosten entlang der Supply Chain erreicht werden, die auch 2nd-tier-Lieferanten umfasst.

5.   Über die Autoren

Felix Zesch studierte in Ilmenau, Karlsruhe und Grenoble Wirtschaftsingenieurwesen und ist seit 2007 bei der 4flow AG in Forschungs- und Beratungsprojekten im Bereich Logistik und Supply Chain Management für die Automobilindustrie und Logistikdienstleister im Einsatz. Schwerpunkte seiner Forschungsarbeiten sind die Integration von Produktions- und Distributionsplanung sowie die Verbindung von Ökonomie und Ökologie in logistischen Optimierungsmaßnahmen.

Prof. Dr.-Ing. Stefan Wolff ist seit 2000 Vorsitzender des Vorstandes der 4flow AG. Zuvor war er stellvertretender Vorsitzender der Geschäftsführung und Partner einer international tätigen Management- und Logistikberatung. Dr. Wolff ist seit 1990 als Berater großer und mittelständischer Unternehmen im Bereich Logistik tätig. Daneben ist er Honorarprofessor an der Jacobs University Bremen und Lehrbeauftragter an der TU Berlin. Er engagiert sich ehrenamtlich als Vorstandsmitglied der Bundesvereinigung Logistik (BVL). Dr. Wolff ist Gründungsmitglied des Roundtable Germany, Council of Supply Chain Management Professionals (CSCMP) und Beirat des Verbandes Deutscher Wirtschaftsingenieure (VWI).

6.   Quellen

Ellram, L. M. (1994a): Total Cost of Ownership in Purchasing. In: *Center for Advanced Purchasing Studies, Tempe, AZ.*

Ellram, Lisa (1994b): A taxonomy of total cost of ownership models. In: *Journal of Business Logistics* 15, S. 171.

Ellram, Lisa M. (1995): Total cost of ownership: an analysis approach for purchasing. In: *International Journal of Physical Distribution & Logistics Management* 25 (8), S. 4–23.

Ellram, Lisa M. (2013): Offshoring, Reshoring and the Manufacturing Location Decision. In: *Journal of Supply Chain Management* 49 (2), S. 3–5.

 30. Deutscher
Logistik-Kongress
23.-25. Oktober 2013

 BVL
Bundesvereinigung
Logistik

Ellram, Lisa M.; Maltz, Arnold B. (1995): The Use of Total Cost of Ownership Concepts to Model the Outsourcing Decision. In: *The International Journal of Logistics Management* 6 (2), S. 55–66.

Ellram, Lisa M.; Tate, Wendy L.; Petersen, Kenneth J. (2013): Offshoring and Reshoring: An Update on the Manufacturing Location Decision. In: *Journal of Supply Chain Management* 49 (2), S. 14–22.

Ellram, Lisa; Siferd, Sue (1993): Purchasing: The cornerstone of the total cost of ownership concept. In: *Journal of Business Logistics* 14 (1), S. 163.

Gray, John V.; Skowronski, Keith; Esenduran, Gökçe; Johnny Rungtusanatham, M. (2013): The Reshoring Phenomenon: What Supply Chain Academics Ought to know and Should Do. In: *Journal of Supply Chain Management* 49 (2), S. 27–33.

Handfield, Robert B.; Pannesi, Ronald T. (1994): Managing component life cycles in dynamic technological environments. In: *Journal of Supply Chain Management* 30 (2), S. 19–27.

Moser, Harry (2011): Time to come home? In: *CSCMP's Supply Chain Quarterly* 5 (4), S. 39–42.

Perez, Hernán David (2013): Supply Chain Strategies: Which one hits the mark? In: *CSCMP's Supply Chain Quarterly* 7 (1).

Piontek, Jochem (2009): Bausteine des Logistikmanagements. [Supply-chain-Management ; E-logistics ; Logistikcontrolling ; Online-Version inklusive]. 3. Aufl. Herne: nwb (NWB Studium).

Porter, Michael E. (2000): Location, competition, and economic development: Local clusters in a global economy. In: *Economic development quarterly* 14 (1), S. 15–34.

Thompson, Roger (2011): Why Manufacturing Matters. In: *Working Knowledge*.

F4

Erfolgsfaktor Refurbishing

 30. Deutscher
Logistik-Kongress
23.-25. Oktober 2013

 BVL

Bundesvereinigung
Logistik

Erfolgsfaktor Refurbishing

1. Hintergrund
    1.1. Verständnis und Einordnung
        1.1.1. Inhaltliche Abgrenzung des Refurbishments
        1.1.2. Objekte des Refurbishment – „Refurbished Products"
    1.2. Relevanz und Bedeutung

2. Refurbishing in der Praxis
    2.1. Akteure und Markt
    2.2. Geschäftsmodelle und Praktiken

3. Aktuelle Herausforderungen und Entwicklungen

4. Ausblick

Erfolgsfaktor Refurbishing

Prof. Dr. Ulrich Müller-Steinfahrt, Institut für angewandte Logistik (IAL),
Hochschule für angewandte Wissenschaften Würzburg-Schweinfurt

1. Hintergrund

Vor dem Hintergrund der sich abzeichnenden Knappheit an Ressourcen, die sich nicht nur auf den häufig zitierten Energie- und Wasserverbrauch bezieht, werden zunehmend spezifische Rohstoffe genannt, die u. a. als seltene Erden und Metalle oft wesentliche Bestandteile von Elektronikgeräten und technischen Bauteilen sind. Die generelle Begrenztheit und der ungebrochene Bedarf nach derartigen knappen Gütern und Rohstoffen und die damit einhergehenden steigenden Einkaufspreise und die unsichere langfristige Versorgungslage führen vermehrt zu Konzepten, die eine Mehrfachnutzung und -verwertung anstreben. Treiber der Entwicklung derartiger Konzepte sind dabei nicht nur die wirtschaftlichen oder umweltbezogenen Ziele der herstellenden Unternehmen, sondern auch die Forderungen der Kunden nach nachhaltigen, umweltverträglichen Produkten ebenso wie die rechtlichen Rahmenbedingungen, die eine Produkt- und Rohstoffnutzung bzw. -verwertung gesetzlich fordern (wie z. B. Elektronikschrottverordnung oder Altautoverwertung).

Konzepte wie Closed Loop Supply Chains, Cradle to Cradle-Betrachtungen,[1] „Second-Life-Konzepte", Life Cycle Assessments, Carbon Footprints, Sustainable Supply Chain Strategien oder auch die vielfach zitierte „Grüne" Logistik gelten als die aktuellen und populären Handlungsoptionen von Unternehmen. So bieten Hersteller, Händler und Dienstleister zunehmend Dienstleistungen am Ende der Produktnutzungsphase an, die zum Teil in ganze neuartige Geschäftsmodelle münden. Es werden Dienstleistungspakete im Bereich der „Reverse Logistics" angeboten, die neben den klassischen Garantie- und Reparaturleistungen auch z. B. Austausch-Services umfassen. Logistik-Dienstleister ergänzen ihr Portfolio neben den Re-Distribution, Retourenlogistik und Ersatzteillogistik-Diensten mit z. B. Refurbishment-Diensten oder Recycling-Diensten im Rahmen der Rohstoffgewinnung aus Endprodukten für die herstellenden Industrien. Zudem finden sich vermehrt Unternehmen, die sich als Kern ihres Geschäfts auf Reverse Logistics spezialisiert

---

[1] Siehe hierzu die Arbeiten von Braungart, z. B. Braungart, M. (2011)

30. Deutscher
Logistik-Kongress
23.-25. Oktober 2013

BVL

Bundesvereinigung
Logistik

haben. Ein Schwerpunkt liegt dabei sehr häufig auf Handelsware aus dem mobilen Handel, Elektronikartikel, wie z. B. Handys, Laptops, Drucker, „weisse" Ware wie z. B. Waschmaschinen, medizinische Geräte oder im kommunalen Bereich eher rohstofforientiert auf Baustoffe, Glas oder Plastik, die einer Wiederverwendung bzw. Weiterverwertung zugeführt werden. In jedem Fall hat die Nutzung von Produkten über den Lebenszyklus hinaus und auch die effiziente Ressourcennutzung an Rohstoffen und Bestandteilen einen volkswirtschaftlichen Vorteil und positive Effekte im Hinblick auf den Schutz und Schonung der Umwelt. Von daher kann unter volkswirtschaftlichen Gesichtspunkten – betrachtet man nur den Bereich Refurbishment – auch von Erfolgsfaktor gesprochen werden. Wie sich Unternehmen, sei es Hersteller, Händler oder (Logistik-)Dienstleistungsunternehmen den Bereich Refurbishment erfolgreich erschließen oder erschlossen haben und welche Herausforderungen zu bewältigen sind, wurde bisher wenig herausgestellt und soll daher im Folgenden näher betrachtet werden.

1.1. Verständnis und Einordnung

Die Vielzahl der Begriffe, die am Ende der Supply Chain sich mit „Re"-Aktivitäten beschäftigen, verlangt eine Klärung und Einordnung. Der hier fokussierte Aspekt des Refurbishment ist ein Handlungsfeld, das bestimmte Aktivitäten wie z. B. das aktive Einsammeln (Re-Distribution[2]) oder das Zurücksenden z. B. von Neuware durch den Kunden (Retourenlogistik) voraussetzt und davon nicht losgelöst betrachtet werden kann, wenn man diese Dienstleistung als Geschäftsgegenstand sieht. Das Ziel und der Gegenstand des Refurbishment ist zudem ein anderer als im Feld des Recycling. Wie die folgende Abbildung illustriert, geht es hier im Gegensatz zum Recycling, das auf die Aufbereitung von Abfallstoffen im Rahmen einer energetischen oder stofflichen Verwertung von Produktbestandteilen und Rohstoffen zielt, um die Wiederverwendung von Produkten. Der ursprüngliche Einsatzzweck und die Funktion des Produktes bleiben erhalten, sodass eine erneute Nutzung über den Lebenszyklus des Produktes hinaus möglich ist. Eine Weiterverwendung für andere Einsatzzwecke neben der ursprünglichen Verwendung ist dabei nicht Gegenstand des Refurbishments.

---

2   Die Re-Distribution(slogistik) beschäftigt sich generell mit einer umfassenden Rückführung von z. B. Produktionsrückständen, Abfällen, Leergut und Altprodukten.

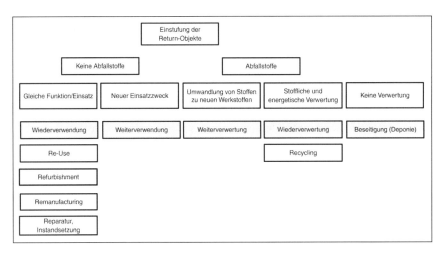

Abbildung 1: Einstufung zur Wiederverwendung und Wiederverwertung

1.1.1. Inhaltliche Abgrenzung des Refurbishments

Im Rahmen der Wiederverwendung gibt es neben dem Refurbishment ähnliche Aktivitäten und Konzepte, wie z. B. die Rekonditionierung, die Reparatur, das Remanufacturing/Refabrikation und das Retrofitting, die oft synonym verwendet werden, aber dennoch Unterschiede aufweisen. Allen gemeinsam ist möglichst Aufwand und Material einzusparen, in dem gebrauchte bzw. genutzte Produkte oder Geräte erneut verfügbar gemacht werden und nach Überarbeitung ihre Funktionalität gesichert oder verbessert wird. Eine Ersatzbeschaffung des gesamten Produkts soll damit wie der Aufwand der Beseitigung gebrauchter Produkte vermieden werden. Auf der anderen Seite muss generell abgewogen werden, mit welchem Aufbereitungsaufwand das Verfügbarmachen funktionsfähiger Produkte verbunden ist und ob die Komplexität der Abläufe und Prozesse durch ergänzende Tätigkeiten oder aktiv werdende Dienstleistungsunternehmen nicht sehr stark zunimmt und zusätzlichen Aufwand erzeugt. Demontage, Reparatur, Reinigung oder der logistische Aufwand des Teilebeschaffens, Lagerns oder Transports sind einige Beispiele, die in einer Gesamtbetrachtung der Kosten-/Nutzenseite dabei mit einfließen.

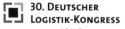

30. Deutscher
Logistik-Kongress
23.-25. Oktober 2013

BVL

Bundesvereinigung
Logistik

Folgende Konzepte oder Aktivitäten können in einer Reverse Supply Chain stattfinden:

- Remanufacturing/Refabrikation/Rebuilding
  Kern der Aufbereitung von gebrauchten Geräten ist eine *vollständige Zerlegung* in Bauteile und Komponenten, die geprüft und gegebenenfalls repariert oder ersetzt werden. Mit dem Ersatz der veralteten Komponenten durch neuartige kann eine technologische Aufwertung des Produkts erfolgen. Der Qualitätsstandard wird wie bei einem neuen Gerät zugesichert. Beispiele: Kopierer, Lokomotiven, Computer, Musikinstrumente, Spielautomaten

- Refurbishing /Rekonditionierung
  Die Überholung, Erneuerung oder Instandsetzung von Produkten für die Wiederverwendung erfolgt qualitätsgesichert und soll helfen Abfälle, zu vermeiden und Primärressoucen zu schonen. Produkte werden dabei nicht nur generalüberholt oder gereinigt, um den Ursprungszustand wieder herzustellen (Rekonditionierung) oder die Funktionsfähigkeit zu sichern (Reparatur), sondern es kann auch deren Funktionsfähigkeit ausgebaut oder diese wenn möglich verbessert werden. Ziel ist eine Verlängerung der Lebensdauer des Produkts. Eine vollständige Zerlegung und Zusammenbau erfolgt dabei nicht.
  Beispiele: Aufbereitung von Laptops mit neuartiger Software und Speicherkomponenten oder Reinigung von retournierter Ware (z. B. Bildschirme) aus dem Internethandel

- Retrofitting
  Überarbeitung und Modernisierung oder Ausbau bestehender Anlagen und Produkte. Eine Dienstleistung, die meist von Maschinenherstellern oder Service-Agenturen angeboten werden. Primäres Ziel ist gebrauchte Produkte oder Anlagen auf den neuesten Stand zu bringen, indem sie nachgerüstet werden. Hierbei kann ein ergänzendes Modul angebracht oder ein Austausch von Modulen und Bestandteilen erfolgen. So werden z. B. verschleisssichere Materialien oder energieeffizientere Komponenten eingebaut, was die Kosten der Nutzung reduzieren kann. Zudem hält sich der Schulungsaufwand auf Seiten der Mitarbeiter in Grenzen, da die bestehende Anlage weitestgehend bekannt ist. Für den Anlagenbetreiber kann es somit auch kostengünstiger sein als eine Ersatzbeschaffung oder Bau von neuen Maschinen. Damit zielt Retrofitting auf ein Investment in spezifische

Teile zur Vermeidung von umfänglichen Neuanschaffungen oder kann auch neuartigen gesetzlichen Vorgaben folgen.
Beispiele: Umrüsten von Containerschiffen auf kleinere energieeffiziente Motoren

- Reparatur
  Die klassische Reparatur beschränkt sich auf die Wiederherstellung der Funktionsfähigkeiten eines Produktes. Hierbei werden oft defekte Teile ausgetauscht und das Produkt in den Ursprungszustand versetzt. Währenddessen das Refurbishment darüber hinaus noch das Ziel verfolgt, die Produkte in Gänze zu überholen und deren Funktionsfähigkeit weiter auszubauen, aufzufrischen, oder wenn möglich zu verbessern.
  Beispiele: Autos, Kaffeemaschinen, Waschmaschinen

Das Vermarkten der aufbereiteten gebrauchten Produkte und Gegenstände wird als Remarketing (Wiedervermarktung) bezeichnet. Findet keine umfassende Aufbereitung statt und das Produkt wird von anderen Nutzern nochmals wiederverwendet, spricht man auch von Re-Use. Wie die einzelnen Aktivitäten in der Reverse Suppy Chain eingebunden sind, zeigt die folgende Abbildung.

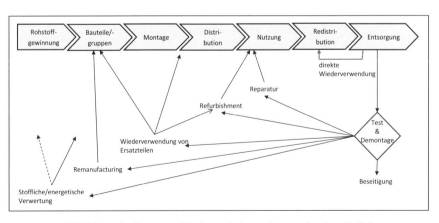

Abbildung 2: Reverse-Chain und deren Prozessbestandteile[3]

3   Walther, G. (2010)

 **30. Deutscher**
Logistik-Kongress
23.-25. Oktober 2013

 BVL
Bundesvereinigung
Logistik

1.1.2. Objekte des Refurbishment – „Refurbished Products"

Herkunft und Quellen der Produkte

Je nach Herkunft der Produkte ergeben sich unterschiedliche logistische Aufwendungen der Re-Distribution für die verwertenden Parteien, wie z. B. Hersteller und Händler. Die Aufgaben der Redistribution werden meist durch Logistik-Dienstleister wahrgenommen oder auch z. B. von Herstellern beauftragte Vertragshändler, die flächendeckend organisiert sind oder es werden Paketdienstunternehmen einbezogen, die von Kunden, die entsprechend der Serviceversprechen Rücksendungen veranlassen.

Generell geht es um das Aufbereiten von gebrauchten Produkten, die aus folgenden Quellen stammen können:[4]

Kunden (Konsument, Nutzer)

- Versandrückläufer (Retourenware) aus dem Internethandel, die innerhalb der 14 Tage Widerrufsrecht oder auch aufgrund von Kundenreklamationen zurückgesendet werden und meist nicht in der Originalverpackung vorliegen.

- Garantiefälle aus dem stationären oder Internethandel, aufgrund von nichtfunktionsfähigen Komponenten oder Beschädigungen

- Leasingrückläufer aufgrund von auslaufenden Leasingverträgen mit der Notwendigkeit der Zustandsüberprüfung des Leasing-Gegenstands

- Rückgabe gebrauchter Güter, die in „Zahlung gegeben" werden und durch eine Ersatz- oder Neuanschaffung ausgetauscht werden

- Gebrauchte Produkte, die meist von Privatpersonen via Internethandel angeboten werden, funktionsfähig sind, aber noch nicht aufbereitet wurden.

Unternehmen (Hersteller, Händler)

- Insolvenzware und Lagerüberhänge oder Rest- und Sonderposten, die oft originalverpackt, aber ohne Herstellergarantie und überaltert sind oder in einem niederwertigen Zustand sein können.

---

4   Vgl. Brito, M.P., Dekker R. (2002) und Flapper, S., Nunen van, J.; Wassenhoven, L., (2005) S. 5f

- Demo-Ware, die auf Messen oder als Ausstellungsstücke nur kurzzeitig in Betrieb genommen wurden und als „gebraucht" einzustufen sind

- Rückläufer von Produkten aufgrund von Transportschäden, die sich z. B. nur auf die Verpackung oder auf optische Schäden beziehen kann

- Gebrauchte Produkte von Unternehmen, die veraltet, aber funktionsfähig sind und ausgesondert werden.

Je nach notwendigen Aufwand der Aufbereitung und finalem qualitativen Zustand werden diese dann von Händlern oder Herstellern klassifiziert in gebrauchte A- und B-Ware. Eine einheitliche Kennzeichnungspflicht gibt es hier allerdings noch nicht. Sehr häufig tragen die Produkte den Zusatz „refurbished products". Manche Händler als auch Hersteller nutzen wiederum spezifische Kennzeichnungen, die dem Kunden die Sicherheit der Funktionsfähigkeit geben soll, um ihre Produkte von den üblichen gebrauchten Produkten abzuheben und um einen entsprechenden Preis bei hoher Qualitätsstandard zu begründen (z. B. Fünf-Sterne-Programm von Suffel, ein Vertragshändler von Linde, oder das Gold Zertifikat von Harlander oder die Auszeichnung „Certified by Microsoft", um das nach strengen Kriterien durchgeführte Qualitätsaudit zu bescheinigen).

Merkmale und Arten von Produkten

Im Gegensatz zu gebrauchten Produkten werden „refurbished products" getestet, überarbeitet um die Funktionalität zu sichern und sind fehlerfrei, was vom Anbieter auch im Rahmen von Gewährleistungspflichten zu gesichert wird. Dies ist bei „used products" nicht immer der Fall. Typische Produkte, bei denen sich ein Refurbishment sowohl unter ökonomischen als auch unter ökologischen Gesichtspunkten lohnt, sind hochwertig oft komplex und in ihrer Herstellung auch mit hohem Aufwand verbunden. Hier lohnt eine Verlängerung der Nutzungsdauer durch entsprechende Aufbereitung. Beispiele sind Elektro- und Elektronikgeräte, insbesondere im Feld der Informations- und Unterhaltungstechnik oder hochwertige Maschinen und Anlagen, insbesondere Sondermaschinen oder Geräte aus der Medizintechnik oder auch Fahrzeugbau z. B. aus dem Nutzfahrzeugbereich oder Förderfahrzeuge oder im Ersatzteilwesen der Automobilindustrie, wie z. B. „runderneuerte" Reifen, Anlasser oder Lichtmaschinen. In jedem Fall stammen die Produkte aus Industrien, die durch kurze Produktlebenszyklen, hohen technologischen Fortschritt und damit relativ kurzen Nutzungsdauern der Produkte auf Kundenseite gemessen an der notwendigen Anfangsinvestition bzw. Kaufpreis gekennzeichnet sind. Ebenso fallen hierunter Produkte, die primär oder zuneh-

mend im Internethandel verkauft werden (Textilien, Schuhe und zudem vermehrt auch IT-Geräte und „weisse" und „braune" Ware) und als Retouren aufbereitet werden. Was aus Anbietersicht unter „refurbished products" angeboten wird, ist aber immer von einer Gesamtkostenbetrachtung aller notwendigen Prozesse der Aufbereitung und der nötigen Logistik der Reverse Chain und der Bereitschaft des Kunden einen entsprechenden Preis zu zahlen, abhängig.

Zusammengefasst sind generell „refurbished products" durch folgende Merkmale gekennzeichnet:

- Getestet, vollfunktionsfähig, qualitativ uneingeschränkte Nutzbarkeit

- Mindestens zweite Nutzung/zweiter Einsatz

- Oft keine Unterscheidungsmöglichkeit zum Neugerät durch den Laien

- Gleiche Servicedienstleistungen wie bei Neuprodukten, u. a. volle Gewähr-leistungs- und Garantieleistungen

- Oft in gleicher Original-/Verkaufsverpackung wie ein Neugerät.

1.2. Relevanz und Bedeutung

Das Konzept Refurbishment ist eine Handlungsoption Ressourcen zu schonen und im Rahmen der Ökoeffektivität und auch Ökoeffizienz eine positive Wirkung auf ökologische und ökonomische Aspekte zu erzielen. Hierbei ist das Konzept aus volkswirtschaftlicher bzw. weltwirtschaftlicher Perspektive genauso wie aus be-triebs- bzw. privatwirtschaftlicher Perspektive von steigender Bedeutung.

Volkwirtschaftliche und umweltbezogene Gesamtbetrachtung

Produkte, die noch voll funktionsfähig sind, aber aufgrund des technologischen Fortschritts und der damit einhergehenden verkürzten Lebenszyklen und kurzer Erstnutzungsdauer sind, sollten nicht vernichtet oder ausschließlich der sekundär-en Verwertung zugeführt werden. Unter volkswirtschaftlicher Perspektive ist ein Wert in Form von verarbeiteten Teilen, Komponenten und Materialien, notwendi-ger Arbeitskraft und Energie z. B. im Herstellungsprozess und auch in allen un-mittelbar notwendigen Unterstützungsprozesse des Transportierens oder Lagerns entlang der ganzen Supply Chain bis zum Nutzer entstanden, der hier vernich-tet werden würde. Oft gelten die Produkte gemessen an der durchschnittlichen Nutzungsdauer betriebs- und steuerwirtschaftlich als „abgeschrieben", obwohl sie noch ihre volle Funktionalität erbringen können. Getrieben durch Konsumenten- oder Unternehmensentscheidungen werden diese dann durch neuartige, technologisch aktuellere Produkte ersetzt. Die „veralteten" Produkte sind hingegen für andere Nutzer noch von hohem Wert, so dass diese bereit sind, einen entsprechenden Preis, der bei Notebooks bis zu 50% zum Ursprungspreis liegen kann zu bezahlen. Das Internet und die weltweite Vernetzung sind ebenso Treiber für die zunehmende Bedeutung des Refurbishments. Zum einen ist der Informationsgrad der Nutzer und Kunden hinsichtlich neuer technologischer Entwicklungen sehr hoch und Neuheiten verbreiten sich sehr schnell, was zu einer schnelleren Veraltung, insbesondere von IKT-Produkten führt und zum anderen ermöglicht es, mit hoher Treffsicherheit Käufer und damit Zweitnutzer der aufbereiteten gebrauchten Produkte zu finden, die bereit sind einen entsprechenden Preis zu zahlen. Der Markt für gebrauchte Güter boomt und Plattformen für gebrauchte und/oder aufbereitete Produkte nehmen stetig zu. Getrieben durch die wirtschaftlichen Unterschiedlichkeiten in sozialen Schichten eines Landes oder innerhalb der EU oder auch die wirtschaftliche Schieflage zwischen den Industrie- und Schwellenländern erleichtern es, eine ausreichend große Zielgruppe für aufbereitete Produkte zu finden. So werden nicht nur Maschinen, Autos oder komplexe Anlagen aufbereitet und gebraucht exportiert, sondern werden auch hochwertige Mobiltelefone und Laptops in Absatzmärkten mit geringer Kaufkraft angeboten. Weltwirtschaftlich gesehen, sicherlich ein großer Vorteil, der auch nicht durch die Kosten der Aufbereitung an sich oder durch lange Transportdistanzen und Logistik-Kosten aufgewogen wird. Für eine Bewertung, ob ein Produkt in diesem Sinne einen positiven volks- oder betriebswirtschaftlichen Effekt erzielt, müssen alle Kosten in Form von Ressourcenverbräuchen und Werte der gesamten Supply Chain als geschlossene Schleife (Closed Loop) mit Einbezug eines Second Lifes und Reverse Chain betrachtet werden.

Notebook ein „lohnendes" Objekt des Refurbishments?

Versucht man beispielsweise für ein Notebook eine derartige Gesamtbetrachtung zu machen, müssen verschiedene Aspekte einbezogen werden, die den Wert eines „refurbished product" herausstellen. Entlang der Prozesse von der Herstellung bis zur Nutzung und Verwertung sind ganzheitlich bilanziert sowohl ökonomische als auch ökologische Aspekte zu beachten. Betrachtet man den Product Carbon Footprint, so wird deutlich, dass die Herstellung eines Laptops mit knapp 56% (214 kg CO_2e in 5 Jahren) den höchsten Anteil an Treibhausgasemissionen verursacht. Die eigentliche Nutzungsphase ist anteilig mit 36% eher geringer und die Belastung

┌─┐ 30. Deutscher
└■┘ Logistik-Kongress
23.-25. Oktober 2013

BVL⌐

Bundesvereinigung
Logistik

durch die Distribution des Produkts oder die Einkaufsfahrt fällt mit jeweils 8% eher klein aus.[5] Will man die Umweltbelastungen von Laptops insgesamt (lt. Ökoinstitut rund 1,5 Mill. Tonnen CO_2e jährlich durch die Herstellung der in Deutschland verkauften Laptops[6]) reduzieren, können Maßnahmen ergriffen werden, um die Anteile und absolut die Belastungen in den Phasen zu reduzieren. In der Vergangenheit wurde, insbesondere beim Energieverbrauch der Geräte angesetzt, um diese langfristig auch ohne Netzanschluss verfügbar zu halten. Der eigentlich größere Anteil der Herstellungsphase wurde bisher weniger beachtet. Allein die bisher eher fokussierte Steigerung der Energieeffizienz von Laptops in der mobilen Nutzungsphase kann den Umweltaufwand der Herstellungsphase nicht in ansprechender Zeit amortisieren. Je länger ein Notebook genutzt wird, umso geringer ist der Anteil der Herstellungsphase an den Gesamtumweltauswirkungen des Notebooks und umso geringer ist die Umweltbelastung der Notebooknutzung insgesamt. Gelingt zwischen zwei Notebookgenerationen eine Steigerung der Energieeffizienz um 10%, so liegen laut Berechnungen des Ökoinstituts die Amortisationszeiten zwischen 33 und 89 Jahren, bei einer Steigerung um 20% zwischen 17 und 44 Jahren.[7] In jedem Fall würde sich energetisch betrachtet ein Neukauf erst nach Jahrzehnten rechtfertigen. Aus diesem Grunde gilt es durch die

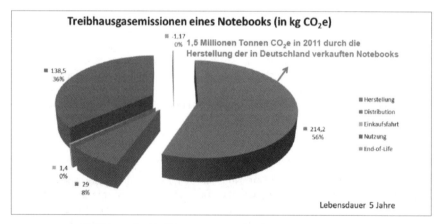

Abbildung 3: Treibhausgasemissionen eines Notebooks[8]

---

5   Vgl. Prakash, S. (2012a) S. 47
6   Prakash, S. (2012a) S. 47
7   Vgl. Prakash, S. (2012a) S. 34
8   Vgl. Prakash, S. (2012 b)

Verlängerung der Lebensdauer von Notebooks – auch wenn diese natürlich nicht in dem zeitlichen Umfang möglich ist – als Ansatzpunkt zu wählen, um die anteiligen Gesamttreibhausgasemissionen, die durch die Herstellungsphase verursacht werden, zu reduzieren.

Betriebswirtschaftliche Betrachtung

Ein effizientes Refurbishment, Refitting oder Remanufacturing ist daher von hoher ökologischer Bedeutung im Hinblick auf eine Verlängerung der Lebensdauer eines Produkts. Der wirtschaftliche Aspekt einer ökoeffizienten Aufbereitung ist aus Sicht der Hersteller und Händler essentiell, um überhaupt sinnvoll aktiv zu werden. Ein effizientes Refurbishment ist dann möglich, wenn mit vertretbarem Zeitaufwand und Kosten die Herstellung der Funktionsfähigkeit oder Aufrüstung gelingt. Diese sind abhängig vom Produktdesign bzw. modularen Aufbau des Produktes, um eine leichtere Demontage zu ermöglichen oder auch von der Standardisierung von Komponenten, die leicht austauschbar und gezielt vorhaltbar sind. Bei nötigen Reparaturdiensten ist zudem die zeitliche und örtliche Verfügbarkeit von Ersatzeilen wesentlich. Letztlich sollte die Ressourcennutzung, insbesondere der Produktbestandteile und Sekundärrohstoffe (wie z. B. der kritischen Metalle) generell durch eine recyclinggerechte Konstruktion erleichtert werden. Forderungen des Ökoinstitut im Rahmen der Ökodesignpolitik (EuP) die Original Equipment Manufacturer (OEMs) und Komponentenhersteller der IKT-Geräte zu produktbezogene Maßnahmen zu verpflichten, wäre ein Ansatzpunkt konsequent die Ressourcen effizient zu nutzen.

Inwieweit eine Verlängerung der Lebensdauer durch Refurbishment aus wirtschaftlichen Überlegungen sinnvoll oder begrenzt ist, ist letztlich auch von den individuellen Entscheidungskriterien der Konsumenten bzw. der Nutzer abhängig. Die Bereitschaft einer längerfristigen Nutzung ist z. B. bei Laptops durch die eher sinkenden Anschaffungspreise von Neuprodukten und die verbesserten Leistungskomponenten begrenzt. So werden durchschnittlich alle 2-3 Jahre Laptops ersetzt, um auf dem „neuesten" Stand zu bleiben. Betrachtet man den Markt für gebrauchte und aufbereitete Produkte insbesondere im Bereich IKT, so gibt es sowohl Privatpersonen, wie z. B. Unternehmensneugründer als auch Organisationen, wie z. B. öffentliche Einrichtungen, Non-Profit-Unternehmen oder Bildungseinrichtungen, die auf ein entsprechendes Preis-/Leistungsverhältnis von Produkten Wert legen und die Produkte aufgrund ihres geringeren Budgets in ihrem „Second Life" bevorzugen. Laut der Zeitschrift CHIP gibt es Preisnachlässe bis zu 50% oder Top-Notebooks bereits ab 390 €, selbst bei leistungsstarken Business-Notebooks

lassen sich Nachlässe bis zu 35% erzielen ohne, dass die zwölf monatige Gewährleistung fehlt.[9] Auch bei Mobiltelefonen sind ältere Modelle, die nicht einmal 2 Jahre alt sind aufbereitet mit ähnlichen Nachlässen zu erhalten. Kaufentscheidend ist hier eher das Preis-/Leistungsverhältnis und nicht so sehr die positivere Bilanz der Treibhausgasbelastungen, die von kaum einem Händler oder Hersteller offen ausgewiesen wird oder die überhaupt nicht bekannt ist.

Aus betriebswirtschaftlicher Unternehmenssicht lohnt es sich „refurbished products" anzubieten. Es scheint neben den Kunden, die neueste Produkte bevorzugen und bereit sind entsprechende Kaufpreise oder Leasinggebühren zu zahlen, scheint es daneben einen weiteren Teilmarkt zu geben, dessen Kunden sich für günstigere Produkte mit ausreichenden technischen Stand interessieren. Natürlich ist die Auswahlmöglichkeit an Produkten begrenzter als bei Neuprodukten, da es sich aus Zeit- und Kostengründen nicht immer bei jedem Modell lohnt diese aufzubereiten oder für alle Modelle spezifische Ersatzteile vorzuhalten. Aufgrund der Variantenvielfalt an Modellen z. B. im IKT-Bereich, die ohnehin durch den Konsumenten mit dem Wunsch nach Individualisierung forciert wird, ist dennoch die Bandbreite der anzubietenden Produkte umfassend. Eine Kannibalisierung beider Teilmärkte ist nicht auszuschließen, wenn gleich bei Erstanschaffungen oder bei Ersatzbeschaffungen auf Seiten der gewerblichen Kunden hier die Gefahr besteht. In jedem Fall können Produkte, die ein Refitting oder Refurbishing erhalten haben, zu einer längerfristigen Kundenbindung führen oder überhaupt eine entsprechende Kundenbeziehung zu diesem neuen Kundenklientel entwickeln helfen. Kunden erhalten so von Herstellern, wie Apple, Microsoft oder Siemens die gleichen Service- und Zusatzdienstleistungen wie bei Neuprodukten und partizipieren so an etablierten Innovationen und Technologien und auch am Markenimage der Unternehmen.

Die wirtschaftliche Bedeutung des Refurbishment für Unternehmen und Händlern erschließt sich aus der Optimierung und Management der einzelnen Prozesse, von der Rücknahme/Einsammeln, Prüfung/Testing, Reinigung, Teileaustausche, Verpackung und des Wiederverkaufens. Der Aufwand für das Refurbishment muss letztlich dem Aufwand eines Neuprodukts von der Entwicklung, Teilebeschaffung, Herstellung und Distribution gegenübergestellt werden, um einen Preis für genutzte Produkte gemessen an dem Ursprungspreis zu ermitteln. Wie oben dargestellt ist die ökologische Bilanz gerade der Produkte, die in komplexen, internationalen Supply Chains hergestellt werden, eine eher positivere als Neuprodukte herzustellen.

9   Vgl. Mann, O. (2006) – Chip online

2.   Refurbishing in der Praxis

2.1.   Akteure und Markt

Ist die Bestimmung eines Marktes von den handelnden Akteuren der Anbieter und Nachfrager von Dienstleistungen und Produkten abhängig, so läßt sich auch für das Refurbishment ein Markt beschreiben. Eine Zuordnung zum Logistik-Dienst-leistungsmarkt oder auch zum Markt der Entsorgungswirtschaft in Deutschland ist unter verschiedenen Voraussetzungen möglich.

Argumente für eine Zuordnung zum Logistik-Dienstleistungsmarkt ist der Anteil der klassischen Logistik-Dienstleistungen, wie die Transportaktivitäten des Ein-sammelns oder Abholens der Geräte oder Produkte im Sinne einer Retourenlogis-tik oder Redistribution, des Verfügbarmachens am Ort der Aufbereitung und der Zustellung im Rahmen des Wiederverkaufens als auch des Lagerns von Ersatz-teilen, Komponenten oder aufbereiteten Produkten zum Verkauf, sowie das Kom-missionieren, Aus- und Einpacken der Produkte an den gesamt zu erbringenden Dienstleistungen. Die Aktivitäten wie z. B. das Reinigen, die Demontagetätigkei-ten des Zerlegens bzw. Austauschen von Teilen oder Reparaturtätigkeiten oder das Löschen und Neuinstallieren von Datenbeständen und Software, können als „Value Added"-Dienstleistungen auch Gegenstand von Kontraktlogistik-Vereinba-rungen mit Logistik-Dienstleistern sein und somit dem Teilmarkt der Industriel-len Kontraktlogistik zugeordnet werden. Gerade in diesem Teilmarkt finden sich Logistik-Dienstleistungen des After Sales Services wie auch das Ersatzteilwesen und -logistik, die inhaltliche Berührungen aufweisen. Die Retourenabwicklung und -aufbereitung von Konsumgütern, die mit zunehmender Bedeutung im Internet vertrieben werden, kann auch eine Zuordnung zum Konsumgüter-Kontraktlogistik-Markt rechtfertigen. In jedem Fall sind die Refurbishment-Aktivitäten in ein Bündel an logistischen Dienstleistungen eingebunden, die von verschiedenen Akteuren, wie z. B. auch Paket-Unternehmen oder Lager-Dienstleistungsunternehmen er-bracht werden. Sehr häufig werden zur Kennzeichnung der Vielzahl an Aktivitäten am Ende der Supply Chain zum Schluss der – ersten – Nutzungsphase eines Pro-dukts – diese unter „Reverse Logistics" zusammengefasst. Mögliche Optionen, die hier auch einbezogen werden können, sind wenn Produkte wiederverkauft oder wenn diese im Sinne einer Closed Loop Supply Chain wiederverwendet oder wie-derverwertet werden.

Das klassische Feld der Entsorgungswirtschaft ist neben der Entsorgungslogistik, die sich im Kern mit dem Einsammeln und der Rückführung von Abfallstoffen beschäftigt, die energetische und stoffliche Wiederverwertung im Sinne eines Re-

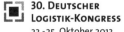

cyclings. Produkte, die zur Wiederverwendung aufbereitet werden, sind im klassischen Sinne nicht der Kerngegenstand der Aktivitäten. Auch hier finden zahlreiche logistische Aktivitäten des Transports, Sortierens und Lagerns/Deponierens statt, eine Aufbereitung von Produkten zum Wiederverkauf allerdings nicht.[10]

Betrachtet man die Reverse Supply Chains in denen die Refurbishment-Aktivitäten eingebunden sind, finden sich prinzipiell drei verschiedene Parteien, die derartige Aufbereitungsdienste in Deutschland anbieten.

Hersteller – OEM

In den wesentlichen Branchen der Elektronik-Produkte, High-Tech-Produkte, Informations- und Kommunikationstechnik (IKT), Medizintechnik oder der Nutzfahrzeuge nutzen viele Hersteller namhafter Produkte den Wiederverkauf aufbereiteter gebrauchter Produkte. Stellvertretend hierfür sind Unternehmen im IT-Bereich wie z. B. IBM, Apple, Hewlett Packard, Cisco oder Microsoft oder im Unterhaltungselektronik-Bereich wie Sennheiser, Sony, Olympus oder Canon wie auch im Bereich medizinischer Geräte, wie z. B. Siemens, Phillips und General Electric oder im Nutzfahrzeugbereich der Flurförderfahrzeuge wie z. B. Still oder Linde zu nennen. Gerade aufgrund von Leasing-Verträgen oder Erfüllung von Garantieansprüchen ist eine Ersatzgestellung von Produkten und Rücknahme der gebrauchten Produkte auch aus finanzwirtschaftlicher Sicht für die Hersteller interessant. Nahezu alle Hersteller nutzen für den Wiederverkauf der gebrauchten Produkte eigene Plattformen im Internet, um die entsprechende Zielgruppe für derartige Produkte anzusprechen und zu signalisieren, dass die gleichen Service-Leistungen, wie bei Neuprodukten geboten werden. Das eigentliche Refurbishment wird größtenteils durch eigene Mitarbeiter oder bei Reparaturen durch angestellte oder beauftragte Techniker, die entsprechendes Know-How bereits haben, ausgeführt. Zunehmend werden aber auch Logistik-Dienstleister für das Aufbereiten der Produkte wie z. B. Hewlett Packard den Logistik-Dienstleister LGI oder Microsoft den Logistik-Dienstleister GEODIS eingesetzt. Letzt genannter erhielt sogar die Zertifizierung als „Microsoft Authorized Refurbisher (MAR)". Zudem nutzen Hersteller auch Vertragspartner/-händler, die das Refurbishment der gebrauchten Produkte, z. B. Linde in Deutschland mit einem Netz von rund 25 Partnerunternehmen, die ausschließlich die Herstellerprodukte aufbereiten und nach Zustandsklassen kategorisiert verkaufen. Im Bereich der konsumnahen Güter, die weniger technik-

---

10 Vgl. Lemke, A. (2004), S. 17

dominierend sind, wie z. B. Textilien oder Schuhe setzen Unternehmen wie z. B. sOliver oder Gerry Weber für die Retourenlogistik, Sortieren und Aufbereitung Logistik-Dienstleistungsunternehmen (wie z. B. Fiege) ein. Oftmals werden dann die Versandrückläufer geringfügig „aufbereitet" und dann über separate Distributionskanäle (Outlet-Store) nach Saisonende preisreduziert verkauft.

Händler

Der Markt für gebrauchte Produkte, die vorwiegend im Internet vertrieben werden ist sicherlich ein sehr bedeutender und stark wachsender Markt, bezieht man das Entstehen neuartiger Internetplattformen und -anbieter in die Betrachtung mit ein. Auch für „refurbished products" insbesondere hochwertige, technikdominierte Produkte, wie z. B. Digitalkameras, Navigationsgeräte, Laptops/Notebooks, Drucker, Handys oder Kopierer finden sich zahlreiche Händler. Produkte werden von den Herstellern übernommen, aufbereitet und dann mit händlerspezifischen Garantien und Gewährleistungs-Diensten über eigene Homepages wiederverkauft. Zu den bedeutenden Händlern im IT-Umfeld zählen Harlander, Pearl, ITSCO oder auch die Online-Plattformen idealo, mein-deal oder multi-ware. Neben den Händlern von „refurbished products" bestehen eine Vielzahl von Anbietern, die je nach Zustand der Produkte diese nicht oder nur geringfügig aufbereitet verkaufen. Hierzu zählen Unternehmen, dessen Kerngeschäft nicht alleine das Anbieten von „refurbished products" ist. So finden sich z. B. auch bei Amazon derartig gekennzeichnete Produkte.

Dienstleistungsunternehmen

Anbieter von gebrauchten und aufbereiteten Produkten können auch spezialisierte IT-Dienstleistungsunternehmen sein, die das entsprechende Wissen und Techniker haben, die spezifische Produkte in den vollen Funktionsumfang oder technisch aufgewertet aufbereiten können. Beispielsweise bereitet der Dienstleister „Technogroup" insbesondere IBM und Hewlett Packard-Produkte auf und installiert u. a. auch aktuelle Software-Systeme. Je nach Herkunft oder Kerngeschäft des Dienstleisters können ausführende Akteure des „Refurbishments" auch Logistik-Dienstleistungsunternehmen sein. Diese treten nicht in den eigentlichen Wiederverkauf zum Kunden hin auf übernehmen aber eine Vielzahl ergänzender Dienste im Auftrag der Hersteller oder Händler, wie z. B. Kundenservice oder Finanz-Dienstleistungen, Bestandswesen, Reparatur oder auch im IT-Bereich das Staging and Wiping von Laptops/Notebooks.

2.2. Geschäftsmodelle und Praktiken – Beispiele

Im Unterschied zur Abwicklung und Management von Supply Chains ist der Koordinierungsaufwand aufgrund der Komplexität in Reverse Chains, die sich durch die Anzahl beteiligter Akteure und deren Aufgaben ergibt, sehr hoch. Refurbishing als eine der Tätigkeiten gebrauchte Produkte wieder verkaufsfähig zu machen, ist wie Reparatur- und Remanufacturing-Dienste in einer Kette von Tätigkeiten eingebunden, die vorbereitend eine Aufarbeitung erst ermöglichen wie z. B. das Sammeln der Produkte oder begleitend, wie das Vorhalten von Ersatzteilen oder Verpackungen, oder auch nachlaufend, wie das Lagern aufbereiteter Produkte und die Auslieferung der wiederverkauften Produkte.

Herstellerseitige Geschäftsmodelle und Praktiken

Der durch den OEM/Hersteller gewählte Outsourcinggrad der einzelnen (logistischen) Tätigkeiten und Fokussierung auf wenige oder mehrere Logistik-Dienstleister und Service-Unternehmen ist je nach verfolgtem Geschäftsmodell der Hersteller sehr unterschiedlich. Es finden sich prinzipiell drei Grundvarianten des Outsourcings:

- Self-Refurbishment und Outsourcing klassischer Logistik-Dienste meist auch verbunden mit eigenen Remanufacturing oder Refitting-Aktivitäten
  - Entwicklung einer eigenen Geschäftssparte: Siemens Refurbished System und Ecoline Systeme im Medizintechnikberich
  - Ergänzung des Sortiments um eine eigenen Produktsparte: Apple Store

- Teil-Outsourcing des Refurbishment an spezialisierte Service-Unternehmen meist auch Fremdnutzung von Reparaturdiensten: Selbstständige Techniker IT-Spezialisten und/oder Kontraktlogistik-Branchenspezialisten
  - Langfristige Kooperation mit einem Logistik-Dienstleister: H&P und LGI

- Total-Outsourcing des Refurbishment und des Wiederverkaufs an produktspezifische Händler
  - Einsatz von Vertriebs-/Handelspartner: Linde und das Partnernetzwerk
  - Branchenspezialisierte On-line Händler: Harlander

Dienstleistungsseitige Geschäftsmodelle und Praktiken

Die im Markt des Refurbishment beteiligten Dienstleistungsunternehmen – aus der Entsorgungs- und Logistikbranche – bieten entsprechend ihres Geschäftsmodells wiederum eine unterschiedliche Bandbreite an Diensten im Feld der Entsorgung/ Recyclings oder im Feld der Logistik an. Logistik-Dienstleister bieten neben Reverse Logistik-Dienstleistungen ergänzend z. B. Dienste, wie Kundenservices im Rahmen des Betriebs eines Call Centers oder Finanzdienstleistungen, wie z. B. Nachnahme-Regelungen, Gutschriften-Management bei Ersatzgestellungen. Zudem werden neben Refurbishing-Aktivitäten Reparatur-Dienste mit eigenen oder fremden Technikern, Recycling und Bestands- und Ersatzteilmanagement angeboten. In Kooperation mit IT-Dienstleistern oder eigens angestellten Spezialisten erfolgen auch Staging und Wiping-Dienste, um Daten sicher zu löschen und individualisierte Software-Installationen durchzuführen.

Die in der Reverse Chain aktiven Dienstleister, die auch im Refurbishing Dienste bieten, lassen sich differenzieren in[11]

- Logistik-Dienstleister mit breitem Leistungsangebot
  - Klassische mittelständische Logistik-Dienstleister meist mit einem bedeutenden Umsatzanteil in der Kontraktlogistik und traditionell aktiv im Stückgutbereich z. B. Honold, Lila Logistik, Schmalz&Schön
  - Große Logistik-Dienstleistungsunternehmen, die branchenspezifische Dienstleistungspakete anbieten und z. B. im Bereich Elektronik, Kleidung und/oder Health Care Refurbishment Dienst im Rahmen von After Sales Services oder Ersatzteilmanagement bieten, wie z. B. Kühne und Nagel, DB Schenker oder DHL.

---

11 Auswertung einer unveröffentlichten Studie zum Reverse Logistics Markt Deutschland, 2013
    des Instituts für angewandte Logistik (IAL), Würzburg

- Spezialisierte Logistik-Dienstleister

  - Kontraktlogistik-Spezialisten und individuelle Lösungsanbieter in spezifischen Branchen, wie z. B. Arvato, Simon Hegele, Bilog, Geodis, Van Eupen, Syncreon

  - High-Tech-Transport-Dienstleister, die ursprünglich sich auf klassische Transporte von technischen und sensiblen Gütern spezialisierten und die Bandbreite an Dienstleistungen erweiterte wie z. B. Rhenus-Mididata, LCE, Hellmann Process Management, LPR

- Reverse-Logistik-Dienstleister

  - Reverse-Logistik-Spezialisten mit einer Bandbreite an Refurbishment und Recycling-Aktivitäten für mehrere Branchen, wie z. B. RLG, LGI, RTS, Hellmann Process Management

  - Full-Service Entsorgungsunternehmen, wie z. B. Alba-Group, Remondis oder Intersoh, die Refurbishment-Aktivitäten geringfügig neben den eigentlichen Verwertungsdiensten bieten.

- IT-Dienstleistungsunternehmen spezialisiert auf IT-Hard- und Software und teils auch eigenen Verkaufsaktivitäten wie z. B. Dataserv, Bitronic, CS, Getronics, Logatec, GSD (mit Handel, Reparatur, Refurbishment)

Paketdienst-Unternehmen, wie z. B. DPD oder Hermes sind weitestgehend im Redistributionsbereich von Versandrückläufern und Zustellung tätig und beschäftigen sich nicht mit der Aufbereitung der Produkte.

In der Praxis werden innerhalb der Reverse Chain oft viele Aufgaben arbeitsteilig durch Hersteller, Händler und verschiedene Logistik-, Remanufacturing- oder Refurbishment-Dienstleister ausgeführt. Inwieweit die Aktivitäten des Refurbishment Kern eines separaten, eigenen oder ergänzenden Geschäfts ist, hängt an der Perspektive der einzelnen beteiligten Parteien ab.

Folgende Abbildung illustriert die Arbeitsteilung innerhalb einer Reverse Chain, in dem das Testing und Refurbishment (T&R) und Remanufacturing von HP-Produkten durch externe Dienstleister stattfindet beispielhaft.

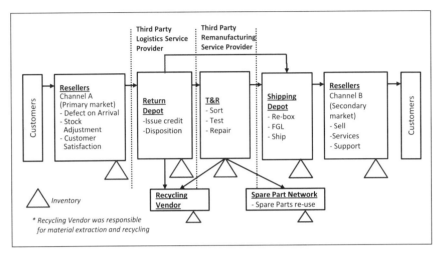

Abbildung 4: Beispiel einer arbeitsteiligen Reverse-Chain eines Druckers – HP (Stand 2005)[12]

3. Aktuelle Herausforderungen und Entwicklungen

Um das „Refurbishment" erfolgreich zu betreiben und damit einen maßgeblichen Umsatzanteil mit „refurbished products" zu realisieren, sind bestimmte Herausforderungen zu erfüllen. Diese beziehen sich teilweise auf die vorgelagerten und nachgelagerten Prozesse in der Reverse Chain.

– Geringe Planbarkeit des Geschäfts

Bei vielen Produkten, die zurückgeführt werden, sind die Rückführungsmengen nicht ober kaum planbar. Ausnahmen sind Rückläufer aufgrund von festen Leasing-Verträgen oder falls der eigener Vertrieb oder Technikerdienstleister eine Art Life-Cycle Monitoring von hochwertigen Geräten im Rahmen von Wartungsverträgen macht und so vereinzelt den Ersatz

---

12   Vgl. Davey, S., et al, S. 92

planen kann. Dann kann ein geplantes proaktives Austauschen mit Gut-
schriften für den „Restwert" erfolgen. Herausfordernd ist ebenso der un-
klare und nicht vorhersehbare Zustand der Verpackung oder der rückgeführten Geräte, ebenso an welchem Ort und zu welchem Zeitpunkt welches
Aufkommen verfügbar ist. So kann die mengenmäßige Schwankung der
„Sammelmengen" stark variieren und sind schwer vorhersehbar. Anhalts-
punkte liefern übliche Lebenszyklusverläufe oder Zeitpunkte eines Modell-
wechsels oder Einführung neuer Produkte. Ebenso kann die Weihnachtszeit
zu einer verstärkten Anschaffung von IKT-Produkten z. B. im privaten Bereich die Nachfrage nach neuartigen und das Ersetzen nach gebrauchten
Produkten forcieren. In jedem Fall ist es damit herausfordernd ein entsprechendes Reverse-System für die Einsammlung der Produkte zu entwickeln
oder festzulegen, wo regional Refurbishment-Center sinnvoll lokalisiert
werden sollten. Investitionen in Refurbishment-Aktivitäten und Ressourcen
sind stark von dem Erreichen einer kritischen Masse an zurückgeführten
und effizient aufbereiteten Produkten für den Wiederverkauf abhängig.

– Schwierige Kostenbewertung

Da der Zustand der Ware nicht vorhersehbar ist, kann der Aufwand für
das Testing und Aufbereitung, wie z. B. Reinigung, Teileaustausche und
Umfang der Qualitätskontrolle nicht ohne weiteres eingeschätzt werden.
Gerade auch bei sich schnell wandelnden Modellen kann eine modellspe-
zifische zeitliche Bewertung des Aufbereitungsaufwandes für eine Kostenbetrachtung obsolet sein. Eine ganzheitliche Zuordnung aller Kosten, die
sich durch das Vorhalten von Werkzeugen, Mitarbeitern oder der Immobilie
auf die einzelnen Produkte jenseits der eigentlichen Prozesskosten ergibt,
ist von der Auslastung und Menge der rückgeführten Güter abhängig und
macht eine spätere Preis- und Gewinnermittlung für das Produkt schwierig.
Konstante Rücklaufquoten wie bei Röntgengeräten von jährlich 98% weltweit sind hier eher eine Ausnahme. Ebenso ist es eine Herausforderung die
beteiligten vor- und nachgelagerten Prozesse mit zu bewerten, will man
einen sinnvollen Preis ermitteln. So müssen die Re-Distributionslogistik-
kosten, inklusive der Behälter- und Verpackungskosten nach ihrem Men-
genaufkommen niedrig gehalten werden, was bei fehlender Planbarkeit der
Mengen schwierig ist.

– Gesetzliche Restriktionen und Auflagen

Bei der Aufbereitung von Produkten finden sich aber auch rechtliche Einschränkungen, die in den einzelnen Ländern und innerhalb der EU verschiedenartig sind und eine globale Rückführung und Verkaufbarkeit von gebrauchten Produkten erschwert. Die eigentliche Rücknahme ist produktspezifisch wie z. B. durch das „WEEE Recast" (Verordnung 2012/19/EU) geregelt und fordert so z. B. bei Neuanschaffungen eine 1:1 Rücknahme im Handel. Bei der eigentlichen Aufbereitung ergeben sich Auflagen im medizinischen Bereich, das bestimmte Qualitätsstandards erfüllt werden müssen, um Haftungs- und Gewährleistungsverpflichtungen seitens des Anbieters für den Käufer zu sichern. So können sicherheitsrelevante Produkte oder Produkte im Medizin- bzw. Gesundheitsbereich nicht ohne weiteres aufbereitet angeboten werden. Auch das 14-tägige Rückgaberecht, der meist im Internet angebotenen „refurbished products" kann zu einer wiederholten Rückführung und wiederum Aufbereitung führen, was kosteninduziert das Produkt unattraktiver werden lassen kann.

– Komplexität und Management der Reverse Chain

Betrachtet man die unterschiedlichen Geschäftsmodelle der Hersteller, Händler und Logistik-Dienstleister, zeigt es sich, dass die eingebundenen Unternehmen in der Reverse Chain in Abhängigkeit des Outsouring-Grades durchaus vielzählig sind. Ein Management der Refurbishment-Aktivitäten kann dabei nicht losgelöst von den klassischen Logistik-Tätigkeiten des Einsammelns, Lagern von Teilen und überarbeiten Komponenten oder der erneuten Zustellung gesehen werden. Die Herkunft der Güter aus Privathaushalten oder von Unternehmen erfordert das Abwägen von getrennten Einsammelsystemen. Eine Verrechnung oder Gutschriftstellung unter den Partnern erfordert zudem ein Monitoring der Kosten und gerechten Erlösteilung, was einen Koordinationsaufwand ebenso verursacht wie das zeitliche Ineinandergreifen der Einsammlung und der notwendigen Bereitstellung der Ressourcen für die Aufbereitung.

 **30. Deutscher**
Logistik-Kongress
23.-25. Oktober 2013

 BVL
Bundesvereinigung
Logistik

Neben diesen vier ausgewählten Herausforderungen müssen Unternehmen, insbesondere Hersteller der Herausforderung stellen, dass die Gefahr eines Imageverlust entstehen kann, wenn die gebrauchten Produkten den Qualitätsherausforderungen nicht stand halten und dennoch dem Kunden zugestellt werden oder wenn durch Händler im Internet aufbereitete Produkte angeboten werden, die den Qualitätsstandards des Herstellers nicht entsprechen. Zudem kann auch die Gefahr bestehen, dass ein Hersteller sich mit „refurbished products" das Absatzpotential für Neuprodukte beschneidet. Folgt man dem Beispiel von Siemens kann es aber auch gelingen durch eine geschickte Kommunikationsstrategie, gezielte Kundensegmentierung und Positionierung ein lukratives eigenes Geschäft mit einer separaten Produktlinie mit Namen „Ecoline Systems" zu entwickeln.

Der steigende Technisierungsgrad der Bevölkerung gerade im IKT-Bereich wird die Nachfrage nach überarbeiteten Produkten weiterhin hochhalten, aber auch zunehmend die mögliche Verlängerung der Lebensdauer von Produkten begrenzen. Der Grad der Informiertheit der Konsumenten kann zu einer intensiveren Schnäppchen-Mentalität führen, was letztlich auch zu Preiserwartungen seitens der Kunden führen kann, das die Effizienz der Refurbishment-Aktivitäten noch stärker fördern wird.

4. Ausblick

Mit zunehmender Sensibilisierung der Bevölkerung, wie wichtig die Schonung von Umweltressourcen ist und wie Konzepte der Wiederverwendung und -verwertung heute und in Zukunft wirken, desto eher wird sich das Kaufverhalten hin zu „nachhaltigen" Produkten orientieren und eine Verlängerung der Lebensdauer von Produkten durch Refurbishment wirtschaftlich honoriert. Voraussetzung, die preislichen Vorstellungen der Kunden für insbesondere technische Geräte zu treffen, erfordert eine integrierte Produktpolitik. In der Phase des Produktdesigns und Entwicklung kann durch eine vorausschauende integrierte Produktpolitik der Schwierigkeitsgrad und der Aufwand und damit auch der Wert der Aufbereitung oder des Remanufacturing oder Refitting bis hin zum Recycling von Rohstoffen ermittelt werden. Ein „Design for Refurbishment" und „Design for Recycling" können somit neben einem „Design for Logistics" dazu beitragen, dem Konsumenten attraktive nachhaltige Produkte anzubieten und helfen ökologische und ökonomische Ziele im Unternehmen und unter den Akteure in der Supply und Reverse Chain zu erfüllen. Der Wettbewerb könnte so in Zukunft nicht um einzelne Produkte oder entsprechend gestaltete integrierte Supply Chains stattfinden, sondern eher um die beste Reverse Chain bzw. der nachhaltig gestalteten Closed Loops Supply Chains stattfinden, die letztlich „dauerhaft" die höchste Wertschöpfung für Kunden generiert.

Literaturverzeichnis

Bergius, S. (2004): Siemens setzt auf Wiederverwertung, in: Handelsblatt, 4.10.2004, 6:13, http://www.handelsblatt.com/unternehmen/industrie/umweltschutz-als-wettbewerbsvorteil-und-verkaufsargument-siemens-setzt-auf-wiederverwertung/v_detail_tab_print/2411318.html, Zugriff am 10.8.2013.

Braungart, M. (2011): Die nächste industrielle Revolution: Die Cradle to Cradle-Community, Cep Europäische Verlagsanstalt; 3. Auflage, 2011.

Brito, M.P. de; Dekker, R. (2002): Reverse Logistics – a Framework, Econometric Institute Report, Econometric Institute, Rotterdam 2002.

Davey, S. et al (2005): Commercial returns of printers: the HP Case, in: Flapper, S., Nunen van, J.; Wassenhove, L., (2005) : Managing Closed – Loop Supply Chains, Springer Verlag Berlin, Heidelberg, New York 2005, S. 87-96.

Flapper, S., Nunen van, J.; Wassenhove L., (2005) : Managing Closed – Loop Supply Chains, Springer Verlag Berlin, Heidelberg, New York 2005 S. 3-18.

Janischweski, J., Henzler, M., Kahlenborn. W. (2007), Gebrauchtgüterexporte und Technologietransfer – ein Hindernis für nachhaltige Entwicklungen in Entwicklugns-. Und Schwellenländer, Studie im Auftrag des Rates für nachhaltige Entwicklung, Berlin, 2007.

Lemke, A. (2004): Logistikkompetenz in der Entsorgung -Strukturen und Leistungen der Logistik von Entsorgungsunternehmen, Studie des Lehrstuhls für Betriebswirtschaftslehre, insb. Logistik, TU Dresden, Dresden 2004.

Mann, O. (2006): 50 Prozent sparen mit Rückläufer-Hardware – Günstiger Hardware-Kauf ohne Risiko, veröffentlicht Chip.de am 07. August 2006, http://www.chip.de/artikel/50-Prozent-sparen-mit-Rueckleaufer-Hardware-2_19915204.html, Zugriff am 9.8.2013.

30. Deutscher
Logistik-Kongress
23.-25. Oktober 2013

BVL

Bundesvereinigung
Logistik

Prakash, S., Liu, R, Schischke, K., Stobbe, L. (2012a): Zeitlich optimierter Ersatz eines Notebooks unter ökologischen Gesichtspunkten, Studie des Öko-Institut e.V. – Institut für Angewandte Ökologie, und des Fraunhofer IZM, Berlin 2012.

Prakash, S. (2012b), Vortrag „Vorzeitiger Ersatz von IKT-Geräten – ökologisch sinnvoll? – Beispiel Notebooks" auf der BMU/UBA/BITKOM Jahreskonferenz – Green IT Along the Value Chain, Berlin am 12.09.2012, pdf, download am 9.8.2013.

Schmid, E. (2009): Koordination im Reverse Logistics, Gabler Verlag, Wiesbaden, 2009.

Schulte, C. (1999b): Logistik – Wege zur Optimierung des Material- und Informationsflusses. 3. überarb. und erw. Auflage, München 1999.

Walther, G. (2010): Nachhaltige Wertschöpfungsnetzwerke, Springer Verlag, Heidelberg, 2010.

Autor:

Prof. Dr. Ulrich Müller-Steinfahrt ist Professor für Logistik und Supply Chain Management an der Hochschule für angewandte Wissenschaften und zudem Leiter des Instituts für angewandte Logistik (IAL). Eines der Kompetenzschwerpunkte des Instituts ist das Nachhaltigkeitsmanagement in der Logistik. Prof. Müller-Steinfahrt ist seit über 20 Jahre beratend im Bereich der Logistik und Prozessmanagement für Industrie, Handel und Logistik-Dienstleistungsunternehmen tätig. Einer seiner thematischen Schwerpunkte ist die Reverse Logistik in Supply Chains und die Retourenlogistik im stationären und mobilen Handel.

W1

Herausforderung Young Professionals

 30. Deutscher
Logistik-Kongress
23.-25. Oktober 2013

 BVL
Bundesvereinigung
Logistik

Ansätze zur Berücksichtigung von Young Professionals
im Rahmen der strategischen Fachkräfteanalyse

Ansätze zur Berücksichtigung von Young Professionals im Rahmen der strategischen Fachkräfteanalyse

Dr. Dennis A. Ostwald, Geschäftsführer, Wirtschaftsforschungsinstitut WifOR

Nihal Islam, wissenschaftliche Mitarbeiterin, Wirtschaftsforschungsinstitut WifOR

1. Ausgangslage und Erkenntnisinteresse

Die Bevölkerung in Deutschland altert und schrumpft im Vergleich zu anderen Mitgliedsstaaten besonders schnell.[1] Dies liegt neben einer steigenden Lebenserwartung vor allem in dem niedrigen Geburtenniveau begründet. So belief sich die Geburtenziffer in Deutschland auf lediglich 1,36 pro Frau im Jahr 2011 – im Nachbarland Frankreich hingegen betrug die Geburtenziffer 2,01 pro Frau.[2] Dies führt mittel- bis langfristig zu einer rückläufigen Anzahl an Young Professionals auf dem deutschen Arbeitsmarkt. Als Young Professionals werden im Rahmen dieses Beitrags akademische und beruflich hochqualifizierte Fachkräfte im Alterssegment zwischen 25 und 34 Jahren betrachtet.

Die jüngsten arbeitsmarktpolitischen Bemühungen belegen diesen Sachverhalt: So wird bei einer Anzahl von über 5,6 Mio. arbeitslosen Personen im Alter unter 25 Jahren in Europa[3] angestrebt, qualifizierte ausländische Fachkräfte für Deutschland zu gewinnen. Jedoch werden die derzeitigen Zuwanderungszahlen nicht verhindern, dass der Bevölkerungsrückgang in den kommenden Jahren mit einer Schrumpfung des Fachkräftepotenzials einhergeht. Damit werden sich in einigen Wirtschaftsbereichen bereits bestehende Fachkräfteengpässe zukünftig noch verstärken. Die OECD weist bereits daraufhin, dass die Zahl der Erwerbstätigen in Deutschland bis zum Jahr 2020 um 6% sinken wird.[4] Das IAB geht in ihrer Prognose zum Fachkräftebedarf bis zum Jahr 2025 von einer Reduzierung der Erwerbstätigen um 6,3 Mio. aus.[5]

Des Weiteren führt die demografische Entwicklung zu einer deutlichen Veränderung des Verhältnisses zwischen den jüngeren und älteren Beschäftigten. Derzeit

---

1   Vgl. Roloff (2004), S. 9.
2   Vgl. Destatis (2013) sowie Eurostat (2013).
3   Vgl. Eurostat (2013a).
4   Vgl. Fuchs / Söhnlein / Weber (2011).
5   Vgl. Bundesregierung (2004).

┌─┐ 30. Deutscher
└■┘ Logistik-Kongress
23.-25. Oktober 2013

BVL⌐

Bundesvereinigung
Logistik

ist die quantitativ größte Gruppe der Beschäftigten in den Unternehmen zwischen den Jahren 1950 und 1970 geboren. Mit dem Eintritt dieser geburtenstarken Jahrgänge in das Rentenalter wird der Altenquotient[6] von 48% im Jahr 2010 auf rund 77% im Jahr 2030 steigen. Der Jugendquotient[7] bleibt hingegen bis zum Jahr 2030 mit ca. 35% relativ konstant.[8]

Den dargestellten Entwicklungen zufolge, ist in Deutschland nicht ein Überalterungsproblem, sondern vielmehr ein Unterjüngerungsproblem erkennbar.[9] Somit fehlen zunehmend Young Professionals, die aufgrund ihrer aktuellen (internationalen) akademischen Ausbildung und der überaus hohen Motivations-, Lern- und Anpassungsbereitschaft bedeutende Fachkräfte für die Unternehmen darstellen. Aus dieser Erkenntnis heraus, hat sich bereits heutzutage ein „War for talents" der Unternehmen herausgebildet, der sich aufgrund des verstärkten Rückgangs junger Bevölkerungsgruppen zukünftig noch weiter verschärfen kann.[10] Vor diesem Hintergrund sind die Unternehmen gefordert, den unternehmensspezifischen Bedarf an Young Professionals systematisch zu ermitteln und ihre Personalplanung daran anzupassen. Die Ermittlung des Bedarfs sollte dabei nicht nur auf die gegenwärtige bzw. kurzfristige Unternehmenssituation abgestimmt sein, sondern auch die mittel- bis langfristigen Herausforderungen des demografischen Wandels in Deutschland berücksichtigen. Im Fokus des vorliegenden Beitrags stehen daher die Analyse- und Nutzungsmöglichkeiten einer strategischen Fachkräfteanalyse für Unternehmen. Insbesondere stehen dabei die sogenannten Young Professionals im Vordergrund.

2. Zielsetzung und Vorgehen der strategischen Fachkräfteanalyse

Die zukünftigen Fachkräfteengpässe werden Unternehmen nicht nur branchen- und regionalspezifisch, sondern auch berufs- und qualifikationsspezifisch vor unterschiedlich große Herausforderungen stellen. Daher sind Unternehmen gefordert, ihre strategischen Personalplanungen zunehmend an die makroökonomischen Arbeitsmarktentwicklungen anzupassen.[11]

---

6   Beim Altenquotienten wird die Anzahl der Personen, die 60 Jahre und älter sind, ins Verhältnis zu der Gruppe der 20- bis unter 60-Jährigen gesetzt.
7   Der Jugendquotient gibt Auskunft darüber, wie viele Personen unter 20 Jahren auf je einhundert 20- bis unter 60-Jährige entfallen.
8   Vgl. Bpb (2012).
9   Vgl. Kaufmann (2008), S. 222.
10   Vgl. Liebhart (2009), S. 3.
11   Vgl. Flato / Reinbold-Scheible (2008), S. 25.

Die Zielsetzung der strategischen Fachkräfteanalyse ist es, die bestehenden Arbeitsmarktinformationen über die regionale, berufs- und branchenspezifische Fachkräfteentwicklung mit der unternehmerischen Fachkräftesituation und -planung zu verknüpfen. Die Analyse soll dabei unterstützend helfen, die Abhängigkeiten zwischen unternehmensspezifischer Personalplanung und dem bestehenden Fachkräfteangebot auf dem Arbeitsmarkt zu verdeutlichen.

Als erster Schritt wird auf Basis der unternehmensspezifisch vorliegenden Personaldaten eine Bestandsaufnahme der Belegschaft durchgeführt. Hierzu wird zunächst die gegenwärtige bzw. die im Unternehmen vorliegende Altersstruktur nach erlernten Berufen und Qualifikationen erfasst. Die Bestandsaufnahme der Altersstruktur basiert dabei nicht auf Einzeldatensätzen von Mitarbeitern, sondern auf den über das Alter und die Berufe aggregierten Mitarbeitergruppen. Dabei werden Berufe mit gleichartigen Tätigkeiten zu einer Berufsgruppe zusammengefasst.

Die Bestandsaufnahme dient als Basis zur Prognose der Altersstrukturentwicklung. Dabei müssen bei der Fortschreibung der Altersstruktur die Fluktuation und Neueinstellungen als Einflussfaktoren einbezogen werden. Während die Fluktuation die Mitarbeiterabgänge – ohne die altersbedingten ausscheidenden Mitarbeiter – aus einem Unternehmen bezeichnet, geben die Neueinstellungen die Mitarbeiterzugänge in einem Unternehmen an. Im zweiten Schritt wird die derzeitige Mitarbeiterstruktur mit den durch das Unternehmen festgelegten Annahmen hinsichtlich der Personalzu- und -abgänge bis zum Jahr 2030 fortgeschrieben. Die Genauigkeit dieser unternehmensspezifischen Prognosen ist davon abhängig, wie präzise die zukünftigen durchschnittlichen Mitarbeiterzugänge und -abgänge seitens des Unternehmens festgelegt werden. Darüber hinaus spielt es eine entscheidende Rolle, welcher Altersgewichtung die zukünftigen Zu- und Abgänge unterliegen.

Auf Basis der Entwicklung der Altersstruktur wird in einem weiteren Schritt der berufs- und qualifikationsspezifische Fachkräftebedarf bzw. der Ersatzbedarf an Fachkräften bestimmt. Der Ersatzbedarf setzt sich aus zwei Komponenten zusammen: Zum einen aus den Mitarbeiterabgängen aus dem Unternehmen und zum anderen aus altersbedingtem Ausscheiden von Mitarbeitern. Der Fachkräftebedarf gibt somit an, wie viele Mitarbeiter pro Jahr zusätzlich zu den Zugängen neu eingestellt werden müssen, damit die Mitarbeiteranzahl des Unternehmens konstant bleibt. Als Ergebnis lässt sich der kurz-, mittel- und langfristige berufs- und qualifikationsspezifische Fachkräftebedarf des Unternehmens bestimmen.

30. Deutscher
Logistik-Kongress
23.-25. Oktober 2013

BVL
Bundesvereinigung
Logistik

Diese unternehmensspezifisch aufbereiteten Informationen werden abschließend den Arbeitsmarktdaten aus dem IHK-Fachkräftemonitoring gegenübergestellt. Mit Hilfe des IHK-Fachkräftemonitorings[12] lassen sich Arbeitsmarktinformationen entsprechend der nachfolgenden fünf Dimensionen bzw. Betrachtungsebenen entnehmen:

- **Berufe,**

- **Qualifikationen,**

- **Regionen,**

- **Wirtschaftszweige** und

- **Betrachtungszeitraum** (kurz-, mittel- und langfristig).[13]

Somit werden in der strategischen Fachkräfteanalyse die gegenwärtigen und die zukünftigen Entwicklungen der Personalstrukturen des Unternehmens mit der Arbeitsmarktentwicklung des Unternehmensumfelds verknüpft. So kann die Personalstruktur des eigenen Unternehmens mit der durchschnittlichen branchenspezifischen oder regionalen Beschäftigtenstruktur verglichen werden. In der nachfolgenden Abbildung wird beispielhaft dargestellt, welche Rückschlüsse aus der Verknüpfung der unternehmensspezifischen Daten mit den Arbeitsmarktdaten gezogen werden können.

Abbildung 1: Verfügbarkeit / Bedarf an Fachkräften

---

12   Vgl. Ostwald / Hofmann (2013).
13   Siehe dazu FKM (2013).

In der Abbildung wird der unternehmensspezifische Fachkräftebedarf den regionalspezifischen Daten ausgewählter Berufsgruppen gegenübergestellt.[14] Sofern in einer der dargestellten Berufsgruppen ein hoher Bedarf an Fachkräften im Unternehmen festgestellt wird und gleichzeitig die Verfügbarkeit der Fachkräfte in dieser Berufsgruppe am Arbeitsmarkt begrenzt ist, wird die Situation als „kritisch" eingestuft – in der Abbildung 1 wäre dies für die Berufsgruppe Y der Fall.

Aus der regionalen und branchenspezifischen Benchmarkanalyse lassen sich weitere wertvolle Erkenntnisse gewinnen. Bspw. lässt sich in einem Branchen- und Regionalvergleich analysieren, inwieweit das zu betrachtete Unternehmen im Alterssegment der Young Professionals im Vergleich zur Branche und/oder Region aufgestellt ist.

Die vergleichende Analyse der unternehmensspezifischen Entwicklung mit der Arbeitsmarktentwicklung stellt somit ein Alleinstellungsmerkmal der vorgestellten strategischen Fachkräfteanalyse dar. Die Bestandsaufnahme und Fortschreibung der Entwicklung des Unternehmens sowie die Verknüpfung dieser Erkenntnisse mit den makroökonomischen Arbeitsmarktdaten bestimmen letztendlich die notwendigen strategischen Handlungsfelder des zu analysierendes Unternehmens.

Nachfolgend wird ein Anwendungsbeispiel vorgestellt, in welchem insbesondere die Young Professionals im Vordergrund stehen.

3. Anwendungsbeispiel: Fachkräfteanalyse in der Logistik-Branche in Bayern

Im folgenden Anwendungsbeispiel wird ein Unternehmen gewählt, das in der Region München ansässig und in der Branche „Verkehr, Transport und Lagerei" tätig ist. Die Mitarbeiteranzahl des fiktiven Unternehmens beträgt 1.500, wobei etwa 75% der Mitarbeiter den Altersklassen „über 40" angehören. Darüber hinaus betragen die Mitarbeiterzugänge durchschnittlich 5% pro Jahr und die Mitarbeiterabgänge durchschnittlich 3% pro Jahr. Den Mitarbeiterzu- und -abgängen wird zunächst eine altersgemischte Verteilung zugrunde gelegt.[15]

Die folgende Abbildung stellt die Altersverteilung des Unternehmens insgesamt im Jahr 2013 dar. Dazu werden die Mitarbeiter in Abhängigkeit ihres Alters in eine der elf Altersgruppen aufgeteilt.

---

14 Je größer die Anzahl der Mitarbeiter einer Berufsgruppe ist, desto größer ist der dargestellte Kreis.
15 Das Anwendungsbeispiel wurde mit dem IHK-Demografierechner visualisiert. Siehe dazu DemOR (2013).

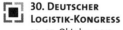

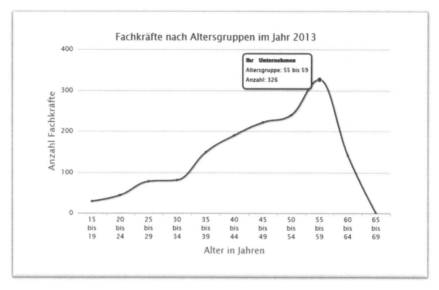

Abbildung 2: Altersverteilung im Jahr 2013 unter Berücksichtigung
von altersgemischten Zu- und Abgängen

Im dargelegten Anwendungsbeispiel ist die Altersgruppe 55 bis 59 mit einem Anteil von 28% am stärksten besetzt. Die Alterssegmente 25 bis 34, die die Young Professionals umfassen, haben hingegen einen Anteil von 11%. Darüber hinaus beträgt das Durchschnittsalter in diesem fiktiven Unternehmen rund 47 Jahre.

Die Entwicklung der Altersstruktur bis zum Jahr 2030 – unter der Berücksichtigung der altersgemischten Annahme bzgl. der Mitarbeiterzu- und -abgänge – wird in der folgenden Abbildung dargestellt.

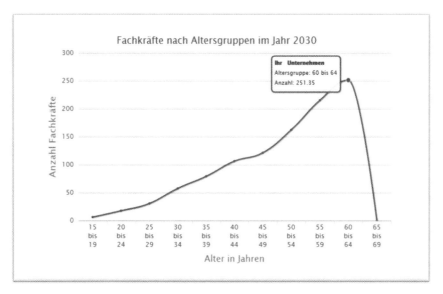

*Abbildung 3: Altersverteilung im Jahr 2030 unter Berücksichtigung
von altersgemischten Zu- und Abgängen*

Bis zum Jahr 2030 wird sich die alterszentrierte Mitarbeiterstruktur des fiktiven Unternehmens weiter zuspitzen, sodass das Durchschnittalter bei ca. 50 Jahre liegen wird. Die am stärksten besetzte Altersgruppe wird dabei die Gruppe der 60- bis 64-Jährigen sein. Darüber hinaus wird der Anteil der Young Professionals (Altersgruppen 25 bis 34) nur noch ca. 8% betragen.

Die Altersstruktur des Unternehmens für das Jahr 2030 wird in Abbildung 4 der durchschnittlichen Altersstruktur der Branche „Verkehr, Transport und Lagerei" im Bundesland Bayern gegenübergestellt.

 30. DEUTSCHER
LOGISTIK-KONGRESS
23.-25. Oktober 2013

 BVL
Bundesvereinigung
Logistik

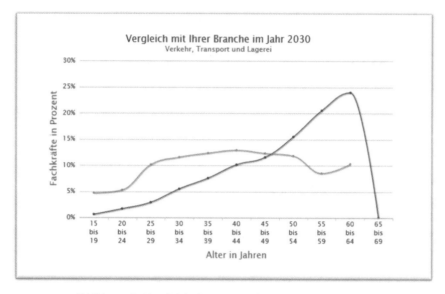

Abbildung 4: Vergleich des Unternehmens mit der Branche
„Verkehr, Transport und Lagerei" im Jahr 2030 unter Berücksichtigung
von altersgemischten Zu- und Abgängen

Während im Unternehmen (dunkle Kurve) anteilsmäßig die Altersgruppe „60 bis 64 Jahre" am stärksten vertreten sein wird, wird in der Branche „Verkehr, Transport und Lagerei" der Anteil der 40 bis 44 Jährigen (helle Kurve) am stärksten ausgeprägt sein. Das Durchschnittsalter in der Branche wird bei ca. 42 Jahre liegen. Der Branchenvergleich zeigt, dass das Unternehmen im Vergleich zu seiner Branche weniger junge Fachkräfte beschäftigt. Während der Anteil der Young Professionals (Altersgruppe 25 bis 34 Jahre) im Unternehmen bei ca. 8% liegen wird, wird dieser in der Gesamtbranche bei ca. 22% liegen.

Um weitere vergleichende Analysen zur Personalstrukturentwicklung des fiktiven Unternehmens durchführen zu können, werden branchenübergreifende Arbeitsmarktdaten zur Region „München" hinzugezogen (s. Abbildung 5).

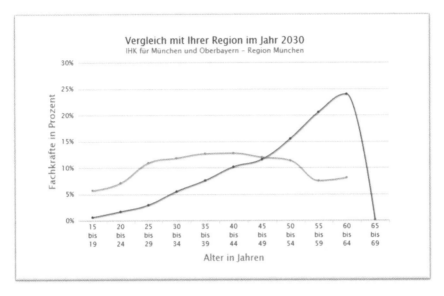

Abbildung 5: Vergleich des Unternehmens mit der Region „München" im Jahr 2030 unter Berücksichtigung von altersgemischten Zu- und Abgängen

Wie auch in der Branche „Verkehr, Transport und Lagerei", wird in der Region „München" (helle Kurve) die Altersgruppe „40 bis 44 Jahre" am stärksten vertreten sein. Des Weiteren beläuft sich der Anteil der Young Professionals (Altersgruppe „25 bis 34 Jahre") in der Region „München" auf ca. 23% – dieser ist damit deutlich höher als der unternehmensspezifische Anteil (8%). Es zeigt sich ferner, dass das Durchschnittsalter im Jahr 2030 branchenübergreifend in der Region „München" bei etwa 40 Jahre liegt und somit deutlich unter dem Durchschnittsalter des fiktiven Unternehmens.

In Anbetracht der zunehmenden Alterung der unternehmensspezifischen Belegschaft sollte das Unternehmen auf ein demografischbedingt günstigeres Einstellungs- und Fluktuationsverhalten abzielen. Um dies zu erreichen, sollten zum einen die Mitarbeiterzugänge möglichst vorwiegend unter 40 Jahren und zum anderen die Mitarbeiterabgänge möglichst über 40 Jahren liegen (s. Abbildung 6).

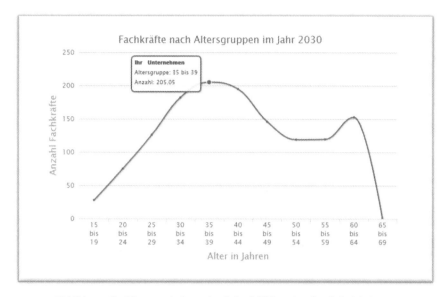

Abbildung 6: Altersverteilung im Jahr 2030 unter Berücksichtigung
von Zugängen mit vorwiegend unter 40 Jährigen
und Abgängen mit vorwiegend über 40 Jährigen

Mit einer nicht altersgemischten Verteilung der Mitarbeiterzu- und -abgänge würde das errechnete Durchschnittsalter im fiktiven Unternehmen im Jahr 2030 bei
rund 42 Jahre liegen und damit deutlich jünger ausfallen als bei einer altersgemischten Annahme der Mitarbeiterzu- und -abgänge. Während die Altersgruppe
der 35 bis 39 Jährigen am stärksten ausgeprägt sein wird, haben die Young Professionals (Altersgruppen 25 bis 34 Jahre) einen Anteil von 24%. Der Anteil der
Young Professionals ist somit deutlich höher als der Anteil im Fallbeispiel mit der
altersgemischten Verteilung der Mitarbeiterzu- und -abgänge (s. Abbildung 3).
Ebenso ist dieser Anteil auch im Vergleich zur Branche und Region etwas höher
ausgeprägt (s. Abbildung 4 und 5).

Eine weitergehende Analyse bietet die Betrachtung der Altersstrukturentwicklung
differenziert nach einzelnen Berufsgruppen. Für diese Analyse werden zunächst
anhand der Branche und Region des Unternehmens die fünf beschäftigungsstärks-

ten Berufsgruppen im Jahr 2013 errechnet. Im Anwendungsbeispiel gehören zu diesen Berufsgruppen:

- „Verkehrs- und Logistikberufe, Führer/innen von Fahrzeug und Transportgeräten",

- „Berufe in Unternehmensführung und -organisation"

- „Technische Forschungs-, Entwicklungs-, Konstruktions- und Produktionssteuerungsberufe",

- „Gastronomie" und

- „Berufe in Recht und Verwaltung".

Die folgende Abbildung stellt die Entwicklung des Bedarfs der ersten beschäftigungsstärksten Berufsgruppe „Verkehrs- und Logistikberufe, Führer/innen von Fahrzeug und Transportgeräten" dar (s. Abbildung 7).

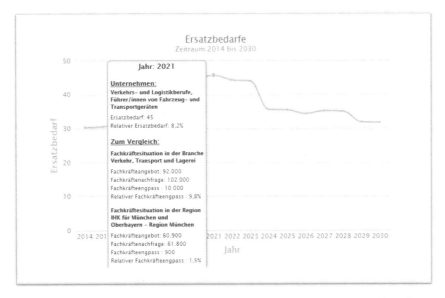

Abbildung 7: Ersatzbedarf der Berufsgruppe „Verkehrs- und Logistikberufe, Führer/innen von Fahrzeug- und Transportgeräten" im Jahr 2021 unter Berücksichtigung von altersgemischten Zu- und Abgängen

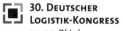

Für die Berufsgruppe „Verkehrs- und Logistikberufe, Führer/innen von Fahrzeug
und Transportgeräten" wird – unter der Berücksichtigung der altersgemischten
Annahme der Mitarbeiterzu- und -abgänge – der höchste Ersatzbedarf im Jahr
2021 festgestellt. In diesem Jahr müssen 45 Mitarbeiter ersetzt werden, damit die
Mitarbeiterzahl im Unternehmen konstant gehalten werden kann. Dabei sollten
bevorzugt Fachkräfte der Altersgruppen „25 bis 34" eingestellt werden, da im Jahr
2021 der Anteil der Young Professionals lediglich 10% beträgt.

Zum Vergleich der unternehmensspezifischen Fachkräftesituation mit der Arbeits-
marktsituation im Jahr 2021 werden für die Berufsgruppe „Verkehrs- und Logistikberufe, Führer/innen von Fahrzeug und Transportgeräten" zum einen Arbeitsmarktdaten der Branche „Verkehr, Transport und Lagerei" und zum anderen der
Region „München" hinzugezogen. Die dargestellten Zahlen zur Arbeitsmarktsitu-
ation in der Branche und Region stammen aus dem IHK-Fachkräftemonitor.[16] Den
Berechnungen zufolge wird es in der dargestellten Berufsgruppe im Jahr 2021 in
der gesamten Branche „Verkehr, Transport und Lagerei" einen Engpass[17] in Höhe
von 10.000 Fachkräften geben, was einem relativen Engpass[18] von 9,8% entspricht. In der Region „München" fällt der branchenübergreifend relative Fachkräf-
teengpass mit 1,5% hingegen deutlich niedriger aus.

4.   Fazit und Ausblick

Die demografische Entwicklung führt zu einer zunehmenden Angebotsverknap-
pung insbesondere an Young Professionals und somit zu Fachkräfteengpässen auf
dem deutschen Arbeitsmarkt. Die mittel- und langfristig steigenden Herausforderungen für die Unternehmen treten regional, branchen- und berufsspezifisch
unterschiedlich stark auf. Daher ist es bereits heute notwendig, die strategische
Personalplanung in den Unternehmen an die heutigen und zukünftigen Marktge-
gebenheiten anzupassen.

Mit der strategischen Fachkräfteanalyse wurde ein Instrument vorgestellt, dass bei
den Unternehmen zu mehr Transparenz und Planungssicherheit in der Personal-

---

16   Siehe dazu FKM (2013).
17   Der Engpass bzw. Überschuss an Fachkräften ergibt sich aus der Differenz der Nachfrage und dem
      Angebotspotenzial. Der Begriff Nachfrage fasst dabei die Anzahl der von den Unternehmen nachge-
      fragten Fachkräfte zusammen und der Begriff Angebotspotenzial entspricht der Anzahl der auf dem
      Arbeitsmarkt (potenziell) verfügbaren Fachkräfte.
18   Der relative Engpass/Überschuss in Prozent gibt das Verhältnis des Engpasses/Überschusses zur
      Nachfrage an.

planung verhelfen kann. Dabei ist es erstmals möglich, unternehmensspezifische Personalbedarfe der Fachkräfteverfügbarkeit auf dem Arbeitsmarkt einander gegenüber zustellen.

Im Rahmen des Anwendungsbeispiels konnte der zukünftige Bedarf an Young Professionals für ein fiktives Unternehmen ermittelt werden. Dabei wurden für das Unternehmen mögliche Handlungsszenarien aufgezeigt, um einen balancierten Altersmix[19] zu erreichen. Diese Handlungsszenarien wurden mit Arbeitsmarktinformationen – am Beispiel der Branche „Verkehr, Transport und Lagerei" und der Region „München" – unterlegt. So konnte die unternehmensspezifische Fachkräftesituation mit der Anzahl der zur Verfügung stehenden Young Professionals auf dem berufs- und branchenspezifischen Fachkräftearbeitsmarkt abgeglichen werden. Die Verknüpfung der unternehmensspezifischen Personalstruktur und -planung mit makroökonomischen Arbeitsmarktdaten im Rahmen der strategischen Fachkräfteanalyse bietet somit einen geeigneten Ansatz zur Realisierung (personal-)strategischer Ziele. Auf Basis der strategischen Fachkräfteanalyse können passgenaue Handlungsfelder abgeleitet werden. Als mögliche Handlungsfelder sind dabei neben Personalmarketing und -recruiting, Personalbindung, Mitarbeiterpotenziale erkennen und fördern, Unternehmens- und Führungskultur, Work-Life-Balance, Gesundheitsförderung, auch der Einsatz und Qualifizierung älterer Mitarbeiter zu nennen.[20]

Literaturverzeichnis

Bpb – Bundeszentrale für politische Bildung (2012): Die soziale Situation in Deutschland – Entwicklung der Altersstruktur. Online verfügbar unter: http://www.bpb.de/nachschlagen/zahlen-und-fakten/soziale-situation-in-deutschland/61544/entwicklung-der-altersstruktur. Letzter Zugriff am 01.07.2013.

Bullinger, H.-J. ; Buck, H. (2007): Demografischer Wandel und die Notwendigkeit, Kompetenzsicherung und -entwicklung in der Unternehmung neu zu betrachten. In Jochman, W.; Gechter, S.: Strategisches Kompetenzmanagement. Springer Verlag. Berlin Heidelberg.

Bundesregierung (2004): Wachstum und Beschäftigung für die Jahre bis 2010. Position der Bundesregierung zur Halbzeitbilanz der Lissabon-Strategie.

---

19   Vgl. Bullinger / Buck (2007), S. 68.
20   Vgl. Flato / Reinbold-Scheible (2008), S. 26f.

DemOR (2013): Demografierechner von WifOR (DemOR). Online verfügbar unter: www.demor.de. Letzter Zugriff am: 12.07.2013.

Destatis (2013): Geburten. Online verfügbar unter: https://www.destatis. de/DE/ZahlenFakten/GesellschaftStaat/Bevoelkerung/Geburten/ AktuellGeburtenentwicklung.html. Letzter Zugriff am 08.07.2013.

Eurostat (2013): Gesamtfruchtbarkeitsrate. Online verfügbar unter: http://epp. eurostat.ec.europa.eu/tgm/table.do?tab=table&init=1&language=de&pco de=tsdde220&plugin=1. Letzter Zugriff am 12.07.2013.

Eurostat (2013a): Pressemitteilung über die Arbeitslosenquote im Euroraum und EU27. Online verfügbar unter: http://epp.eurostat.ec.europa.eu/cache/ ITY_PUBLIC/3-31052013-BP/DE/3-31052013-BP-DE.PDF. Letzter Zugriff am 12.07.2013.

FKM (2013): Regionalbasierter, berufsgruppen- und wirtschaftszweigspezifischer Fachkräftemonitor von WifOR. Online verfügbar unter: www.fk-monitoring.de. Letzter Zugriff am 12.07.2013.

Flato E.; Reinbold-Scheible, S. (2008): Zukunftsweisendes Personalmanagement. FinanzBuch Verlag GmbH. München.

Fuchs, J.; Söhnlein, D.; Weber, B. (2011): Projektion des Arbeitskräfteangebots bis 2050: Rückgang und Alterung sind nicht mehr aufzuhalten. IAB-Kurzbericht, 16/2011. Nürnberg.

Kaufmann, F.-X. (2008): Was meint Altern? Was bewirkt demographisches Altern? Soziologische Perspektive. In: Staudinger, U. M.; Hüfner H. (Hrsg.): Was ist Altern? Springer-Verlag. Berlin Heidelberg. S. 119-138.

Liebhart, C. (2009): Mitarbeiterbindung. Diplomica Verlag. Hamburg.

Ostwald, D.A.; Hofmann, S. (2013): Das Fachkräftemonitoring als regionaler und branchenspezifischer Modellansatz zur Analyse aktueller und künftiger Fachkräfteentwicklungen in Deutschland. [In Druck].

Roloff, J. (2009): Die alternde Gesellschaft – Ausmaß, Ursachen und Konsequenzen. In Politische Bildung. Heft 4. S. 9-30.

Die Autoren

Dr. Dennis A. Ostwald studierte Wirtschaftsingenieurwesen an der Technischen Universität Darmstadt und promovierte im Anschluss am Lehrstuhl für Finanz- und Wirtschaftspolitik von Prof. Dr. Dr. h.c. Bert Rürup zum Thema „Wachstums- und Beschäftigungseffekte der Gesundheitswirtschaft".

Während seiner Tätigkeit als wissenschaftlicher Mitarbeiter und Doktorand hatte Herr Dr. Ostwald Lehraufträge im Bereich der Volkswirtschaftslehre sowie der Wirtschafts- und Finanzpolitik und nimmt seit April 2011 einen Lehrauftrag für „Internationales Management" an der Steinbeis Hochschule wahr.

Seit Februar 2009 ist Herr Dr. Ostwald Geschäftsführer des Darmstädter Wirtschaftsforschungsinstituts WifOR. Das unabhängige Forschungsinstitut führte bereits zahlreiche Projekte für verschiedene Bundes- und Landesministerin, Verbände sowie Unternehmen durch.

Nihal Islam ist wissenschaftliche Mitarbeiterin im Wirtschaftsforschungsinstitut WifOR. Sie studierte Wirtschaftsinformatik an der Technischen Universität Darmstadt und schloss ihr Studium u. a. mit der Vertiefung Personalmanagement ab.

Ihre Forschungsschwerpunkte bei WifOR liegen in den Bereichen der regionalen Wirtschafts- und Arbeitsmarktforschung (insb. Fachkräfteanalysen) sowie Forschungsfragen der IKT-Branche. Im Rahmen ihrer Tätigkeit bei WifOR hat Frau Islam verschiedene Projekte für Bundes- und Landesministerien durchgeführt und ist insbesondere für die konzeptionelle Weiterentwicklung des Demografierechners zuständig.

BVL
Bundesvereinigung
Logistik

W2

Thesis Conference

30. Deutscher
Logistik-Kongress
23.-25. Oktober 2013

BVL
Bundesvereinigung
Logistik

Der Einsatz von Lieferantenscorecards zur Effizienzsteigerung
im Lieferantenmanagement – Eine Untersuchung zur Steigerung
der Liefertreue bei NKD
Fabian Ansari

„Grüne Logistik"- Ökonomische und ökologische Potenziale
des alpenquerenden Straßengüterverkehrs
Marcel Becker

Entwicklung eines Konzepts zur Verbesserung von Durchlaufzeiten
und Reduzierung der Fertigungsbestände am Beispiel einer
Produktfamilie der Continental Automotive GmbH
Anna Buchecker

Die Binnenschifffahrt in Österreichs Bildungslandschaft:
Eine Situations- und Bedarfsanalyse
Lisa-Maria Putz

Die Planungsdaten eines Intralogistiksystems –
Hindernisse oder Chance für die Beratungsunternehmen?
Alexandra Wunderle

Der Einsatz von Lieferantenscorecards zur Effizienzsteigerung im Lieferantenmanagement – Eine Untersuchung zur Steigerung der Liefertreue bei NKD

Fabian Ansari

Nominierung:
Prof. Dr. Jens Kirchner, Hochschule Hof, Kompetenzfeld Logistik

Zusammenfassung

Die vorliegende Arbeit beschäftigt sich mit der Effizienzsteigerung im Lieferantenmanagement durch den Einsatz von Lieferantenscorecards und wurde zudem durch eine praktische Untersuchung, die Steigerung der Liefertreue anhand der NKD-Vertriebs GmbH ergänzt.

Die Arbeit zeigt auf, dass die aktuelle Situation am Beschaffungsmarkt immer mehr Unternehmen dazu verleitet langfristige Lieferanten-Abnehmer-Beziehungen anzustreben. Demnach ist es von großer Bedeutung geeignete Instrumente zur Messung der Leistungsfähigkeit in einem Unternehmen zu integrieren und somit eine transparente sowie fundierte Ermittlung der besten Lieferanten zu ermöglichen. Ein passendes und häufiges verwendetes Hilfsmittel ist dabei die Lieferantenscorecard. Demzufolge verdeutlicht der theoretische Teil dieser Arbeit, weshalb die Lieferantenscorecard einen hohen Stellenwert einnehmen sollte und dadurch eine effizientere Gestaltung der Unternehmensprozesse erzielt werden kann. Um die Notwendigkeit und Bedeutung einer Lieferantenbewertung sinnvoll darstellen zu können, werden eingangs die Grundlagen des Beschaffungsmanagements und die Eingliederung des Lieferantenmanagements sowie deren Erfolgsbeitrag im Einkauf geklärt. Abgerundet wird der erste Teil der Arbeit mit dem Kapitel der Lieferantenbewertungssysteme, in dem die Ziele und Nutzen sowie die Anforderungen jener Bewertungsverfahren, speziell die der Lieferantenscorecard konkret erläutert werden. Generell lässt sich festhalten, dass aufgrund der modernen Entwicklung des Einkaufs eine strategische Ausrichtung der Aktivitäten, auch eben durch Verwendung einer Lieferantenscorecard, zentraler Bestandteil für den wirtschaftlichen Erfolg eines Unternehmens ist.

Im zweiten Teil wird die Lieferantenscorecard des Textildiscounters NKD sowie die Systematik der Liefertreue analysiert und auf Grundlage der theoretischen Erkenntnisse Vorschläge zur Optimierung formuliert. Die wichtigste Erkenntnis dabei ist, dass die Scorecard als Ausgangspunkt für die Entwicklung und Bildung strategischer Lieferantenbeziehungen Verwendung finden sollte. Positiv vertrauensvoll geführte Geschäftsbeziehungen fördern zudem die Einhaltung von vereinbarten Terminen mit dem Endergebnis der Steigerung der Liefertreue.

Eine umfangreiche sowie dynamische Lieferantenbewertung mittels der Lieferanten-scorecard steigert somit nicht nur die Liefertreue im Unternehmen, sondern eine Effizienzsteigerung aller Prozesse im Lieferanten- bzw. Beschaffungsmanagement ist das Resultat.

„Grüne Logistik"- Ökonomische und ökologische Potenziale des alpenquerenden Straßengüterverkehrs

Marcel Becker

Nominierung:
Prof. Dr. Tobias Bernecker, Hochschule Heilbronn, Verkehrspolitik und Verkehrswirtschaf

Kurzfassung

Die Bedeutung der Transportlogistik ist in den vergangenen Jahren stetig gestiegen. Durch die Verlagerung von Produktionsstätten ins Ausland und die zunehmende wirtschaftliche Vernetzung der europäischen Union, wird der länderübergreifende Austausch von Rohstoffen, Waren und Produkten zunehmend gefördert. Der Transport leistet hierbei einen wichtigen Beitrag zur wirtschaftlichen Wertschöpfung. Allerdings entstehen durch den Straßengüterverkehr auch negative Umweltauswirkungen, in Form von Abgasemissionen, die aus der Verbrennung fossiler Brennstoffe resultieren. Diese Emissionen beeinträchtigen sowohl Mensch und Natur, da die Luftqualität gemindert und das Ökosystem belastet wird. Dieser Belastungseffekt verstärkt sich beispielsweise in abgeschlossenen Ökosystemen, wie den Alpen, da sich die Emissionen und Schadstoffe in den Tälern und Senken konzentrieren und um ein vielfaches anreichern.[1] Gleichzeitig spielt der Güterverkehr durch die Alpen, aufgrund der geografischen Lage inmitten von Europa, eine wichtige Rolle für die europäischen Wirtschaftsmächte.[2] Dieser Tatsache geschuldet entsteht ein Konflikt zwischen ökonomischen und ökologischen Zielsetzungen, der Handlungsbedarf für Umwelt und Transportdienstleister auslöst. Ökonomisches und ökologisches Handeln stellen derzeit für viele Unternehmen zwei konträre Zielsetzungen dar, deren Vereinbarung nur schwer umsetzbar ist. Daher muss ein Lösungsansatz gefunden werden, der beide Aspekte harmonisiert. Einen geeigneten Ansatz hierzu bietet „Grüne Logistik", da durch Ressourceneffizienz

---

1   Roblek, Igor (2007): Verkehr und Mobilität in den Alpen, Alpenzustandsbericht/ Alpensignale –
     Sonderserie 1, Innsbruck, Kapitel C, S. 90
2   Roblek, Igor (2007): Verkehr und Mobilität in den Alpen, Alpenzustandsbericht/ Alpensignale –
     Sonderserie 1, Innsbruck, Kapitel A, S. 5

sowohl Kosten als auch Emissionen eingespart werden können. Theoretisch bedeutet dies, dass die Kosten für den Einsatz immer knapper werdender Erdöl vorkommen steigen und gleichzeitig die Umweltbelastung durch deren Verbrennung erhöht wird. Auf Grundlage dieses Zusammenhangs, kann der Dieselverbrauch von Logistikdienstleistern als Messgröße für die Zusammenführung von Ökonomie und Ökologie herangezogen werden. Im Zuge der Ausarbeitung konnte auf Basis echter Transportdaten eines international führenden Logistikdienstleisters aufgezeigt werden, wie eng der tatsächliche Zusammenhang von ökologisch sinnvollem Handeln und ökonomischem Unternehmenserfolg ist und dass „Grüne Logistik" ein geeignetes Instrument für die Zusammenführung dieser Zielsetzungen darstellt. Neben wesentlichen finanziellen Einsparungen für den Logistikdienstleister können auch für den Alpenraum signifikante Emissionsminderungen erzielt werden. Abschließend bleibt somit festzuhalten, dass „Grüne Logistik" Ökologie und Ökonomie gleichermaßen vereint und einen Gewinn sowohl für Unternehmen der Transportbranche, als auch für die Umwelt darstellt.

Entwicklung eines Konzepts zur Verbesserung von Durchlaufzeiten und Reduzierung der Fertigungsbestände am Beispiel einer Produktfamilie der Continental Automotive GmbH

Anna Buchecker

Nominierung:
Prof. Dr.-Ing. Willi Ertl, Hochschule Regensburg, Produktionsmanagement

Die Bachelorarbeit wurde bei der Continental Automotive GmbH am Standort Regensburg verfasst. Das Werk Regensburg ist eines der größten Produktionswerke für Elektronikgeräte im Continental Konzern. Untersuchungsgegenstand der Arbeit ist ein Boardnetzsteuergerät, dessen Produktion sich in die Vormontage einer Platine und die Montage des Endgerätes gliedert. Es gibt drei Vormontagelinien, welche mit anderen Produkten geteilt werden, und eine Endmontagelinie, sowie einen Puffer dazwischen.

Intention der Arbeit war es, erhobene Vergangenheitsdaten von Durchlaufzeit, Bestand und Produktionspläne, der realen Produktion auszuwerten und als Grundlage für die IST-Analyse zu nutzen. Darüber hinaus galt es, die zugehörigen Plandaten der Fertigungssteuerung zu vergleichen. Ziel war, Maßnahmen und methodische Handlungsweisen aufzuzeigen, die dazu führen die Durchlaufzeiten, sowie die Pufferbestände bei Einhaltung der Liefertreue zu reduzieren. Als weiteres Ziel wurde die Möglichkeit eines einzigen Steuerpunktes definiert.

Im Zuge der IST- Analyse der vorhandenen Daten wurde klar, dass eine lange Liegezeit zwischen der Vor- und Endmontage die erhöhte Durchlaufzeit verursacht. Grund für die stark streuende Liegezeit ist eine erschwerte Entnahme der Wägen nach First-in-first-out (FIFO) aufgrund der drei zuführenden Vormontagelinien mit unterschiedlichen Taktzeiten. Die Vor- und Endmontage werden separat geplant.

Als Lösung wurde ein Konzept entwickelt, welches eine Einhaltung von FIFO gewährleistet und die Reihenfolge der Kleinladungsträger vor der Endmontage visualisiert. Dabei war es wichtig, ein einfaches, aber effizientes System zu entwickeln, welches in der Produktion gelebt werden kann. Es handelt sich um ein Konzept, in dem farbige Karten mit fortlaufenden Nummern an den Magazinwägen dem Mitarbeiter zeigen, in welcher Reihenfolge die Wägen an der Endmontage weiter-

verarbeitet werden. Um den Wechsel zwischen den Linien zu visualisieren, wird ein Board eingesetzt, welches mit den Farben der Linien und den Nummern der Wägen vorgibt, wann ein Produktwechsel und eine Rüstung vorgenommen werden müssen.

Das System wurde bereits umgesetzt und ermöglicht eine Einhaltung von FIFO. Ebenso ist der Puffer durch die sichtbaren Karten transparent und selbsterklärend bei der Entnahme. Der Mitarbeiter kann intuitiv die Wägen entnehmen und aufgrund der Vorgaben auf dem Board werden Versorgungsengpässe von der Vor- zu der Endmontage ersichtlich. Durch das Board an der Endmontage entstand dort mehr ein Visualisierungspunkt der Reihenfolge als ein Planungspunkt. Es ist folglich nur noch ein Planungspunkt vorhanden. Mit Hilfe des Systems konnte der Mittelwert der Durchlaufzeit und deren Streuung reduziert werden. Prozesse sind nun beherrschbar. Der Materialfluss zwischen den Produktionsbereichen konnte vereinfacht und visualisiert werden.

Aufgrund der unterschiedlichen Taktzeiten von Vor- und Endmontage, konnte die Puffergröße nur bestätigt, jedoch nicht reduziert werden.

Die Binnenschifffahrt in Österreichs Bildungsland-schaft: Eine Situations- und Bedarfsanalyse

Lisa-Maria Putz

Nominierung:
Prof. Dr. Oliver Schauer, Fachhochschule Oberösterreich/Steyr, Verkehrslogistik

Der Lebensstandard hat sich durch die Steigerung der Mobilität und der daraus folgenden Verfügbarkeit von Gütern aus aller Welt grundlegend verändert. Jedoch induziert dieses steigende Verkehrsaufkommen zahlreiche negative Auswirkungen auf Mensch und Umwelt. Insbesondere der Lkw, welcher für über 75% der Transporte in Österreich eingesetzt wird, verursacht hohe externe Kosten. Daher setzen die EU und Österreich auf umweltfreundliche Alternativen wie die Binnenschifffahrt – doch gerade hier ist Handlungsbedarf notwendig, da diese nur für 2% der Transporte in Österreich verwendet wird. Ein Grund für diesen niedrigen Anteil liegt darin, dass den für die Verkehrsträgerwahl zuständigen Personen Wissen und Erfahrungen mit der Binnenschifffahrt fehlen und diese daher die Wasserstraße nicht als Transportalternative betrachten.

Die Kooperation REWWay (Research and Education in Inland Waterway Logistics) ist aus dieser Notwendigkeit entstanden und versucht, die Binnenschifffahrt in die österreichische sekundäre Ausbildung durch Bereitstellung von Lehrangeboten zu integrieren. Die konkrete Situations- und Bedarfsanalyse für diese Angebote ist Ziel dieser Arbeit.

Der erste, theoretische Teil dieser Arbeit beinhaltet grundlegende Informationen zum Verkehr und zur Binnneschifffahrt. Im zweiten Teil werden die Ergebnisse der empirischen Untersuchung diskutiert und mit den Ergebnissen des ersten Teils verglichen. Für die Untersuchung wurde ein qualitativer empirischer Zugang gewählt, der ExpertInneninterviews und eine Gruppendiskussion beinhaltet. Die drei Samples Oberstufe mit und ohne Logistik sowie Berufsschulen in Österreich wurden befragt – Interviews mit 14 Institutionen und einer Didaktik-Expertin wurden durchgeführt.

Im Oberstufenunterricht der Binnenschifffahrt herrscht ein großer Mangel an Lehrangeboten und an Wissen der Lehrenden. Diese beiden Gründe und die Tatsache, dass auch Lehrplänen und Prüfungskatalogen kaum Fragen zur Wasserstraße ent-

halten, führt zu einer sehr geringen Anzahl an Unterrichtseinheiten zu diesem Thema. Trotz dieser Schwierigkeiten betonten alle befragten Schulen ein hohes Interesse an Lehrangeboten wie der Vernetzung mit der Wirtschaft durch Exkursionen und externe Vortragende, aber auch an Filmen, PowerPoint-Folien, Skripten und Case Studies. Idealerweise fordern diese Angebote das aktive und selbstbestimmte Lernen der SchülerInnen, denn durch diese Methoden können langfristige Lernerfolge erzielt werden. Zusätzlich ist wichtig, den Unterricht abwechslungsreich zu gestalten und Fortbildungen für die Lehrenden anzubieten. Bei dem Zugang zu Lehrangeboten würden die Lehrenden dem Thema Binnenschifffahrt deutlich mehr Unterrichtszeit widmen. Diese Arbeit kommt zu dem Schluss, dass mehr Bildung über die Wasserstraße zur Sensibilisierung für die Vorteile dieses Verkehrsträgers folglich zu einer Verlagerung beitragen kann.

Die Planungsdaten eines Intralogistiksystems – Hindernisse oder Chance für die Beratungsunternehmen?

Alexandra Wunderle

Nominierung / Koautoren:
Prof. Dr. Henning Kehr, Fachhochschule Worms
Prof. Dr. Kai-Oliver Schocke, Fachhochschule Frankfurt

Die vom Kunden als Auftraggeber vorgegebene Datengrundlage ist essenziell für die Planung eines Intralogistiksystems und zugleich eine Planungsprämisse, mit der fast alle Berater Probleme haben. Das geht aus einer Studie von [WUN12] hervor, die 80 Beratungs- und Planungsunternehmen sowie Anbieter von Intralogistiksystemen zu ihren Vorgehensweisen und Erfahrungen bei der Planung von Intralogistiksystemen befragte.[3] Wie die Untersuchungsteilnehmer angeben, wird für die Planungsdatenanalyse ein Großteil der gesamten Planungszeit eines Intralogistiksystems aufgewendet. Dies verursacht Kosten und verlangsamt die Projekte. Jedoch sind Daten nicht nur Hindernisse für die Planung von Intralogistiksystemen, sondern stellen auch eine Chance für die Beratungsunternehmen dar.

Hindernisse für die Planungsdatenanalyse

Die Ergebnisse von [WUN12] betonen, dass ein Berater eine Vielzahl von Hindernissen beim Kunden überwinden muss, um auf zuverlässige Planungsdaten zurückgreifen zu können (siehe Abbildung). Besonders problematisch für die Planung von Intralogistiksystemen sind unvollständig oder schlecht gepflegte Artikelstammdaten sowie die Inkompatibilität der Daten. Zudem lässt sich aus den Stammdaten vieles nicht ablesen (z. B. Informationen, welche Produkte nicht zusammen lagern dürfen).

Ferner zeigen die Ergebnisse von [WUN12], dass bei der Planung eines Intralogistiksystems vieles von Hand und auf den Einzelfall zugeschnitten bearbeitet und analysiert wird. Datenproblemen, die auch nach Rücksprache mit dem Kunden nicht behoben werden können, wird damit entgegengewirkt, dass fehlende Daten-

---

3   In diesem Beitrag werden ausgesuchte Erkenntnisse der Studie vorgestellt.

Kunde

Berater

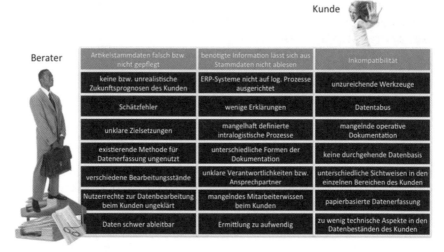

Artikelstammdaten falsch bzw. nicht gepflegt	benötigte Information lässt sich aus Stammdaten nicht ablesen	Inkompatibilität
keine bzw. unrealistische Zukunftsprognosen des Kunden	ERP-Systeme nicht auf log. Prozesse ausgerichtet	unzureichende Werkzeuge
Schätzfehler	wenige Erklärungen	Datentabus
unklare Zielsetzungen	mangelhaft definierte intralogistische Prozesse	mangelnde operative Dokumentation
existierende Methode für Datenerfassung ungenutzt	unterschiedliche Formen der Dokumentation	keine durchgehende Datenbasis
verschiedene Bearbeitungsstände	unklare Verantwortlichkeiten bzw. Ansprechpartner	unterschiedliche Sichtweisen in den einzelnen Bereichen des Kunden
Nutzerrechte zur Datenbearbeitung beim Kunden ungeklärt	mangelndes Mitarbeiterwissen beim Kunden	papierbasierte Datenerfassung
Daten schwer ableitbar	Ermittlung zu aufwendig	zu wenig technische Aspekte in den Datenbeständen des Kunden

Abbildung: Hindernisse für die Planungsdatenanalyse

sätze, basierend auf Erfahrungswerten aus vergleichbaren Projekten, vom Berater mit Kennwerten aufgefüllt und somit Annahmen getroffen werden.

Manche Untersuchungsteilnehmer legen ihren Kunden Checklisten benötigter Daten vor, um Datenbeschaffungsproblemen vorzubeugen und die Planung zu standardisieren. Andere haben rechnergestützte Werkzeuge entwickelt, um Daten kompatibel zu machen. Diese Maßnahmen sind positive Ansätze, aber nicht ausreichend, um die heutigen Probleme mit der Datenbasis generell zu beheben. Wenn die Planung auf einer künstlich erzeugten Grundlage beruht, die das Intralogistiksystem des Kunden nicht wirklichkeitstreu abbildet, können kostspielige Nacharbeiten und Verzögerungen im weiteren Planungsablauf die Folge sein.

Chance für die Beratungsunternehmen

Die im vorangegangenen dargestellten Befunde unterstreichen, dass ein Optimierungsbedarf und somit auch eine Chance für die Berater besteht, ihre Kunden beim Prozess der Bereitstellung der Datengrundlage (z. B. hinsichtlich der Prognosedaten) aktiv noch mehr zu unterstützen.

Auch sollten die Berater dem Kunden aufzeigen, wie er seine Datenerhebungs- und Dokumentationsprozesse verbessern kann. Darüber hinaus sollten die vom Kunden übermittelten Daten noch stärker kontrolliert und kritisch hinterfragt werden als bislang. Ebenso ist die Hürde zu überwinden, dass viele Kunden externe Berater beauftragen, um sich Zeit für ihr eigenes Tagesgeschäft zu schaffen. Die Berater müssen den Kunden also erst einmal überzeugen können, dass der Zeitaufwand zur Verbesserung der Datengrundlage beidseitig erforderlich ist.

Weitere Studien sind notwendig, um die Ursachen der Probleme sowie die von den Beratern implementierten Verbesserungsaktivitäten der Datenqualität zu analysieren und (inkl. Quantifizierung der Kosten) zu dokumentieren. Darauf aufbauend besteht Forschungsbedarf zur Entwicklung, Anwendung und Überprüfung von geeigneten Vorgehensmodellen, Methoden, Berechnungsverfahren, Kommunikationsstandards und Lösungsschritten, um die derzeit oftmals intuitive Planung zu objektivieren, zu strukturieren und effizienter zu gestalten und somit nachhaltig zu verbessern.

Gute Planungsdaten erhöhen die Qualität der Planungsergebnisse als Grundlage für weitere Entscheidungen des Auftraggebers. Auch steigt die Transparenz im Planungsprozess. Vorzeigbare Entscheidungsregeln und dokumentierte Referenzprozesse stärken die Argumentations- und Rechtfertigungsgrundlage des Beraters. Wissen, das z. B. in eigens entwickelten Planungshilfen festgehalten wird, schafft Wettbewerbsvorteile. Das aktive Beheben schlechter Datenqualität mindert die Projektrisiken. Durch Standardisierung der Planung wird auch deren EDV-technische Automatisierbarkeit verbessert, wodurch eine Zeitersparnis (z. B. von Arbeitsstunden für das Strukturieren der Daten) ermöglicht wird. Der Planungsprozess wird beschleunigt, was die Kosten der Projekte verringert und Effizienzgewinne ermöglicht.

Ein Beratungsunternehmen, das dem Kunden einen derartigen Mehrwert der Beratungsleistung anbieten kann, schafft es, sich um einen entscheidenden Schritt von anderen Marktteilnehmern abzuheben.

Quelle

[WUN12] WUNDERLE, Alexandra Elke (2012): Planung von Intralogistiksystemen. Eine empirische Studie unter spezieller Berücksichtigung der Auswahl von intralogistischen Ressourcen und der Anwendung von Entscheidungsunterstützungssystemen. Masterarbeit zur Erlangung des akademischen Grades M.A. Internationale Betriebs- und Außenwirtschaft an der Fachhochschule Worms, Forschungsarbeit durchgeführt am Institut für Fördertechnik und Logistik der Universität Stuttgart (IFT).

W4

Logistik in Indien

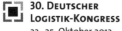 30. Deutscher
Logistik-Kongress
23.-25. Oktober 2013

 BVL
Bundesvereinigung
Logistik

Analyse der logistischen Forschung in Indien

Analyse der logistischen Forschung in Indien

Carina Thaller, Wissenschaftliche Mitarbeiterin, Institut für Transportlogistik, TU Dortmund[1]

Prof. Dr.-Ing. Uwe Clausen, Institutsleiter, Institut für Transportlogistik, TU Dortmund

Prof. Dr.-Ing. Evi Hartmann, Institutsleiterin, Lehrstuhl für Supply Chain Management, Friedrich-Alexander Universität Erlangen-Nürnberg

Prof. Dr.-Ing. Bernd Hellingrath, Institutsleiter, Lehrstuhl für Wirtschaftsinformatik und Logistik, Westfälische Wilhelms-Universität Münster

Nikos Moraitakis, Wissenschaftlicher Mitarbeiter, Institut für Supply Chain Management und Netzwerkmanagement, TU Darmstadt

Prof. Dr. Dr. h.c. Hans-Christian Pfohl, Institutsleiter, Institut für Supply Chain Management und Netzwerkmanagement, TU Darmstadt

Dr. Helen Rogers, Wissenschaftliche Mitarbeiterin, Lehrstuhl für Supply Chain Management, Friedrich-Alexander Universität Erlangen-Nürnberg

Daniel Sigge, Wissenschaftlicher Mitarbeiter, Institutsleiter, Lehrstuhl für Wirtschaftsinformatik und Logistik, Westfälische Wilhelms-Universität Münster

Zusammenfassung – Analyse der logistischen Forschung in Indien

Im Rahmen des Forschungsprojektes wurden wissenschaftliche und kooperative Forschungsvorhaben im Bereich Logistik in Indien identifiziert, analysiert und beschrieben. Dabei war von Interesse, welchen Fokus die Forschung auf den Logistiksektor legt und ob in diesem Bereich eher Optimierungsansätze oder eher strategische Konzepte verfolgt werden.

Durch einen ersten Überblick zu den wissenschaftlichen Aktivitäten im Bereich Logistik in Indien werden die aktuelle Situation und insbesondere der Stand der Forschung verdeutlicht. Es wird ein Überblick über aktuelle Forschungsvorhaben gegeben und die Netzwerke, Cluster und Trends konkret aufgezeigt. Lösungsan-

1   Ansprechpartner. Tel.: +49 231 755 8131; Fax: +49 231 755 8131,
     E-Mail Adresse: thaller@itl.tu-dortmund.de

30. Deutscher
Logistik-Kongress
23.-25. Oktober 2013

BVL

Bundesvereinigung
Logistik

sätze zur Optimierung können durch die Untersuchung abgeleitet werden, wobei auch Defizite in der Vernetzung von Wissenschaft und Wirtschaft relevant sind. Eine verstärkte Zusammenarbeit mit der Wissenschaft und den logistischen Clustern wird angestrebt, um die Logistik in Indien zu verbessern und mit den Akteuren aus Wissenschaft und Wirtschaft – aus Indien sowie aus Deutschland – innovative und nachhaltige Konzepte zu entwickeln. Eine mittelfristig zu etablierende Deutsch-Indische Plattform kann einen effektiven Kommunikations- und Informationsaustausch sowie einen Bildungstransfer gewährleisten. Durch diesen Forschungsansatz wird ermöglicht, dass die deutsche Logistikwissenschaft nachhaltig und wirksam der indischen Wirtschaft und Wissenschaft beratend zur Seite steht und Synergiepotentiale ausgeschöpft werden.

1. Einführung

Eine Kooperation zwischen Indien und Deutschland ermöglicht für beide Seiten einen Mehrwert in der logistischen Forschung und Praxis, da Deutschland seine erfolgreichen Logistikkonzepte an die Anforderung der indischen Seite anpassen kann. Gleichermaßen ist Indien ein sehr interessanter Markt für die deutschen Logistikdienstleister. Ferner können spezifische Forschungsschwerpunkte und -felder, die für Deutschland nicht relevant sind, untersucht werden (u. a. Herausforderungen in Megacities).

Vor diesem Hintergrund wurde im Rahmen der vorliegenden Grundlagenstudie eine umfangreiche Informationsbasis generiert und der aktuelle Stand der Forschung in Logistik und Wirtschaftsverkehr erfasst und analysiert. In Anlehnung daran können innovative Ansätze entwickelt und an die indischen Erfordernisse angepasst werden. In diesem Kontext können die Ergebnisse als Datenquelle für weitere Forschungsansätze genutzt werden (z. B. Mobilität in Megacities).

2012 war das Deutsch-Indische Jahr. Seit 60 Jahren bestehen die bilateralen, diplomatischen Beziehungen; diese wurden in einer Reihe von Veranstaltungen „Germany and India 2011-2012: Infinite Opportunities" gefeiert. Im Zuge dessen führten führende deutsche Logistikinstitute (Dortmund, Darmstadt, Münster, Erlangen-Nürnberg) ein Forschungsprojekt mit dem Titel „Analysis of the logistics research in India – An empirical and bibliographical study for the description of the current state of the art in the field of logistics in India 2011/2012" durch.

Der Fokus der Forschung liegt auf den relevanten Institutionen in Indien, die Logistikforschung und -ausbildung betreiben. Es wird dabei den Fragen nachgegangen, welche Forschungsschwerpunkte und Trends gerade im Bereich Logistik wissenschaftlich diskutiert werden. Zusätzlich ist von Interesse, worauf die Forschung genau abzielt (u. a. Lösungsansätze zur Optimierung von Logistikknoten, Risk Management für Logistikketten, Infrastrukturausbau zur verbesserten Abwicklung der Verkehrsflüsse etc.). Außerdem wird im Rahmen der Untersuchung betrachtet, wo sich die wichtigsten Logistikcluster in Indien befinden. Unter Cluster werden in diesem Kontext regionale Gruppierungen von wirtschaftlichen und wissenschaftlichen Akteuren verstanden. Weiterführend werden Kooperationsaktivitäten auf regionaler, nationaler und internationaler Ebene näher beleuchtet.

Diese Forschungsfragen wurden mittels quantitativer und qualitativer Erhebungs- und Auswertungsmethoden erforscht. Explizit wurden zunächst indische Wissenschaftler aus dem Bereich Logistik über Sekundärdatenanalyse und Literaturrecherche identifiziert. Anschließend wurden mit den relevantesten Akteuren aus diesem Bereich Experteninterviews durchgeführt, um ein vertieftes Verständnis über die Logistikforschung in Indien zu erhalten.

Übergeordnetes Ziel ist eine verstärkte Zusammenarbeit mit der Wissenschaft und den Logistikclustern in Indien, um mit den deutschen und indischen Akteuren aus Wissenschaft und Wirtschaft innovative und nachhaltige Konzepte zu entwickeln. Mittelfristiges Ziel des Projektteams ist, eine Deutsch-Indische Plattform zur Förderung eines effektiven Kommunikations- und Informationsaustauschs sowie eines Bildungstransfers zu etablieren.

Dieser Beitrag widmet sich zunächst dem methodischen Vorgehen der Studie. Danach werden die Ergebnisse der qualitativen Analyse präsentiert.

Durch den Überblick der wissenschaftlichen Aktivitäten im Bereich Logistik in Indien werden die aktuelle Situation und insbesondere der Stand der Forschung verdeutlicht und aktuelle Forschungsvorhaben, Netzwerke, Cluster und Trends in der Wissenschaft aufgezeigt.

2.　Stand der Forschung und Motivation

Der Begriff Logistik wird bisher noch nicht einheitlich definiert. Logistik wird in der Praxis als Sammelbegriff aufgefasst, der operative Aktivitäten des Transportierens, Umschlagens, Kommissionierens und Lagerns einschließt. Jedoch kann Logistik auch die Koordination und ganzheitliche Optimierung arbeitsteiliger Funktionen (u. a. Beschaffungs-, Produktions- und Distributionsfunktionen in Unternehmen) umfassen und wird in diesem Kontext als „Koordinationslogistik" definiert. Diese

Funktionen dienen hierbei der zeitlich, räumlich, mengenmäßig und qualitativ richtigen Verfügbarmachung von Gütern, um die Bedürfnisse der Kunden zu erfüllen.

Die Definition der Logistik als „Flow Management" integriert den dynamischen Objektfluss in Prozessen, Netzen bzw. Fließsystemen. In diesem Kontext werden nun alle Objekte, u. a. materielle Güter, Menschen, Informationen und Dienstleistungen, logistisch analysiert und optimiert (Klaus u. Krieger 2008, Klaus 2002).

Logistik ist heute als Querschnitts- und Steuerungsfunktion für Produktion und Handel zu verstehen. Einerseits begleitet sie die Produktion, ohne selber im eigentlichen Sinne produktiv zu sein. Andererseits gilt die industrielle Logistik als einer der wichtigsten Faktoren zur Erbringung wirtschaftlicher Effizienz. Der logistische Aufwand steigt durch Globalisierung und Dezentralisierung überproportional und damit auch die Bedeutung der Logistik beim Erhalt und bei der ökonomisch und ökologisch sinnvollen Steigerung der Effizienz. Regeln und Strategien wie „Just in Time" oder „Just in Sequence" sind typische Vertreter eines konventionellen Verständnisses der Logistik als reiner „Diensterbringer" von Produktion und Handel (EffizienzCluster Management GmbH 2010; Christopher 2011).

Basierend auf der „Seven-Rights-Definition" nach Plowman (1964) muss die Logistik sicherstellen, dass das richtige Gut in der richtigen Menge, in der richtigen Qualität, am richtigen Ort, zur richtigen Zeit, für den richtigen Kunden und zu den richtigen Kosten bereitgestellt wird. Dieses klassische Paradigma beschreibt die Wirkung des logistischen Handelns, jedoch nicht die Logistik selbst. Die Logistik als wissenschaftlich und wirtschaftlich relevante Disziplin widmet sich im Grunde aber dem „Wie". Deswegen muss ein Paradigmenwechsel stattfinden. In diesem Rahmen bestimmt Logistik, wie welche Ware wann zu welchem Ort bewegt wird.

Die Logistik als Wissenschaft ist eine anwendungsorientierte Disziplin. Forschungsschwerpunkt liegt in der Analyse und Modellierung arbeitsteiliger Wirtschaftssysteme als Objektflüsse (v.a. Güter und Personen) in Netzwerken durch Zeit und Raum. Daraus werden Handlungsempfehlungen zu ihrer Gestaltung und Implementierung abgeleitet. Die Logistik befasst sich mit den primär wissenschaftlichen Fragestellungen zur Konfiguration, Organisation, Steuerung oder Regelung dieser Netze und Flüsse.

Die junge Disziplin der Logistik als Wissenschaft ist angehalten, nach innovativen logistischen Lösungsansätzen für zukünftige Herausforderungen zu forschen und dabei Ziele der Nachhaltigkeit zu verfolgen. Als Wirtschaftsbereich gewinnt Logistik zunehmend an Bedeutung – sowohl gemessen an Kennzahlen, wie Beschäftigung oder Bruttowertschöpfung, wie auch in der Betrachtung von Unternehmensorganisation und Politik. Deutschland ist schon seit langem eine der führenden Logistik-Nationen. 2012 wurde Deutschland als eine der leistungsfähigsten Logistikstandorte in der Welt auf den Rang 4 gesetzt, wogegen Indien noch auf Platz 46 liegt (siehe Tabelle 1).

Rank	Country	LPI	Customs	Infra-structure	International shipments	Logistics competence	Tracking & tracing	Time-liness
1	Singapore	4.13	4.10	4.15	3.99	4.07	4.07	4.39
2	Hong Kong	4.12	3.97	4.12	4.18	4.08	4.09	4.28
3	Finland	4.05	3.98	4.12	3.85	4.14	4.14	4.10
4	Germany	4.03	3.87	4.26	3.67	4.09	4.05	4.32
5	Netherlands	4.02	3.85	4.15	3.86	4.05	4.12	4.15
6	Denmark	4.02	3.93	4.07	3.70	4.14	4.10	4.21
7	Belgium	3.98	3.85	4.12	3.73	3.98	4.05	4.20
8	Japan	3.93	3.72	4.11	3.61	3.97	4.03	4.21
9	US	3.93	3.67	4.14	3.56	3.96	4.11	4.21
10	UK	3.90	3.73	3.95	3.63	3.93	4.00	4.19
46	India	3.08	2.77	2.87	2.98	3.14	3.09	3.58

Tabelle 1: Logistics Performance Index
(Quelle: Eigene Darstellung nach World Bank 2013)

Gleichzeitig ist Indien ein Land mit anhaltend hohem Wirtschaftswachstum, zunehmender Industrialisierung und Integration in die Weltwirtschaft. Daher wird Logistik von Jahr zu Jahr wichtiger in und für Indien. Die Herausforderungen der Logistik bestehen vor allem in der effizienten Nutzung infrastruktureller Ressourcen, deren Ausbau bislang mit dem Bedarf kaum Schritt halten konnte, und der weiteren Professionalisierung im Management von Warenflüssen bei Erhalt bzw. Verbesserung auch der individuellen Mobilität (Clausen 2007).

Noch ist für Indien als boomende Wirtschaftsnation die Infrastruktur vergleichsweise mangelhaft und der Investitions- und Professionalisierungsbedarf in der Logistik relativ groß. Dies macht sich z. B. auch bei Nahrungsmittelketten bemerk-

bar, da ein Teil der Ernten noch vor der Weiterverarbeitung verrottet. Ein weiteres Problem ist der Mangel an Fachkräften. Obwohl es viele ausbildungswillige junge Menschen gibt, fehlt es an einschlägigen Ausbildungseinrichtungen. Dies gilt sowohl für die Hochschulen aber vor allem für den Bereich der beruflichen Bildung. In der Forschung wie Ausbildung verfügt Deutschland über ein vergleichsweise sehr gutes Angebot an Hochschulen und Weiterbildungseinrichtungen mit logistischem Fokus. Kenntnisse außereuropäischer Märkte und die internationale wissenschaftliche Vernetzung sind allerdings aus deutscher Sicht verbesserungsfähig.

Der Logistiksektor zählt zu den wachstumsstärksten Dienstleistungsbranchen in Indien, Tendenz steigend. 2010 erreichte der Logistiksektor ein Umsatzplus von 9% auf 82 Mrd. US $. Prognosen gehen davon aus, dass sich der Umsatz bis 2020 auf 200 Mrd. $ mehr als verdoppelt (Westenberger u. Alex 2012). Diese Prognosen können sich nur erfüllen, wenn der Infrastrukturausbau bis dahin intensiv verfolgt wird. Die Branche ist jedoch auch von Ineffizienzen geprägt. Die Logistikkosten verursachen derzeit einen Anteil von annähernd zwölf Prozent am Bruttoinlandsprodukt. Im Vergleich dazu liegt der Anteil der westlichen Industrieländer bei unter zehn Prozent. Auch das Teilmarktsegment der Logistik Third-Party-Logistics (3LP) verzeichnet hohe Wachstumsraten. Ungefähr 25 Prozent der Logistikaktivitäten werden von 3PL-Dienstleistern abgewickelt. Die Logistik in Indien zeichnet sich durch eine hohe Marktfragmentierung aus. Der Straßengüterverkehr, der einen Anteil von über 75 Prozent am gesamten Güterverkehrsaufkommen einnimmt, wird hauptsächlich von Kleinstspeditionen und Transportunternehmen durchgeführt (Fink 2008, S. 191).

Nachholbedarf besteht im Hinblick auf die Optimierung der Transportwege und Umschlagknoten (u. a. Häfen und Flughäfen). Weitere Herausforderungen liegen im Warehousing. Der Logistikbranche reichen bereits heute die Lagerhallenkapazitäten nicht mehr aus (Business Monitor International 2011; Geeta u. Joshi 2010; KPMG 2010). Inter- und multimodale Umschlagzentren befinden zum größten Teil erst in der Entwicklungs- und Aufbauphase. In den nächsten Jahren sollen auch die Seehäfen an die Straßen- und Schienennetze angebunden werden. Private Investoren zeigen reges Interesse an der Etablierung von Free Trade Warehousing Zones (FTWZ). Nagpur wird zum neuen Verkehrsdrehkreuz für die Luftfracht (Westenberger u. Alex 2012).

3.　Methodik

Im Rahmen der Studie wurde zunächst eine bibliographische (Publikations-) Recherche mit anschließender Analyse und Aufbereitung der Ergebnisse vorgesehen. Auf Grundlage der Ergebnisse der ersten Recherche wurden weitere Forschungseinrichtungen in Indien identifiziert. Mit weiteren ausgeweiteten Online-Recherchen wurden noch zusätzliche Daten zu den identifizierten Institutionen (z. B. Anzahl der Wissenschaftler in diesem Bereich und ihre Forschungsschwerpunkte) erhoben.

Ferner wurde ein strukturierter Interviewleitfaden entwickelt und eine Studienreise nach Indien zur Durchführung von persönlichen Experteninterviews mit den herausragendsten Wissenschaftlern organisiert. Die persönlichen Interviews konzentrierten sich auf die Agglomerationsräume Chennai, Ahmedabad, Delhi und Mumbai. Die Interviews wurden im Nachgang transkribiert und nach den forschungsrelevanten Fragen ausgewertet. Aufbauend auf diesen Erkenntnissen wurden die grundlegenden Forschungsanforderungen abgeleitet und in eine Deutsch-Indische Forschungsstrategie überführt.

3.1.　Identifikation der logistischen Forschungsfelder in Indien

Mittels einer bibliographischen Recherche wurden die wesentlichen wissenschaftlichen Themenfelder mit den dazu relevanten Akteuren und Institutionen im Bereich Logistik in der indischen Forschung identifiziert.

Das Vorgehen teilte sich in zwei Phasen auf. In der ersten Phase wurden die führenden indischen Forschungseinrichtungen und deren Forschungsfelder im Bereich Logistik erfasst. Diese Einschränkung auf führende Institutionen ist notwendig, da die Forschungslandschaft Indiens von einigen herausragenden Forschungseinrichtungen, die sich bezüglich ihrer wissenschaftlichen Leistungsfähigkeit vom Großteil der indischen Universitäten und Colleges unterscheiden bzw. abheben, geprägt ist (vgl. BMBF 2009, S. 20). Unter der Annahme, dass die wesentliche Logistikforschung in den meisten Fällen an diesen renommierten Institutionen stattfindet, wurde für Phase 1 der Fokus auf die Institutes of Management and Technology (IIMs und IITs) begrenzt und davon 45 Departments, Gruppen bzw. Zentren mit logistischem Hintergrund bestimmt. Auf Basis einer Internetrecherche wurde eine erste Sammlung und Klassifikation der fokussierten Forschungsfelder sowie eine Liste der wissenschaftlichen Publikationen, die seit 2006 im Bereich der Logistikforschung veröffentlicht wurden, erstellt.

Auf Grundlage dieser Ergebnisse wurde in Phase 2 die Beschränkung auf einzelne indische Forschungseinrichtungen aufgehoben, um weitere relevante Einrichtungen und Wissenschaftler zu registrieren, die in zuvor erhobenen Logistikbereichen Forschungsleistungen erbringen. Dabei wurden die TOP 38 der internationalen Journals in Supply Chain Management (SCM) und Logistik untersucht, um daraus alle Beiträge von indischen Wissenschaftlern zu filtern. Die Journals wurden nach dem JOURQUAL2 Journal-Ranking-System ausgewählt. Des Weiteren wurden Suchkriterien definiert, nach denen die relevanten Beiträge selektiert wurden. Ferner wurden Beiträge erhoben, die von indischen Wissenschaftlern und Forschungseinrichtungen publiziert und sich mit den Themenschwerpunkten Logistik, Operations Research und Produktion auseinandersetzen. Mittels der Analyse der Internetpräsenz dieser Organisationen wurde die Publikationsliste ergänzt.

Ergebnis dieses Projektschrittes ist eine Liste der wichtigsten Forschungsgebiete, die an den indischen Einrichtungen bearbeitet werden, inklusive der dazugehörigen Wissenschaftler und Publikationen. Diese lassen sich in grundlegende Themengebiete kategorisieren: Supply Chain Management, Transportlogistik und Inhouse-Logistik. Diese Kategorien sind angelehnt an die Kategorisierungsmethode von Arnold et al. (2004) (siehe Abbildung 1).

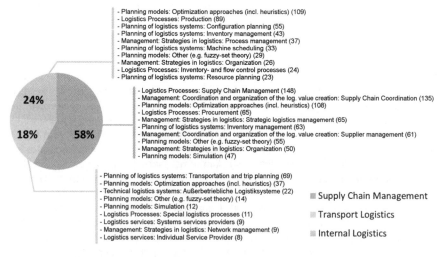

Abbildung 1: Anzahl identifizierter Publikationen je Kategorie
(Quelle: Eigene Darstellung)

3.2. Erstellung einer Forschungslandkarte

Die Ergebnisse aus der Recherche wurden in einer Forschungslandkarte zusammengefasst, in der die Forschungsstandorte sowie ihre Forschungsthemen dargestellt werden (vgl. Kapitel 4). Eine Forschungslandkarte stellt eine thematisch aufbereitete Landkarte dar, die eine Übersicht über die Forschungsaktivitäten in einem Themenfeld (z. B. innerhalb eines Landes) vermittelt. Sie dient dazu, die Forschungsaktivitäten verschiedener Institutionen und deren Beziehungen untereinander deutlich zu machen. Dieses Werkzeug zur Strukturierung und Visualisierung von Forschungsschwerpunkten ist daher gut geeignet, um die aktuellen Themen und die wichtigsten Standorte der Logistikforschung in Indien zu dokumentieren. Die Forschungslandkarte stellt zudem einen geeigneten Ansatz dar, Kooperationsmöglichkeiten zwischen deutschen und indischen Institutionen zu identifizieren.

3.3. Vorbereitung und Durchführung von leitfadengestützten Experteninterviews

Zunächst wurde zu den relevantesten Akteuren, die im ersten Projektschritt identifiziert wurden, Kontakt aufgenommen. Sie wurden über das Projekt informiert und über schriftliche oder telefonische Anfragen als Experten für die Studie akquiriert. Danach wurden die Befragungstermine festgelegt.

Parallel dazu erfolgte die Entwicklung des strukturierten Interviewleitfadens aufbauend auf den in Kapitel 1 aufgeführten Projektzielen und der Methodik von einschlägigen Studien der Bundesvereinigung Logistik e.V. (BVL) (Straube u. Pfohl 2008) und der European Logistics Association (ELA) / A.T. KEARNEY. Dieser Leitfaden wurde an die Erkenntnisse aus der bibliographischen Recherche angepasst. Die Tabelle 2 zeigt den Aufbau des Fragebogens.

Research capacities			
Teaching	Research staff	Publications	Funding structure
• Study programs • Types of degrees • Number of students each year with types of degrees	• Number of academic employees • Number of other institutions in the field of logistics and SCM	• Number of publications (last 3 years)	• Department's research funds • Share of governmental funds • Share of tution fees/ institution • Share of private funds

Research focus	Current international area of interest
• Current key topics • Recent achievements • Promoted areas of research	• Globalization • Protection of the environment and resources • Innovations in technology • Security and risk • Politics, regulation and compliance

Research cooperation
• Research institutions • Business sector • Networks and clusters

Tabelle 2: Aufbau des Leitfadens für die qualitative Befragung
(Quelle: Eigene Darstellung)

Danach fand die qualitative Erhebung der Daten anhand von leitfadengestützten Experteninterviews im 2. Quartal 2012 statt. Die Tiefeninterviews bzw. Expertengespräche wurden entweder telefonisch oder auch persönlich im Rahmen einer Studienreise in Indien durchgeführt. Während des 10-tägigen Aufenthalts wurden die relevantesten Forschungsstandorte in Indien (u. a. Chennai, Ahmedabad, Delhi, Pune, Mumbai) besucht und mit den Wissenschaftlern vor Ort aktuelle forschungsrelevante Themen diskutiert.

3.4. Aufbereitung und Analyse der Experteninterviews

In diesem Projektschritt erfolgte zunächst die Transkription der Interviews. Im Anschluss daran wurden die Experteninterviews anhand der formulierten Fragestellungen ausgewertet. Auf Basis dieser Erkenntnisse wurde der notwendige Forschungsbedarf abgeleitet und in eine deutsch-indische Forschungsstrategie überführt. In diesem Rahmen wurden insgesamt 30 Experten interviewt, hauptsächlich Wissenschaftler aus der Logistikforschung. Davon wurden acht Interviews telefonisch durchgeführt. Der Fokus lag hierbei auf Chennai (IIT Madras), Ahmedabad (IIM Ahmedabad), Delhi (IIT Delhi) und Mumbai (IIT Bombay). Zusätzlich wurden

Gespräche mit Vertretern aus der Praxis (u. a. TVS Logistics, Take Solutions) geführt (siehe Abbildung 2).

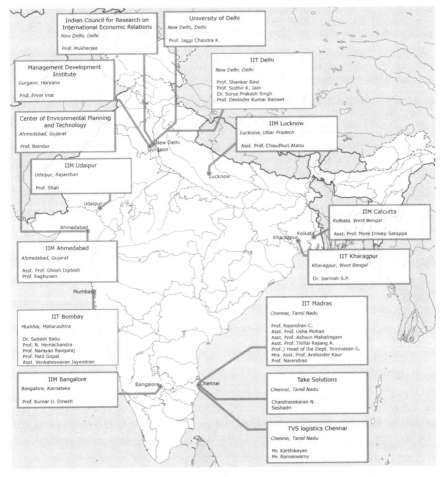

Abbildung 2: Geographischer Überblick der Experten aus der Logistikforschung in Indien (Quelle: Eigene Darstellung)

30. Deutscher
Logistik-Kongress
23.-25. Oktober 2013

BVL
Bundesvereinigung
Logistik

4. Ergebnisse der qualitativen Analysen

In diesem Abschnitt werden ausgewählte Informationen über die Logistikforschung auf Basis qualitativer Daten zur Verfügung gestellt. Es wird eine Zusammenfassung der relevanten Institutionen und Wissenschaftler präsentiert, die im Rahmen von telefonischen und persönlichen Interviews befragt wurden. Basierend auf dem 1. Projektschritt (vgl. Kapitel 3.1) wurden die Wissenschaftler ausgewählt und über Empfehlungen neue Kontakte identifiziert. In Abbildung 2 ist ein geographischer Überblick der befragten Experten.

Basierend auf den transkribierten Interviews wurde eine qualitative Textanalyse durchgeführt. Als erstes wurden die Kennwörter hinsichtlich der Erhebungsschwerpunkte definiert. Danach wurden die Wörter in den Interviews gezählt und vorhandene Expertenaussagen danach kategorisiert. Anschließend wurde eine Komprimierung vorgenommen und alle relevanten Aussagen zusammengefasst. Die Ergebnisse wurden tabellarisch oder graphisch aufbereitet und zusätzlich kartographisch hinterlegt.

4.1. Aktuelle Schwerpunkte der Logistikforschung in Indien

In Abbildung 3 präsentieren wir einen Überblick über die Hauptspezialisierung der Logistikforschung von ausgewählten Institutionen (nach der absoluten Anzahl der Nennungen).

Hierbei ist ersichtlich, dass sich die meisten der Forschungsvorhaben auf den Bereich *Supply Chain Management* konzentrieren. Dabei liegt der Fokus auf der Koordinierung der Supply Chain in unterschiedlichen Wirtschaftszweigen (u. a. Lebensmittel, Gesundheitswesen, Automotive, KEP-Dienstleistung). Die Bewertung der Maßnahmen zur Effizienzsteigerung der SC erfolgt mittels Simulations- und Modellierungsansätzen.

Zweitgrößtes Forschungsfeld stellt die *innerbetriebliche Logistik* dar. Hier liegen die Schwerpunkte auf der Optimierung und Koordinierung des Waren- bzw. Lagerbestands, des Lagerwesens, der Ablaufplanung in Produktionssystemen sowie der Planung und des Managements von Logistikanlagen.

Wissenschaftler in technisch orientierten Institutionen sind vornehmlich in *Operations Research* (OR) aktiv. Sie beschäftigen sich vornehmlich mit mathematischer Optimierung, OR basierter Modellierung und OR Anwendungen. Mittels Metaheuristiken und Simulationsmethoden widmen sie sich der Touren- und Standortplanung in der Logistik.

Mit dem Forschungsfeld *Transportlogistik* beschäftigen sich Wissenschaftler hauptsächlich mit den Verkehrssystemen, der Verkehrsplanung und mit Logistikknoten. Darüber hinaus befassen sie sich mit den speziellen Transportmodi und arbeiten an multimodalen Transportsystemen. Zusätzlich entwickeln sie Güterverkehrsmodelle zur Unterstützung der Verkehrspolitik.

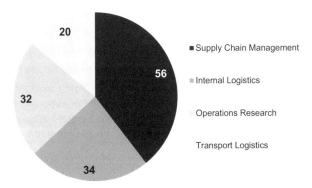

Abbildung 3: Forschungsschwerpunkte der Institutionen
(Quelle: Eigene Darstellung)

4.2.   Aktuelle Trends in der Logistikforschung

In Abbildung 4 werden die aktuellen Trends in der Logistikforschung nach der absoluten Anzahl der Nennungen aufgeführt. Nach Meinung der indischen Wissenschaftler geht der Forschungtrend in sechs verschiedene Richtungen.

Am häufigsten findet das Forschungsfeld *Umwelt- und Ressourcenschutz* Erwähnung. Insgesamt beziehen sich 21 Projekte von 11 Institutionen bereits heute auf diesen Schwerpunkt. Dabei werden Forschungsansätze zur Grünen Logistik, intermodalen Transportsystemen, städtischer Planung und Reduzierung der CO_2-Emissionen angeführt und diskutiert.

Hinsichtlich des Forschungstrends *Globalisierung* kann hier festgehalten werden, dass sechs von 15 Einrichtungen an acht konkreten Projekten in diesem Bereich arbeiten. Ihr spezieller Fokus liegt im Bereich Outsourcing, globales Supply Chain

Management, Risikomanagement und globale Herausforderungen für Logistik und Verkehr.

Der Forschungsschwerpunkt *Infrastrukturentwicklung und Optimierung von Material- und Transportflüssen* wird von insgesamt vier Institutionen verfolgt. Sie geben dabei Empfehlungen zur Verbesserung und Optimierung der Straßen- und Schieneninfrastruktur, der Hinterland-Distribution und -Anbindung sowie der Logistikknoten. In diesem Zuge wollen sie auch den intermodalen Wirtschaftsverkehr und den wassergebundenen Transport fördern.

Weiterführend forschen fünf Institutionen im Rahmen von sieben Projekten in den Forschungsfeldern *Sicherheit und Risikomanagement*. Sie beleuchten hauptsächlich die Risikopotenziale in der Wertschöpfungskette, insbesondere in der Nahrungsmittel-Wertschöpfungskette.

Vier Forschungseinrichtungen konzentrieren sich auf *Politik und Regulierung* mit dem Fokus logistische Herausforderungen. Diese arbeiten aktuell in den Bereichen zu Public-Private-Partnerships im Verkehrssektor und wollen eine standardisierte Regulierung auf nationaler Ebene (u. a. Mautstruktur) etablieren und implementieren.

Bezogen auf den Schwerpunkt *Technische Innovationen* gibt es nur fünf Forschungseinrichtungen, die sich aktuell mit der Thematik beschäftigen. Sie entwickeln im Rahmen ihrer Projekte RFID-Systeme, ICTs und nachhaltige Steuerungssysteme zur Optimierung der Verkehrsflüsse und der Wertschöpfungskette in Städten.

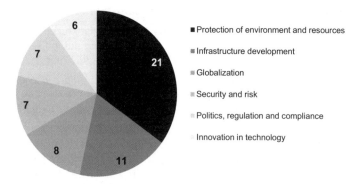

Abbildung 4: Aktuelle Trends in der Logistikforschung
(Quelle: Eigene Darstellung)

4.3. Identifizierte Forschungskooperationen

Abbildung 5 zeigt die absoluten Zahlen und die Verteilung der Forschungskooperationen der ausgewählten Institutionen. Die meisten der Forschungseinrichtungen arbeiten aktiv mit Wissenschaftlern aus den USA, Europa und Großbritannien zusammen. Sie stehen sogar mit zehn Institutionen aus Deutschland in Verbindung. Innerhalb Indiens kooperieren sie mit anderen IITs und IIMs. Zudem besitzen sie gute Beziehungen zu chinesischen Universitäten. Weiterführend gibt es noch vereinzelt Kooperationen mit Kanada, Thailand, Taiwan und Saudi-Arabien. Die Aktivitäten fokussieren sich auf Austauschprogramme für Studenten und Fakultätsmitglieder mit Partneruniversitäten (z. B. DAAD). Diese Beziehungen sind sehr formal aufgebaut. Außerhalb Indiens existiert ein Wissenstransfer mit amerikanischen und britischen Forschungseinrichtungen. Sie arbeiten an Projekten und widmen sich dabei logistischen und verkehrlichen Herausforderungen. Zunächst identifizieren sie ihre Forschungsinteressen, danach vertiefen sie ihre Beziehungen mit gemeinsamen Forschungsaktivitäten. Basierend auf den Forschungsergebnissen veröffentlichen sie gemeinsame Publikationen.

Jeder einzelne der befragten Experten hat sein eigenes Netzwerk kollaborativer Forschung und sein eigenes Arbeitsfeld. Alle Fakultäten führen Verbundprojekte durch. Es handelt sich dabei um informelle Forschungsgruppen, die sich auf Konferenzen und Seminaren regelmäßig treffen. Im Rahmen von geförderten Initiativen bestehen auch Verbundprojekte zwischen den IITs und IIMs. Der formelle Weg für eine Kooperation ist, Austauschprogramme für Wissenschaftler und Studenten an-

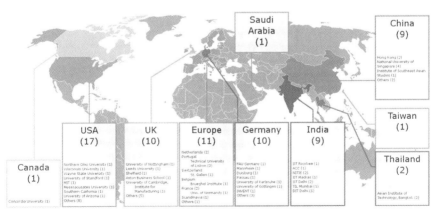

Abbildung 5: Forschungskooperationen (Quelle: Eigene Darstellung)

zubieten. Sie sind dabei durch Verbundprogramme und einige Kursangebote (z. B. Gastdozent) miteinander verbunden. Außerdem bilden sie häufig Forschungsarbeitskreise aus, aber dies ist abhängig von den jeweiligen persönlichen Beziehungen. Allgemein ist die Forschungskultur weniger interdisziplinär ausgeprägt.

4.4. Identifizierte Kooperationen zur Industrie

In der Abbildung 6 wird die Anzahl der Geschäftsbeziehungen von Forschungseinrichtungen gezeigt. Dabei ist besonders auffällig, dass die meisten der Forschungsinstitutionen geschäftliche Beziehungen zur Industrie innerhalb Indiens pflegen. Sie stehen hierbei in Verbindung mit industriellen Partnern aus verschiedenen Sektoren (u. a. Automotive). Im Rahmen von Transferprojekten optimieren sie praxis- und kundenorientiert Prozesse bzw. Material- und Verkehrsflüsse. Zur Verbesserung der Infrastruktur arbeiten sie mit Regierungsinstitutionen an gemeinsamen Projekten und Initiativen. Damit stellen sie also Beratungsdienstleistungen für den privaten und öffentlichen Sektor zur Verfügung. Es bestehen zudem einige Kontakte zur USA und zu Europa, aber die geschäftlichen Aktivitäten in diesem Feld sind sehr begrenzt.

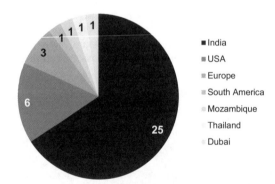

Abbildung 6: Existierende Geschäftsbeziehungen zu indischen Forschungseinrichtungen (Quelle: Eigene Darstellung)

4.5. Logistische Netzwerke und Cluster

In diesem Kapitel werden die relevantesten logistischen Netzwerke und Cluster der indischen Logistik und Logistikforschung aufgezeigt.

In Abbildung 7 werden insgesamt drei Logistikhubs in den wichtigsten Agglomerationsräumen präsentiert und insbesondere neun sich im Aufbau befindende Logistikhubs gezeigt. Zusätzlich wurden die Hauptseehäfen Indiens in die folgende Karte integriert, die für den Handel und die Logistikindustrie einen besonders hohen Stellenwert einnehmen.

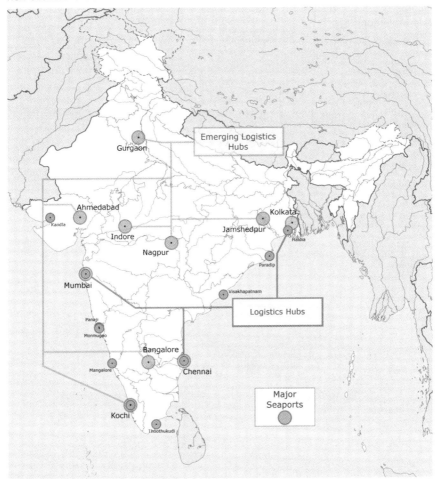

Abbildung 7: Relevante logistische Hubs in Indien (Quelle: Eigene Darstellung)

Die meisten der Forschungseinrichtungen, die sich mit Logistik und Supply Chain Management auseinandersetzen, sind vornehmlich IITs und IIMs sowie NITs (u. a. Bangalore, Kalkutta, Lucknow, Ahmedabad, Kharagpur, Chennai und Bombay). Bezogen auf Forschungsaktivitäten im Bereich Verkehrsplanung können als weitere Forschungscluster Ahmedabad, Bangalore und Mumbai erwähnt werden. IIT Madras bietet beispielsweise eine Spezialisierung im urbanen Verkehrswesen an (vgl. Abbildung 8).

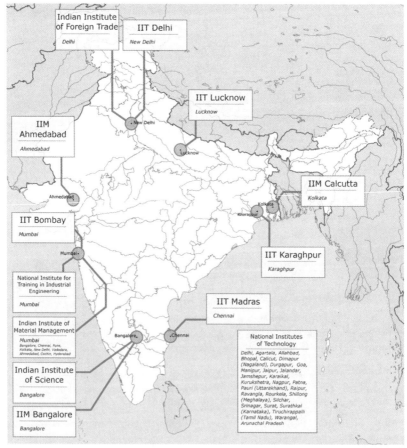

Abbildung 8: Forschungscluster in Indien (Quelle: Eigene Darstellung)

Zudem sind einige Regierungseinheiten auf National- und Staatsebene aktiv und arbeiten an logistischen und verkehrlichen Herausforderungen. Insgesamt konnten sieben nationale Verbände bzw. Gesellschaften in Indien identifiziert werden, die sich mit spezifischen logistischen und verkehrlichen Themenschwerpunkten auseinandersetzen. Diese Interessensverbände stellen gemeinsame Plattformen für Vertreter aus Wissenschaft und Industrie zum Wissensaustausch und -transfer dar. In diesem Rahmen halten sie jährliche Konferenzen, Seminare und Workshops mit dem Hauptfokus Logistik und Verkehr ab und diskutieren aktuelle Herausforderungen und Probleme (vgl. Tabelle 3).

Logistics networks and clusters	
National government organizations	Ministry of Service Road Transportation and Highways
	National Highways Authority
State government organizations	State Road Departments
Associations	CII Confederation of Indian Industries
	Loyola, Institute of Business Administration in Chennai (LIBA)
	Federation of Indian Chambers of Commerce and Industry
	Production and Operations Management Association
	Society of Transport Management
	Society of Operation Management
	Supply Chain Operational Research
International programs	Indian Technical and Economic Cooperation (ITEC)
	IBSA forum: members from India, Brazil and South Africa

Tabelle 3: Logistische Netzwerke und Cluster (Quelle: Eigene Darstellung)

4.6.   Aktuelle Herausforderungen und Trends in der Logistik

Im folgenden Kapitel werden die aktuellen und zukünftigen Herausforderungen und Trends der Logistik in Indien vorgestellt und mittels ausgewählten Expertenmeinungen aus den qualitativen Interviews diskutiert.

Zunahme von Outsourcing der Logistikdienstleistung

Der Logistik- und Supply Chain Management-Sektor ist sehr informell und fragmentiert. Viele Logistikdienstleister und Transportunternehmen gehören zu den Kleinstunternehmen (< 10 Mitarbeiter), sind unzureichend organisiert und ihre

Arbeitskraft ist sehr unbeständig und unzuverlässig, insbesondere in den Agglomerationsräumen.

Seitdem viele Firmen im Produktionssektor Wachstumstendenzen zeigen, werden die nicht zum Kerngeschäft gehörenden Aktivitäten ausgelagert. Städtische Lagerhaltung wird deshalb häufig in die Verantwortung von kleinen Unternehmen weitergegeben (u. a. Warehousing, Transportsektor). Dieser Trend geht mit dem zunehmenden Outsourcing in Produktion und Handel einher. Dadurch wird die SC komplexer; negative Auswirkungen sind dabei der Anstieg der Transportkosten und der End-to-End-Belieferungsdauer sowie der Lagerhaltungskosten. Ein neuer Trend in diesem Segment ist zudem die wachsende Bedeutung der 3PL-Industrie bedingt durch die verstärkte Nachfrage von multinationalen Firmen.

Technisierungsgrad

Manuelle Vorgänge bei lokalen Lagerfirmen im Warehousing und in der „Last-Mile"-Distribution sind vorherrschend. Durch die steigende Komplexität unterstützt der IT-Sektor dieses Segment mit hochwertigen Technologien, insbesondere im Handelsbereich. Kleine Logistikdienstleister sind finanziell nicht in der Lage diesem Trend zu folgen. Der Automatisierungs- und Technisierungsgrad ist in diesem Sektor sehr niedrig.

Sicherheitsrisiken

Bedingt durch die informellen Strukturen ist eine Verminderung des Risikos und der Erhöhung der Sicherheit in der Supply Chain schwierig umzusetzen. Im Vergleich zu den europäischen Ländern ist gerade der Risikofaktor Mensch ein Hauptproblem in Indien. Zum Betriebsalltag gehören in diesem Kontext Überlastung der Lkws und enorme Todesraten. Sicherheitsmaßnahmen werden wegen finanziellen Gründen nicht berücksichtigt. Ein effizientes Risikomanagement hat sich im Bereich Warehousing bedingt durch den fragmentierten Sektor noch nicht durchgesetzt. Nur Großunternehmen, wie Tata, nehmen eine zentrale Steuerung und Regelung vor. Finanzielle Risiken in der globalen Supply Chain wurden bisher nur unzureichend kontrolliert.

Im indischen Logistik- und Transportsektor besteht allgemein ein Mangel an Regulierung und an der Ausführung dieser Regelwerke. Dabei werden u. a. die Ladungskapazitäten, Fahrerlenkzeiten und Sicherheitsbestimmungen nicht eingehalten. Daraus resultieren hohe Unfallraten an Verladeanlagen und im Straßenverkehr.

Sicherheitsrichtlinien existieren zwar, aber ihre Umsetzung und Durchsetzung ist sehr problematisch. Crash-Tests und Sicherheitsprüfungen sind für Lkws und Busse nicht vorgesehen.

Ineffiziente Regulierungen des Infrastruktursystems

Bezogen auf die infrastrukturelle Regulierung ist bisher keine Preisstandardisierung für Logistikdienstleister durchgesetzt worden. Zudem gibt es keine einheitliche Steuerstruktur in Indien. Der administrative Aufwand an den Grenzgebieten zwischen den Bundesstaaten verlangsamt den Lkw-Verkehr dadurch immens. Es kommt zu erhöhten Wartezeiten an Kontrollpunkten und zu intransparenten Abwicklungen.

Die Zahlungen der Mautgebühren für die Straßennutzung erfolgen noch manuell. Die Anstrengungen zur Umsetzung des elektronischen Mautsystems werden nur sehr langsam umgesetzt.

Allerdings sind die interstaatlichen Steuerregulierungen das Hauptproblem, die die Logistik am meisten beeinträchtigen. Schließlich sind die Überwindung dieser Steuerhindernisse und die Standardisierung der Steuerstruktur in Indien ein langwieriger politischer Prozess.

Bewältigung der infrastrukturellen Mängel

Um die Material- und Transportflüsse für den Wirtschaftsverkehr in Indien zu optimieren, muss eine Erweiterung und Verbesserung der bestehenden Infrastruktur angestrebt werden. Die Umschlagvorgänge an Logistikknoten gestalten sich sehr ineffizient und der Transportsektor weist sehr hohe Wachstumsraten auf. Das Segment Straßenverkehr nimmt nach neuesten Entwicklungen einen höheren Anteil als der Schienenverkehr ein. Zudem sind die Wachstumsraten des Schienen- und Seeverkehrs deutlich geringer als die des Straßenverkehrs. Dies liegt an höheren Investitionen in die Straßeninfrastruktur, als in die Schieneninfrastruktur.

Durch die steigende Bedeutung Indiens als Produktionsstandort wächst die Verkehrsnachfrage des Güterverkehrs stetig. Als Beispiel kann hier der Sektor Bergbau genannt werden. Dieser Bereich hat einen konjunkturellen Aufschwung erlebt. Dadurch kommt es zu erhöhten Frachtaufkommen der Bodenschätze auf den Straßen- und Schienennetzen.

 30. Deutscher
Logistik-Kongress
23.-25. Oktober 2013

 BVL
Bundesvereinigung
Logistik

Bezogen auf den Schienenverkehr muss erwähnt werden, dass die indische Bahn immer noch ein monopolistisches Unternehmen mit einem großen integrierten System darstellt. Das Unternehmen ist bisher noch nicht für die Erschließung und Öffnung für Privatbetreiber bereit. Dies geht einher mit einer starken Inflexibilität und mangelnder Kooperationsbereitschaft. In den Bereichen Lokomotiventwicklung, Produktion von Reisebussen, Catering auf Zügen, Linienbau, operative Dienstleistungen, Bepreisung und Zeitplanung wird ein gutes Entwicklungsniveau erreicht.

Jedoch werden der Schienenbau und die Installation der Signalanlagen immer noch von ausländischen Firmen übernommen. Ziel sollte es sein, die Schienenwege weiter auszubauen und die Potentiale dieses Transportmittels auszuschöpfen.

Hinsichtlich der Binnenschifffahrt sind geringe Potenziale zu erwarten. Flüsse sind in Indien ein großer Störfaktor, da der Wasserpegel zu niedrig ist und frisches Wasser eher für Konsum und Landwirtschaft als für Transport genutzt wird. Ferner ist das Flussnetz aus finanziellen Gründen nicht zu erhalten bzw. zu unterhalten.

Straßen- und schienenseitige Entwicklungstendenzen sind gerade an den Korridoren Delhi-Mumbai zu beobachten. Zusätzliche Schienengüter-Korridore werden zwischen Delhi, Jawaharlal Nehru Port und Kalkutta gerade erschlossen. Entlang des Korridors sollen sich zusätzlich Logistikcluster und Container-Fracht-Stationen (CFS) entwickeln. Bezüglich multimodalen Logistikknoten (primär zwischen Straße und Schiene) müssen noch optimale Standorte identifiziert werden. Außerdem wird die Verbindung von den Mienen zum Delhi-Mumbai Industriekorridor verbessert. Weitere Container-Freight-Stationen sind bereits in Planung. Diese Planungen umfassen Logistikknoten in der Region Delhi, am internationalen Flughafen in Chennai im Osten, in der Region der Landeshauptstadt im zentralen Norden und am Jawaharlal Nehru Hafen an der Westküste. Des Weiteren ist ein Luftfahrtdrehkreuz in Nagbur in Zentralindien vorgesehen. Nashik, Gurgaon und Kochi sind hier neue Logistikcluster und Logistikdrehkreuze, die sich gerade herausbilden. Ein wichtiger Dry-Port in der Nähe von Delhi ist ein Hub zur inländischen Distribution.

Erhebliche Verbesserungen in der Infrastruktur sind notwendig, da die Logistik nur so effizient gesteuert werden kann. Der Schwerpunkt liegt gerade auf der Entwicklung der Nationalstraßen; dabei soll ein Netz von Bundesstraßen, Autobahnen und Verkehrsdrehkreuzen, wie Lufthäfen entwickelt und weiter ausgebaut werden. Gerade im Luftverkehr sind noch Wachstumstendenzen zu erwarten.

Logistikknoten und intermodaler Transport

Hauptherausforderungen sind u. a. die Lagerung an Schiene-Straße-Schnittstellen hinsichtlich Nachhaltigkeit und Transportkosten. Die Schienenwege werden zwischen den Mienen und größeren Produktionsstandorten genutzt, der Straßentransport hingegen für Konsumgüter. Die Schnittstellen für die zwei Transportmodi sind bisher noch unzureichend entwickelt und etabliert.

Zum Thema Förderung des **intermodalen Transports** ist die Wissenschaft abhängig von den Entscheidungen politischer Akteure. Ein intermodaler Ansatz ist bisher noch nicht von der Politik geplant bzw. vorgesehen. Daher gibt es tendenziell wenige Forschungsvorhaben zur Verbesserung der logistischen Knoten und zur Förderung des intermodalen Transports. Dennoch sind intermodale **Logistikknoten** für Transportnetzwerke und Transportdistribution maßgeblich. Dieser Bereich birgt noch hohes Potential, das noch erkannt werden muss. Die Entwicklung und Auf- bzw. Ausbau dieser Knoten ist also eine Schlüsselherausforderung, die einen integrierten Planungsansatz mit den verschiedenen Instanzen und Akteuren in diesem Sektor erfordert. Voraussetzung dafür ist, die Diskrepanzen und Interessenskonflikte zwischen diesen Akteuren zu klären. Zudem müssen sie eine gemeinsame finanzielle Motivation und Zielstellung entwickeln. Der Hauptgrund besteht darin, dass die Industrie zwar Hauptnutzer der öffentlichen Straßen ist, jedoch keine Investitionen darin vornehmen darf.

In diesem Kontext sind **Public Private Partnerships** (PPPs) eine Grundvoraussetzung. Das Ziel ist, den privaten Sektor an Straßeninfrastrukturaufwertungen zu beteiligen. PPPs haben ein großes Potential für die Wissenschaft und die Regierung, sodass es in diesem Bereich viele Möglichkeiten für Kooperationen im Rahmen von Infrastrukturprogrammen gibt. Die Wissenschaft ist in diesem Fall beratend tätig und unterstützt die politische Entscheidungsfindung.

„Last Mile"-Distribution

Die städtische Distribution auf der letzten Meile ist ein schwerwiegendes Problemfeld, da die städtische Infrastruktur für Paketdienste unzureichend entwickelt ist. Das Infrastruktursystem ist noch nicht an die Erfordernisse dieser Logistik angepasst.

In großen Agglomerationsräumen wurden bisher Tagesfahrverbote für Lkws durchgesetzt. Dadurch entstehen in der Nacht massive Lärm- und Schadstoffbelastungen durch Lkws sowie Verkehrsstaus. Zudem kommt es zu Umschlagproblemen

aufgrund des Lkw-Verbots in Städten. Demzufolge ist die städtische „Last-Mile"-Distribution eine große Herausforderung in Indien.

Herausforderungen in der Kühl- und Nahrungsmittelkette

Es gibt viele Aktivitäten in dem Bereich des Kühl- und Nahrungsmittel-Supply Chain Management, worauf die zunehmenden Regierungsinitiativen und Förderungen zurückzuführen sind. Die Lagerhaltung und das Supply Chain Management in der Nahrungsmittelverteilung sind bisher noch sehr unorganisiert und ineffizient. In diesem Kontext kommt es zu hohen Verlustraten bei der Lagerung, langen Durchlaufzeiten und einem niedrigen Sicherheitsniveau.

Das Ziel wäre in diesem Zusammenhang effiziente Lagerstätten, Kühlketten und Nahrungsmittelketten zu entwickeln und aufzubauen. Schließlich muss die landwirtschaftlich abgewickelte Nahrungsmittel- und Kühlkette signifikant verbessert werden. Deshalb unternimmt die Regierung gerade erhebliche Investitionen in diesem Bereich.

Mangel an spezialisierter Ausbildung

Obwohl der Logistiksektor zwar immense Wachstumstendenzen hinsichtlich des Transportaufkommens aufweist, ist das Bildungsniveau allgemein sehr niedrig. Gerade in Transport und Logistik existiert ein Mangel an spezialisierten Bildungseinrichtungen und Hochschulen. Dennoch besteht ein großer Bildungsbedarf. Einen wichtigen Trend sollen daher Qualifikationsentwicklungen und -anstrengungen im Transportwesen, Warehousing und Verpackungsbereich spielen. Nicht nur Fähigkeiten, sondern auch Einstellung und Verhalten sind in der Steuerung der Supply Chain maßgeblich und müssen extrem verbessert werden.

Ein weiteres Problem ist, dass die wissenschaftlichen Institutionen kaum mit anderen Institutionen auf nationaler Ebene kooperieren, um das Wissen zu bündeln und effizient einzusetzen bzw. weiterzuentwickeln.

Aus diesen aktuellen Problemstellungen und Herausforderungen lassen sich nun die Zukunftstrends in der Logistik- und Verkehrsforschung ableiten (siehe Tabelle 4).

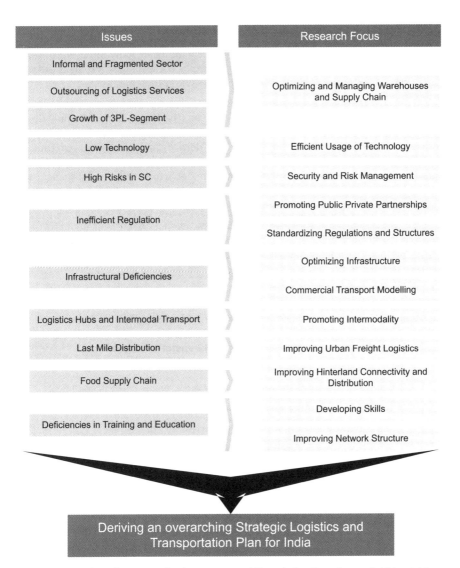

Tabelle 4: Aktuelle Herausforderungen und Trends im Forschungsfeld Logistik (Quelle: Eigene Darstellung)

5. Zusammenfassung der Ergebnisse

Ausgehend von diesem Überblick der wissenschaftlichen Aktivitäten wurde eine aktuelle Situation und insbesondere der aktuelle Forschungsstand skizziert und Netzwerke, Cluster und Trends im Bereich Logistik in Indien aufgezeigt.

Im Rahmen der bibliographischen Online-Recherche wurden die meisten der Forschungsaktivitäten der Einrichtungen und Wissenschaftler im Bereich Supply Chain Management festgestellt. Bei der qualitativen Analyse wurde aufgedeckt, dass sich auch eine große Anzahl an Wissenschaftlern mit den Bereichen Öffentliche Systeme und Verkehrswesen und im übergeordneten Kontext auch mit Logistik auseinandersetzen. Sie sind hauptsächlich an Departments für Bauingenieurwesen und für Management tätig. Die aktivsten Institutionen mit dem Schwerpunkt Logistik sind IIT Delhi, IIT Kharagpur, IIT Madras, IIT Roorkee und IIT Bombay.

Die Forschung im Bereich Logistik und Supply Chain Management findet vorwiegend an technisch orientierten Einrichtungen statt. Weitere Forschungskapazitäten in Supply Chain Management und Transportlogistik sind bei Departments für Wirtschaftsforschung und Bauingenieurwesen angesiedelt.

An annähernd jedem IIT, insbesondere IIT Bombay, wurden intensive Forschungsaktivitäten und -interessen in Supply Chain Management nachgewiesen. Die IIMs, insbesondere Ahmedabad, Kalkutta und Kochi, haben eine logistik-fokussierte Forschungsspezialisierung. Die folgenden Institutionen legen ihren Forschungsfokus auch auf logistische Problemstellungen und Herausforderungen:

- MDI Gurgaon

- Institute of Defense Strategy and Analysis (mainly military logistics)

- Indian Velvet Institute Logistics and Materials Management

- Indian Institute of Logistics in Chennai and Kochi

- Indian Institute of Materials Management in New Delhi

- Indian School of Business Hyderabad

- Indian Institute of Science Bangalore

- Indian Institute of Foreign Trade

- National Institute for Training in Industrial Engineering (NITIE)

- National Institutes of Technologies (NIT)

- ITM University of Gurgaon
- Centre of Excellence in Urban Transport at the Center for Environmental Planning and Technology (CEPT University)

In den Hot-Spots der Logistikforschung in Indien (u. a. Chennai, Mumbai, Ahmedabad, New Delhi, Roorkee, Kolkata und Kharagpur) wurden die Interviews mit den identifizierten Wissenschaftlern durchgeführt. Dabei wurden die Forschungsschwerpunkte der wirtschaftlich und technisch orientierten Departments erhoben:

- *Supply chain management:* simulation and modelling, risk management
- *Internal logistics:* Optimization and management of inventory, facility planning, warehousing, scheduling, planning and control in manufacturing

Die verkehrswissenschaftlich orientierten Einrichtungen sind spezialisiert in:

- *Operations research:* applications, modelling, mathematical programming
- *Transport logistics:* designing transportation networks for freight transport modes, transportation operations and planning, policy recommendation and consultancy, optimizing regulation structur, freight transport modeling, logistics hubs

Die aktuellen Trends in der Logistikforschung sind hauptsächlich:

- Protection of environment and resources
- Infrastructure development
- Globalization
- Security and risk
- Politics, regulation and compliance
- Innovation in technology

Bezogen auf Forschungskooperationen konnte herausgefunden werden, dass die meisten der Institutionen Austauschprogramme für Studenten und Fakultätsmitglieder über DAAD anbieten. Sie haben vornehmlich bestehende Forschungskolla-

borationen mit Universitäten in den USA, Großbritannien und China. Etwas weniger Aktivitäten bestehen mit europäischen Nationen, wie Deutschland, Frankreich und Niederlande, sowie mit dem mittleren Osten. Innerhalb Indiens haben sie ein integriertes IIT- bzw. IIM-System. An mehreren Projekten der Universitäten arbeiten die logistikorientierten Wissenschaftler interdisziplinär mit Informatikern zusammen (z. B. IIT Bombay, IIT Delhi).

Hinsichtlich der bestehenden Geschäftsbeziehungen existieren Verbundprojekte mit der Produktionsindustrie, der indischen Bahn, dem Luftfrachtsektor und der Regierung. Ferner gibt es weitere Verbundprojekte mit der Automobil- und Nahrungsmittelindustrie. Die meisten der Kooperationen sind innerhalb Indiens etabliert. Weitere Aktivitäten auf internationaler Ebene finden mit internationalen Firmen aus den USA, Großbritannien, China und Japan (z. B. General Motors) statt.

Jede Institution hat dabei ihr eigenes Netzwerk; die meisten der Kooperationen basieren auf persönlichen Kontakten.

Logistiknetzwerke und Cluster konnten im Bereich Verkehr und Logistik identifiziert werden. Es gibt mehrere Logistikhubs in Mumbai, Kalkutta, New Delhi und Chennai. Aktive Netzwerke in Forschung und Industrie gibt es vorwiegend in den großen Metropolregionen.

Die Confederation of Indian Industry (CII), Indian Chamber of Logistics (ICL) in Chennai ist eine gemeinsame Plattform aus Wissenschaftlern und Industriellen. Weitere Verbände mit Bezug zur Logistik sind die Federation of Indian Chambers of Commerce and Industry, die Production and Operations Management Association, die Society of Transport Management, die Society of Operations Management und die Supply Chain Operational Research. Die meisten der Mitglieder dieser Interessensverbände und Gesellschaften kommen aus der Industrie. Einige der Wissenschaftler sind auch aktiv an diesen Foren beteiligt. Diese Plattformen organisieren Konferenzen und Seminare zum gemeinsamen Wissensaustausch. Diese Cluster sind jedoch sehr klein und dispers verteilt in ganz Indien.

Allerdings gibt es kein nationales Netzwerk und keine bestimmte Logistikeinrichtung auf Landesebene.

Forschungscluster sind die IIMs und IITs sowie NITs in Bangalore, Kharagpur, Calcutta, Lucknow, New Delhi, Mumbai und Chennai. Weitere Cluster in der Verkehrsforschung konnten in Ahmedabad, Bangalore, Chennai und Mumbai entdeckt werden.

6. Ausblick

Die erste Aufgabe im Rahmen des Projektes war, Kontakte zu potentiellen wissenschaftlichen Partner aufzubauen und ein Gefühl und einen Überblick über das Verständnis von Logistikforschung und Forschungskultur in Indien zu generieren. Es war wichtig für das deutsche Forscherteam, die Strukturen der indischen Forschungseinrichtungen, deren Forschungsschwerpunkte und deren methodisches Vorgehen zu verstehen. Ein nächster Schritt ist, einen neuen gemeinsamen Forschungsansatz zu entwickeln. Im Rahmen eines bilateralen Workshops zur Thematik „Logistik in Indien" werden Experten aus Wissenschaft und Praxis über das strategische Vorgehen für eine gemeinsame Zusammenarbeit diskutieren. Die Etablierung einer gemeinsamen Austauschplattform stellt eine längerfristige Herausforderung dar, da die Systeme beider Länder sehr unterschiedlich aufgebaut sind und zunächst ein gegenseitiges Verständnis über die Systemhintergründe entwickelt werden muss.

Indien entwickelt sich gerade sehr schnell zu einer Industrie- und Handelsnation, insbesondere in der Logistik und im Verkehr. Die Anforderungen und Bedürfnisse beider Länder sollten für Kooperationen identifiziert werden, um konkrete und effiziente Lösungen zu finden und eine Win-Win-Situation für beide Seiten zu erreichen. Dabei könnte die deutsche Seite ihre Erfahrungen in effizienter Verkehrsinfrastrukturplanung für den Wirtschaftstransport übermitteln, da insbesondere Logistikknoten und das Infrastruktursystem von zentralem Interesse für die indische Regierung und Industrie sind.

Die vorliegende Analyse hatte das Ziel, einen Überblick der indischen Logistikforschung zu erhalten. Es kann festgehalten werden, dass ein hohes Forschungspotenzial in diesem Feld vorliegt. Insbesondere die deutsche Seite sollte Wege für Kooperationen und für Vernetzungen mit indischen Forschungsgruppen finden und versuchen Kooperationen zu initiieren.

Danksagung

Diese Forschungsstudie wurde vom Bundesministerium für Bildung und Forschung (BMBF) unter dem Geschäftszeichen IND 11/A15 unterstützt. Die Autoren bedanken sich für die Förderung des Forschungsvorhabens und übernehmen die volle Verantwortung für den Inhalt des vorliegenden Artikels.

┌─┐ 30. Deutscher
└─┘ Logistik-Kongress
23.-25. Oktober 2013

BVL
Bundesvereinigung
Logistik

Bibliographie

Arnold, D. (2008). Handbuch Logistik. 3., neu bearbeitete Aufl. Berlin: Springer.

BMBF (2009). *Länderbericht Indien.* [Internet] URL: http://www.kooperation-international.de/indien/themes /info/detail/data/48452/ [21.10.2011].

Business Monitor International (2011). India Infrastructure Report, Trade Report.

Clausen, U. (2007). Indien: Im Reiche des Elefanten. Das rohstoffarme Land setzt auf geistige Leistung – Bildung und Wissenschaft machen fit für die Zukunft. In: Fraunhofer-Institut für Materialfluss und Logistik (Hrsg.). Logistik entdecken. Dortmund. Koffler u. Kurz Medien Management GmbH, pp. 10-13.

Christopher, M. (2011). Logistics and Supply Chain Management, London: FT Prentice Hall.

EffizienzCluster Management GmbH (2010). EffizienzCluster Logistik Ruhr – 100 Innovationen für die Logistik von Morgen. Mühlheim an der Ruhr.

Fink, J. (2008). Logistik in Indien. In: Göpfert, I., Braun, D.. Internationale Logistik. Gabler, GWV Fachverlag GmbH, Wiesbaden.

Geeta, S., Joshi, M. (2010). Infrastructure Development Strategies for Inclusive Growth: India's 11th Plan, Leadership & Management in Engineering, 10 (2), pp. 65-72.

Klaus, P. (2002). Die Dritte Bedeutung der Logistik, Edition Logistik, Bd. 1, Dt. Verkehrsverlag, Hamburg.

Klaus, P., Krieger, W. (2008). Gabler Lexikon Logistik: Management logistischer Netzwerke und Flüsse. Berlin: Springer.

KPMG International (2010). Logistics in India Parts 1-3, Trade Reports.

Straube, F., Pfohl, H.-C. (2008). Trends und Strategien in der Logistik-Globale Netzwerke im Wandel. Umwelt, Sicherheit, Internationalisierung, Menschen. No. 36182. Darmstadt Technical University, Department of Business Administration, Economics and Law, Institute for Business Studies (BWL).

Westenberger, A., Alex, B. (2012). Transport und Logistik – Indien. [Internet] URL: https://www.gtai.de/GTAI/Navigation/DE/Trade/maerkte,did=452472.html [01.07.2013].

World Bank (2013). Logistics Performance Index, [Internet] URL: http://lpisurvey.worldbank.org/ [01.07.2013].

Alle während des 30. Deutschen Logistik-Kongresses gezeigten und von den Referenten zur Veröffentlichung freigegebenen **Präsentationen** stehen Ihnen unter

www.bvl.de/downloaddlk

online vom 25. Oktober 2013 bis zum 31. Januar 2014 zum Download zur Verfügung.

Hierfür benutzen Sie bitte:

www.bvl.de/downloaddlk
Benutzername: *berlin2013*
Passwort: *innovation*

All **presentations** shown at the 30th International Supply Chain Conference will be available at

www.bvl.de/downloadiscc

from October 25th, 2013 until January 31st, 2014.

Please use:

www.bvl.de/downloadiscc
user name: *berlin2013*
code word: *innovation*